# 미디어 권력자들

# 미디어 권력자들

지은이 강준만
펴낸이 서거석
펴낸곳 전북대학교 출판문화원

초판 1쇄 인쇄 2013년 5월 30일
초판 1쇄 발행 2013년 6월 05일

**전북대학교 출판문화원**
주 소 전라북도 전주시 완산구 어진길 32 (풍남동2가)
내용문의 (063) 219-5321~2
구입문의 (063) 219-5321~2
팩 스 (063) 219-5323
출판등록 2012년 8월 20일 제465-2012-000021호



**값 16,000원**

ISBN 978-89-98534-03-5 03300

이 도서의 국립중앙도서관 출판시도서목록(CIP)은 e-CIP홈페이지(http://www.nl.go.kr/ecip)와 국가자료공동목록시스템(http://www.nl.go.kr/kolisnet)에서 이용하실 수 있습니다.(CIP제어번호: CIP2013003421)

글로벌 미디어 기업의 문화정치학

APPLE 

MICROSOFT 

# 미디어 권력자들

 GOOGLE 

FACEBOOK 

NEWS CORPORATION 

강준만 지음

전북대학교 출판문화원

## 머리말

# "스티브 잡스 없는 애플"은 가능한가?

"애플이 수모를 당하고 있다. (2013년 1월) 24일 애플 주가는 지나친 급락에 따른 서킷브레이커(일시적 매매 중지)까지 걸리며 12퍼센트 이상 떨어졌다. 지난해 9월 21일의 사상 최고치와 비교하면 불과 4개월 만에 시가총액이 3분의 1 이상 날아갔다. 애널리스트들은 '애플의 마법은 끝났다'며 때이른 장송곡을 틀고 있다. 전 CEO 스티브 잡스(Steve Jobs)가 죽은 지 15개월 만의 반전이다."[1]

『중앙일보』 2013년 1월 26일자 사설의 일부다. 과연 '애플의 마법'은 끝났는가? 알 수 없다. 앞으로 애플 하기에 달린 일이니, 그 누구도 그 여부를 장담할 수는 없는 일이다. 다만 "스티브 잡스 없는 애플"이 뭔가 어색하고 불편하다는 데엔 만인이 동의할 수 있을 것이다. 애플은 잡스의 분신과도 같은 기업이었다. "사용자 경험 전반에 대해 책임을 지고 싶다"는 잡스의 '수직적 제조 철학'과 '기술과 인문학의 교차로'에서 '다르게 생각하기'는 곧 애플의 정체성이라고 해도 과언이 아니다.

빌 게이츠(Bill Gates)와 마이크로소프트의 관계도 마찬가지다. 게이츠는 마이크로소프트의 경영 일선을 떠난 지 오래되었지만, 여전히 게이츠 없는 마이크로소프트는 상상하기조차 어렵다. "우리가 표준을 만든다"는 게이츠의 '수평적 제조 철학'은 곧 마이크로소프트의 정체성이 아닌가 말이다. 이른바 '탐욕의 미덕'을 구현한 게이츠는 '약탈자'로서 '악惡의 제국'을 건설하였다는 비판을 받기도 하지만, 그 이면의 다른 얼굴을 보이면서 '박애 자본주의'를 실천하고 '창조적 자본주의'의 비전을 제시하고 있다. 이는 곧 마이크로소프트의 두 얼굴이기도 하다.

래리 페이지(Larry Page)와 세르게이 브린(Sergey Brin)의 '구글 제국'은 어떤가? "신神의 마음과 같은 검색엔진"을 만들고 싶다는 이들의 꿈은 구글 특유의 '엔지니어링의, 엔지니어링에 의한, 엔지니어링을 위한 문화'를 만든 동력이 되었다. 엔지니어링의 정치사회적 의미를 생각하지도 않고 고려하지도 않는 이들의 수학적 멘털리티는 "구글이 우리를 바보로 만드는가?"라는 말을 들을 정도로 구글을 강력하게 만든 동시에 '프라이버시와 개인정보 보호의 시한폭탄'으로 만들었다.

마크 주커버그(Mark Zuckerberg)의 '페이스북 제국'도 "세상을 개방하고 연결하는 것이 꿈"이라는 주커버그의 야망을 실현하기 위한 플랫폼으로 기획되고 구성되었으며, 운영되고 있다. 주커버그는 사람들은 단 하나의 정체성을 가지며 가져야만 한다는 자신의 신념에 따라 페이스북을 과격한 투명성의 공간으로 몰고 간다. 또한 그는 시공간의 제약으로 평소라면 접근이 불가능한 사람들과도 일정 수준 정기적으로 친밀하게 연락을 지속할 수 있는 상태, 즉 '앰비언트 인티머시(ambient intimacy)'를 페이스북에 구현하는데, 이 또한 그가 꿈꾸는 세상이다.

루퍼트 머독(Rupert Murdoch)의 '뉴스코퍼레이션 제국'도 "확장하지 않으면 죽는다"는 머독의 신념과 전략에 따라 건설되었다. 머독은 수단과 방법을 가리지 않고 무자비하게 제국의 영토 확장을 한다고 해서 '식인 상어'와 '미디어의 악마'라는 별명까지 얻었지만, 그런 영토 확장이 단지 자본과 '악의'만으로 이루어진 건 아니다. 머독은 대중을 상전으로 떠받드는 센세이셔널리즘과 '타블로이드 정신'의 구현에 철저했으며, 이는 '뉴스코퍼레이션 제국'이 숱한 논란에도 불구하고 경제적 생존과 성장을 해나갈 수 있는 토대가 되었다.

이 책은 이상 언급한 5대 글로벌 미디어 기업, 즉 스티브 잡스의 '애플 제국', 빌 게이츠의 '마이크로소프트 제국', 래리 페이지와 세르게이 브린의 '구글 제국', 마크 주커버그의 '페이스북 제국', 루퍼트 머독의 '뉴스코퍼레이션 제국'을 각 제국의 창업자이자 최고 권력자 중심으로 다룬다. 기업 경영은 정치와 크게 다른 것 같지만, 두 분야 모두 지도자들을 움직이는 최대의 동력은 '인정욕망'이라는 점에선 다를 게 전혀 없다. 이 책의 제목을 '미디어 권력자들'이라고 붙인 것도 바로 그런 이유 때문이다. 창업자의 '인정욕망'이 각 기업의 기업문화와 생산물에 결정적 영향을 미친다고 보는 것이다.

왜 이런 성격의 책을 쓸 생각을 하게 되었는가? 글로벌 미디어 기업들을 좀 더 잘 이해하기 위해서다. 우리는 가급적 인물을 배제한 채 기업의 행위 중심으로 기업에 대해 이해하거나 연구할 수 있다. 애플, 마이크로소프트, 구글, 페이스북, 뉴스코퍼레이션 등 글로벌 미디어 기업에 대해 나와 있는 책들은 대부분 이런 방식이다. 물론 이런 책들도 창업자·최고권력자에 대해 적잖은 지면을 할애하고 있긴 하지만, 본격적인 인물 탐구라고 보기는 어렵다. 이 책은 인물론 중심으로 어떤 기업의 창업자·최고권력자에 대해 많이 알면, 그 기업을 이해하는 데에 큰 도움이 된다는 전제 하에 쓰여진 것이다.

스티브 잡스는 "애플은 기술과 인문학의 교차로에 있다"는 말을 즐겨했는데, 왜 애플만 그 교차로에 있어야 하는 것인지 묻고 싶다. 기술과 인문학의 교차로에 있던 신문방송학 또는 언론학은 적어도 인터넷의 등장 이후 점점 더 기술 쪽으로 다가가면서 인문학으로부터 멀어지고 있다. 기술중심적인 글로벌 미디어 기업에 관한 연구와 이야기도 마찬가지다. 날이 갈수록 전문적 성격이 깊어지면서 딱딱해지고 있다. 인문학적인, 인간의 얼굴을 덧입히면 안되는 걸까?

이 책은 바로 그런 의문에 답하기 위한 것이다. 내가 공부한 방식과 내용을 보다 많은 사람들과 공유하기 위해 이 책을 쓰게 되었지만, 또 하나의 중요한 동인은 지난해 12월 문을 연 전북대학교 출판문화원이다. 출판문화원에서 책을 출간하는 영광스런 기회에 부응하고자 이 책을 내기로 한 것이다. 그런 귀한 기회를 준 전북대 출판문화원과 최영준 출판문화원장님께 깊이 감사드린다.

2013년 3월

강준만 올림

**머리말** "스티브 잡스 없는 애플"은 가능한가? 4

**제1장** **"다르게 생각하라":**
스티브 잡스의 '애플 제국' _11

디지털 시대의 선지자 13 | 한국의 잡스교 15 | ❶ 자존감: "우주에 흔적을 남기고 싶다" 18 | ❷ 자기중심주의: '생산적 자아도취'와 '자기애성 인격장애' 20 | ❸ 비전: "다르게 생각하라" 24 | ❹ 독창성: "애플은 기술과 인문학의 교차로에 있다" 27 | ❺ 반항: "해군이 되느니 해적이 되는 게 낫다" 29 | ❻ 열정: "늘 갈망하면서 우직하게 자기 길을 가라" 32 | ❼ 통제욕: "사용자 경험 전반에 대해 책임을 지고 싶다" 34 | ❽ 단순성: "단순함은 복잡함보다 더 어렵다" 39 | ❾ 이분법: "그들이 애플을 무너뜨리려고 한다" 43 | ❿ 소통: 신앙부흥회형 프레젠테이션 46 | 잡스의 유산 52

**제2장** **"우리가 표준을 만든다":**
빌 게이츠의 '마이크로소프트 제국' _67

'탐욕의 미덕'을 구현한 빌 게이츠 69 | "우리가 표준을 만든다" 72 | 게이츠의 인정 욕구 74 | "빌 게이츠는 약탈자" 77 | 마이크로소프트는 '악의 제국' 80 | MS에 종속된 한국의 국가정보화 82 | 애플이 인터넷 자유를 위협한다? 85 | 잡스의 '수직적 제조 철학', 게이츠의 '수평적 제조 철학' 87 | 게이츠와 잡스의 독설 공방 89 | 게이츠의 '표준 설정' 복음화 91 | '탐욕의 전도사'에서 '자선의 전도사'로 95 | 게이츠의 '박애 자본주의' 97 | 게이츠의 '창

조적 자본주의' 99 | 게이츠는 카네기와 록펠러의 환생還生 101

## 제3장 "신神의 마음과 같은 검색엔진": 래리 페이지와 세르게이 브린의 '구글 제국' _113

래리 페이지와 세르게이 브린의 만남 115 | 구글의 탄생 118 | "사악하게 굴지 말라" 120 | 에릭 슈미트의 영입 123 | "구글은 프라이버시의 시한폭탄이다" 126 | "구글은 거대한 광고대리점" 129 | 지메일 충격과 논란 132 | 구글의 기업공개와 '구글 북스' 136 | "구글은 '악의 제국'" 139 | 프라이버시의 실종 142 | 구글의 유튜브 인수 145 | "구글은 이제 박해자의 협력자가 됐다" 148 | '구글의 10가지 황금률' 151 | 구글의 엘리트주의 인사 정책 154 | 구글의 '개방형휴대폰연합'과 더블클릭 인수 156 | "구글이 우리를 바보로 만드는가?" 159 | "구글, 인터넷 정보제국 '전지구 확장'" 161 | "돈이 뭐기에…… '사악한 손'과 손잡은 구글" 163 | "구글과 오바마의 러브스토리" 165 | 구글과 애플의 충돌 167 | 구글, 중국사이트 'google.cn' 철수 169 | '구글 스트리트 뷰' 논란 171 | 구글의 모순과 배신 173 | "래리 페이지는 구글의 운명이었을까?" 175 | 크롬북과 클라우드 컴퓨팅 177 | '개방형 클라우드 선언' 180 | "칫솔 같은 구글을 만들겠다" 182 | '구글의 125억 달러짜리 도박' 183 | 구글의 개인정보 통합정책 185 | 우주 광물 채취와 구글글라스 187 | "2017년에 구글이 사라질 것" 189 | 신의 영역에 도전하려는 구글의 욕망 192

## 제4장 "세상을 개방하고 연결하는 것이 꿈이다": 마크 주커버그의 '페이스북 제국' _209

컴퓨터에 미친 천재 211 | 페이스북의 탄생 214 | '뉴스피드' 논란 216 | 야후와 마이크로소프트의 페이스북 인수 시도 218 | 40억 달러의 재산으로 세계 청년 억만장자 1위 221 | 개인정보 보호 논란 224 | 페이스북 가입자 5억 명 돌파 226 | 영화 〈소셜 네트워크〉 파동 228 | 『타임』의 2010 '올해의 인

물' 231 | 구글플러스를 압도한 페이스북 234 | 기업공개로 1,000억 달러 기업이 된 페이스북 237 | 페이스북의 위기인가? 240 | '페이스북을 죽이는 10가지 트렌드' 242 | 핀터레스트의 도전, 페이스북의 반격 244 | "사람들이 페이스북을 끊지 못하는 13가지 이유" 248 | '공개'와 '연결'에 대한 집착 250 | 유대인의 특성 때문인가? 253 | '앰비언트 인티머시'에 대한 갈증 때문인가? 256

## 제5장 "확장하지 않으면 죽는다": 루퍼트 머독의 '뉴스코퍼레이션 제국' _267

레닌을 숭배하던 대학 시절 269 | 승부사 기질과 일 중독증 271 | 『선』의 '페이지 쓰리 걸' 273 | 『타임스』의 지가 인하 경쟁 276 | 대중을 보스로 떠받드는 센세이셔널리즘 279 | BSkyB는 어떻게 성공할 수 있었나? 281 | 머독의 아시아 시장 진출 283 | 출판사 하퍼-콜린스의 정치적 이용 286 | 머독의 '문화 제국주의' 비판 288 | 머독의 미국시장 진출 290 | 폭스방송의 성공 비결 292 | CBS를 압도한 폭스 TV 293 | 뉴월드 커뮤니케이션 인수, 폭스뉴스 창설 296 | 폭스 TV가 주도한 '리얼리티 프로그램' 열풍 299 | 왜 머독은 '마이스페이스'엔 실패했나? 302 | 머독의 『월스트리트저널』 인수 305 | "무료 인터넷신문 시대는 끝났다" 309 | BSkyB 지분 100퍼센트 논란 312 | 『뉴스오브더월드』 불법도청 파문 314 | "머독의 언론제국에 산사태" 317 | "'청문회 굴욕' 머독을 지킨 부인의 '라이트 훅'" 320 | "영국 총리는 두 군주를 모신다" 323 | "머독, 세계적 기업 이끌기에 부적합" 326 | 다시 기가 살아난 머독 328 | 온라인 유료화 정책의 성과 331 | '머독을 위한 변명' 333 | 호주인으로서의 아웃사이더 근성 336

제1장

# "다르게 생각하라": 스티브 잡스의 '애플 제국'

"미친 자들을 위해 축배를. 부적응자들. 반항아들. 사고뭉치들. 네모난 구멍에 박힌 둥근 말뚝 같은 이들. 세상을 다르게 바라보는 사람들. 그들은 규칙을 싫어합니다. 또 현실에 안주하는 것은 원치 않습니다 …… 어떤 이들은 그들을 보고 미쳤다고 하지만, 우리는 그들을 천재로 봅니다. 자신이 세상을 바꿀 수 있다고 믿을 만큼 미친 자들 …… 바로 그들이 실제로 세상을 바꾸기 때문입니다."

## 디지털 시대의 선지자

어떤 공공장소에서건 누군가 또는 무언가를 기다리는 사람들의 대부분이 스마트폰에 코를 파묻고 몰두하고 있는 장면을 보고 있노라면 그 어떤 종교의식보다 더 성실하고 치열하다는 느낌이 들곤 한다. 스마트폰이라는 신흥종교는 전 세계적인 현상이긴 하지만, 가장 뜨거운 종교적 열정을 보이는 사람들은 한국인들이다. 여러 증거들을 댈 수 있겠지만, 한국의 가구당 통신비가 전체 가계 소비 지출의 6퍼센트로 미국(2.2퍼센트)이나 영국·일본보다 2~3배 많다는 통계수치가 좋은 근거가 될 수 있겠다.[2]

스마트폰이라는 신흥종교의 본질은 단지 무료함을 달래주는 수준의 것을 훨씬 뛰어넘는다. 그것은 급변하는 기술환경으로 인한 미래에 대한 불안감, 뒤처져선 안된다는 강박, 그리고 무언가 새로운 세상이 가능할 것 같다는 가능성에 대한 열망이 어우러진 것이다. 이미 스마트폰 이전에 컴퓨터와 미래학이 그런 종교적 숭배의 대상이 되었음을 상기할 필요가 있다. 1970년에 출간돼 세계 50개국에서 700만 부 이상 판매된 앨빈 토플러(Alvin Toffler)의 『미래의 충격(Future Shock)』이 그 좋은 예다.

토플러가 말하는 '미래의 충격'은 테크놀로지 등의 발전으로 인한 급격한 변화에 따른 개인의 부적응 현상을 가리킨다. 설명은 때로 치료적 기능을 갖는다. 자신도 이해할 수 없는 상황에 빠져 고통받는 사람에겐 아무런 해결책을 제시해주지 않으면서도 단지 그 상황을 설명해주는 것만으로 큰 위안을 줄 수 있다. 바로 그런 역할을 맡게 된 토플러는 자신이 많은 사람들에게 무슨 구세주나 되는 것처럼 여겨지는 것에 큰 충격을 받았다.

토플러의 강연회는 정치 집회나 종교집회를 방불케 했다. 입추의 여지없이 들어선 관중들은 구원을 갈망하는 신도들 같았다. 그는 미국뿐만 아니라 해외에서도 자신이 이해하기 어려운 이상한 경험을 수없이 했다. 콜롬비아의 보고타에 도착해보니 그 곳 밀림에 있는 13개 라디오 방송국에서 농민들에게 『미래의 충격』의 내용을 방송하고 있었다든가, 일본 삿포로에서 히피 차림의 서방 젊은이들이 거리에서 일렬 종대로 걸어 오면서 자신을 향해 『미래의 충격』을 손에 들고 흔들고 있었다든가 하는 경험은 토플러에게 이만저만한 충격이 아니었다. 토플러는 자신이 구세주처럼 여겨지는 게 불편하다고 토로했지만,[3] 그건 토플러 자신이 선택할 수 있는 문제가 아니었다.

미래에 대한 불안과 갈망에 시달려 온 인류가 종교를 발명해냈듯이, 새로운 테크놀로지의 등장으로 그 불안과 갈망이 증폭되는 시기엔 '선지자'는 반드시 '발견'되게끔 돼 있는 법이다. 우리는 다만 누가 선지자 역할에 잘 어울렸는가를 평가할 수 있을 따름이다. 1970년대가 토플러의 시대였다면, 2000년대의 대표적 선지자는 누굴 꼽을 수 있을까? 스티브 잡스(Steve Jobs)가 어떨까? 지난 2011년 출간돼 큰 화제가 된 월터 아이작슨(Walter Isaacson)의 『스티브 잡스』를 읽으면서도 잡스는 '잡스교'라는 신흥종교의 교주敎主라는 생각을 재확인할 수 있었다. 잡스 교주의 종교적 특성은 무엇인지 살펴보기로 하자.

## 한국의 잡스교

미국의 실리콘밸리에선 1980년대와 1990년대에 걸쳐 스티브 잡스가 이끌던 애플에 사이비 종교와 비슷한 면이 있다는 점이 공공연히 논의되곤 했다.[4] 물론 잡스와 애플의 열혈 팬들에게서도 그들의 열정이 과도한 나머지 그런 종교적 특성이 나타나곤 했다. 잡스교의 발원지는 미국이지만, 한국 잡스교의 종교적 열정은 결코 미국 잡스교 신도들의 그것에 뒤지지 않았다.[5] 2010년에 나온 두 개의 관련 증언을 청취해보기로 하자.

『한겨레 21』 기자 최성진은 "수많은 아이폰 마니아를 낳고 아이폰을 일반 스마트폰과 구분짓게 만든 1등 공신이 앱스토어(App Store: 네티즌의 참여로 운영되는 휴대폰용 프로그램 장터)라지만, 알면 알수록 '뭐 별거 없구만'이라는 생각이 든다"고 썼다가, "우주 최악의 얼간이 기자"라는 욕을 먹어야 했다.[6] 최성진은 "나중에 알았다. 아이폰 마니아 집단의 존재 말이다. 아이폰을 사용하면서 느낀 것 가운데 하나가 이 물건이 그냥 휴대전화가 아니라는 사실이다. 디자인이 훌륭하고 기능이 다양하며 심지어 사용자의 의지에 따라 무한한 확장이 가능한 신기한 물건인 동시에 아이폰 사용자를 중심으로 '마니아 집단'이 형성돼 있다는 점에서도 특이하다. 휴대전화를 비롯해 각 부문 히트 상품이 끊임없이 쏟아지지만 아이폰처럼 마니아 집단을 통해 독특한 문화를 만들어갈 수 있는 제품은 흔치 않다."며 다음과 같이 말했다.

"아이폰 마니아 집단은 둘로 나뉜다. 먼저 아이폰이 가져올 모바일 세계의 혁명적 변화에 일찌감치 눈뜬 사람들이다. 이들은 국내에 아이폰을 적극적으로 소개했고, 아이폰 도입을 가로막고 있던 국내 이동통신사의 폐쇄적 무선인터넷 시장을 개방하도록 압력을 행사했다. 가히 선구자적 역할을 했던 사람들이라 할 수 있다. 다른 한 그룹은 아이폰의 매력에 지나치게 열광한 나머지 자신과 생각이 다른 사람들을 인정하기 싫어하는 부류다. 이른바 '아이폰빠'다. 아이폰빠에 대한 정확한 정의는 없지만, 흔히 아이폰이나 애플에 대한 정당한 비판을 수용하지 못하고 맹목적으로 아이폰을 추종하는 이들을 가리킬 때 '아이폰빠'라는 용어를 쓴다."[7]

어느 칼럼에서 잡스를 '난봉꾼'에 비유했다가 엄청난 비난에 시달렸다는 명지대 교수 김정운은 "정말 열화와 같은 반응이었다. 도대체 국내 어느 정치 지도자, 혹은 종교 집단을 공격한들 이런 극심한 비난을 받게 될까? 스티브 잡스는 우리의 구체적 삶과 정말 아무 상관없다. 더구나 어떻게든 자사 제품을 많이 팔아 돈을 벌고 싶어 하는 미국의 한 기업가일 뿐이다."며 다음과 같이 말했다.

"한때 그와 경쟁자였던 마이크로소프트의 빌 게이츠는 자선사업에 열중한다. 그러나 스티브 잡스의 애플이 자사의 이익을 환원한다는 이야기는 별로 들어본 적 없다. 그렇다고 스티브 잡스가 한국인에 어떤 특별한 애정이 있는 것도 아니다. 그저 세계에 널린 수많은 소비자의 일부일 뿐이다. 그럼에도 불구하고 그렇게 많은 한국인은 스스로 '잡스 교도教徒'를 자처하며 교주를 모욕했다고 이토록 거세게 항의해 온다. 20년이 넘도록 애플 로고가 찍힌 컴퓨터를 사용하는 나조차 도무지 이해가 안 된다. 도대체 왜일까?"[8]

이어 김정운은 "'잡스교'의 본질은 '감정 자본주의'에 있다"고 단언한다. "그의 스토리텔링은 감정 자본주의의 핵심인 '치료 내러티브'의 정수를 보여준다. 감정 자본주의의 시대에는 내면의 상처와 고통, 좌절이 희망으로 극복되는 이야기, 즉 '치료 내러티브'에 사람들은 열광한다. 2005년 스탠퍼드대학 졸업식에서 행한 그의 연설은 바로 이 '치료 내러티브'의 전형을 보여준다. 차고車庫에서 시작한 컴퓨터 사업의 성공, 사업 실패, 췌장암, 그리고 화려한 복귀. 그럼에도 불구하고 잡스는 외친다. 늘 배고프라고, 늘 우직하라고. 와우, 정말 감동적이지 않은가?"[9]

그러나 잡스교의 본질은 '감정 자본주의'나 '치료 내러티브'의 수준을 넘어서는 것 같다. "스티브 잡스는 우리의 구체적 삶과 정말 아무 상관없다. 더구나 어떻게든 자사 제품을 많이 팔아 돈을 벌고 싶어하는 미국의 한 기업가일 뿐이다."는 말은 너무 거칠다. 아마도 이렇게 보는 시각이 잡스교 신도들을 화나게 만든 것 같다. 애플 1(1976년), 애플 2(1977년), 매킨토시(1984년), 아이맥(1998년), 애플스토어(2001년), 아이팟(2001년), 아이튠스(2001년), 아이폰(2007년), 앱스토어(2008년), 아이패드(2010년) 등 잡스가 35년간 연출해온 일련의 '혁신 부흥회'는 이윤추구욕만으론 환원할 수 없는 그 무엇을 갖고 있으며, 한국인들의 구체적 삶과도 밀접한 관련을 맺고 있다고 보는 것이 옳을 것이다.

도대체 잡스 교주의 무엇이 신도들을 그토록 매료시킨 걸까? 잡스 교주의 종교적 특성에 주목해보는 게 좋을 것 같다. ❶ 자존감, ❷ 자기중심주의, ❸ 비전, ❹ 독창성, ❺ 반항, ❻ 열정, ❼ 통제욕, ❽ 단순성, ❾ 이분법, ❿ 소통 등 10가지를 지적할 수 있겠다. 이들은 상호 연결돼 있으며 중첩되는 것들도 있지만, 굳이 분석을 위한 논의를 하자면 이런 분류도 가능하다는 정도로 이해하면 좋을 것 같다. 하나씩 차례대로 음미해보기로 하자.

### ❶ 자존감: "우주에 흔적을 남기고 싶다"

"We're here to put a dent in the universe. (I want to put a ding in the universe.) Otherwise, why else even be here?(우리는 우주에 흔적을 남기기 위해 여기에 있다. (나는 우주에 충격을 남기고 싶다.) 안 그러면, 도대체 여기 살고 있을 이유가 뭔가?)[10]

잡스가 1980년대에 매킨토시 개발팀을 독려하며 자주 한 말로, 자존감의 극치를 잘 보여준다. 자존감은 자존감이되 극단적 자존감으로, 심하게 말하자면 과대망상誇大妄想이다. 자신이 인류를 구원해야 한다는 사명감, 이는 모든 교주들의 공통점이 아닌가. 『스티브 잡스』라는 책 자체가 그런 극단적 자존감의 산물이다.

잡스는 2004년 초여름 『타임』의 전 편집장이자 전기 작가로 유명한 월터 아이작슨(Walter Isaacson)에게 자신의 전기를 써줄 걸 요청했다. 아이작슨은 "당시 벤저민 프랭클린의 전기를 출간한 지 얼마 지나지 않았던 나는 다음 작품으로 알베르트 아인슈타인의 전기를 쓰는 중이었다. 농담을 섞어 말하자면, 처음에는 스티브가 혹시 자신을 이 두 인물의 뒤를 이어 작성되어야 할 전기의 적임자로 간주하는 것은 아닌가 하는 의구심이 일었다."고 했지만,[11] 이는 결코 농담을 섞어 말할 일이 아니다. 잡스는 실제로 자신을 프랭클린이나 아인슈타인 이상의 인물로 여겼기 때문이다.

잡스의 극단적 자존감에 얽힌 일화는 수없이 많다. 그는 애플사의 직원 이름표 번호가 공동 창업자인 스티브 워즈니악(Steve Wozniak)에게 1번이 배정되고 자신이 2번이 되자 불끈 화를 내면서 눈물을 보였다. 1979년에 열린 애플의 첫 번째 핼러윈 파티에서 잡스는 길고 헐거운 옷을 걸치고 예수 그리스도로 분장을 했다. 잡스는 1982년 말 『타임』의 '올해의 인물'이 되려고 애쓰다가 뜻대로 되지 않자 참담함을 느꼈다. 또 그는 버락 오바마가 대통령 취임 후 자신에게 한번도 연락하지 않았다고 불평을 하기도 했다.[12]

시련을 겪지 않은 교주가 어디에 있겠는가. 잡스는 젊은 시절 자신이 입양되었다는 사실과 친부모를 모른다는 사실 때문에 고통에 시달렸다.[13] 또한 잡스는 자신이 창업한 애플에서 쫓겨나는 비극의 주인공이 되었다가, 12년 만에 '부활'해 애플로 복귀했지만, 복귀 후 14년 만에 영광의 정점에서 췌장암으로 죽는 비극의 주인공이 되었다. 2011년 10월 5일 그가 사망했을 때 일면식도 없는 그의 죽음에 '컬트'(숭배)에 가까운, 끝없는 애도가 바쳐졌다.

시인이자 칼럼니스트인 메건 오루크(Meghan O'Rourke)는 『뉴요커』 온라인판에 이런 '집단적 애도'의 배경에는 다소 관음증적이며 감상적인 성격의 '슬픔'이 있다고 설명했다. 자신들의 상실감을 표출할 출구가 없다고 여기는 이들이 함께 잡스를 잃은 슬픔을 공유하면서 일종의 카타르시스를 느꼈다는 것이다. 그는 특히 잡스의 죽음이 여느 유명인사들의 죽음보다 더 큰 슬픔을 불러일으키는 것은 "잡스의 모습에서 우리 자신 안에 있을 수도 있는 모습을 발견하기 때문"이라고 지적했다. 세계에서 가장 잘 나가는 회사(애플)의 대표이면서도 '아웃사이더'의 면모를 지닌 그에게 묘한 '동질감'을 느끼고, 그의 자수성가한 모습을 통해서 '살아가는 동안 진정한 변화의 기회를 만날 수 있다'는 희망을 얻게 되었다는 것이다.

『워싱턴 포스트』는 1990년대 초반 어린 시절을 보낸 이들이 대거 추모의 물결에 동참하고 있다는 데 주목했다. 이 세대는 초등학교 시절부터 초기 매킨토시 컴퓨터에 플로피 디스크를 꽂아 '오리건 트레일' 같은 어드벤처 게임을 하고, 애플 컴퓨터로 가득한 학교 컴퓨터실에서 학창시절을 보냈으며, 아이맥 G3와 아이팟, 아이폰, 아이패드 등 잡스가 만든 제품들을 사용하며 자라왔기에, 애플의 제품 하나하나가 자신들의 인생의 '마일 표지판'과 다름 없는 만큼, 추모의 의미가 더 각별했다는 것이다.[14]

한국대학신문과 인터넷포털 캠퍼스라이프가 2011년 9월 1~21일 전국 4년제 대학 재학생 2,187명을 대상으로 '2011년 대학생 의식조사 및 기업이미지·상품선호도 조사'를 한 결과 가장 존경하는 한국인은 서울대학교 융합과학기술대학원장 안철수(25.2퍼센트), 외국인은 스티브 잡스(20.0퍼센트)인 것으로 나타났다.[15] 이게 과연 우연일까? 두 사람 모두 젊은 세대의 경험을 지배한 컴퓨터를 비롯한 디지털 문화의 선구자들이 아닌가. 그 세대는 이 두 사람의 영향권하에서 성장한 이들이 아닌가. 잡스는 죽었지만 안철수는 건강하고 비록 실패했을망정 대통령직에까지 도전했다. 우리가 무언가 의미심장한 사회적 변화의 와중에 놓여있는 게 분명한 것 같다.

### ❷ 자기중심주의: '생산적 자아도취'와 '자기애성 인격장애'

잡스는 극단적 자존감과 더불어 극단적 자기중심주의를 갖고 있는 인물이었다. 직원이 새로운 아이디어를 이야기하면 멍청한 생각이라고 면박을 줘놓고선 일주일 후엔 똑같은 내용을 마치 자기가 생각해낸 아이디어처럼 상대에게 들어보라고 하는 일들이 자주 있었다.[16] 그런 피해자들 중의 한 명이 생전의 잡스가 "애플에서 마음의 동반자가 있다면 두말할 것 없이 아이브"라고 치켜세웠던 애플의 디자인 담당 부사장인 조너선 아이브(Jonathan Ive, 1967~)이다. 그는 "잡스가 나의 창조물을 자신의 것으로 이야기하는 것은 매우 깊은 상처가 됐다. 때로는 몸에서 가시가 돋는 것처럼 마음이 아팠다."고 했다.[17]

잡스를 거짓말쟁이라고 비판하는 이들도 많았다. 정보통신 전문 잡지 『와이어드(WIRED)』 인터넷판(2010년 2월 16일)은 "잡스는 종종 사실과 전혀 다른 말로 애플의 기술에 대한 거짓 정보를 흘려 시장을 혼란스럽게 한다"며 '잡스의 6가지 교활한 발언'을 소개하기도 했다.[18] 잡스는 심리치료사인 마이클 맥코비(Michael Maccoby)가 말한 '생산적인 자아도취자(productive narcissist)라는 견해도 있지만,[19] 잡스에게 거짓말과 자아도취의 경계는 불분명했다.

아이브는 "잡스는 완전히 문외한인 분야에 대해 이야기할 때도 얼마나 열성적이고 확고하게 나오는지 그가 해당 분야를 잘 안다고 믿을 정도입니다."라고 말했다.[20] 아이브는 기묘한 매력이라며 칭찬조로 한 말이지만, 잡스에겐 이른바 '자기애성 인격장애'의 요소도 다분했다.

아이패드 조립공장인 중국의 폭스콘은 노동자에 대한 극심한 노동통제와 착취로 악명이 높다. 499달러짜리 아이패드를 폭스콘에서 조립하는 데 드는 비용은 12달러에 불과하다. 비인간적인 작업환경으로 그간 11명의 노동자가 투신 자살했다. 잡스는 그걸 알면서도 텔레비전에 출연해 폭스콘이 아주 좋은 회사라고 거짓말을 했을 뿐만 아니라 "폭스콘의 자살률은 중국 평균 자살률보다 낮다"는 말로 폭스콘을 옹호했다.[21]

잡스는 돈과 물질에 대해서도 이중적이었다. 그는 늘 돈에 관심이 없다고 말했지만 꼭 그런 것만도 아니었다. 결혼 전에 사귀었던 애인과 그 사이에서 태어난 딸에게 지급해야 하는 비용을 기업공개 이전에 정하고 서명까지 받아두는 약삭빠른 면모를 보이기도 했다.[22] 애플에 복귀한 뒤 연봉 1달러에 스톡옵션을 안 받겠다고 버텼다. 제발 받으라고 간청해도 내내 거절했는데, 그 이유는 "부자가 되기 위해 애플에 돌아온 것처럼 보이고 싶지 않습니다."라는 것이었다. 그렇게 버티다가 나중에 이사회가 1,400만 주의 스톡옵션을 부여하자 잡스는 2,000만 주를 요구해 양측의 갈등으로까지 번졌다. 이 때의 잡스의 논리는 돈이 중요한 게 아니라 자신이 인정을 정당하게 받느냐 하는 것이 중요하다는 것이었다.[23]

잡스는 평소 자신의 라이벌인 빌 게이츠를 돈밖에 모르는 인물로 폄하했지만 게이츠는 엄청난 기부를 했다. 반면 잡스는 2011년 3월 기준으로 83억 달러(9조 8,729억 원)에 이르는 막대한 재산을 가졌으면서도 기부에는 매우 인색했다. 그는 놀랍게도 단 한번도 공식적으로 기부를 한 적이 없었다. 애플의 공동 창업자인 워즈니악은 이른바 '워즈 플랜(Woz Plan)'으로 자기 주식의 상당량을 직원들에게 아주 싼 가격으로 넘겼지만, 잡스는 그런 혜택도 베풀지 않았다. 오히려 잡스는 그런 워즈니악에 대해 "워즈는 주지 말아야 할 친구들한테 주식을 주고 말았어. '노'라는 말을 못하기 때문이지. 이용당한 거야"라며 비판했다. 그는 애플에 복귀한 뒤에는 1997년부터 애플이 운영해 오던 사회공헌 프로그램마저 중단시켰다. 우선 수익을 내는 데 집중하자는 게 이유였지만, 그 뒤 애플이 엄청난 흑자 행진을 거듭할 때도 이를 되살리지 않았다.[24]

그러나 잡스의 옹호자들은 눈에 보이는 활동이 없었다고 해서 잡스가 자선사업에 인색했다고 볼 수만은 없다는 주장을 폈다. 옹호자들은 일단 잡스는 혁신적인 제품을 통해 이미 사회에 커다란 공헌을 한 셈이며, 잡스 자신도 애플을 통해 사회에 기여하는 것이 더 의미있는 기부 행위라고 여겼다고 말했다. 그들은 또한 기부활동이 기록으로 남지 않은 것은 잡스가 익명으로 기부했기 때문일 수도 있다고 보았다.[25]

잡스를 흠 잡기 위해 한 말이 아니다. 명암明暗이 있을 뿐 자기중심주의는 모든 교주들의 공통된 특성이며, 신도들의 열광도 그것에서 비롯된다는 말을 하려는 것이다. 잡스의 '현실 왜곡장(reality distortion field)'이 그걸 단적으로 잘 말해준다. '현실 왜곡장'은 영화 〈스타트렉(Star Trek)〉에 나오는 용어로 애플 사람들이 잡스와 관련해 붙여준 딱지다.[26] 애플 사람들의 증언이다.

"잡스가 나타나면 현실이 유연해진다는 얘기죠. 그는 사실상 어떤 것이든 상대방에게 납득시킬 수 있어요. 그가 자리를 뜨면 왜곡장도 서서히 걷힙니다. 그의 현실 왜곡장은 카리스마 넘치는 수사와 굴하지 않는 의지, 그리고 어떤 사실이든 당면 목표에 부합되도록 변형하려는 열성이 뒤섞인 결과물이었어요."[27]

잡스의 전기를 쓴 앨런 도이치먼(Alan Deutschman)은 잡스와 대화를 나눴던 경험을 이렇게 털어 놓았다. "그는 대화할 때 자주 상대방의 이름을 부릅니다. 그리고 레이저 같은 눈빛으로 상대방의 눈을 바라보지요. 그의 눈빛은 마치 영화배우들의 그것처럼 최면을 걸어요. 하지만 정말로 사람을 사로잡는 것은 그가 말하는 방식입니다. 말하는 리듬이나 말에서 풍기는 엄청난 열정은 정말 전염력이 강해요."[28]

잡스는 언제든 자기 자신도 속일 수 있었다. 어떠한 규칙도 자신에게는 적용되지 않는다는 확고한 믿음이라고도 할 수 있는 것이었다. 그는 자신의 비전을 믿도록 사람들을 기만했는데, 이는 목표를 달성하기 위한 술책이었다. '자기충족적 왜곡'인 셈이었다. 원래 몇달 잡았던 일을 잡스가 며칠 만에 해낼 수 있다고 역설하면 직원들은 꼭 최면에 걸린 것처럼 그 말에 넘어가곤 했다. 이는 불가능하다는 사실을 깨닫지 못하고 불가능한 일을 해내도록 만드는 효과를 발휘했다.[29]

실제로 그렇게 된 성공 사례들도 있었지만, 성공을 위해 직원들은 휴일을 반납하고 죽도록 일해야만 했다. 소프트웨어 업계에선 프로젝트 마감일이 코앞에 닥쳐 팀원의 노동 강도가 가혹할 정도로 가중된 상황을 가리켜 '죽음의 행진(death march)'이라고 하는데, 애플사는 이런 행진에 능한 조직이었다. 애플의 한 엔지니어는 이렇게 말한다. "애플에서는 퇴근 후에도 사람들이 회사 일을 완전히 한쪽으로 제쳐놓거나 하지 않습니다. 마치 종교에 헌신하는 것처럼 그들은 애플에 헌신합니다."[30]

### ❸ 비전: "다르게 생각하라"

"We're gambling on our vision.(우리는 우리의 비전에 모든 것을 걸고 있습니다.)" 잡스가 1984년 매킨토시 발표 당시 인터뷰에서 한 말이다. 그는 이어 이렇게 말했다. "그러는 편이 '미투(me-too)' 제품을 만드는 것보다 낫다고 생각합니다. 그런 제품은 다른 회사들이나 만들면 돼요. 우리에게 중요한 것은 언제나 '그 다음의 꿈'입니다."[31]

잡스가 직접 주도한 애플의 광고는 늘 비전의 선전·선동이었다. 애플의 1997년 광고 "다르게 생각하라(Think Different)"의 60초 광고 문구는 다음과 같이 역설했다. "미친 자들을 위해 축배를. 부적응자들. 반항아들. 사고뭉치들. 네모난 구멍에 박힌 둥근 말뚝 같은 이들. 세상을 다르게 바라보는 사람들. 그들은 규칙을 싫어합니다. 또 현실에 안주하는 것은 원치 않습니다. 당신은 그들의 말을 인용할 수도 있고, 그들에게 동의하지 않을 수도 있으며, 또는 그들을 찬양하거나 비난할 수도 있습니다. 당신이 할 수 없는 한 가지는 그들을 무시하는 것입니다. 왜냐하면 그들이 세상을 바꾸기 때문입니다. 그들은 인류를 앞으로 나아가도록 합니다. 어떤 이들은 그들을 보고 미쳤다고 하지만, 우리는 그들을 천재로 봅니다. 자신이 세상을 바꿀 수 있다고 믿을 만큼 미친 자들 …… 바로 그들이 실제로 세상을 바꾸기 때문입니다."[32]

각 지면 광고에는 위대한 역사적 인물의 흑백사진을 싣고 사진 한쪽 구석에 애플 로고와 "다르게 생각하라" 문구를 찍었다. 위대한 역사적 인물들은 아인슈타인, 간디, 존 레넌, 밥 딜런, 피카소, 에디슨, 찰리 채플린, 마틴 루서 킹 등 잡스 자신의 영웅들이었다. 한결같이 기꺼이 모험을

감수하고 실패에 굴하지 않으며 남과 다른 방식으로 새로운 것을 시도한 창의적 인물들이었다.[33]

그러나 애플은 아시아에서 이 광고 캠페인을 전개할 때 중국을 자극할까봐 달라이 라마를 제외시켰다. 이에 『월스트리트저널』(1998년 4월 24일)은 논설을 통해 애플을 비난했는데,[34] '다르게 생각하라'는 어디까지나 이윤 추구를 전제로 한 개념임을 말해주는 것이라 하겠다.[35]

잡스는 애플에서 쫓겨난 뒤에 만든 넥스트의 첫 컴퓨터 발표회(1988년)에서도 오디오 파일을 첨부해 이메일을 전송하는 것을 시연해 보이면서 마틴 루서 킹 목사의 "나에게는 꿈이 있습니다" 연설과 케네디의 "국가가 당신을 위해 무엇을 해줄지 묻지 마십시오" 연설을 들려주었다.[36]

비전의 다른 이름은 혁신이었다. "My goal is to become ten-billion company with soul.(제 목표는 영혼이 있는 100억 달러 기업을 만드는 겁니다.)"[37] 잡스가 1980년 애플 주식 공개 후 기자 인터뷰에서 한 말이다. 늘 '영혼'이라는 말을 사랑한 잡스에겐 두 가지 꿈이 있었다. 혁신과 변혁을 선도하는 위대한 제품을 만드는 것과 영구히 지속될 수 있는 회사를 구축하는 것이었다. 그는 "진화, 바로 그것이 언제나 내가 노력하며 시도한 것이다. 끊임없이 나아가야 한다. 밥 딜런이 말했듯이 태어나느라 바쁘지 않으면 죽느라 바쁠 수밖에 없는 것이다."고 했다.[38]

잡스는 "혁신이야말로 리더와 추종자를 구분하는 잣대다"고 했다. 이를 국가적 차원에서 의미 있게 바라본 이들도 많았던 것 같다. 『뉴욕타임스』 칼럼니스트 토머스 프리드먼(Thomas Friedman)은 칼럼을 통해 대통령 버락 오바마(Barack Obama)에게 〈More (Steve) Jobs, Jobs, Jobs, Jobs〉라는 제목의 공개 서한을 보냈다. "우리는 미래 사회를 위해 수백만 명의 아이들을 스티브 잡스 같은 인물로 키워 나가야 합니다. 단순히 머리만 똑똑한 천재가 아니라 혁신과 기업가 정신에 열광하는 젊은이들이 절실히 필요한 상황입니다."[39]

잡스는 큰 리스크를 감수하고 새로운 비전에 모든 것을 거는 의지가 너무도 충만하였기에 그의 언행은 종교적 성격을 갖기 마련이었다. 모든 이들이 이구동성으로 잡스는 텔레비전에 나오는 복음 전도사 같다는 말을 하곤 했다. 픽사의 공동 창업자인 앨비 레이 스미스(Alvy Ray Smith)는 다음과 같이 말했다.

"저는 어린 시절 남부에서 침례교 교회를 다니며 자랐어요. 부흥회가 종종 열렸는데 타락한 설교자들이 마치 최면을 걸 듯 교인들을 현혹하곤 했어요. 스티브에게서도 그런 점을 볼 수 있었어요. 사람들을 현혹하는 혀 놀림과 미사여구 같은 것 말이에요. 이사회 모임을 가지면서 우리는 그것을 눈치챘고, 그래서 신호를 만들었어요. 누군가가 스티브의 왜곡장에 빠지면 코를 긁거나 귀를 당기는 신호로 주의를 환기시켜 다시 현실로 끌어내 주곤 했지요."[40]

잡스는 복음 전도사답게 늘 물질에 대한 집착을 피해야 한다고 역설하곤 했다. 우리의 소비 욕구가 건전하지 못하며, 깨달음을 얻기 위해선 무엇에도 집착하지 않고 물질을 추구하지 않는 사람의 방식을 계발해야 한다고 주장했다. 자신은 돈 때문에 이 일에 뛰어든 게 아니라고 강조하기도 했다.[41] 물론 이런 말들은 모순 투성이였지만 잡스의 물질적 성공과 이론적 비전의 결합은 같은 모순을 가진 사람들, 즉 진보적이면서도 자기만의 물질적 풍요는 누리고 싶어하는 사람들에겐 큰 위안이자 복음과도 같은 것이었다고 볼 수 있겠다.

### ❹ 독창성: “애플은 기술과 인문학의 교차로에 있다”

“애플은 기술과 인문학의 교차로에 있다.(We've always tried to be at the intersection of technology and liberal arts.)” 잡스는 프레젠테이션을 할 때마다 이 말을 하곤 했다.[42] 잡스의 출현 이전, 기술을 사랑하는 사람들과 예술을 사랑하는 사람들 사이의 간극은 매우 컸다. 기술 회사들은 창의성을 이해하지 못하고 직관적 사고의 가치도 몰랐는데, 음악, 그림, 영상, 컴퓨터를 모두 사랑했던 잡스는 기술을 개발하려면 직관과 창의성이 필요하며 예술적인 무언가를 만들어내려면 현실적 규율이 필요하다는 점을 이해했다. 그는 이렇듯 인문학과 과학기술의 교차점에 서 있었기에 융합시대의 선구자가 될 수 있었다.[43]

잡스는 “고객에게 그들이 원하는 것을 줘야 한다”는 원칙에 반대했다. 고객이 항상 옳은 것은 아니라고 생각한 그는 이렇게 말했다. “우리의 일은 고객이 욕구를 느끼기 전에 그들이 무엇을 원할 것인가를 파악하는 것이다. …… 사람들은 직접 보여주기 전까지는 자신이 무엇을 원하는지 모른다. 그것이 내가 절대 시장조사에 의존하지 않는 이유이다. 아직 적히지 않은 것을 읽어내는 게 우리의 일이다.”[44]

이 말은 “소비자는 스마트하다”는 잡스의 다른 말과 충돌하는 게 아니다.[45] 이런 오해를 염두에 둔 듯, 잡스는 이렇게 말하기도 했다. “그레이엄 벨(Alexander Graham Bell, 1847~1922)이 전화를 발명했을 때 시장 조사를 했을 것 같은가? 했을 리가 없지 않은가? …… 그래픽 기반의 컴퓨터가 무엇인지도 모르는 사람한테 그래픽 기반의 컴퓨터는 어떤 모습이어야 할지 물어보는 것은 아무런 의미가 없다. 본 적이 없기 때문이다.”[46]

잡스는 1997년 8월 보스턴에서 열린 맥월드 행사에서 “다르게 생각하라(Think Different)”는 애플의 광고 메시지를 다음과 같이 풀어서 설명했다. "애플 컴퓨터를 구입하려면 여전히 다른 사람들과는 다르게 사고해야 한다고 생각합니다. 우리 컴퓨터를 사는 사람들은 실제로 다르게 생각합니다. 이분들은 이 세상의 창조적인 영혼들이고, 이 세상을 바꾸고자 하는 이들입니다. 그런 사람들을 위해서 우리는 도구를 만들어 드립니다. …… 우리 역시 다르게 사고할 것이고, 처음부터 우리 제품을 구입해 온 사람들을 위해 봉사할 것입니다. 많은 사람들이 이 분들을 미쳤다고 말하지만 그 속에서 우리는 천재성을 발견하기 때문입니다." 기립박수가 길게 이어지는 동안, 사람들은 놀랍다는 표정으로 서로를 쳐다봤고 몇 명은 눈물을 훔치기도 했다.[47]

잡스는 자신의 두 제국인 애플과 픽사에 대해 이렇게 말했다. "애플과 픽사는 공통점이 있습니다 테크놀러지와 예술이라는 각기 다른 분야를 다루고 있지만 독창성이 핵심이라는 점에서는 똑같지요."[48] 시사 주간지 『타임』은 1999년 10월 18일자 표지 인물로 잡스를 선정하면서 "애플은 기술을 창조하기 위해서 예술을 사용한다. 픽사는 예술을 창조하기 위해서 기술을 사용한다."고 했다.[49]

독창성에 집착한 잡스는 직접적인 만남을 열렬히 신봉했다. "네트워크 시대니까 아이디어는 이메일과 채팅에서 나온다고 믿고 싶겠지만, 사실 창의성은 불시에 열리는 회의, 주제를 정하지 않은 토론에서 나온다"는 게 그의 신념이었다.[50]

잡스의 독창성에 대한 반론도 있다. 사망 직후 그에 대한 일방적인 찬사가 잇따른 가운데 미 경제전문지인 『포브스』는 "잡스는 선지자(visionary)가 아니라 좋은 의미의 기회주의자(opportunist)"라고 평가했다. 이 잡지는 "애플의 대표 제품인 아이맥·아이팟·아이튠스·아이폰·아이패드 모두 애플이 처음 만든 것은 아니었다"며 "인터넷 시대가 되자 다른 기회주의자처럼 잡스도 기존의 제품을 조합해 사람들이 사용하도록

했다"고 말했다. 『포브스』는 "잡스도 생전에 이같은 점을 IT전문매체와의 인터뷰에서 인정했다"며 "당시 인터뷰에서 그는 '창조란 사물을 단지 연결하는 것'이라고 밝혔다"고 말했다.[51]

미국의 기자이자 작가인 말콤 글래드웰(Malcolm Gladwell)도 『뉴요커』 기고문에서 잡스의 진정한 천재성은 디자인이나 비전이 아닌, 개량을 통해 완벽한 제품을 만들어내는 '편집(editing)'에 있다고 지적했다. 애플의 대표적인 제품들은 다른 사람들의 아이디어를 차용한 결과이며, 잡스는 기존 제품을 적절하게 개량해 적용하는 '트위커(tweaker)'였다는 것이다. 트위커는 기계, 특히 컴퓨터를 미세하게 개량해내는 사람을 뜻한다. 글래드웰은 그러나 잡스가 뛰어난 재능을 발휘한 것은 모든 희생을 감수하면서도 완벽함을 추구한 점이라고 덧붙였다.[52]

독창성을 어떻게 정의하건, 잡스가 기술과 인문학의 교차점을 찾기 위해 노력하고 성공을 거둔 것만큼은 충분히 독창적이었다고 말할 수 있겠다. 잡스가 자신의 발견에 대해 허풍을 치고 때론 기만마저 저질렀을망정 그 어느 한쪽의 대가들은 많아도 잡스처럼 두 가지를 다 섭렵했거나 섭렵하려고 애쓴 대가는 드물기 때문이다.

### ❺ 반항: "해군이 되느니 해적이 되는 게 낫다"

미국에서 1960년대를 휩쓸던 반反문화(counterculture)의 반항정신은 1970년대부터 대기업의 마케팅 공세에 포섭되었다. 대기업들은 앞다투어 반항자·이단자 이미지와 더불어 격식파괴를 넘어선 규칙파괴를 예찬하는 광고 공세를 퍼붓곤 했다. "혁명!(Revolution!)"을 외치는 건 기본이었다.[53]

미국에서 그런 '반항 마케팅'의 원조는 독일의 폭스바겐(Volkswagen)

이다. 폭스바겐은 이미 1960년대부터 자본주의 체제라고 하는 기계의 톱니바퀴가 되지 않으려면 폭스바겐을 사라는 선전 공세를 퍼부었는데, 히피들이 주요 고객이었다. 반항에 매료된 히피들이 폭스바겐 비틀스(Beetles)를 산 이유는 오직 하나였다. 폭스바겐이 '대중사회(mass society)'를 거부한다는 것이었다.[54]

1970년대부터 '여피(yuppie)', 즉 '도시에 사는 젊은 전문직 종사자(Young Urban Professional)'들이 히피 계보의 뒤를 이었다. 이들은 체제 속의 톱니바퀴로 고소득을 올리면서도 자신이 톱니바퀴는 아니라는 위안을 얻고자 '반항 마케팅'을 구사하는 제품을 선호했다. '반항 마케팅'의 선두 주자는 단연 SUV(Sport Utility Vehicle)였다. 자유에 대한 열망과 더불어 자신의 인생이 모험이라는 마스터베이션을 하는 데엔 SUV가 제격이었다.[55]

이처럼 '반항 마케팅'은 잡스 이전에도 존재했던 것이지만, 잡스는 '반항 마케팅'을 극단으로 끌고 갔다는 점에서 타의 추종을 불허했다. 잡스는 러시아 혁명가 트로츠키를 찬양했다. 트로츠키는 잡스가 동일시하고 싶어하는 혁명가였기 때문이다. 그는 27살 때 자신의 영웅인 저항 가수 밥 딜런(Bob Dylan)의 연인이었던 저항 가수 존 바에즈(Joan Baez)와 교제했다. 당시 바에즈는 41살이었다. 사람들은 그녀가 딜런의 연인이었기 때문에 사귄 거라고 생각했다. 딜런과 그런 식으로라도 연결되길 바랐다는 것이다.[56]

반항의 일상적 실천이었을까? 시계는 만 달러짜리를 차더라도 구겨진 셔츠에 색 바랜 청바지를 입었으며, 시계도 화려한 티가 나는 롤렉스(Rolex) 대신에 파텍 필리프(Patek Philippe)를 찼다.[57] 잡스는 자가용에 번호판을 달지 않았고, 회사 정문 옆의 장애인 주차 구역에 차를 세웠으며, 가끔은 두 칸에 걸쳐 주차할 때도 있었다.

잡스는 늘 자신을 사악한 제국에 맞서는 반항아로, 비즈니스 경쟁을 종교전쟁으로 간주했다. 그는 직원들에게 반항 정신을 심어주기 위해 "해군이 되느니 해적이 되는 게 낫다(Pirates! Not the Navy!)"고 주장했으며, 사원 채용시에도 반항적인 사람을 선호했다. 물론 반항을 뒷받침할 정도로 똑똑해야만 했다. 그는 사람들에게 스스로를 반反기업적이고 창의적이며 혁신적인 반항아로 정의하도록, 그리고 그 정의를 내리는 기준이 애플 브랜드를 사용하는가의 여부가 되도록 이끌었다.[58] 물론 잡스는 반항 정신은 비전을 위한 것이라고 주장했다. "스스로 척도가 되십시오. 어떤 사람들은 탁월함이 당연하게 받아들여지는 환경에 익숙하지 않습니다."[59]

그러나 애플의 '반항'은 광고 등과 같은 이미지를 통해서만 나타났을 뿐, 현실은 반항과는 거리가 멀었다. 애플은 아이폰과 아이패드에 다운로드할 수 있는 앱의 종류를 철저히 통제했으며, 포르노를 전면 금지했다. 잡스는 어느 고객에게 보내는 이메일에서 "우리는 아이폰에 포르노가 다운로드되는 것을 막아야 할 도덕적 책임이 있다고 믿습니다. 포르노를 원하는 사람은 안드로이드를 사면 됩니다."라고 말했다. 이에 기술 가십 사이트 밸리웨그의 편집장인 라이언 테이트는 잡스에게 이런 이메일을 보냈다. "만약 딜런이 지금 스무 살이라면 당신의 회사에 대해 어떻게 생각할까요? 아이패드가 눈곱만큼이라도 '혁명'과 관련이 있다고 생각할까요? 혁명의 본질은 자유입니다."[60]

혁명의 본질은 자유이지만, 자본주의 국가에서의 자유는 돈이 보장하는 법이다. 반항은 이미지 소비만으로 족하다는 게 애플 제품을 구입할 수 있는 경제적 지위에 있는 '반항자들'의 한결같은 소망이었고, 자신들의 그런 모순을 말끔하게 해결해준 잡스는 그런 점에서도 그들의 교주가 되기에 충분한 인물이었다.

### ❻ 열정: "늘 갈망하면서 우직하게 자기 길을 가라"

"Stay Hungry, Stay Foolish.(늘 갈망하면서 우직하게 자기 길을 가라.)" 잡스가 2005년 6월 12일 스탠퍼드 대학 졸업식 축사에서 췌장암에 걸려 '6개월 시한부 인생'을 선고받았으나 극적으로 회생한 자신의 경험담을 털어놓는 가운데 "매일을 인생의 마지막 날처럼 살아야 한다."며 한 말이다.[61] 이 말은 잡스가 탐독하던 언더그라운드 잡지 『전 지구 캐터로그(Whole Earth Catalog)』의 1974년판 뒤표지에 실려있던 것으로, 당시 발행인이자 편집장을 맡고 있던 케빈 켈리(Kevin Kelly)가 저작권자다.[62] 이 말로 대변되는 열정은 잡스의 전 생애를 꿰뚫는 키워드라고 해도 과언이 아니다.

잡스는 1986년 컴퓨터 애니메이션 영화를 만들어보겠다는 포부를 갖고 영화제작자 조지 루카스(George Lucas)로부터 픽사 애니메이션(Pixar Animation)을 인수했다. 그리고 그는 1995년 컴퓨터 애니메이션 『토이 스토리(Toy Story)』를 출시해 대성공을 거두었다. 교주를 쫓아낸 애플은 무엇을 하고 있었던가? 애플은 마이크로소프트 윈도와 IBM 호환 기종에 밀려 만성적인 적자에 허덕이고 있었다. 1997년 애플 회장 길버트 아멜리오(Gilbert Amelio)는 초대 교주의 영성이 필요하다는 용단을 내리고, 잡스를 모셔온다. 그의 애플 복귀는 '왕의 귀환'으로 불렸다.

"애플 컴퓨터는 부활할 것인가?" 잡스가 '임시' 회장으로 애플에 복귀하자 세계 컴퓨터 업계와 언론의 관심이 애플의 부활 여부에 쏠렸다. 돌아온 잡스 교주는 기가 막혔다. "직원들의 눈에서 예전의 뜨거운 열정도 명확한 기업 전략도 찾아볼 수 없었다."[63] 종교 용어로 바꾸자면, 신앙심도 없고 신앙의 목표도 없이 헤매고 있었다는 말이겠다. 잡스는 곧장 불량신도 색출 작업에 들어갔다. 1만 7,000명의 직원을 절반 수준인 9,600

명으로 줄였다. 그는 대대적인 정리 해고를 하면서도 배려가 일체 결여된 잔혹한 방식으로 했는데, 그 명분은 바로 열정이었다.

잡스는 무엇에건 흥미만 느끼면 극단적 열정을 보이는 사람이었다. 자신의 아이들에게 관심을 집중했다가도 다른 일에 몰두하면 완전 무시할 정도로 집중적 열정의 포로였다. 직원 채용의 첫 번째 기준도 열정이었다. 잡스교 신도들 중엔 그의 열정과 집념에 반한 사람들이 많다. 그에게서 뿜어져 나오는 기운만으로도 잡스의 설득에 넘어간 사람들도 많았다.[64]

열정엔 두 종류가 있다. 짧은 열정과 긴 열정. 잡스는 두 번째 열정의 소유자였다. 징그러울 정도의 집요함, 이게 바로 잡스형 열정의 핵심이었다. 그는 1985년 『플레이보이』지와의 인터뷰에서 이렇게 말했다. “I'm convinced that about half of what separates the successful entrepreneurs from the non-successful ones is pure perseverance. (저는 성공한 기업들과 성공하지 못한 기업가들을 가르는 기준의 50퍼센트 정도는 순전히 ‘집요함’ 여부에 의해 결정된다는 사실을 확신하고 있습니다.)”[65]

열정의 비용은 시간이다. 잡스의 생물학적 여동생인 모나 심프슨(Mona Simpson)의 소설 『보통남자(A Regular Guy)』(1996)엔 잡스가 이렇게 묘사되었다. “그는 변기 물을 내릴 시간도 없을 정도로 바쁜 남자였다.” 잡스는 애플 임시 CEO로 복귀 후 자신이 따로 만들었던 픽사도 동시 경영을 하였는데, 그야말로 살인적인 스케줄의 연속이었다. 아침 7시에 출근해 밤 9시에 퇴근하는 일상이 반복되었는데, 집에 돌아오면 아이들은 이미 잠든 후였고, 그 자신은 녹초가 돼 말 한 마디 할 기력도 없이 쭉 뻗어버리곤 했다.[66]

열정을 가진 사람의 가장 큰 문제점은 남들에게도 그런 열정을 요구한다는 점이다. 잡스는 납품업체가 정해진 기간내에 칩을 충분히 공급하지 못할 위기에 빠지자 그 회사의 관계자들이 참석한 미팅 자리에 난입해 "빌어먹을 고자 자식들!(Fucking dickless assholes!)"이라고 고함을 질렀다. 다행히도 결국 칩은 제시간에 모두 납품되었고 그 회사의 경영진은 등에 자랑스럽게 "팀 FDA"라고 새겨진 재킷을 만들어 입었다지만,[67] 모든 경우에 그런 해피엔딩이 가능할 수는 없는 일이었다.

열정이 넘치는 가운데 완벽을 열망한 잡스는 자신의 기대 수준에 미치지 못하는 것에 만족하거나 여타의 가능성과 타협하는 법을 잘 몰랐다.[68] 그러나 열정을 충족시킬 수 있다면 그 어떤 타협도 마다하지 않았다. 마음에도 없는 사람에게 아부도 할 수 있었다고 하니, 열정을 동력으로 삼은 권모술수라고나 할까.

잡스의 열정은 집중하는 능력에서도 잘 발휘되었다. 그는 일의 우선순위를 정해서 거기에 관심을 정조준하고 정신을 흩뜨리는 것들을 걸러냈다. 그는 자신의 집중하는 능력과 단순함에 대한 애착은 선 수행에서 나오는 것이라고 생각했다. 그러나 이는 인격과는 무관하게 제품에만 적용되는 원칙이었다. 잡스는 "애플이 사람들에게 공감을 얻는 이유는 우리의 혁신에 깊은 인간애가 흐르고 있기 때문이다"고 했지만,[69] 그에겐 제품이 곧 인격이었고 인간애였다.

### ❼ 통제욕: "사용자 경험 전반에 대해 책임을 지고 싶다"

잡스는 비전과 더불어 언변이 뛰어난 독재자였다. 그는 누군가의 지배를 받는 것은 극도로 싫어했으며, 목표를 이루기 위해 사람들을 조종하는 과정에서 냉정하고 혹독한 모습을 보이기도 했다. 모든 상황을 통제하려는 강렬한 욕구, 그건 그의 본능인 것처럼 보였다. 그는 사람들의 마음을 읽고 그들의 심리적 약점, 불안을 알아내는 비상한 능력으로 사람들을 자신에게 종속시키는 능력을 갖고 있었다. 어떤 이들은 잡스의 그런 점을 초인적인 능력으로 평가하기도 했다.[70] 애플의 임원이었던 장-루이 가세(Jean-Louis Gassée)는 인상적인 표현으로 잡스의 경영방식을 지지했다. "민주주의자는 위대한 제품을 만들지 못합니다. 우리에게 필요한 것은 유능한 독재자입니다."[71]

잡스는 특히 응시와 침묵으로 사람들을 지배하는 기술, 즉 눈을 깜박이지 않고 상대를 응시함으로써 자신에게 빠져 들게 만드는 법을 터득했다. 잡스와 같이 일했던 데비 컬먼은 이렇게 말했다. "그는 레이저를 쏘듯 사람들의 눈을 응시했고 그러면서 눈 한 번 깜박이지 않았어요. 그럴 때면 그가 청산가리를 탄 음료수를 내놓아도 아마 그냥 마실 걸요."[72]

스탠포드대 심리학자인 로데릭 크레이머(Roderick Kramer)는 잡스를 '위대한 협박자'로 분류했다. 그의 연구에 따르면, 위대한 협박자는 공포와 협박으로 사람들을 고무시키는 사람이다. 두려움을 통해서, 그리고 동시에 기쁨을 주겠다는 욕망을 통해서 사람들을 자극하는 엄격한 아버지 유형의 리더라는 것이다.[73]

잡스는 2005년 스탠포드대학 졸업식 축사에서 다른 사람의 거창한 의견이 자신의 마음 속에서 들려오는 진실한 소리와 직관을 몰아내지 않도록 주의를 기울여야 한다고 조언했지만, 그는 직원들이 자신의 의견을 내세우지 말고 명령에 따를 것을 요구했다. 그는 모든 광고를 감독하고 승인하는 일부터 시작해, 극비인 외부회의에 참석할 임직원을 결정하는 일에 이르기까지 사소한 것 하나까지 직접 꼼꼼히 챙기는 '마이크로 매니저(micromanager)'였다.[74]

잡스는 애플의 비밀주의를 극단으로 몰고 갔다. 애플에는 '궁극적으로 꼭 알아야 할 것만 공유하는 문화(the ultimate need-to-know culture)'가 존재한다. 애플의 하드웨어 담당 임원이었던 존 루빈스타인(Jon

Rubinstein)은 2000년 『비즈니스위크』에 "우리는 테러단체 같은 점조직을 갖고 있다. 꼭 알아야 할 것 이외의 정보는 절대 공유하지 않는다."고 말했다. 회사 안에 성이나 담을 쌓고 외부와 소통하지 않는 부서를 가리켜 사일로(Silo)라고 하는데, 애플에선 사일로 안에도 사일로가 존재한다. "입을 열었다가는 큰 일 난다"는 애플 직원들의 강박관념은 일반인도 물건을 살 수 있는 사내 매점에서 판매하는 티셔츠에도 유머러스하게 드러나 있다. 이 티셔츠에는 "난 애플캠퍼스를 방문했다. 하지만 내가 말할 수 있는 건 그게 전부다(I visited the Apple campus. But that's all I'm allowed to say.)"라고 쓰여 있다.[75]

잡스의 강렬한 통제욕은 완벽주의로 나타났다. 그는 제품을 시간과 예산에 맞춰 완성하기 위해 실용적인 타협을 하는 사람들을 용인하지 못했다. 제품을 예술, 아니 종교적 작품으로 간주했기 때문이다. 잡스의 애플은 1984년 1월 24일 오늘날 PC의 원형이 된, 최초로 그래픽 인터페이스(Graphic Interface)를 채용하고 마우스를 사용하여 조작하는 매킨토시(Macintosh)를 내놓았다. '맥(Mac)'이란 애칭으로 불린 매킨토시는 생산 첫 해에만 40만 대 이상 판매되며 큰 선풍을 일으켰다. 매킨토시가 출시되기 직전 잡스는 사원들이 모인 자리에서 "난 너에게 세례명으로 매킨토시를 주노라"라고 말하면서 페리어 광천수를 컴퓨터 위에 붓는 의식儀式을 연출했다. 모두가 일어서서 환호성을 질렀으며, 잡스의 그런 연기는 사원들의 사기를 진작시키는 마술 같은 효과를 발휘했다나.[76]

통제욕과 완벽주의에 사로잡힌 잡스는 하드웨어, 소프트웨어, 콘텐츠, 마케팅에 이르기까지 제품의 모든 측면을 통합해야 한다고 생각했다. 그래서 하드웨어와 소프트웨어가 통합된 엔드투엔드 방식을 선호했고, 그렇기 때문에 다른 제품과 호환이 되지 않는 컴퓨터를 만들었다. 경쟁자인 빌 게이츠와는 정반대의 방식이었다. 데스크톱 영역에서는 이러한 전략이 하드웨어와 소프트웨어를 다른 회사들에 개방하는 마이크로소프트나 IBM의 접근법을 이길 수 없었지만 디지털 허브 영역에서는 컴퓨터와 기기, 소프트웨어를 통합해서 통일성을 부여한 애플이 그들보다 유리했다. 동일계열의 컴퓨터로 모바일 기기에 담긴 콘텐츠를 막힘없이 매끄럽게 제어하도록 만들 수 있었기 때문이다.[77]

잡스의 통제욕과 완벽주의는 심지어 내부의 PC 회로기판처럼 숨겨진 곳의 아름다움까지 신경 쓰는 수준에까지 이르렀다. 컴퓨터 안에 들어가는 볼트에도 비싼 도금을 하는 등 수리공 이외에는 아무도 볼 일이 없는 부분도 바깥쪽과 똑같이 공을 들였다. 소비자가 열자마자 쓰레기통에 버릴 박스나 포장의 외양에도 집착에 가까운 정성을 들였다. 애플스토어 화장실 표지판에 들어갈 회색의 색조를 결정하는 데에까지 관여해 그걸 정하는데 30분이나 걸렸다나.[78]

애플의 엔드투엔드 방식은 '애플 생태계'라는 말까지 낳게 했다. 아이폰·아이패드 같은 하드웨어와 이를 작동시키는 운영체제(iOS), 보고 즐기는 컨텐츠, 기기를 사고파는 오프라인 매장(애플스토어)과 애플리케이션(앱)을 거래하는 앱스토어를 통틀어 생태계로 칭한 것이다. 세계에서 애플만 유일하게 이런 상태계 전체를 갖고 있다. 기기를 만들어 애플스토어에서 팔고, 아이튠즈에서는 음악을, 그리고 앱스토어에서는 앱을 판매한다. 이렇게 하드웨어·소프트웨어의 생산에서 소비까지 전 과정을 틀어쥐고 있는 데서 애플의 사장 장악력이 나온다는 게 경영학자들의 분석이다.[79]

2009년 애플은 더 이상 맥월드에 참가하지 않겠다고 발표했는데, 이는 애플스토어라는 믿는 구석이 있기 때문에 나온 것이다. 2001년 5월 애플이 애플스토어 계획을 발표했을 때, 업계에선 거의 모두 비웃으면서 실패할 거라고 장담했지만 오늘날 미국 고급 쇼핑몰 중에 애플스토어가 없는 곳은 거의 없을 정도로 대성공을 거두었다.[80] 애플스토어의 점포당 매출은 2011년 평균 4,300만 달러에 달했다. 이는 1평방피트(약 0.09평방미터) 당 5,137달러의 매출을 올린 셈인데, 전자제품 판매점인 베스트바이의 미국내 점포 1평방피트당 평균 850달러, 보석 판매점인 티파니의 3,004달러보다 높은 것이다. 애덤 라신스키(Adam Lashinsky)는 "애플스토어는 전 세계 애플 왕국의 충실한 국민들에게 하나의 광장이 되고 있다"고 했고, 파코 언더힐(Paco Underhill)은 "애플스토어는 점포가 아닙니다. 그것은 복음주의의 구현입니다"라고 했다.[81]

그런데 엔드투엔드 방식이 가진 문제점은 사용자들을 기쁘게 하고자 하는 열망 때문에 사용자들에게 권한을 주지 않는다는 것이다. 작가 마이크 데이지(Mike Daisey)는 『뉴욕타임스』 기고문에서 "애플 제품의 사용자들은 자기 뜻대로 프로그램을 설치할 수 없고, 애플이 통제하는 애플의 서버로부터 다운로드를 받아야 한다"며 모든 프로그램은 "애플의 통제와 검열을 받는다"고 썼다.[82]

또 조너선 지트레인(Jonathan Zittrain)은 "왜 나는 아이패드를 사지 않으려고 하는가"라는 글에서 이렇게 말했다. "매우 사려 깊고 멋진 디자인이다. 하지만 또한 사용자에 대한 명백한 멸시가 포함되어 있다. 아이들에게 아이패드를 사주는 것은, 이 세상이 자신의 것이며 스스로가 분해해 재조립해야 할 대상임을 깨닫게 해주는 방법이 될 수 없다. 그보다는 배터리를 바꿔 끼우는 단순한 일조차 전문가에게 맡겨야 한다고 일깨워주는 수단이 된다."[83]

반면 잡스는 통합적인 접근법을 정의正義의 문제로 간주했다. "우리가 이런 것들을 하는 이유는 통제광이라서가 아닙니다. 훌륭한 제품을 만들고 싶어서, 사용자들을 배려해서, 남들처럼 쓰레기 같은 제품을 내놓기보다는 사용자 경험 전반에 대해 책임을 지고 싶어서 그러는 겁니다."[84]

엔드투엔드 방식에 대한 비판은 사회학적인 반면, 잡스의 반론은 종교적이다. 과연 소비자들은 어떤 걸 더 원할까.

### ❽ 단순성: "단순함은 복잡함보다 더 어렵다"

"That's been one of my mantras — focus and simplicity. Simple can be harder than complex.(제가 반복해서 외우는 주문 중 하나는 '집중'과 '단순함'입니다. 단순함은 복잡함보다 더 어렵습니다.)[85] 잡스가 『비즈니스위크』(1998년 5월 12일)와의 인터뷰에서 한 말이다.

잡스는 젊은 시절부터 선불교, 명성과 영성, 채식주의에 탐닉했는데, 바로 여기서 여기서 그의 순전한 미니멀리즘 미학, 강렬한 집중과 직관력이 탄생했다. 미니멀리즘(Minimalism: 최소주의)은 사물의 근본만을 표현했을 때 현실과 작품과의 괴리가 최소화되어 진정한 리얼리티가 달성된다는 믿음에 근거해 기교나 각색을 최소화하는 예술·사상적 경향을 말한다.

"단순화하라, 단순화하라, 단순화하라(Simplify, Simplify, Simplify)." 애플의 마케팅과 커뮤니케이션팀이 일하는 사무실 복도의 벽에 크게 쓰여져 있는 슬로건이다.[86] 잡스는 단순한 디자인이라는 핵심 요소가 제품을 직관적으로 쉽게 사용할 수 있도록 만든다고 믿었다. 그가 신봉한 디자인 철학의 핵심은 레오나르도 다빈치가 말한 것으로 알려진 "단순함이란 궁극의 정교함이다"라는 명제다.[87] 이는 복잡성을 무시하는 게 아니라 그것을 극복함으로써 얻는 단순성을 추구한다는 뜻이었다. 미국 사회심리학자 스탠리 밀그램(Stanley Milgram, 1933~1984)은 "단순성은 효과적인 과학적 탐구의 열쇠다(Simplicity is the key to effective scientific inquiry)."고 했는데,[88] 잡스에겐 단순성이 효과적인 과학적 탐구의 결과였다. 잡스는 1995년 『와이어드』와의 인터뷰에서 다음과 같이 말했다.

"디자인은 재미있는 단어입니다. 어떤 사람들은 디자인이 그저 겉모습만을 의미한다고 생각합니다. 하지만 조금만 더 깊이 생각해보면 디자인이 기능을 의미한다는 것을 알 수 있습니다. 무언가를 잘 디자인하기 위해서는 우선 그것을 이해해야 합니다. 정말로 깊이 이해해야 합니다. 그리고 무언가를 철저하게 이해하려면 열정적으로 그것에 미쳐야 합니다. 그것을 곧바로 집어삼켜서는 안 되고 차근차근 곱씹어야 합니다."[89]

단순성은 잡스의 통제욕과도 긴밀히 연결돼 있는 것이다. 단순성 철학에서 잡스의 생각을 대변하곤 했던 아이브는 "우리는 왜 단순한 게 좋은 거라고 생각할까요? 물리적인 제품을 다룰 때 그것을 제압할 수 있다고 느끼고 싶어 하기 때문입니다. 복잡한 것에 질서를 부여하면, 제품이 사용자에게 순종하도록 하는 방법을 찾을 수 있습니다."라면서 다음과 같이 말했다.

"단순함은 단지 하나의 시각적인 스타일이 아닙니다. 미니멀리즘의 결과이거나 잡다한 것의 삭제도 아니에요. 진정으로 단순하기 위해서는 매우 깊이 파고 들어야 합니다. 예를 들어 무언가에 나사를 한 개도 쓰지 않으려고 하다 보면 대단히 난해하고 복잡한 제품이 나올 수도 있습니다. 더 좋은 방법은 보다 깊이 들어가 제품에 대한 모든 것과 그것의 제조 방식을 이해하는 겁니다. 본질적이지 않은 부분들을 제거하기 위해서는 해당 제품의 본질에 대해 깊이 이해하고 있어야 합니다."[90]

잡스는 다 죽게 생겨 병원에 입원해서도 마스크의 디자인이 마음에 안 들어서 쓰기 싫다고 투덜거릴 정도로 디자인에 집착했다. 잡스에게 디자인은 표면적 모습이 아니라 제품의 본질을 반영하는 것이었다. 잡스는 "대부분의 사람들에게 디자인은 '겉모습'을 뜻합니다. 하지만 내 생각엔, 그건 디자인의 의미와 정반대입니다. 디자인은 인간이 만든 창작물의 근간을 이루는 영혼입니다. 그 영혼이 결국 여러 겹의 표면들을 통해 스스로를 표현하는 겁니다."라고 말했다.[91]

그래서 애플에서 제품을 디자인하는 과정은 그것이 어떻게 설계되고 제작될 것인가 하는 문제와 통합적으로 연결되었다. 다른 대부분의 회사들에서는 주로 엔지니어들이 디자이너들을 이끄는 경향이 있지만 애플에선 정반대였다. 디자인이 엔지니어링을 통제했다. 디자인팀이 CEO와 직속으로 연결돼 있는 회사는 애플이 유일한데, 디자이너들은 애플에서 가장 존경받는 사람들이다.[92]

잡스는 복잡한 것과 씨름하기를 좋아하지 않았다. 복잡한 설계도를 읽는 대신 모형을 보고 느끼길 원했다. 집중을 원한 것도 단순성의 일환이었다. 잡스는 1997년 9월 애플에 복귀후 제품 종류의 70퍼센트를 없애버리면서 집중을 강조했다. 그는 애플 브랜드의 재건을 강조하면서 이렇게 말했다. "People don't have time to choose everything in their lives.(사람들은 일상속 선택의 순간에 대해 고민할 시간이 없다.)" 즉, 브랜드는 그 선택의 순간을 도와주기 때문에 정보가 넘쳐나는 시대에는 브랜드가 더욱 중요하다는 논리였다.[93]

흥미로운 건 잡스가 애플에서 쫓겨나 복귀하기까지 이 모든 논란의 한복판에 있었던 존 스컬리(John Sculley)와 잡스의 관계도 '브랜드'를 매개로 이루어진 것이라는 점이다. 잡스는 1983년 펩시콜라의 사장으로 있던 스컬리를 애플로 영입하기 위해 다음과 같은 유혹의 메시지를 던졌다. Do you want to sell sugared water for the rest of your life, or do you want to come with me and change the world?(남은 평생 동안 설탕물이나 팔고 있을 건가요? 아니면 나와 함께 세상을 바꾸고 싶으신가요?)[94]

스컬리는 이 말을 듣는 순간 한 대 맞은 듯한 기분이 들었다고 했는데, 그는 잡스의 '현실왜곡장'에 걸려든 것이다.[95] 잡스의 말에 넘어간 스컬리는 애플 CEO가 된 후 잡스와 갈등을 빚다가 잡스를 쫓아내는 데 성공하지만, 결국 나중에 잡스가 다시 복귀함으로써 영원히 잡스의 그늘에 파묻히는 악연惡緣의 주인공이 된다. 그런데 잡스는 왜 하필 '설탕물'이나 팔던 스컬리를 애플에 영입하고자 했던 걸까? 바로 이 물음에 대한 답 속에 잡스의 브랜드 철학이 숨겨져 있다.

펩시콜라나 코카콜라가 시커먼 설탕물을 전 세계적으로 팔아먹을 수 있었던 것은 그 설탕물에 덧씌운 이미지 파워 덕분이었다. 스컬리는 "마케팅은 연극을 무대에 올리는 일과 같다"고 했다.[96] 그런 '이미지 마케팅'의 차원에선 콜라와 애플 제품은 다를 게 전혀 없다는 것, 이는 애플의 광고 속에서 얼마든지 확인할 수 있는 것이었다. 애플 광고의 문법은 고급 스포츠카 광고의 문법과 비슷했다. 멋진 모델은 이미지 언어를 통해 사실상 이렇게 외쳐댄다. "그래. 나처럼 멋지게 성공하고 싶으면 이걸 사란 말이야!"[97]

잡스는 제품의 전원 스위치마저 불필요한 것으로 간주했다. 사용하지 않으면 자동으로 동면 상태에 들어갔다가 사용자가 아무 버튼이나 누르면 다시 깨어나도록 만들면 되지 굳이 전원 스위치를 만들어 복잡하게 할 필요가 없다는 것이었다. 아이팟에서 전원 스위치를 제거한 것은 처음엔 사람들을 경악케 했지만, 이후 애플 기기 대부분에 적용된 성공적인 원칙이 되었다.[98] 이미 만들어져 있는 제품에 무엇을 추가하는 '플러스 디자인'이 아니라, 오히려 불필요한 요소를 제거하는 '마이너스 디자인'이 애플 디자인의 토대가 된 것이다.[99]

"You already know how to use it.(당신은 이미 이것을 어떻게 사용하는지 알고 있다.)" 애플의 아이패드 TV 광고에 나오는 문구다.[100] 평소 입버릇처럼 "20분만 투자하면 쓸 수 있는 컴퓨터를 만들겠다"[101]고 말하곤 했던 잡스는 마이클 노어(Michael Noer)가 포브스닷컴에 올린 아이패드 관련 일화를 읽고 감동을 받았다. 자신의 단순성 철학이 옳다는 걸 입증하는 일화로 여겼기 때문이다.

노어가 콜롬비아의 시골에서 아이패드로 소설을 읽고 있는 데 가난한 여섯 살짜리 소년이 다가왔다. 그 소년에게 아이패드를 넘겨 주었더니, 소년은 곧 스스로 핀볼 게임을 시작하는 게 아닌가. 노어는 이렇게 썼다. "스티브 잡스는 여섯 살짜리 문맹 소년도 아무런 설명 없이 사용할 수 있는 강력한 컴퓨터를 설계했다. 그것이 마법이 아니고 무엇이겠는가."[102]

### ❾ 이분법: "그들이 애플을 무너뜨리려고 한다"

잡스는 결코 온화한 교주는 아니었다. 열성신도에겐 최대의 보상을, 불량신도에겐 가혹한 처벌을 내리는 '얼음 교주'였다. 그는 직원들이 애써 만들어낸 작품을 한 번 훑어본 후 "낙제점이군"하고 비웃는 일도 잦을 정도로 자신의 생각을 거침없이 밝히는 걸로 악명이 높았다. 잡스는 특별한 소수, 즉 천재의 가치를 믿는 엘리트주의자였으며, 세상을 이분법으로 보는 흑백주의자였다. 잡스에게 사람은 무조건 '깨달은 사람'이 아니면 '멍청한 놈'이었고, 그들의 업무는 '최고'든가 아니면 '완전히 쓰레기'였다.[103]

잡스는 포기를 모르는 끈덕진 성격이었지만 대인관계에서의 인내는 잡스의 덕목이 아니었다. 자신의 마음에 들지 않는 사람에겐 몹시 무례했으며, 변덕스러운 성격, 아니 조울증에 가까울 정도로 정서적 양극성을 보이곤 했다. 잡스는 이런 지적에 대해 이렇게 항변했다.

"나는 내가 사람들을 함부로 다룬다고 생각하지 않는다. 무언가가 형편없으면 그저 면전에 대고 그렇게 얘기하는 것뿐이다. 솔직하게 말하는 게 나의 일이다. 나는 내 말의 논지를 놓치는 법이 없으며 대개는 내가 옳은 것으로 드러난다. 그것이 내가 조성하기 위해 노력한 문화이다. 우리는 서로에게 가혹할 정도로 솔직하며 내가 엉터리라고 생각하면 누구든 내게 그러한 생각을 말할 수 있고 나 역시 그럴 수 있다."[104]

2012년 3월 아이작슨은 『하버드 비즈니스 리뷰』에 쓴 〈스티브 잡스의 리얼 리더십 교훈〉이라는 제목의 글에서 "잡스에 대해 충분히 공부했다고 생각하는 CEO들이 독선적이고 거친 면모만을 모방하고, 직원에게 영감을 주고 충성심을 이끌어낼 줄 아는 그의 능력을 이해하지 못한다면 치명적인 실수를 저지르는 것"이라고 지적했다. 무례하거나 거친 잡스의 말과 행동은 직원들에게 영감을 주기 위한 것이라는 주장이다. 잡스는 "우수한 인재라면 응석받이로 키울 필요가 없다. 애플 직원들은 경쟁사 직원들보다 우수하기 때문에 강하게 대했다"고 그에게 말했다. 아이작슨은 잡스의 참모들이 다른 회사 임원들보다 더 오래, 더 충성스럽게 사장 곁에 남았다는 점을 근거로 들었다.[105]

일부 열성신도들도 잡스 교주가 그렇게 함으로써 교직자와 신도들의 내재된 재능을 이끌어 내는 재주가 있다고 옹호했다.[106] 잡스의 이분법은 마케팅 전략에선 '적 만들기(enemy-making)' 수법과 '우리 대 그들(us against them)'의 수법으로 나타났는데, 2006년의 '맥을 사세요(Get a Mac)' 광고는 아예 '천사와 악마'라는 제목을 붙여 30초 내내 악당(PC)과 영웅(맥)의 이야기를 보여주었다.[107]

카마인 갈로(Carmine Gallo)는 『스티브 잡스 프레젠테이션의 비밀(The Presentation Secrets of Steve Jobs: How to Be Insanely Great in Front of Any Audience)』(2009)에서 "스티브 잡스는 악당을 만들어내는 데 매우 뛰어나다. 잡스는 적대자(기존 제품의 한계)를 내세운 다음, 삶을 보다 나은 것으로 만들어줄 해결책을 영웅으로 등장시킨다. 애플의 제품은 세상을

구하는 영웅이다."고 했다.[108]

마케팅 전문가인 마틴 린드스트롬(Martin Lindstrom)은 『바이올로지(Buyology)』(2008)에서 잡스의 마케팅을 공통의 비전과 구체적인 적대자를 내세우는 전도활동에 비유했다. "공통의 적을 제시하면 믿음을 드러낼 기회와 함께 같은 신도들끼리 단결할 명분이 생긴다. …… 이 대결 전략은 브랜드에 충성하는 팬들을 끌어모으고, 논쟁을 불러일으키며, 구매 의욕을 자극한다."[109]

잡스는 2010년 6월에 터진 이른바 '안테나게이트(Antennagate)'마저 그런 식으로 대응해 논란을 빚었다. 7월 13일 미국 소비자연맹이 발간하는 『컨슈머 리포트』는 수신 기능 문제를 거론하며 "아이폰4를 추천하지 않겠다"고 밝혔다. 잡스가 '아이폰4'의 수신불량 문제를 진작 알고 있었으면서도 그걸 무시하고 디자인 위주로 밀어붙였다는 의혹도 제기되었다.[110]

잡스는 이 문제가 불거진 지 22일 만인 7월 16일 캘리포니아 쿠퍼티노 애플 본사에서 아이폰4 수신문제와 관련해 기자회견을 가졌다. 안테나가 달린 아이폰4 밑부분을 잡으면 수신이 잘 안 된다는 고객의 불만에 "그렇게 쥐지 말라"며 애써 무시했던 잡스는 "우리는 완벽하지 않다. 폰 역시 완벽하지 않다"고 말한 뒤 "안테나게이트, 아이폰4에만 국한되지 않는다(Antennagate, Not unique to iPhone4)"란 큼지막한 자막을 대형 스크린 위에 띄웠다. 잡스는 아이폰4 구매자들에게 29달러짜리 범퍼 케이스를 무료로 제공하고, 이미 구입한 사람에게는 해당 금액을 물어주며, 이 조치에 만족하지 못하는 고객들에겐 아이폰4를 환불해주겠다는 보상 계획을 발표했다.

그러나 잡스는 아이폰4 하드웨어에 문제가 있다는 것을 인정하지 않으면서 "우리가 미국 회사가 아니라 한국 회사였으면 좋겠느냐"고 반문하기도 했다. 애플에 쏠린 관심과 일부의 시기심이 문제를 부풀렸다고 주장하면서 미국인들의 애국심을 자극하는 수법이었다.[111]

잡스는 이런 치사한 수법 때문에 미국 언론으로부터도 맹비난을 받았는데, 증권분석가 폴 맥윌리엄스(Paul McWilliams)는 그런 맹비난이 2010년 5월 "애플이 시장자본 총액에서 세계 최대 IT 회사인 마이크로소프트를 추월했다"는 뉴스와 무관치 않다고 주장했다. "애플이 힘 없고 호감 가는 언더도그였을 때 사람들은 애플을 좋아하고 회사의 성공을 빌었다. 아이폰4 안테나 문제가 불거졌을 때 언론에서 보도한 것처럼 애플이 위기를 맞았다고 생각할 수도 있다. 하지만 애플이 비난받는 이유는 제품 결함에만 국한된 것이 아니다. 큰 그림에서 보면 애플은 힘없고 호감 가는 언더도그에서 아이러니하게도 과거에는 도저히 이길 수 없었던 마이크로소프트로부터 빼앗은 지위, 즉 '악의 제국'으로 등극한 것이다."[112]

정말 그런 이유 때문인지는 알 수 없지만, 잡스는 시간이 흐른 뒤에도 이 사건에 대해 아무런 반성도 없이 구글과 모토로라의 농간 때문이라고 주장했다. "그들이 애플을 무너뜨리려는 겁니다." 오만하다는 지적에 대해서도 수긍하지 않았다. 이에 대해 아이작슨은 "그것은 그의 흑백 세계관, 옳지 않으면 그르다는 이분법적 세계관에 반하는 것이었다. 그는 애플이 절조있는 회사라고 생각했다. 사람들이 그걸 알지 못한다면 그건 그들의 잘못이었다. 애플이 겸손하게 행동할 이유는 없었다."고 말했다.[113] 원래 겸손한 교주란 상상하기 어려운 법이다.

### ⑩ 소통: 신앙부흥회형 프레젠테이션

잡스는 애플에서 쫓겨난 뒤 넥스트(NeXT)라는 소프트웨어사社를 설립해 재기에 성공했는데, 제품도 만들기 전 넥스트 로고를 만드는 데에만 10만 달러를 들였다. 뛰어난 회사라면 첫 인상에서부터 사람들을 강렬하게 사로잡아야 한다는 것이 그 이유였다.[114] 이런 소통의 원칙에 따라 유명해진 게 바로 잡스의 프레젠테이션이다. 한 하버드 대학 교수는 2007년 1월 9일 아이폰의 시작을 알린 잡스의 프레젠테이션이 4억 달러를 투자한 광고와 비슷한 효과를 냈다고 분석했다.[115]

잡스는 트위터에 올릴 수 있는 분량의, 구체적이고 인상적인 헤드라인을 만들어내는 데에 뛰어났다. 잡스는 아이폰을 소개한 기조연설에서 "오늘 애플이 휴대전화를 재발명합니다"라고 선언했는데, 그는 이 말을 5번이나 반복했다. 『PC 월드』를 비롯한 언론매체들은 애플이 "휴대전화를 재발명했다"는 기사를 실었는데, 이는 결국 잡스의 말을 그대로 따라간 것이었다. 잡스가 아이팟을 소개하면서 만들어낸 헤드라인은 "1,000곡의 노래를 호주머니에"였다.[116]

이런 인상적인 헤드라인 만들기의 필수 법칙 중 하나는 숫자에 옷을 입히는 것이다. 대부분의 사람들에게 아이팟의 저장용량 5기가바이트는 의미없는 숫자에 불과하지만, "1,000곡의 노래를 호주머니에"라고 하면 전혀 다른 느낌으로 다가온다. 이게 바로 '숫자에 옷 입히기'다. 잡스는 아이폰 출시 200일을 기념했던 2008년 맥월드 기조연설에서도 "지금까지 아이폰 400만 대를 팔았습니다"라고 말한 뒤 곧장 '옷 입히기'에 들어갔다. "400만 대를 100일로 나누면 하루에 평균 2만 대를 판 셈입니다."[117]

서울시장 박원순이 2012년 서울시 예산 파워포인트 자료를 넘겨가며 편성 규모와 배경을 설명하는 프레젠테이션을 하자, 〈박원순 시장, 잡스식 프리젠테이션 또 파격〉이라는 제목의 기사까지 나온 적이 있다.[118] 그러나 파워포인트를 쓰는 건 잡스식 프레젠테이션이 아니다. 잡스는 오히려 파워포인트를 비롯한 격식 차린 프레젠테이션을 혐오한다. 그의 프레젠테이션은 연극적이다. 신앙부흥회처럼 구성된다. 카마인 갈로는 『스티브 잡스 프레젠테이션의 비밀』에서 "잡스의 프레젠테이션을 보는 청중의 뇌에서는 급격히 도파민이 분비된다."고 했다.[119] 도대체 프레젠테이션을 어떻게 하길래 도파민 운운하는 말까지 나온 걸까?

2000년 잡스는 '임시'라는 직함을 떼내고 애플의 정식회장으로 취임했다. 실질적으론 12년, 공식 직함으로 보자면 15년 만의 복귀였다. 평신도들은 '돌아온 교주'를 맞이하면서 열광했다. 2000년 1월 샌프란시스코 모스코 컨벤션센터에서 열린 맥월드 엑스포에서 잡스가 연설을 했을 때 어떤 일이 벌어졌던가? 진짜 종교집회를 방불케 하는 한 장면을 감상해 보자.

"청중은 벌떡 일어나 '스티브! 스티브! 스티브!'를 외치기 시작했다. 처음에 환호를 시작한 것은 애플의 소수 핵심 신도들이었다. 그들의 환호성은 강당 중앙에서 사방으로 퍼져 나갔다. 박수 소리가 점점 빨라지더니, 어느 순간 청중은 발로 박자를 맞추기 시작했고 마침내 스티브 잡스에게 기립박수를 보냈다. '스티브! 스티브! 스티브!' 강당을 가득 메운 소음에 다른 소리는 모두 묻혔다. 무대에 있던 왕자 자신도 처음에는 무슨 일인지 몰라 어리둥절했다. 소리를 더 잘 듣기 위해 귀를 손으로 감싼 후에야 그는 무슨 일이 벌어지고 있는지 깨달았다. 수천 명의 애플 애호가들, 주주들, 개발자들, 신도들이 그가 듣고 싶어하는 말을 하고 있었다. 청중 전부가 그에게 애정을 쏟아붓고 있었다."[120]

잡스는 영악하다. 그는 이미 앞서 살펴본 '천사와 악마'라는 이분법적 전도로 신도들을 열광시키면서도 그들의 뇌의 한계를 잘 알고 있기에 '10분 법칙'을 준수한다. 아무리 탁월한 프레젠테이션이라도 우리 인간의 두뇌는 10분을 넘기면 지루해 한다. 잡스는 이런 생물학적 법칙에 따라 10분 단위로 시연, 보조 연설, 동영상 상영 등과 같은 '막간극'을 집어넣어 청중의 뇌가 지루해 할 틈을 주지 않는다.[121]

잡스의 포교방식은 세속적 차원에선 '루머 마케팅''신비주의 마케팅''서프라이즈 전략' 등으로 불린다. "우리 신제품을 보러 오세요(Come and see our latest creation)." 2010년 1월 샌프란스시코에서 열린 '애플 이벤트' 초청장에 쓰여진 문구다. 그러면서 2009년 내내 은둔했던 잡스가 직접 무대에 나서 신제품을 소개할 것이라는 루머를 흘리고, 그러면 애플 루머만을 다루는 수많은 웹사이트들이 이를 받아 확대재생산하고, 그와 동시에 언론이 '드라마'를 연출해내는 식이다. '유명인사 저널리즘'의 속성이 그렇듯이, 잡스 관련 기사는 "잡스는 췌장암 수술과 작년 간 이식 수술 등 병마에 시달리면서도 '이번 제품이 내 생애 최고의 제품이 될 것'이라며 의욕을 불태우고 있다"는 식으로 드라마 구조를 세워 나가는 것이다.[122]

이런 '드라마 내러티브'는 잡스가 2010년 1월 27일 신개념 휴대용PC 아이패드(iPad)를 공개한 이후 절정에 이르렀다. 매킨토시(1984년)·아이팟(2001년)·아이폰(2007년)의 성공신화에 이은 4번째 신앙 부흥회였다. 잡스가 발표회에 검은 터틀넥 셔츠에 리바이스 청바지, 운동화 차림으로 나타난 것도 큰 화제가 되었다.

"외신은 청바지 5만 원, 티셔츠 1만 5,000원, 운동화 12만 원짜리라고 보도했다. 그의 재산은 26억 달러, 3조 1,200억 원쯤이다. 잡스는 불교를 믿는 금욕주의자로 알려져 있다. 그의 집엔 지금도 별다른 가구가 없다. 20대 때 인도 여행에서 영향을 받았다고 한다. …… 뉴욕 패션 명문 FIT의 루스 루빈스타인 교수는 '잡스의 철학은 민주주의와 공유(sharing)다. 그는 옷으로 다른 팀원과 구분되는 걸 원치 않는다. 티셔츠·청바지는 신념을 구현하려는 성직자의 옷차림(clerical outfit)이지 쇼가 아니다'라고 했다."[123]

심지어 소파까지 주목의 대상이 되었다. "무대 뒤 거대한 대형 스크린에는 첫선을 보이는 제품이 비춰진다. 잡스는 아주 단순하고 깔끔한 검정 소파에 다리를 꼰 채로 앉아 있다. 이제 그의 분신처럼 된 검정 터틀넥 셔츠에 허리띠 없는 청바지, 그리고 캐주얼 뉴발란스 운동화. 다른 소품이나 장치는 없다. 아니 눈에 들어오지 않는다. 보는 사람마저 더 이상 편안할 수 없다. 누구라도 새 제품을 아무 불편함이나 부담없이 사용할 수 있다고 말하는 듯하다. 동시에 모든 시선을 뒤편의 신제품으로 집중시킨다. 동작들도 매우 절제돼 있으며 계획돼 있지만 자연스럽다. 적절한 타이밍에 등장하는 인물과 소품, 조명은 어떤 각도로 어떻게 비춰져야 하는지까지. 물을 마시며 호흡을 조절하는 것과 미묘한 정적이 주는 효과를 본능적으로 사용할 줄 안다. …… 이날 프레젠테이션 현장에서 아이패드 이상으로 잡스를 잘 설명해주는 소품은 소파다. 스위스 출신 아티스트 르코르비제의 작품이다. 매우 절제된 단순함으로 잘 드러나지 않는다. 르코르비제는 '창의적인 사람은 수도자修道者다'라는 말을 남긴 금욕적 인물이다."[124]

잡스에겐 신앙부흥회는 어떻게 해야 한다는 본능도 없진 않겠지만, 그 본능의 이면엔 엄청난 공을 들이는 기획과 연습이 있다. 단 30분을 위해 수많은 사람들이 몇 주에 걸쳐 모든 걸 준비하고 조율하며, 잡스 교주는 그 이상으로 반복 훈련을 한다. 제품의 기술적인 측면뿐만 아니라 무대 조명에서부터 의상 리허설까지 집요할 정도로 세심한 공을 들인다.[125] 그래서 저널리스들조차도 애플 신도와 다를 바 없는 감동에 빠져들곤 한다.

『이코노미스트』는 '예수 태블릿'을 들고 있는 잡스의 사진에 성직자복을 입히고 후광을 씌워 표지에 실었다. 『월스트리트저널』은 "역사상 이렇게 대단한 흥분과 환호를 불러일으킨 태블릿은 두 개인데, 하나는 그 옛날 모세가 들고 나온 십계명이 적힌 석판이고, 다른 하나는 잡스가 들고

나오는 아이패드다."고 했다.[126]

그런 드라마틱한 효과 덕분이었을까? 이후 아이패드는 '아이패드 혁명'이니 '아이패드 쇼크'니 하는 격한 파장을 계속 불러일으켰고,[127] 한국의 한 IT 전문가는 이런 선언을 하기에 이른다. "아이패드는 반드시 한국에서 성공해야만 한다. 아이패드와 함께 다양한 콘텐츠를 경험하며 자란 세대는 정보 습득에서 공유, 전달 등 모든 면에서 도약할 것이다. 한국 내에서 아이패드가 자리 잡지 못한다면 선진국으로의 도약은 요원한 꿈일 뿐, 영원한 변방 국가에 머무르게 될 것이 분명하다."[128]

2010년 6월 7일 애플 주최 세계개발자회의(WWDC 2010)가 열린 샌프란시스코 모스콘 센터에 잡스교 신도들이 모여든 풍경을 감상해보자. 『중앙일보』(2010년 6월 9일)는 "새벽 5시 30분(현지시간), 태평양 해안 수평선에서 시작된 일출은 미국 샌프란시스코 도심의 어둠을 서서히 걷어냈다. 뿌연 아침 안개 사이로 커다란 커피잔을 손에 든 사람들이 삼삼오오 모습을 드러냈다. 오전 10시에 시작할 스티브 잡스 최고경영자(CEO)의 기조연설을 좀 더 좋은 자리에서 보기 위해 노숙을 택한 '잡스교'의 열혈 교도들이었다."며 다음과 같이 말했다.

"그중엔 아이폰용 애플리케이션 '서울버스'로 화제를 모은 고교생 개발자 유주완(경기고 3년)군도 끼어 있었다. 그는 '함께 온 한국 개발자들과 전날 밤 10시 30분부터 줄을 섰다. 잡스의 연설이 기대된다'며 즐거워했다. 오전 9시가 지나면서 행렬은 300m를 넘어섰다. 비슷한 시각, 바다 건너 서울. 우리들병원 생명과학기술연구소의 정지훈 소장은 새벽 2시를 향해 달려가는 시침을 사뭇 말짱한 눈으로 바라봤다. PC 앞에 앉아 곧 시작될 잡스의 WWDC 기조연설을 기다렸다. 드디어 행사 시작. 트위터에 접속하자 우리나라는 물론, 일본과 유럽·아시아·아프리카 여러 나라의 '얼리어답터'들이 실시간 정보를 마구 쏟아내기 시작했다. 잡스의 한 마디 한 마디를 영어로, 중국어로 혹은 일본어와 러시아어로 생중계했다. (중략) 괴팍한 완벽주의자에서 창조적 경영인으로, 이제 '미래 라이프스타일의 설계자'로 평가 받는 스티브 잡스. 내일은 알 수 없으되 오늘만큼은 분명 '세상의 왕(King of the world)'이었다."[129]

## 잡스의 유산

그 '세상의 왕'은 2011년 10월 5일 췌장암으로 타계했지만, 많은 사람들의 가슴 속에 살아 남았다. 애덤 라신스키(Adam Lashinsky)는 "애플 웹사이트의 온라인 추모페이지에는 100만 명이나 되는 사람들이 찾아와 사인했다. 엄마들은 아이들을 잡스의 집 앞으로 데리고 가서 그를 추모하게 했다. 그 아이들이 언젠가 이 위대한 인물에 대한 추억을 증손자, 증손녀에게 얘기할 수 있도록 하려는 것이다. 잡스를 향한 사람들의 사랑은 강렬했고, 그의 회사인 애플에 대한 사랑도 한층 강해졌다."며 다음과 같이 말한다.

"잡스의 생명이 꺼져갈 무렵, 무정부주의적인 사람들의 풀뿌리운동이 작게는 월가, 크게는 자본주의 전체를 반대하는 대규모 시위로 확대됐다. 우파 비평가들은 시위자들이 아이폰을 사용해 사진을 찍거나 맥북으로 선전 자료를 만드는 것을 비웃었다. 애플식의 자본주의는 괜찮고 골드만삭스(Goldman Sachs)는 안 된다는 식으로 보였기 때문이다. 3,600억 달러의 가치를 지닌 회사가 혁명적이고 탐욕스러운 사람이나 기관이라는 비난을 받지 않는 것은 전적으로 잡스 덕분이며 특히 소비자가 그와 맺은 유대감 때문이다."[130]

잡스의 애플은 '인간의 얼굴을 한 자본주의'로 여겨졌기 때문일까? 그

힘 덕분인지는 몰라도 잡스가 세운 애플 제국은 그의 평생 꿈이었던 '영구히 지속될 수 있는 회사'답게 계속 성장가도를 치닫고 있다. 2012년 3월의 현황을 보자. 『조선일보』는 "세계 곳곳에서 지금도 1분당 362개의 제품이 팔린다. 주가가 3년 만에 300퍼센트 치솟고 최근 6개월간 60퍼센트 올랐다. 시가총액(3월 21일 기준 5,618억 달러·약 630조 원)이 경제규모 세계 20위인 사우디아라비아의 국내총생산(5,785억 달러)과 맞먹고 지난해 말 현재 보유현금(980억 달러·약 110조 원)은 미국 정부가 가진 현금을 추월했다. 하지만 판매제품은 딱 다섯 종류."라며 다음과 같이 말한다.

"이런 환상적인 기업은 실재한다. 바로 미국 IT 기업인 애플이다. 애플의 경영성적은 놀라움 그 자체이다. 일례로 2011년 회계연도 순이익(258억 달러·약 29조 원)과 1인당 매출액(179만 달러·약 20억 원)은 글로벌 경쟁사들을 압도한다. 올 들어 에너지 기업인 엑손모빌을 제치고 세계 최대 기업으로 올라선 애플의 시가총액은 마이크로소프트와 인텔, 시스코시스템스 3개사를 합친 것보다 더 많다. 2000년 당시 애플의 시가총액은 마이크로소프트나 시스코의 50분의 1 수준에 불과했던 점을 감안하면 '천지개벽' 같은 변화이다. 이런 추세라면 자본주의 역사상 전무후무해보이는 시가총액 1조 달러 돌파도 시간문제라는 전망이 나온다."[131]

'천지개벽' 같은 변화는 시가총액에만 해당되는 것은 아니다. 2001년 애플이 아이팟과 애플스토어를 소개할 당시에는 데스크톱컴퓨터와 노트북컴퓨터가 애플 비즈니스의 대부분을 차지했지만, 그로부터 10년이 지난 2011년 데스크톱컴퓨터와 노트북컴퓨터를 합친 매출은 전체의 20퍼센트에 불과했다. 아이폰이 애플 매출의 44퍼센트, 아이패드가 19퍼센트, 아이팟이 7퍼센트를 차지한 것이다. 이와 관련, 애플의 마케팅 담당자로 일한 프레데릭 밴 존슨은 "애플은 전혀 다른 회사가 돼가고 있습니다"라고 말한다.[132] 이런 변화가 애플의 장래에 미칠 영향은 무엇일까?

아이작슨은『스티브 잡스』의 결론을 다음과 같이 내린다.

"역사는 그를 에디슨과 포드에 버금가는 인물로 평가할 것이다. 그는 예술과 공학의 힘을 결합해 동시대의 어느 누구도 따를 수 없을 만큼 완벽하게 혁신적인 제품들을 만들어 냈다. 그의 사나운 기질 때문에 그와 함께 일하는 것은 고무적인 동시에 불안한 일이 될 수도 있었지만, 그는 또한 그러한 기질로 인해 세계에서 가장 창의적인 회사를 구축할 수 있었다. 그리고 그는 디자인에 대한 집착과 완벽주의, 그리고 상상력을 애플의 DNA에 주입하는 데도 성공했다. 이러한 DNA 덕분에 애플은 수십 년 후에도 예술과 기술의 교차점에서 가장 번영하는 기업으로 남을 것이다."[133]

물론 그 누구도 그렇게 될 것인지 장담할 수는 없다. 애플이 삼성을 상대로 총력전을 벌이고 있는 지적 재산권 분쟁은 잡스 사후의 애플이 겪고 있는 "'다르게 생각하기'의 고갈 상태"를 말해주는 것일 수도 있다. 2007년 아이폰이 판매되자마자 노키아가 애플을 상대로 수많은 특허침해 소송을 제기했던 역사의 재판再版일 수 있다.[134] 노키아는 이 소송을 통해 재미는 좀 보았지만, 이후 새로운 비전 모색에 실패해 '몰락'의 길로 가지 않았던가?

아이작슨의 책은 곧 죽음을 앞둔 시점에서 잡스의 죽음에 대한 생각을 전하는 것으로 끝을 맺는다. 잡스는 아이작슨에게 자신이 죽은 후에도 자신의 무언가는 살아남는다고 생각하고 싶다고 말한 뒤 침묵에 잠겼다. "그는 오랫동안 말이 없었다. 그러다가 마침내 다시 입을 열었다. '하지만 한편으로는 그냥 전원 스위치 같은 것일지도 모릅니다. 딸깍! 누르면 그냥 꺼져 버리는 거지요.' 그는 또 한 번 멈췄다가 희미하게 미소를 지으며 말했다. '아마 그래서 내가 애플 기기에 스위치를 넣는 걸 그렇게 싫어했나 봅니다.'"[135]

애플의 모든 주요 제품들이 잡스의 분신으로 살아남았다. 2001년 아이팟을 출시했을 때 잡스는 "만약 누군가가 애플이 이 지구상에 존재하는 이유를 묻는다면 나는 이 제품을 들어 보이겠습니다"라고 호언했었다. 늘 빈정대던 빌 게이츠마저 아이팟을 처음 보고 놀라 곤혹스러운 표정으로 "이거 매킨토시에만 연결되나요?"라고 했던 잡스의 대표작이다.[136]

'백인들이 좋아하는 것'이라는 웹사이트의 개설자인 미국 작가 크리스천 랜더(Christian Lander)는 "백인들은 애플 제품을 사용함으로써 창의적이고 특별한 사람임을 만천하에 알리고자 한다"며 이렇게 말한다. "백인의 아이팟은 그저 그들이 즐기는 음악을 모아 놓은 것이 아니다. 아이팟을 통해 그들은 어떤 사람인지 분명하게 규정된다. 백인들은 항상 아무도 들어 본 적이 없는 유망한 최신 밴드를 찾는 데 혈안이 되어 있다. 언젠가 애플 광고에 나오기 전에 그 음악을 먼저 접하고 즐기기 위해서다. 백인에게 있어, 어떤 밴드가 인기를 얻기 전에 먼저 그들의 팬이 된다는 것은 살아가면서 할 수 있는 가장 중요한 일 중 하나다. 그 일을 영원히 친구에게 자랑할 수 있기 때문이다!"[137]

어떤 이유에서였건 사람들은 아이팟을 자신의 분신처럼 사랑했다. 자신의 아이팟에 이름을 지어주고, 아이팟 하드드라이브의 진동이 마치 자신을 살아 있는 것처럼 느끼게 해준다고 말했다. 아이팟이 자신의 일부가 되어 버렸다고 말하는 사람들도 있었다. 하나의 기기나 도구가 아니라 신체의 연장인 동시에 기억의 일부가 된 것이다. 아이팟을 잃어버리면 정체성도 일부 사라진다는 믿음,[138] 그 믿음은 의인화의 과정을 거쳐 잡스에 대한 열광으로 나타나곤 했다.

디지털 시대에 번영을 누리는 종교는 큰 것을 추구하지 않는다. 신도들의 일상을 안온하게 관리해주는 것이 가장 중요하다. 잡스의 비전과 열정도 늘 일상을 겨냥했다. 그는 아이패드용 커리큘럼 교재와 전자교과서를 만들어 교과서 산업을 와해하고, 책가방을 메고 다니느라 척추가 휘는 학생들을 구하고 싶었지만,[139] 그 일을 하기도 전에 죽고 말았다. 그가 좀 더 살았다면, 그는 반드시 책가방을 없애는 혁명을 해내고 말았을 것이다. 잡스의 위상을 위축시킬 수도 있는 거시적인 면들은 잡스를 온전히 평가하는 데엔 공정치 못하거나 부적절한 것인지도 모른다.

## 주

1 〈휘청대는 애플 … 혁신 없이 미래 없다(사설)〉, 『중앙일보』, 2013년 1월 26일.

2 신윤식, 〈통신요금 가장 비싼 한국〉, 『조선일보』, 2012년 3월 3일.

3 앨빈 토플러, 이규행 감역, 『예견과 전제』(한국경제신문사, 1989), 187-194쪽.

4 앨런 도이치먼(Alan Deutschman), 안진환 옮김, 『못말리는 CEO 스티브 잡스』(영진Biz.com, 2000/2001), 310쪽.

5 한국 신도들은 색다른 특징을 보였는데, 그건 아이폰의 단점을 지적하는 사람의 '배경'을 의심하고 나선다는 점이었다. 삼성전자, SK텔레콤의 '알바'냐고 몰아붙이는 방식이 많이 쓰였다. 아이폰 애프터서비스 정책의 문제점을 지적했던 MBC는 '삼성때문'이라는 음모론에 휘말리기도 했다. 김대원, 『애플쇼크』(더난출판, 2010), 240쪽.

6 최성진, 〈기회의 땅 개척자는 기독교와 성: 아이폰 사용기 ③〉, 『한겨레 21』, 제797호(2010년 2월 5일).

7 최성진, 〈선구자와 배척자, '빠'의 두 종류: 아이폰 사용기 ④ 마지막회〉, 『한겨레 21』, 제798호(2010년 2월 19일).

8 김정운, 〈왜 빌 게이츠보다 스티브 잡스에 더 열광하나〉, 『조선일보』, 2010년 6월 5일.

9 프랑스의 사회학자 에바 일루즈(Eva Illouz)는 『감정 자본주의』에서 "현대 자본주의에서 거래되는 것은 단순한 상품이 아니라, 상품에 숨겨진 감정"이라고 주장했다. 약 100년 전 생겨난 심리학이라는 학문으로 주목받게 된 인간 내면의 정서적 과정이 경제 활동과 결합돼 20세기 후반부터 자본주의는 전혀 다른 방식으로 발전하기 시작했으며, 상품의 기능적 특징이 아니라 상품의 디자인·이미지 등의 정서적 특징이 더 주목받기 시작한 것도 그 결과라는 것이다. 김정운, 〈왜 빌 게이츠보다 스티브 잡스에 더 열광하나〉, 『조선일보』, 2010년 6월 5일; 에바 일루즈(Eva Illouz), 김정아 옮김, 『감정 자본주의: 자본은 감정을 어떻게 활용하는가』(돌베개, 2007/2010).

10 레오짱, 『스티브 잡스 마법의 명언 120』(지니넷, 2011), 6쪽.

11 월터 아이작슨(Walter Isaacson), 안진환 옮김, 『스티브 잡스(Steve Jobs)』(민음사, 2011), 7쪽.

12 월터 아이작슨(Walter Isaacson), 안진환 옮김, 『스티브 잡스(Steve Jobs)』(민음사, 2011), 143, 156, 233-234쪽.

13 월터 아이작슨(Walter Isaacson), 안진환 옮김, 『스티브 잡스(Steve Jobs)』(민음사, 2011), 95쪽.

14 이정애, 〈'잡스 컬트' 신드롬〉, 『한겨레』, 2011년 10월 7일.

15 〈"대학생들 안철수·스티브 잡스 가장 존경"〉, 『경향신문』, 2011년 10월 12일.

16 월터 아이작슨(Walter Isaacson), 안진환 옮김, 『스티브 잡스(Steve Jobs)』(민음사, 2011), 202-203쪽.

17 김재곤, 〈"아이폰 디자인 나의 창조물인데 잡스, 자기 것처럼 말해 속상했다" 애플 디자이너 조너선 아이브〉, 『조선일보』, 2011년 10월 18일.

18 김신영, 〈애플神話 잡스의 '6가지 거짓말'〉, 『조선일보』, 2010년 2월 19일자.

19 애덤 라신스키(Adam Lashinsky), 임정욱 옮김, 『인사이드 애플: 비밀제국 애플 내부를 파헤치다』(청림출판, 2012), 44쪽.

20 월터 아이작슨(Walter Isaacson), 안진환 옮김, 『스티브 잡스(Steve Jobs)』(민음사, 2011), 573쪽.

21 로사 전(Rosa Chun), 〈『Weekly BIZ』 로사 전 교수의 경영 인사이트 ①: 독재적 경영 스타일과 비밀주의가 낳은 '눈물의 아이폰'〉, 『조선일보』, 2012년 3월 24일.

22 월터 아이작슨(Walter Isaacson), 안진환 옮김, 『스티브 잡스(Steve Jobs)』(민음사, 2011), 177-178쪽.

23 월터 아이작슨(Walter Isaacson), 안진환 옮김, 『스티브 잡스(Steve Jobs)』(민음사, 2011), 576-578쪽.

24 이형섭, 〈스티브 잡스의 생애: 단 한번도 공식적으로 기부한 적 없어 '인색'〉, 『한겨레』, 2011년 10월 6일; 스티브 워즈니악(Steve Wozniak) & 지나 스미스(Gina Smith), 『스티브 워즈니악』(청림출판, 2006/2008), 269쪽; 다케우치 가즈마사, 『평전 스티브 잡스 vs 빌 게이츠』(예인, 2010), 91쪽.

25 〈스티브 잡스 사망: 그는 자선활동에 인색했나?〉, 『동아일보』, 2011년 10월 7일; 〈Steve Jobs〉, 『Wikipedia』.

26 애플 직원 버드 트리블(Bud Tribble)이 1981년에 만든 말이다. 〈Steve Jobs〉, 『Wikipedia』.

27 월터 아이작슨(Walter Isaacson), 안진환 옮김, 『스티브 잡스(Steve Jobs)』(민음사, 2011), p.199; 앤디 허츠펠드(Andy Hertzfeld), 송우일 옮김, 『미래를 만든 GEEKS』(인사이트, 2005/2010), 57-58쪽.

28 카마인 갈로(Carmine Gallo), 김태훈 옮김, 『스티브 잡스 프레젠테이션의 비밀』(랜덤하우스, 2009/2010), 59쪽.

29 월터 아이작슨(Walter Isaacson), 안진환 옮김, 『스티브 잡스(Steve Jobs)』(민음사, 2011), 200-201쪽.

30 애덤 라신스키(Adam Lashinsky), 임정욱 옮김, 『인사이드 애플: 비밀제국 애플 내부를 파헤치다』(청림출판, 2012), 26, 79쪽.

31 하야시 노부유키, 김정환 옮김, 『스티브 잡스의 명언 50』(스펙트럼북스, 2009/2010), 22쪽.

32 월터 아이작슨(Walter Isaacson), 안진환 옮김, 『스티브 잡스(Steve Jobs)』(민음사, 2011), 521–522쪽.

33 월터 아이작슨(Walter Isaacson), 안진환 옮김, 『스티브 잡스(Steve Jobs)』(민음사, 2011), 523쪽.

34 제프리 크루이상크(Jeffrey L. Cruikshank), 정준희 옮김, 『애플웨이』(더난출판, 2005/2007), 242–243쪽.

35 미국에서 '다르게 생각하라' 캠페인은 방해 표적이 되기도 했다. 그래서 스탈린의 사진과 함께 바뀐 로고 '정말 다르게 생각하라(Think Really Differnet)'가 나붙었고, 달라이 라마 광고의 로고는 '각성하라(Think Disillusioned)'로서 애플 로고가 해골로 바뀌어져 있었다. 나오미 클라인(Naomi Klein), 정현경·김효명 옮김, 『NO LOGO: 브랜드 파워의 진실』(중앙 M&B, 2000/2002), 325쪽.

36 월터 아이작슨(Walter Isaacson), 안진환 옮김, 『스티브 잡스(Steve Jobs)』(민음사, 2011), 380쪽.

37 레오짱, 『스티브 잡스 마법의 명언 120』(지니넷, 2011), 20쪽.

38 월터 아이작슨(Walter Isaacson), 안진환 옮김, 『스티브 잡스(Steve Jobs)』(민음사, 2011), 485, 885–886쪽. 딜런은 '변절자'라는 비난을 들어가면서까지 일렉트릭 록을 시도하는 콘서트를 열기도 했는데, 잡스가 좋아하는 점은 바로 이것이었다. 잡스는 이렇게 말했다. "딜런은 결코 한 자리에 머무르지 않았어요. 정말 좋은 아티스트라면 반드시 어느 순간에는 남은 인생 내내 같은 음악만 할 수도 있을 때가 와요. 끊임없이 위험을 무릅쓸 줄 알아야 진정한 아티스트입니다. 딜런과 피카소 모두 언제나 실패의 위험을 감수했습니다." 다니엘 이치비아(Daniel Ichbiah), 위민복·중류진 옮김, 『스티브 잡스 네 번의 삶』(에이콘, 2011), 27–28쪽.

39 카마인 갈로(Carmine Gallo), 박세연 옮김, 『스티브 잡스 무한혁신의 비밀』(비즈니스북스, 2010), 8, 21쪽.

40 월터 아이작슨(Walter Isaacson), 안진환 옮김, 『스티브 잡스(Steve Jobs)』(민음사, 2011), 389–390쪽.

41 월터 아이작슨(Walter Isaacson), 안진환 옮김, 『스티브 잡스(Steve Jobs)』(민음사, 2011), 421쪽.

42 양윤직, 『TGIF 스토리』(커뮤니케이션북스, 2011), 263쪽.

43 월터 아이작슨(Walter Isaacson), 안진환 옮김, 『스티브 잡스(Steve Jobs)』(민음사, 2011), 600–601, 629–631쪽.

44 월터 아이작슨(Walter Isaacson), 안진환 옮김, 『스티브 잡스(Steve Jobs)』(민음사,

2011), 881쪽.

45 제프리 크루이상크(Jeffrey L. Cruikshank), 정준희 옮김, 『애플웨이』(더난출판, 2005/2007), 43쪽.

46 구와바라 데루야, 김정환 옮김, 『스티브 잡스: 그가 우리에게 남긴 말들』(티즈맵, 2010/2011), 33쪽.

47 월터 아이작슨(Walter Isaacson), 안진환 옮김, 『스티브 잡스(Steve Jobs)』(민음사, 2011), 510쪽.

48 김순덕, 〈예술-기술의 핵심은 번득이는 창조력〉, 『동아일보』, 1998년 10월 31일, 15면.

49 Michael Krantz, 〈Steve's Two Jobs〉, 『Time』, October 18, 1999, p. 40.

50 월터 아이작슨(Walter Isaacson), 안진환 옮김, 『스티브 잡스(Steve Jobs)』(민음사, 2011), 683쪽; 박현영, 〈잡스가 되고 싶은 CEO…독설만 퍼붓지 말고 영감을 줘라〉, 『중앙일보』, 2012년 3월 22일.

51 〈포브스 "잡스는 좋은 의미의 기회주의자"〉, 『경향신문』, 2011년 10월 10일.

52 조홍민, 〈거인과 재간꾼… '진짜 잡스'는?〉, 『경향신문』, 2011년 11월 9일.

53 Thomas Frank, 〈Why Johny Can't Dissent〉, Thomas Frank & Matt Weiland, eds., *Commodify Your Dissent: The Business of Culture in the New Gilded Age*(New York: W. W. Norton & Co., 1997), pp.31-45.

54 Joseph Heath & Andrew Potter, *Nation of Rebels: Why Counterculture Became Consumer Culture*(New York: HarperBusiness, 2004), pp.3-4.

55 Joseph Heath & Andrew Potter, *Nation of Rebels: Why Counterculture Became Consumer Culture*(New York: HarperBusiness, 2004), pp.3-4.

56 월터 아이작슨(Walter Isaacson), 안진환 옮김, 『스티브 잡스(Steve Jobs)』(민음사, 2011), 344, 405쪽.

57 Dinesh D'Souza, *The Virtue of Prosperity: Finding Values in an Age of Techno-Affluence*(New York: Touchstone Book, 2000), pp.55-58.

58 월터 아이작슨(Walter Isaacson), 안진환 옮김, 『스티브 잡스(Steve Jobs)』(민음사, 2011), 227-228, 240, 525쪽.

59 카마인 갈로(Carmine Gallo), 김태훈 옮김, 『스티브 잡스 프레젠테이션의 비밀』(랜덤하우스, 2009/2010), 262쪽.

60 월터 아이작슨(Walter Isaacson), 안진환 옮김, 『스티브 잡스(Steve Jobs)』(민음사, 2011), 810쪽.

61 김희섭, 〈"상상을 현실로…" 변화·혁신으로 세상을 바꿔: '창조 경영'의 제왕 애플

컴퓨터 CEO 스티브 잡스〉, 『조선일보』, 2007년 1월 5일, A6면; 조영탁, 〈스티브 잡스/처참한 실패를 넘어서 21세기 최고의 기업가로〉, 『조선일보』, 2007년 3월 3일, B11면.

62 〈Kevin Kelly(editor)〉, 『Wikipedia』; 〈Whole Earth Catalog〉, 『Wikipedia』.

63 김현기, 〈'누드 PC 만루홈런' 제 2애플신화 창조〉, 『중앙일보』, 1999년 3월 12일, 32면.

64 월터 아이작슨(Walter Isaacson), 안진환 옮김, 『스티브 잡스(Steve Jobs)』(민음사, 2011), 194쪽.

65 레오짱, 『스티브 잡스 마법의 명언 120』(지니넷, 2011), 68쪽.

66 월터 아이작슨(Walter Isaacson), 안진환 옮김, 『스티브 잡스(Steve Jobs)』(민음사, 2011), 445, 528쪽.

67 월터 아이작슨(Walter Isaacson), 안진환 옮김, 『스티브 잡스(Steve Jobs)』(민음사, 2011), 566쪽.

68 월터 아이작슨(Walter Isaacson), 안진환 옮김, 『스티브 잡스(Steve Jobs)』(민음사, 2011), 500쪽.

69 월터 아이작슨(Walter Isaacson), 안진환 옮김, 『스티브 잡스(Steve Jobs)』(민음사, 2011), 877-878, 882쪽.

70 월터 아이작슨(Walter Isaacson), 안진환 옮김, 『스티브 잡스(Steve Jobs)』(민음사, 2011), 203-204쪽.

71 제이 엘리엇(Jay Elliot) & 윌리엄 사이먼(William L. Simon), 권오열 옮김, 『아이리더십: 애플을 움직이는 혁명적인 운영체제』(웅진지식하우스, 2011), 82쪽.

72 월터 아이작슨(Walter Isaacson), 안진환 옮김, 『스티브 잡스(Steve Jobs)』(민음사, 2011), 201쪽.

73 린더 카니(Leander Kahney), 안진환·박아람 옮김, 『잡스처럼 일한다는 것』(북섬, 2008), 189쪽.

74 애덤 라신스키(Adam Lashinsky), 임정욱 옮김, 『인사이드 애플: 비밀제국 애플 내부를 파헤치다』(청림출판, 2012), 30쪽.

75 애덤 라신스키(Adam Lashinsky), 임정욱 옮김, 『인사이드 애플: 비밀제국 애플 내부를 파헤치다』(청림출판, 2012), 62, 74-77쪽.

76 제프리 영(Jeffrey S. Young) & 윌리엄 사이먼(William L. Simon), 임재서 옮김, 『iCon 스티브 잡스』(민음사, 2005), 126-127쪽.

77 월터 아이작슨(Walter Isaacson), 안진환 옮김, 『스티브 잡스(Steve Jobs)』(민음사, 2011), 374, 601쪽.

78 월터 아이작슨(Walter Isaacson), 안진환 옮김, 『스티브 잡스(Steve Jobs)』(민음사, 2011), 222-223, 364쪽. 자신의 이런 기질과 관련, 잡스는 이렇게 말했다. A great carpenter isn't going to use lousy wood for the back of a cabinet, even though nobody's going to see it.(위대한 목수는 아무도 보지 않는다고 해서 장롱 뒤에다가 질이 나쁜 목재를 사용하지 않는다.) 레오짱, 『스티브 잡스 마법의 명언 120』(지니넷, 2011), 39쪽.

79 박현영, 〈잡스가 되고 싶은 CEO…독설만 퍼붓지 말고 영감을 줘라〉, 『중앙일보』, 2012년 3월 22일.

80 제이 엘리엇(Jay Elliot) & 윌리엄 사이먼(William L. Simon), 권오열 옮김, 『아이리더십: 애플을 움직이는 혁명적인 운영체제』(웅진지식하우스, 2011), 278-279쪽; 정지훈, 『거의 모든 IT의 역사: 세상의 패러다임을 바꾼 위대한 혁명』(메디치, 2010), 325-326쪽.

81 애덤 라신스키(Adam Lashinsky), 임정욱 옮김, 『인사이드 애플: 비밀제국 애플 내부를 파헤치다』(청림출판, 2012), 217-222쪽.

82 〈스티브 잡스, 에디슨 반열에 놓을 순 없다고?〉, 『세계파이낸스』, 2011년 10월 9일.

83 월터 아이작슨(Walter Isaacson), 안진환 옮김, 『스티브 잡스(Steve Jobs)』(민음사, 2011), 876쪽.

84 월터 아이작슨(Walter Isaacson), 안진환 옮김, 『스티브 잡스(Steve Jobs)』(민음사, 2011), 876쪽.

85 레오짱, 『스티브 잡스 마법의 명언 120』(지니넷, 2011), 43쪽.

86 애덤 라신스키(Adam Lashinsky), 임정욱 옮김, 『인사이드 애플: 비밀제국 애플 내부를 파헤치다』(청림출판, 2012), 184쪽.

87 월터 아이작슨(Walter Isaacson), 안진환 옮김, 『스티브 잡스(Steve Jobs)』(민음사, 2011), 139, 213쪽.

88 Mark Buchanan, *Nexus: Small Worlds and the Groundbreaking Science of Networks*(New York: W.W. Norton & Co., 2002), p.34.

89 찰스 아서(Charles Arthur), 전용범 옮김, 『디지털 워』(이콘, 2012), 19쪽.

90 월터 아이작슨(Walter Isaacson), 안진환 옮김, 『스티브 잡스(Steve Jobs)』(민음사, 2011), 542-543쪽.

91 월터 아이작슨(Walter Isaacson), 안진환 옮김, 『스티브 잡스(Steve Jobs)』(민음사, 2011), 543쪽.

92 애덤 라신스키(Adam Lashinsky), 임정욱 옮김, 『인사이드 애플: 비밀제국 애플 내부를 파헤치다』(청림출판, 2012), 92-93쪽.

93 하야시 노부유키, 김정환 옮김, 『스티브 잡스의 명언 50』(스펙트럼북스, 2009/2010),

74–75쪽.

94 레오짱, 『스티브 잡스 마법의 명언 120』(지니넷, 2011), 7쪽.

95 카마인 갈로(Carmine Gallo), 김태훈 옮김, 『스티브 잡스 프레젠테이션의 비밀』(랜덤하우스, 2009/2010), 58쪽.

96 카마인 갈로(Carmine Gallo), 김태훈 옮김, 『스티브 잡스 프레젠테이션의 비밀』(랜덤하우스, 2009/2010), 26쪽.

97 Jerry Kaplan, *Startup: A Silicon Valley Adventure*(New York: Penguin Books, 1994), pp.44–45.

98 월터 아이작슨(Walter Isaacson), 안진환 옮김, 『스티브 잡스(Steve Jobs)』(민음사, 2011), 615–616쪽.

99 하야시 노부유키, 정선우 옮김, 『스티브 잡스의 위대한 선택: 애플은 10년 후의 미래를 생각한다』(아이콘북스, 2007/2010), 88쪽

100 임정욱, 〈1장 아이패드 혁명〉, 김광현 외, 『아이패드 혁명』(예인, 2010), 33쪽.

101 최원기, 『실리콘 밸리의 미치광이들』(민음사, 1999), 134쪽.

102 월터 아이작슨(Walter Isaacson), 안진환 옮김, 『스티브 잡스(Steve Jobs)』(민음사, 2011), 782쪽. 더욱 놀라운 사례가 있다. 2010년 4월, 토드 라핀이라는 블로거가 두 살 반 먹은 딸이 손가락으로 물건을 만져 보듯 아이패드 화면을 자연스럽게 이리저리 넘기고 영화 애플리케이션 아이콘을 눌러 창을 확대하는 등 재미있게 노는 모습을 비디오로 찍어 유튜브에 올렸는데, 24시간 만에 조회 수는 18만 건을 넘어섰고 한달 후에는 100만 건이 넘었다. 이에 대해 카마인 갈로(Carmine Gallo)는 "아이패드는 단순하고 우아하고 편리한 인터페이스로 일반 소비자는 물론 두 살 반짜리 꼬마의 마음까지도 사로잡았던 것이다"고 말한다. 카마인 갈로(Carmine Gallo), 박세연 옮김, 『스티브 잡스 무한혁신의 비밀』(비즈니스북스, 2010), 245–247쪽.

103 월터 아이작슨(Walter Isaacson), 안진환 옮김, 『스티브 잡스(Steve Jobs)』(민음사, 2011), 202쪽.

104 월터 아이작슨(Walter Isaacson), 안진환 옮김, 『스티브 잡스(Steve Jobs)』(민음사, 2011), 884쪽.

105 박현영, 〈잡스가 되고 싶은 CEO…독설만 퍼붓지 말고 영감을 줘라〉, 『중앙일보』, 2012년 3월 22일.

106 Steven Levy, 〈애플社 옛 영광 되찾기 안간힘〉, 『뉴스위크』(한국판), 1998년 6월 3일, 61면.

107 카마인 갈로(Carmine Gallo), 김태훈 옮김, 『스티브 잡스 프레젠테이션의 비밀』(랜덤하우스, 2009/2010), 121–122쪽.

108 고대훈, 〈안테나게이트〉, 『중앙일보』, 2010년 7월 20일; 카마인 갈로(Carmine

Gallo), 김태훈 옮김, 『스티브 잡스 프레젠테이션의 비밀』(랜덤하우스, 2009/2010), 102-115쪽.

**109** 카마인 갈로(Carmine Gallo), 김태훈 옮김, 『스티브 잡스 프레젠테이션의 비밀』(랜덤하우스, 2009/2010), 108-109쪽.

**110** 문병주, 〈"아이폰4 수신 불량 문제 … 잡스, 진작 알고 있었다"〉, 『중앙일보』, 2010년 7월 17일자.

**111** 조민근, 〈잡스 "애플이 한국 기업이면 좋겠나"〉, 『중앙일보』, 2010년 7월 19일자.

**112** 마이클 프렐(Michael Prell), 박수민 옮김, 『언더도그마: 강자가 말하는 '약자의 본심'』(지식갤러리, 2011/2012), 174쪽.

**113** 월터 아이작슨(Walter Isaacson), 안진환 옮김, 『스티브 잡스(Steve Jobs)』(민음사, 2011), 815쪽.

**114** 월터 아이작슨(Walter Isaacson), 안진환 옮김, 『스티브 잡스(Steve Jobs)』(민음사, 2011), 360쪽.

**115** 카르스텐 괴릭(Carsten Görig), 박여명 옮김, 『SNS 쇼크: 구글과 페이스북, 그들은 어떻게 세상을 통제하는가?』(시그마북스, 2011/2012), 117쪽.

**116** 카마인 갈로(Carmine Gallo), 김태훈 옮김, 『스티브 잡스 프레젠테이션의 비밀』(랜덤하우스, 2009/2010), 79쪽.

**117** 카마인 갈로(Carmine Gallo), 김태훈 옮김, 『스티브 잡스 프레젠테이션의 비밀』(랜덤하우스, 2009/2010), 155-158쪽.

**118** 김청환, 〈박원순 시장, 잡스식 프리젠테이션 또 파격: "3년 후 대머리 되더라도 일에 혼신"〉, 『한국일보』, 2011년 11월 11일.

**119** 월터 아이작슨(Walter Isaacson), 안진환 옮김, 『스티브 잡스(Steve Jobs)』(민음사, 2011), 574쪽.

**120** 제프리 영(Jeffrey S. Young) & 윌리엄 사이먼(William L. Simon), 임재서 옮김, 『iCon 스티브 잡스』(민음사, 2005), 12-13쪽.

**121** 카마인 갈로(Carmine Gallo), 김태훈 옮김, 『스티브 잡스 프레젠테이션의 비밀』(랜덤하우스, 2009/2010), 128-129쪽.

**122** 하야시 노부유키, 정선우 옮김, 『스티브 잡스의 위대한 선택: 애플은 10년 후의 미래를 생각한다』(아이콘북스, 2007/2010), 137-138쪽; 조형래, 〈아이폰 870만 대 팔아 4조 원 이익…놀라운 애플〉, 『조선일보』, 2010년 1월 28일.

**123** 신효섭, 〈청바지 스티브 잡스〉, 『조선일보』, 2010년 1월 30일자.

**124** 남궁유, 〈카리스마 프레젠테이션 … 세계는 왜 잡스에게 열광하나〉, 『중앙일보』, 2010년 2월 5일자.

125 카마인 갈로(Carmine Gallo), 김태훈 옮김, 『스티브 잡스 프레젠테이션의 비밀』(랜덤하우스, 2009/2010), 239-241쪽.

126 월터 아이작슨(Walter Isaacson), 안진환 옮김, 『스티브 잡스(Steve Jobs)』(민음사, 2011), 777쪽.

127 김광현 외, 『아이패드 혁명』(예인, 2010); 하야시 노부유키, 도현정 옮김, 『아이패드 쇼크』(비즈니스맵, 2010).

128 곽동수, 〈감수의 글: 한국의 아이패드 쇼크를 기대한다〉, 하야시 노부유키, 도현정 옮김, 『아이패드 쇼크』(비즈니스맵, 2010), 29쪽.

129 이나리, 〈스티브 잡스의 힘!〉, 『중앙일보』, 2010년 6월 9일자.

130 애덤 라신스키(Adam Lashinsky), 임정욱 옮김, 『인사이드 애플: 비밀제국 애플 내부를 파헤치다』(청림출판, 2012), 280-281쪽.

131 호경업·이인묵, 〈잡스 없어도…싱싱한 애플〉, 『조선일보』, 2012년 3월 24일.

132 애덤 라신스키(Adam Lashinsky), 임정욱 옮김, 『인사이드 애플: 비밀제국 애플 내부를 파헤치다』(청림출판, 2012), 250-251쪽.

133 월터 아이작슨(Walter Isaacson), 안진환 옮김, 『스티브 잡스(Steve Jobs)』(민음사, 2011), 880쪽.

134 이 분쟁의 핵심은 애플이 터치스크린을 비롯한 수많은 모바일 관련 기술에 대해 노키아가 보유하고 있는 지적재산권을 침해했다는 것이었다. 이 분쟁은 거의 4년의 시간을 끌다가 2011년 6월 합의에 도달했다. 애플은 손해배상금 지급, 지속적인 로열티 지급, 그리고 많은 특허에 대해 노키아와 상호라이선스 계약을 체결하는 데 합의했다. 찰스 아서(Charles Arthur), 전용범 옮김, 『디지털 워』(이콘, 2012), 366-367쪽.

135 월터 아이작슨(Walter Isaacson), 안진환 옮김, 『스티브 잡스(Steve Jobs)』(민음사, 2011), 887쪽.

136 월터 아이작슨(Walter Isaacson), 안진환 옮김, 『스티브 잡스(Steve Jobs)』(민음사, 2011), 621쪽.

137 크리스천 랜더(Christian Lander), 한종현 옮김, 『아메리칸 스타일의 두 얼굴』(을유문화사, 2008/2012), 70-72쪽. 다소 냉소적이긴 하지만, 유머로 받아 들여도 무방할 것 같다. 과장은 있을망정 애플 제품 소비자들이 자긍심을 갖고 있는 건 분명한 사실이니까 말이다. 그러나 영국으로 가면 냉소가 진해지면서 '아이팟(IPOD) 세대'라는 부정적인 신조어까지 나타난다. 불안정하고(Insecure), 압력을 받으며(Pressed), 과중한 세금부담에 시달리고(Overtaxed), 빚에 쪼들리는(Debt-ridden) 청년 세대가 '아이팟 세대'라는 것이다. 김난도 외, 『트렌드 코리아 2012)(미래의창, 2011), 137쪽.

138 리앤더 카니(Leander Kahney), 이마스 옮김, 『컬트 브랜드의 탄생 아이팟』(미래의창, 2005/2006), 215쪽.

139 월터 아이작슨(Walter Isaacson), 안진환 옮김, 『스티브 잡스(Steve Jobs)』(민음사, 2011), 864쪽.

제2장

# "우리가 표준을 만든다": 빌 게이츠의 '마이크로소프트 제국'

"게이츠 자신은 원래 창안자가 아니며, 문제가 있는 오리지널 해법을 고집하는 사람을 좋아하지 않는다. 그는 대부분의 사람들은 일생을 통해 매우 훌륭한 아이디어를 한 가지 정도 생각해낼 뿐이라고 말한다. 또한 거의 모든 해법들은 이미 어딘가에 존재하고 있고, 다만 그 사실이 증명되어야 할 뿐이라고 믿는다. 자신의 재능은 이러한 해법을 발견하여 상업적으로 성공할 수 있는 제품으로 개발해내는 것이라고 말한다."

## '탐욕의 미덕'을 구현한 빌 게이츠

"탐욕을 가져도 좋습니다. …… 탐욕은 건전한 것입니다. 스스로 탐욕스럽다고 인정하면서도 자기 자신에 대해 편안함을 느낄 수 있습니다."[1]

미국의 대표적인 기업 사냥꾼 이반 보에스키(Ivan F. Boesky)가 버클리 대학 졸업식에서 한 말로 '탐욕의 시대'로 불린 1980년대의 정신을 대변해주는 '명언'이다. 1955년생으로 컴퓨터에 미쳐 지낸 고등학교 때부터 돈벌이에 뛰어들면서 그런 '탐욕의 미덕'을 온몸으로 구현한 인물이 있었으니, 그는 바로 빌 게이츠(Bill Gates)다.

게이츠는 1973년 하버드 대학에 진학했는데, 처음엔 꽤 큰 야심을 가졌던 것 같다.[2] 그는 역사에 무언가 위대한 발자취를 남기고 싶어했고 수학으로 그렇게 할 수 있을 것이라고 생각했다. 그런데 이게 웬 일인가. 하버드에 갔더니 자신보다 더 머리가 좋고 수학에 뛰어난 천재들이 득실거리지 않는가. 이게 바로 그가 대학 캠퍼스 밖으로 눈을 돌리게 된 계기

가 되었다.[3]

그런데 게이츠에겐 다른 천재들이 갖고 있지 못한 한 가지 장점이 있었다. 그건 바로 탐욕과 집념이었다. 게이츠는 하버드 재학중 사업을 벌였다. 그러다가 언젠가 경제학 시험을 보면서 영원히 하버드를 떠날 결심을 하게 된다. 사업을 하느라 공부를 게을리 한 탓에 도무지 문제를 풀 수가 없었던 것이다. 얼마나 자존심이 상했을까. 그는 그 순간 자신에겐 돈을 벌 수 있는 재주가 있다는 걸 떠 올리면서 백지 답안지를 내고 시험장을 빠져 나간다. 그렇게 해서 영원히 하버드를 떠난 것이다.

게이츠의 집념과 탐욕은 이미 어렸을 때부터 유별났다. 9살 때 세계대백과사전을 암기하려는 시도를 했었다니 더 말해 무엇하랴. 그는 지독한 일벌레였다. 대학 신입생 시절 수업을 빼먹고 하루 종일 컴퓨터 실험실에 앉아 자신의 프로젝트를 연구했는데, 종종 18시간이나 36시간 동안 잠을 자지 않고 버티곤 했다는 게 동료 학생들의 증언이다.

일벌레 근성 때문에 그는 '지저분한 머리'와 '비듬'으로 유명했다. 머리를 감지 않았기 때문이다. 그런 더러운 머리를 가리켜 '게이츠 커트'라는 말까지 생겨났다. 그렇다고 목욕을 하지 않느냐 하면 그건 아니었다. 목욕통 속에서는 책을 읽을 수도 있고 그밖의 다른 일을 할 수도 있는데 머리를 감을 땐 아무 일도 할 수가 없다. 그는 그게 싫어서 머리를 잘 감지 않았던 것이다.[4]

그는 '악마처럼 빠르게 질주하는 드라이버'라는 말을 들을 정도로 자동차 스피드 광이었다. 속도 위반 딱지를 수집하는 게 취미냐는 말이 나올 정도였다. 변덕도 심했다. 자기 기분이 내키면 매우 친절하다가도 기분이 안 맞으면 몹시 무례한 행동도 마다하지 않았다. 자기 자신을 높이기 위해서는 이야기를 잘 꾸며대기도 하고 사람들을 설득시킬 필요가 있을 때엔 속임수도 잘 썼다. 누군가 못마땅한 질문을 던졌을 때, 위협적인 시

선으로 응시해 상대방의 기를 죽이는 능력도 뛰어났다.[5]

그래서 마이크로소프트 직원들은 게이츠를 존경하는 동시에 두려워했다.[6] 직원의 프레젠테이션이 시원치 않으면 끝나기도 전에 "그건 내가 들어본 것 중 가장 멍청한 소리야(That's the stupidest thing I've ever heard)!"라고 외쳐대니, 어찌 두렵지 않으랴.[7] 마이크로소프트사 안팎엔 이런 이야기가 떠돌아 다녔다. "한 실무자가 발표를 잘못하자 빌 게이츠가 갑자기 탁상을 치고 일어나서는 '이 돌대가리 어디서 굴러온 거야?' 하고 욕설을 퍼부었다고 한다. 그 실무자는 눈물을 흘리며 나갔고 물론 다음 날 그만두었다."[8]

이는 탐욕과 더불어 '공포'가 게이츠 경영 철학의 한 축을 형성하고 있다는 걸 시사해준다. 이와 관련, 데이비드 A. 캐플런(David A. Kaplan)은 이렇게 말한다. "마이크로소프트의 독점에 대해 험담을 늘어놓는 이들의 말과 같이, 경쟁이 없는 상태에서 마이크로소프트는 시장 원리를 예측하지 못하거나 적절히 대응하지 못해 성장이 둔화되어야 옳다. 하지만 빌 게이츠는 사내에 일종의 공포심을 토대로 한 '신생 기업' 분위기를 지속적으로 조성해 그것을 극복해왔다. 앤디 그로브가 '편집광만이 살아남는다'를 역설했다면, 빌 게이츠는 아예 그것을 종교화한 셈이다. 마이크로소프트에서는 이를 '건설적 편집'이라고 부른다. 공포가 탐욕보다 훨씬 더 강한 동기를 유발했다 하겠다."[9]

탐욕과 공포, 그리고 그것들을 가능케 할 수 있는 냉혹에 관한 한 게이츠는 타의 추종을 불허한다고 말하는 이들도 많다. AOL타임워너의 회장이었던 스티브 케이스는 게이츠를 가리켜 '레드먼드(Redmond)의 히틀러'라고 했다.(레드먼드는 마이크로소프트의 본사 소재지)[10] 소프트웨어 회사 볼랜드(Borland)의 공동창업자로 어머니가 아우슈비츠 생존자인 유대인 필립 칸(Philippe Kahn)은 "마이크로소프트 세력은 그 옛날 나치 독일의

권력과 비슷하다"고 말했다.[11]

『피시 레터(PC Letter)』의 편집장인 스튜어트 앨솝은 이렇게 말한다. "게이츠는 집요하다. 그는 중국식 물고문과 같은 무시무시한 방법으로 항상 응수한다. 마치 사람들을 갈기갈기 찢어놓는 것이 그의 즐거움인 것처럼 보인다."[12] 또 로터스(Lotus)사의 전 회장 미치 카포(Mitch Kapor)는 이렇게 말한다. "명석하고 정력적이며 성취욕이 높지만, 무자비하고 파렴치한 자이다. 나는, '어떤 대가를 치르고라도 이긴다'는 전략에 따라 행동하며 서로 경쟁할 수 있는 여건 자체를 완전히 말살시켜버리는 사람은 그 누구라고 파렴치하다고 보는데, 빌 게이츠는 그런 점에서는 가장 뛰어나고 가장 성공적인 표본이라고 할 수 있다."[13]

## "우리가 표준을 만든다"

게이츠는 20살의 나이인 1975년 고등학교 3년 선배인 폴 앨런(Paul Allen, 1953~)과 자본금 1,500달러를 가지고 '작고(Micro) 부드러운(Soft)' 회사인 마이크로소프트(MS)를 창업했는데, 처음부터 슬로건이 야무졌다. "우리가 표준을 만든다(We set standard)."

표준을 만들기 위해선 1인자가 되어야만 한다. 게이츠는 어떤 일에도 구애받지 않으면서 경쟁자를 압도해야 한다고 거침없이 말하곤 했는데, 이 원칙은 자신의 지배권에도 관철되었다. 게이츠와 앨런의 마이크로소프트 지분은 처음엔 '50 대 50'이었지만, 게이츠의 집요한 요구로 지분 관계가 점점 달라져 결국 앨런은 게이츠의 부하가 되고 말았다.

미리 이야기를 하자면, 앨런의 복수는 2011년 4월에 이루어졌다. 앨런이 『아이디어 맨: 마이크로소프트 공동창업자의 회고록(Idea Man: A

Memoir by the Cofounder of Microsoft)』을 통해 게이츠를 돈만 아는 냉혈한으로 묘사한 것이다.

책 내용을 보면, 1982년 암의 일종인 호지킨 림프종(Hodgkin's lymphoma)에 걸린 앨런은 게이츠와 스티브 발머(Steve Ballmer)의 충격적인 대화 내용을 엿듣는다. 발머는 게이츠의 대학 동기 출신으로 게이츠의 오른팔이다. 게이츠와 발머는 다른 주주들에게 스톡옵션을 발행해 앨런의 지분율을 낮추자고 모의했다고 한다. 이에 발끈해 문을 차고 들어가 사과를 받아냈다는 게 앨런의 주장이다. 앨런은 "비록 병에 걸렸지만 창업을 도운 임원을 쫓아내려고 했다"며 "돈밖에 모르는 기회주의"라고 썼다. 또 "빌은 파이를 최대한 차지하려 했다"며, 결국 게이츠의 요구대로 지분율을 낮춰줬다고 주장했다.[14]

누가 주도했건 발머는 사실상 앨런을 밀어내고 마이크로소프트의 2인자가 된 셈인데, 프레드릭 맥스웰(Frederic A. Maxwell)의 평가가 재미있다. "발머의 뛰어난 업적은 한두 가지가 아니겠지만, 그 중에서도 가장 잘 한 일은 그가 20년 이상 게이츠를 참아냈다는 사실이다. 이는 폴 앨런을 비롯한 마이크로소프트의 어느 누구도 해내지 못한 일이다."[15]

앨런의 말마따나 게이츠가 정말 "돈밖에 모르는 기회주의자"라면, 사업에서 그건 그의 장점이지 단점은 아니다. 게이츠는 철저한 실용주의자로 사업적인 결정에 개인적인 원한을 개입시키지 않기 때문이다. 데스 디어러브(Des Dearlove)는 "많은 비즈니스 리더들이 개인적인 원한 때문에 의사 결정에 자유롭지 못한 반면, 빌 게이츠는 언제나 합리적으로 행동한다"고 말한다.[16]

게이츠의 그런 '합리성'은 사람을 선발하는 일에도 그대로 나타난다. 지독하다 싶을 정도로 최고의 인재만을 고집한다. 그는 마이크로소프트의 인사 담당자들에게 늘 '평범한 사람'을 피하라고 요구한다. 일단 뽑아

놓으면 평범한 사원을 제거하기는 어려울뿐더러 이들이 우수한 인재들이 채워져야 할 자리까지 차지하기 때문이라는 것이다.[17]

## 게이츠의 인정 욕구

게이츠는 "모든 가정에 컴퓨터(PC)가 한 대씩 설치되도록 하겠다"는 거대한 꿈을 갖고, 최초의 PC인 알테어 8800용 베이직 프로그래밍 언어를 개발하는 일을 주로 했다. 당시에는 이 분야에서 돈을 벌려면 '하드웨어'에 뛰어드는 게 정석이었지만 게이츠는 '소프트웨어'에서 미래를 발견했고, 이게 선견지명이었음이 입증됐다.

게이츠는 1976년 2월 3일 〈컴퓨터광들에게 보내는 공개서한(Open Letter to Hobbyists)〉을 통해 소프트웨어를 공유하는 것은 오히려 발전을 저해한다고 주장했다. 그는 자신의 신설 회사가 공짜로 복제되고 있는 소프트웨어 개발에 4만 달러를 썼음을 밝히면서 이렇게 말했다. "하비스트들 다수가 알고 있겠지만, 여러분은 소프트웨어를 훔치고 있습니다. 하드웨어는 돈을 주고 구입하지만, 소프트웨어는 공짜로 공유하고 있습니다. 소프트웨어를 개발한 사람들이 상응하는 보상을 받고 있는지 아무도 신경을 쓰지 않습니다."[18]

찬사와 더불어 악명을 동시에 얻은 이 공개 편지는 당시 공짜로 유통되던 소프트웨어 윤리에 대한 최초의 도전으로서 훗날 게이츠가 이루게 될 '마이크로소프트 제국'의 이윤 창출을 위한 이론적 초석을 놓은 셈이었다. 운도 엄청나게 좋았다. 게이츠는 1981년부터 IBM에 MS-DOS가 된 독점적 운영체제를 팔게 되었고, MS-DOS는 IBM의 축복으로 곧 퍼스널 컴퓨터의 표준이 되었으며, 마이크로소프트는 즉각 컴퓨터 제조업

체들을 궁극적으로 자신들의 독점적 위치를 공고히 해주는 계약에 묶어 놓았기 때문이다.[19]

IBM이 처음에 마이크로소프트를 선택한 이유는 게이츠의 프로그램 제작 능력과 더불어 IBM의 적수가 될 수 없으리라는 믿음을 준 마이크로소프트의 작은 사이즈 때문이었다.[20] 게이츠는 비교적 낮은 가격으로 IBM에 납품하는 대신, 그 운영 체제를 다른 PC 제조사들에게 팔아도 좋다는 조건을 얻어냈다. 이는 IBM이 자사의 PC 시장을 너무도 낮게 평가한데다 '표준 설정'의 중요성을 전혀 깨닫지 못하고 있었다는 것을 말해준다. 오라클(Oracle)의 래리 엘리슨(Larry Ellison, 1944~)이 훗날 말한 것처럼, 이는 IBM의 입장에선 "1,000억 달러짜리 실수"였다.[21]

이와 관련, 로버트 헬러(Robert Heller)는 "그러다가 PC 시장이 폭발하자 IBM의 중역들은 깜짝 놀랐고, 마이크로소프트는 계속되는 성공으로 미래의 부를 예약한 채 IBM의 속을 끓게 했다. IBM과 IBM 호환 PC의 급속한 성장으로 매출과 수익이 천문학적으로 늘어나는 상황에서도 빌 게이츠를 끊임없이 위협한 것은 IBM이 MS-DOS를 포기할 수도 있다는 현실이었다."며 다음과 같이 말한다.

"빌 게이츠는 마이크로소프트를 최대한 보호하기 위해 IBM과 협력해 그 회사의 새로운 운영체제, 즉 OS/2의 개발을 도왔다. 하지만 IBM의 중역들이 OS/2에서의 협력 관계를 청산하려 했을 때, 빌 게이츠는 IBM의 CEO인 존 에이커스(John F. Akers)와의 1986년 6월 오찬에서 유리한 조건을 따냈다. 그로부터 3년쯤 지났을 때, IBM과 마이크로소프트의 전쟁은 본격적으로 시작되었다. 1990년에 빌 게이츠는 윈도즈 3.0을 발표해 완승을 거두었다."[22]

게이츠는 1990년 연설에서 처음으로 '당신의 손 끝에서 좌우되는 정보(Information at Your Fingertips)'에 대해 말했는데, 그가 꿈꾸는 세상의 비전 중 하나는 이런 것이었다. 당신이 좀 아는 사람이 있다. 그런데 그 사람을 처음 만난 게 언제인지 기억이 나질 않는다. 실제로 그런 일을 겪은 게이츠는 이렇게 말했다. "만약 '완전한 기억(total recall)'을 구축하는 기술이 좀 더 발전할 수 있다면, 우리가 만난 날과 같은 정보를 좀 더 쉬운 방법으로 정확하게 알아낼 수 있을 것이다. 그렇게만 된다면 우리가 완전한 기억의 시대로 가는 변화를 환영할 것은 너무나 자명한 일 아니겠는가."[23]

게이츠의 사업은 무한 질주 그 자체였다. 400만 달러에 불과하던 연 매출은 1981년 1,600만 달러로 급성장했고, MS는 1985년에는 1억 4,000만 달러의 매출을 달성하며 뉴욕 증시에 상장했다. 2007년 MS는 140억 달러, IBM은 104억 달러의 순익을 기록했다. 1970년대 중반 창업한 작은 소프트웨어 회사가 컴퓨터업계의 공룡인 IBM보다 돈을 더 잘 버는 회사가 된 기적이 일어난 것이다.

게이츠는 1994년부터 미국 최고의 갑부가 되었다. 그의 재산 자체가 큰 뉴스거리가 돼 그는 더욱 신화적인 인물로 미화되었다. 성공이 또 다른 성공을 부르고 실패는 또 다른 실패를 부르는 자본주의의 기이한 법칙이 작용되는 지점이다. 미국 대중에게 게이츠의 성공은 '인간 승리' 미담으로 받아 들여졌는데, 게이츠의 열정도 그런 미담의 주인공이 되고 싶은 인정 욕구의 산물이었다.

게이츠는 1980년대에 스티브 잡스와 누가 먼저 『타임』지 표지 인물이 될 것인가를 놓고 경쟁을 벌였다. 이 경쟁에선 집념이 더 강한 잡스가 이겼지만, 총 등장 회수에선 게이츠가 이겼다. 1995년 인텔의 앤디 그로브는 『포춘』지와의 인터뷰에서 "당신에게 영감을 준 인물로 누구를 꼽을 수 있겠느냐"는 질문에 '잡스'라고 답했다. 이 기사를 읽고 미친 듯이 화를 낸 게이츠는 그로브에게 전화를 걸어 고래고래 소리 쳤다. "그럼 내가 지금까지 해놓은 것은 아무것도 아니란 말이오?" 게이츠의 과격한 반응에 깜짝 놀란 그로브는 게이츠의 불평을 부모가 형이나 동생을 좀 더 칭찬한 것에 대해 질투하는 아이의 행태에 비유했다.[24]

사실 1995년은 게이츠에겐 그 어느 해보다 중요한 해였다. 바로 그 해에 '윈도 95'가 출시되었을 뿐만 아니라 게이츠가 비로소 인터넷에 눈을 떴기 때문이다. 1993년 처음으로 인터넷 사이트가 등장한 이후 운용 체제와 응용 제품들은 사이버 공간에서 무료로 다운받을 수 있었기에, 마이크로소프트의 헤게모니는 곧 무너질 수도 있었다. 1995년 5월 26일 그런 위기감을 생생하게 느낀 게이츠는 직원들에게 보낸 "인터넷의 거대한 파도(The Internet Tidal Wave)"라는 제목의 이메일에서 인터넷을 "가장 중요한 신기술"이라고 표현했다.[25]

게이츠는 1998년 워렌 버핏과 『포춘』에서 한 강연에서 "인터넷이 등장했을 때 우리는 그것을 다섯 번째 혹은 여섯 번째의 우선 순위로 삼았다"고 고백했으며, 1999년에 출간한 『빌 게이츠@생각의 속도』에서 "우리는 학자들과 기술자들의 네트워크인 인터넷이 오늘날과 같은 전세계적 규모의 상업적 네트워크로 꽃필 것이라고 보지 않았다"고 재차 고백하면서 "인터넷은 정보 공유, 협력, 그리고 상거래를 위한 새로운 지구적 공간을 창출한다"고 썼다.[26]

## "빌 게이츠는 약탈자"

게이츠의 좌우명은 '포용과 확장(embrace and extend)'이었는데, 이를 가리켜 밥 메트캘프(Bob Metcalfe)는 '가로채고 뜯어가기'라고 했다.[27] 반면 래리 엘리슨은 그걸 전혀 다른 시각으로 보았다. "빌 게이츠는 자신이 개발한 것이 아니라는 사실 때문에 괴로워 하지 않지. 끌어안고 확장하는 것, 그것이 빌의 훌륭한 점이야."[28] 같은 사업가의 관점에선 그렇게 볼 수도 있겠지만, 시야를 좀 넓혀서 보자면 메트캘프의 표현이 진실에 더 가까운 것 같다. '가로채고 뜯어가기' 원리에 따라 MS가 새롭게 진출하는 곳마다 기존 업체들이 퇴출되면서 'MS효과'라는 말까지 생겨 났으니 말이다.

1990년대 후반 미 법무부는 "마이크로소프트사는 불법적인 독점 관행을 동원, 경쟁업자들을 말살하려 하고 있다"고 비난하면서 마이크로소프트사를 상대로 반反독점 소송을 제기했다. 게이츠의 경쟁자인 스콧 맥닐리 선마이크로시스템사 회장은 게이츠를 "약탈자, 독점주의자, 우리 시대 가장 위험하고 힘 있는 산업주의자"라고 비난했다. 1996년 4월『와이어드』지는 독자들에게 '마이크로소프트사 미워하기'라는 제목의 웹사이트 가이드북을 제공했는데, 목록에 있는 모든 사이트들은 마이크로소프트사와 게이츠에 대한 매우 부정적인 감정과 분노에 대한 내용이었다.[29]

1998년 가을은 게이츠에게 최대 수난의 시기였다. 미 연방 정부와 20개 주가 제기한 반反 독점 소송의 와중에서 게이츠가 얼마나 탐욕스러우며 자신의 탐욕을 위해 얼마나 뻔뻔하고 거짓말을 잘 하는지 들통이 나버린 것이다. 당시 국내 언론의 관련 기사 제목도 그걸 잘 말해준다. "'야누스 얼굴' 빌 게이츠"(『한국일보』, 1998년 10월 29일자), "빌 게이츠는 '오리발천재'"(『조선일보』, 1998년 11월 19일자), "협박 뇌물…… '탐욕의 빌 게이츠'"(『뉴스플러스』, 1998년 11월 19일자) 등등.

그러나 의외로 많은 사람들이 게이츠의 그런 탐욕을 내심 부러워 했던 건 아닐까? 1999년 4월 게이츠가 1,000억 달러의 부를 축적한 첫 번 째 사람이 되었을 때 언론은 게이츠를 위해 'centibillionaire(1,000억 달러 부자)'라는 신조어를 만들어 내면서 그 부의 규모를 흥미있는 뉴스거리로 만드는 데에 안달이 난 것처럼 보였다. 게이츠는 매 초당 150달러를 벌어들이기 때문에, 그가 길을 걷다가 길가에 떨어진 500달러짜리 지폐를 줍는 건 오히려 손해라는 따위의 개그도 등장했다.[30]

게이츠는 모든 아프리카 국가가 가진 것보다 더 많은 재산을 소유했다느니, 그의 재산이 세계에서 가장 부유한 18개국을 제외한 모든 국가의 경제 규모보다 더 크다느니, 만약 게이츠의 부가 지금처럼 매년 61퍼센트의 비율로 성장을 거듭한다면 2004년에는 세계에서 첫 번째 '조만장자(trillionaire)'가 될 것이라느니, 그의 재산은 유통되고 있는 모든 1달러 지폐를 합한 액수의 두 배라느니, 만약 그가 침대 매트리스 아래 자신의 현금을 1달러 지폐로 묻어둔다면 그는 매일 아침 침대 바닥으로 내려오기 위해 약 25.7킬로미터를 낙하산을 타고 강하해야 할 것이라는 등, 이런 수다엔 끝이 없었다.[31]

1999년 11월 5일 토머스 펜필드 잭슨(Thomas Penfield Jackson) 판사는 "MS는 x86프로세서 계열PC의 OS 시장을 독점하고 있으며 이 위협을 제거하기 위한 조치를 취해야 한다"고 명령했다. 이어 "MS는 2000년 4월 3일까지 회사를 둘로 분리하여 하나는 OS를, 또 다른 하나는 응용 프로그램을 생산하도록 할 것"이라고 판결했다.

잭슨 판사는 『뉴요커』지의 캔 올레타(Ken Auletta)와 만난 자리에서 "게이츠는 자신을 나폴레옹 쯤으로 생각하고 있는 모양"이라고 지적하면서, 그에게 나폴레옹에 관한 보고서를 제출하라는 과제를 내주고 싶을 정도라고 말했다.[32] 잘 보았다. 오랜 세월 나폴레옹을 흠모해온 게이츠는 실제로 자신을 나폴레옹으로 여기면서 반독점 소송을 부질 없는 핍박 쯤으로 여겼을 것이다. 세상도 게이츠의 그런 환상을 돕기로 한 걸까?

잭슨 판사의 역사적 판결은 2001년 1월 21일부터 업무에 들어간 공화당의 조지 W. 부시 행정부에 와서 뒤집어지고 말았다. 이어 터진 9.11

테러 사건은 투쟁보다는 합의를 중시하는 국가적 분위기를 고조시키면서 MS와 게이츠에 큰 행운으로 작용했다. MS는 반독점법 위반 행위를 하고서도 소소한 양보를 하는 수준에서 거의 피해를 입지 않고 소송을 끝낼 수 있었다.[33]

## 마이크로소프트는 '악의 제국'

그러나 소송 과정에서 드러난 MS와 게이츠의 무시무시한 탐욕까지 없던 걸로 되돌릴 수는 없는 일이었다. MS는 '악의 제국(Evil Empire)'으로, 게이츠는 그 '수괴'로 여겨지기도 했다. 프레드릭 맥스웰은 "게이츠는 PC 운영체제 시장을 완전 장악하려 했고, 이에 조금이라도 장애가 되는 존재는 모두 위협으로 간주했다."며 다음과 같이 말한다.

"게이츠는 가질 수 있다면 어떤 시장에서든 100퍼센트를 원했다. 그것이 미국식이라고 게이츠는 판단했다. …… 만일 게이츠가 악명 높은 자바 더 헛(Jabba the Hut: 영화 〈스타워즈〉에 나오는 무자비한 종족-옮긴이)처럼 행동하지도 않고, MS-DOS와 그 다음 윈도를 만들어내지 않고, 무료 소프트웨어로 가는 흐름을 차단시키지 않았다면, 오늘날 컴퓨터 운영체제들은 리눅스처럼 되었을 것이다. 게이츠가 소프트웨어 무대에 진출하기 전에는, 컴퓨터광들의 여가시간에 만들어진 많은 프로그램들이 셰어웨어(shareware)라 불리는 상태로 돌아다녔다."[34]

스티브 발머도 탐욕에 관한 한 게이츠 못지 않은 인물이었다. 1980년 6월 마이크로소프트의 24번째 사원으로 입사한 발머는 경영학 전공으로 마이크로소프트에 합류하기 전 프록터앤갬블(Procter & Gamble)에서 마케팅을 담당할 때 던컨 하인즈(Duncan Hines) 초콜릿 케익 가루의 용기를 수직으로 길쭉한 원래의 모양을 수평으로 넓적하게 바꿔 진열대에서 다른 경쟁 상품들을 밀어내는 공로를 세운 인물이었다.[35]

발머는 엄청난 목소리로 입을 크게 벌리고 외치거나 호통을 칠 정도로 에너지가 충만하다 못해 과잉인 사람이었다. 그는 1991년 5월 일본에서 열린 판촉회의에서 "윈도! 윈도! 윈도!"를 외치다가 성대를 다쳐 수술을 받아야 했다.[36] 1994년엔 사내 회의에서 스스로 자신의 목을 움켜쥐면서 "우리가 명심해야 할 것은 바로 경쟁사의 약점을 쥐고 있는 일입니다. 경쟁사들의 목을 조여 숨이 차게 만드는 것이야말로 우리가 지속적으로 추구해야 하는 일입니다."라고 열변을 토했다.[37] 발머의 전기를 쓴 프레드릭 맥스웰은 발머의 지칠 줄 모르는 탐욕스러운 열정에 대해 다음과 같이 말한다.

"남은 인생 동안 매일 하루에 100만 달러씩 쓴다고 해도, 그의 재산은 여전히 수십 억 달러 이상 남는다. 언제면 만족할까? 그는 왜 계속 달리는 것일까? 하버드 시절에 풋볼 팀 동료였던 댄 지기츠는 발머를 경쟁 중독자로 단정짓고 스위치에 비유했다. 발머의 경쟁 스위치는 켜진 상태에서 녹아 붙어버렸기 때문에 끌 수가 없다는 것이다."[38]

게이츠의 정신을 이어받은 MS의 탐욕은 그야말로 독보적이었다. 『뉴욕타임스』 2005년 7월 31일자는 MS의 대량특허 전략을 소개했다. 게이츠는 2004년 8월 "매년 3,000건 이상 특허를 따내겠다"고 발표했는데, 이는 MS의 연간 연구개발비가 75억 달러(약 7조 7,025억 원)나 된다는 사실에 근거한 것이었다. 실제로 MS는 매주 50~60건씩 연간 3,000건 이상의 특허를 출원하고 있었다. 그런데 문제는 MS가 마구잡이 특허 출원을 한다는 데에 있었다. 예컨대, '문서 내 흰 여백 첨삭 프로그램' 같은 실용성이 낮은 소프트웨어에 대해서도 특허를 내는 바람에 미국 특허청은 그걸 처리하느라 몸살을 앓았다.

이와 관련, 미 공공특허재단(Public Patent Foundation) 측은 "소프트웨어에 대한 특허권 철폐는 공익을 위해 바람직한 일"이라고 주장했다. 무엇보다 소프트웨어의 지적재산권을 광범위하게 인정할 경우 더 나은 프로그램 개발이 원천적으로 봉쇄되기 때문이라는 이유에서였다. 광범위한 지적재산권 인정은 소프트웨어 개발업체들이 막 일어나던 1970~80년대나 필요한 것이지 MS와 같은 소프트웨어업체가 거대기업으로 성장한 현 시점에선 사라져야 한다는 논리였다.[39]

## MS에 종속된 한국의 국가정보화

게이츠는 스스로 미래학자 노릇을 하기도 했는데, 이는 '게이츠 신화'를 더욱 돋보이게 만들었다. 그래서였을까? 1994년 12월 방한시 한국 정부와 언론이 보여준 '게이츠 환대'는 해도 너무했다. 정보화를 놓고 '이전투구'라는 표현이 어울릴 만큼 치열한 경쟁을 벌이고 있던 동아일보와 조선일보가 한 달 사이에 경쟁적으로 쏟아낸 게이츠 관련 특집 기사만 해도 30면이 넘었다. 게이츠의 칼럼 게재를 알리는 동아일보의 사고社告는 정말 보기에 민망했다. 3원색 인쇄에 1면의 4분의 1 가량을 할애하는 지극 정성을 보였으니 말이다. 또 KBS는 게이츠와의 특별 대담 프로그램을 만들어 방영했고 김영삼 대통령도 그를 만났다. 이에 대해 한메소프트 대표이사 이창원은 『한겨레신문』(1994년 12월 14일)에 기고한 글에서 다음과 같이 개탄했다.

"그는 이제 겨우 태동기에 있는 우리 나라 소프트웨어 산업을 기초부터 무너뜨리려는 회사의 대표이다. 영세한 국내 소프트웨어 업체들은 마이크로소프트의 공세에 사실상 속수무책이다. 어느 것 하나 마이크로소프트가 장악하지 않은 것이 없다. 그런데 우리 정부는 빌 게이츠를 만나 국내 업체와 잘 협조해 달라고 부탁했다고 한다. 정말 웃기는 이야기다. 빌 게이츠는 미국 회사와도 협조하지 않는다. 다만 먹어치울 뿐이다. 국내 정보통신을 책임지고 있는 국가기관에서도 마이크로소프트와 협력을 적극 추진하고 있다고 한다. 정말 울고 싶은 얘기다. 국가 기간망을 우리 기술이 아닌 남의 손으로 만들어서 어떻게 하자는 것인가. 국내에는 과연 그런 기술 인력이 없는가."

빌 게이츠를 환대하는 꼴이 너무도 역겹다는 이유로 한 소프트웨어 마케팅 담당자는 빌 게이츠의 방한 중에 아예 가족을 데리고 휴가를 떠났다고 한다. 『한겨레 21』(1994년 12월 22일) 박태웅 기자가 "아니 이럴 때일수록 정신을 차려야지, 웬 휴가요?" 했더니 그는 이렇게 말했다고 한다. "언 발에 오줌누기지, 대통령까지 나서서 광고를 해주고 있는데 뭐라고 말하면 마케팅이 되겠어요? 한 3년은 가겠네요. 그 X 장사 한번 잘하고 갑니다."

이후 어떤 일이 벌어졌던가? MS는 한국에 컴퓨터 소프트웨어를 팔아 해마다 수천억 원씩 벌어 갔다. 2005년 국내에 보급된 2,700여만 대의 컴퓨터 가운데 95퍼센트 이상에 MS 제품이 깔려 있었으며 컴퓨터 운영체제인 윈도 98과 윈도미는 350여만 대에 깔려 있었다. 그 결과 한국은 MS에 종속되고 말았다. 소프트웨어가 안고 있는 보안 허점을 막아주는 프로그램인 보안패치를 계속 공급해달라고 통사정하는 일까지 벌어지기에 이르렀다.

"윈도 98과 윈도미의 보안패치 중단 시기를 1년만이라도 연기해줄 수 없겠습니까?" "곤란합니다." "제발 부탁합니다." "한번 검토해보겠습니다." 2005년 9월 28일 미국 시애틀의 MS 본사에서 국가사이버안전센터장 윤석구가 MS 관계자를 만나 나눈 대화였다. 이에 대해 김재섭은 다음과 같이 말했다.

"정보사회에서 컴퓨터 소프트웨어와 디지털 문서 규격 등은 기초 인프라다. 따라서 국가안보까지 고려해야 한다. 학계와 시민단체 전문가들이 그동안 특정 공급업체에 목이 매이는 것을 피할 수 있는 '공개 소프트웨어' 사용을 외쳐온 것도 이 때문이었다. 이를 귓등으로 흘린 결과, 매킨토시와 리눅스 등 MS와 경쟁관계에 있는 소프트웨어의 사용자들은 인터넷뱅킹과 전자민원 서비스를 이용하지 못하고 있다. 또 국가가 MS에 매달리는 결과를 낳았다."[40]

"세계인들이 가장 많이 읽는 책은 성경이고, 가장 많이 듣는 음악은 컴퓨터를 켤 때 나오는 마이크로소프트 윈도 운영체제(OS) 시작음이다." 정보기술 업계에서 MS의 독점적 시장지배력을 설명할 때 자주 나오는 농담이라고 하는데, 한국도 예외는 아니어서 MS의 OS 부문 시장점유율은 98.8퍼센트에 이르렀다. 한국소프트웨어진흥원이 추정한 2004년 국내 OS 시장 규모는 3조 7,900억 원이었는데, 이 가운데 윈도 판매액이 3조 7,500억 원(약 37억 달러)을 차지한 것이다.[41]

MS 종속으로 인한 문제는 지금도 계속되고 있다. 2013년 1월 한국컴퓨터소프트웨어판매업협동조합 이사장 김대준은 "마이크로소프트사(이하 MS)는 최근 한국 내 컴퓨터 OS 시장에서 95퍼센트 이상의 독점적 지위와 한미FTA로 강화된 저작권법의 보호를 수단으로 사용자를 기망하는 바가지 상술과 강매로 소상공인들을 눈물겹게 하고 있다. 발단은 손쉽게 단속이 가능한 전국의 PC방과 숙박업자들이다."며 다음과 같이 말했다.

"우스개 소리로 MS의 이익은 영업팀이 아닌 법무팀에서 나온다는 얘기가 있을 정도다. 저작권자의 권리를 보호해야 하는 것에 대해서는 누구도 이견이 없다. 하지만 저작권자가 독점적 지위와 법적 보호를 남용해 지나치게 높은 가격을 책정하여 사용자의 정품사용에 대한 의지를 감소시켜 잠재적 범법자를 대량 양산한 후, 이를 법적 단속으로 제재하여 각종 합의금과 불법사용자용 버전을 따로 만들어 파는 수법에 의존하는 MS의 판매 마케팅 방식에는 분명 문제가 있다 하겠다. 실례로 1995년 윈도 95의 국내 판매가격은 8~9만 원선이었고, 컴퓨터 한 대 가격은 150만 원선으로 윈도 OS가 차지하는 비중은 5~6퍼센트였으나, 2012년 현재 윈도 8의 가격은 28만 원선이고 컴퓨터 한 대 가격이 50만 원선인 것을 감안하면 50퍼센트에 육박하는 수준으로 컴퓨터에서 차지하는 MS OS의 비중은 계속해서 높아지고 있는 것이 문제다. …… 정부는 공정거래위원회를 통해 MS의 국내 라이선스 규정을 검토하여 부당함이 있을 경우 시정하고 제발 방지를 위해 관련 제도와 법을 정비해야 할 것이며, 국부유출과 자국민의 잠재적 범법자 취급을 막기 위해 국산 OS를 하루 빨리 개발해야 할 것이다."[42]

## 애플이 인터넷 자유를 위협한다?

2012년 4월 15일 구글의 공동 창업자 세르게이 브린은 영국 일간 『가디언』과의 인터뷰에서 "인터넷이 30년 전 등장한 이래 그 어느 때보다 심각하게 자유를 위협받고 있다"며, 인터넷의 자유를 위협하는 세력의 실체로 국민의 인터넷 사용을 통제하는 일부 국가, 불법 복제 단속에 나선 영화·음반 등 엔터테인먼트 관련 기업, 독점적 플랫폼으로 사용자의 접근성을 억제하는 페이스북, 애플을 꼽았다. 이 기사에 대해 한국의 일부 네티즌들은 "구글도 마찬가지 아닌가? 더 속보이는 소리를 하네" "그 놈이 그 놈일세"라는 댓글을 달았다.[43]

애플이 인터넷 자유를 위협한다? 그것 참 흥미로운 이야기다. 2005년 8월 미국 『뉴욕타임스』는 구글이 거대한 자본과 기술력을 앞세워 경쟁업체를 고사시키는 전략을 구사해 과거 마이크로소프트가 독차지해 온 '악의 제국(Evil Empire)'이라는 악명을 넘겨받았다고 보도한 바 있다. 네트워크업체인 '링키드인'의 창업자 리드 호프만은 "구글은 마이크로소프트사가 실리콘 밸리의 혁신 정신에 악영향을 끼쳤던 것보다도 더 큰 폐해를 끼치고 있다"며, "신규사업자들이 흥미있는 새 사업에 도전하는 것이 더 어려워졌다"고 구글을 비난했다. 인터넷 검색엔진 '익사이트' 설립자 존 크라우스는 "과거 IBM이 '부드러운 거인'이고 MS가 '무자비한 거인'이었다면 지금은 MS가 '부드러운 거인'이 된 반면 구글이 '무자비한 거인'으로 부상했다"고 말했다.[44]

사실 구글은 마이크로소프트의 복사판이라고 해도 과언이 아니다. 게이츠는 2005년 초 『포춘』과의 인터뷰에서 "구글은 우리가 경쟁해온 그 어떤 회사보다 우리와 유사하다"고 했다.[45] 그렇기 때문에 둘 사이의 경쟁은 더욱 치열할 수밖에 없었다. 영국 『타임스』 2005년 9월 5일자는 MS의 최고경영자 스티브 발머가 MS의 핵심 엔지니어 마크 루코프스키가 구글로 옮겨 가겠다고 하자 화가 치밀어 의자를 집어 던지는 등 격한 반응을 보이면서 구글의 최고경영자인 에릭 슈미트를 지목해 "그 녀석을 묻어 버리겠다. 구글을 죽여 버리겠다"고 소리를 질렀다고 보도했다.[46]

그런 구글을 만든 장본인의 입에서 애플이 인터넷 자유를 위협한다는 주장이 나오니 이 어찌 '속보이는 소리'가 아니랴. 브린의 '속보이는 소리'를 잠시 눈감아주고 보자면, 이건 스티브 잡스의 '엔드투엔드 방식'에 대한 도발적인 문제 제기가 아닐 수 없겠다.

스티브 잡스에 관한 글에서 지적했듯이, 통제욕과 완벽주의에 사로잡힌 잡스는 하드웨어, 소프트웨어, 콘텐츠, 마케팅에 이르기까지 제품의 모든 측면을 통합해야 한다고 생각했다. 그래서 하드웨어와 소프트웨어가 통합된 엔드투엔드 방식을 선호했고, 그렇기 때문에 다른 제품과 호환이 되지 않는 컴퓨터를 만들었다. 경쟁자인 빌 게이츠와는 정반대의 방식이었다. 데스크톱 영역에서는 이러한 전략이 하드웨어와 소프트웨어를 다른 회사들에 개방하는 마이크로소프트나 IBM의 접근법을 이길 수 없었지만 디지털 허브 영역에서는 컴퓨터와 기기, 소프트웨어를 통합해서 통일성을 부여한 애플이 그들보다 유리했다. 동일계열의 컴퓨터로 모바일 기기에 담긴 콘텐츠를 막힘없이 매끄럽게 제어하도록 만들 수 있었기 때문이다.[47]

## 잡스의 '수직적 제조 철학', 게이츠의 '수평적 제조 철학'

잡스의 생각을 '수직적 제조 철학'이라고 한다면, 게이츠의 생각은 '수평적 제조 철학'이라고 할 수 있겠다. 월터 아이작슨(Walter Isaacson)의 『스티브 잡스』는 이 차이를 두 사람의 스타일과 연계시켜 집중적으로 다루고 있어 흥미롭다.

아이작슨은 잡스가 엔드투엔드 방식에 집착하는 이유를 이렇게 묘사했다. "잡스는 언제나 애플만의 통일된 유토피아를 만들고 싶어 했다. 그는 하드웨어, 소프트웨어, 주변 기기가 훌륭한 조화를 이루어 사용자에게 멋진 경험을 제공하고, 한 제품의 성공이 다른 모든 제품의 매출 증대로 이어지는, 마법의 벽에 둘러싸인 정원을 꿈꾸었다."[48] 자기만의 왕국을 만들고 싶어했다는 점에서 잡스와 게이츠는 같았지만, 왕국의 건설 방식에선 큰 차이를 보였다고 말할 수 있겠다. 이 차이는 어디에서 비롯된 것일까?

아이작슨은 "게이츠는 잡스와 달리 컴퓨터 코딩을 이해했다. 그의 사고방식은 잡스보다 더 실용적이었고 질서 정연했으며, 분석적 처리 능력이 풍부했다. 반대로 잡스는 직관적이고 낭만적이었다. 그는 기술을 유용하게 만들고 디자인에 매력을 불어넣으며 인터페이스를 친화적으로 만드는 데 더 소질이 있었다. 그는 완벽에 대한 열정을 지녔고, 그로 인해 요구 사항이 극도로 많았다. 그는 격렬함과 카리스마를 닥치는 대로 발산하며 회사를 경영했다."며 다음과 같이 말한다.

"하지만 게이츠는 보다 체계적인 모습을 보였다. 그는 빡빡한 일정에 몰려 제품 검토 회의를 주관할 때도 정교한 사고 능력으로 현안의 핵심을 파고들었다. 둘에게 공통점이 있다면 종종 무례한 태도를 보였다는 것인데, 이 경우에도 잡스는 감정적 냉담으로 치달은 반면 게이츠는 지적 예리함에 바탕을 두었다. …… 그들은 성격과 기질의 차이로 인해 반대편 극단으로 향했고, 이것은 디지털 시대의 근본적 분할로 이어졌다. 완벽주의자 잡스는 모든 것을 통제하길 원했고, 그 무엇과도 타협하지 않는 예술가적 성향에 탐닉했다. 그와 애플은 하드웨어와 소프트웨어, 콘텐츠를 하나의 매끄러운 패키지로 세밀하게 통합하는 디지털 전략의 모범이 되었다. 게이츠는 비즈니스와 기술에 초점을 맞춘 영리하고 계산적이며 실용적인 분석가였다. 그는 마이크로소프트 운영 체제와 소프트웨어 라이선스를 주저 없이 다양한 제조사들에 제공했다."[49]

잡스가 완벽주의적인 예술가 자세를 취했다면, 게이츠는 실용주의적인 사업가적 자세를 취했다는 이야기인데, 그런 차이로 인해 현실 세계에서 운영 체제의 승자는 마이크로소프트였다. 이와 관련, 잡스는 이렇게 불평했다. "마이크로소프트의 유일한 문제는 미적 감각이 없다는 겁니다. 감각이 전혀 없어요. 사소한 의미에서가 아니라 중요한 의미에서 그렇다는 말입니다. 독창적인 아이디어를 생각해 내지도 못하고 제품에 문화적인 요소를 별로 가미하지도 못하니까요. 그래서 저는 슬프네요. 마이크로소프트의 성공 때문이 아닙니다. 어쨌든 노력으로 얻은 결과이니까요. 제가 문제 삼는 것은 그저 그들이 삼류 제품만을 만든다는 사실입니다."[50]

위선일망정 너그러움은 아무래도 예술가보다는 사업가가 더 뛰어나기 마련이다. 게이츠는 험담을 하지 않은 채 자신과 잡스와의 차이에 대해 이렇게 말했다. "스티브 잡스가 만든 제품은 비호환성이라는 흥미로운 특징을 지닙니다. 그의 컴퓨터에서는 기존 소프트웨어를 구동할 수가 없어요. 컴퓨터 자체는 정말 훌륭합니다. 제가 호환 불가능한 컴퓨터를 만들려 했다면 잡스만큼 뛰어난 물건을 만들어 내진 못했을 겁니다."[51]

그러나 게이츠라고 해서 독설을 모르는 건 아니다. 그는 1989년 매사추세츠주 케임브리지에서 열린 한 포럼에서 잡스 다음에 발언하게 되었다. 그는 잡스의 엔드투엔드 통제 접근법이 결국엔 실패할 수밖에 없다고 거듭 강조했다. 그는 잡스의 관점 덕분에 탄생한 멋진 디자인에 대해 어떻게 생각하느냐는 질문을 받자 무대에 있는 잡스의 넥스트 원형 제품을 손짓으로 가리키며 코웃음을 치고는 이렇게 말했다. "검은 색을 원한다면, 검은색 페인트 한 통이면 됩니다."[52]

## 게이츠와 잡스의 독설 공방

이 논쟁은 훗날까지 지속되었다. 1998년 잡스의 아이맥이 출시돼 찬사가 쏟아지고 있을 때, 게이츠는 "지금 애플이 앞서가는 단 한 가지는 바로 색깔뿐입니다."라고 독설을 퍼부었다. 이에 격분한 잡스는 이렇게 반격했다. "우리 경쟁자들이 이해하지 못하는 부분이 있습니다. 그들은 아이맥을 스타일 측면에서만, 겉으로 드러난 외관 측면에서만 생각합니다. 그러고는 형편없는 컴퓨터를 놓고서 거기에도 색깔만 좀 칠하면 아이맥이 될 거라고 말하지요."[53]

아무래도 나이가 들면 철이 드는 법이다. 두 사람은 나이 50이 넘어선 2007년 5월, 같이 참석한 한 디지털 컨퍼런스에서 상대를 인정하는 건 물론 찬사를 아끼지 않는 모습을 보였다. 게이츠는 잡스가 진정 "인간에 대해서나 제품에 대해서나 타고난 미의식을 갖고 있다"며 "난 스티브의 미의식을 가질 수만 있다면 무엇이든 내놓겠습니다"라고 말했다. "스티브는 사람이든 제품이든 모종의 느낌을 토대로 결정을 내리더군요. 저로서는 설명하기조차 힘든 일입니다. 그가 일을 처리하는 방식은 그냥 다릅니다. 내가 보기엔 마법 같지요. 어떤 경우에는 '와' 하는 감탄사가 절로 나옵니다."[54]

잡스는 게이츠만큼 관대하진 않았다. 그는 음악시장에서는 (아이튠스/아이팟 패키지가 보여주듯이) 통합적인 접근방식이 더 나은 것으로 드러났지만 PC 시장에서는 마이크로소프트의 분리된 접근방식이 더 성공적이었다고 평가했다. 그러고는 다소 오만하게 "휴대전화 시장에서는 어떤 접근방식이 더 나을까요?"라는 질문을 던졌지만, 인정할 건 인정했다. "나는 통합 방식을 기반으로 회사를 시작했기 때문에 사람들과 제휴하는 것에 그리 능숙하지 못했지요. 만약 애플의 DNA에 그런 성격이 조금만 더 들어 있었더라면 크게 도움이 되었을 겁니다."[55]

2011년 5월 잡스가 투병 생활을 하고 있을 때에 게이츠가 잡스를 방문해 덕담을 해주었다. "나는 개방적이고 수평적인 모델이 이길 거라고 믿었어요. 그런데 당신이 통합적이고 수직적인 모델 역시 훌륭할 수 있다는 점을 증명했지요." 잡스는 "당신 모델도 효과적이었어요"라고 답했다.[56] 물론 둘 다 덕담이었을 뿐 진심은 아니었을 게다. 잡스는 죽기 직전 자신의 전기를 쓰는 아이작슨에게 보낸 글에서 게이츠와 마이크로소프트를 맹비난했다.

잡스는 "마이크로소프트는 비난을 받아 마땅하다. …… 빌은 제품을 중시하는 사람으로 스스로를 묘사하고 싶어 하지만 사실은 그렇지 않다. 그는 사업가이다. 그에게는 사업에서 승리하는 것이 훌륭한 제품을 만드는 것보다 더 중요했다. 그는 결국 세계 최고의 부자가 되었으니, 그것이 그의 목표였다면 분명 목표를 이룬 셈이다. 하지만 그것은 결코 나의 목표는 아니었다."며 다음과 같이 말했다.

"마이크로소프트의 DNA에는 인간애와 인문학이 존재하지 않았다. 그들은 맥을 보고도 그것을 제대로 모방하지도 못했다. 그것을 전혀 이해하지 못한 것이다. 나는 IBM이나 마이크로소프트 같은 기업들이 쇠퇴하는 이유에 대해 나 나름의 이론을 갖고 있다. 이러한 기업은 특정 분야에서 뛰어난 재능을 발휘해 혁신을 꾀하고 독점 기업 또는 그에 가까운 기업이 되는데, 그러고 나면 제품의 질을 경시하기 시작한다. 그들은 훌륭한 세일즈맨들에게 가치를 두기 시작한다. 수익의 바늘을 움직일 수 있는 사람이 제품 엔지니어나 디자이너가 아니라 그들이기 때문이다. 그렇게 해서 결국에는 세일즈맨들이 회사를 운영하게 되는 것이다."[57]

## 게이츠의 '표준 설정' 복음화

잡스의 '수직적 제조 철학'은 깊이를 추구한 반면, 게이츠의 '수평적 제조 철학'은 넓이를 추구했다고 볼 수 있다. 애플의 1997년 광고 "다르게 생각하라(Think Different)"가 잡스의 생활 신조였다면, 게이츠의 생활 신조는 "빈틈 없이 생각하라"였다.[58] 창의성? 게이츠는 창의성에 대해 냉소적이었다. 이와 관련, 데스 디어러브(Des Dearlove)는 다음과 같이 말한다.

"게이츠 자신은 원래 창안자가 아니며, 문제가 있는 오리지널 해법을 고집하는 사람을 좋아하지 않는다. 그는 대부분의 사람들은 일생을 통해 매우 훌륭한 아이디어를 한 가지 정도 생각해낼 뿐이라고 말한다. 또한 거의 모든 해법들은 이미 어딘가에 존재하고 있고, 다만 그 사실이 증명되어야 할 뿐이라고 믿는다. 자신의 재능은 이러한 해법을 발견하여 상업적으로 성공할 수 있는 제품으로 개발해내는 것이라고 말한다."[59]

창의성을 중시하면서 깊이를 추구하는 일엔 마니아가 따르는 반면, 전략을 중시하면서 넓이를 추구하는 일은 그렇지 않다. 그래서 게이츠와는 비교할 수 없을 정도로 잡스는 '잡스교 신도'라고 할 수 있는 많은 마니아 지지자들을 거느렸다. 반면 전 세계를 평정하는 '표준'의 설정은 넓이를 추구한 게이츠의 몫이었다.

1980년대 초 게이츠가 MS-DOS를 무료로 시장에 뿌린 것도 표준 설정을 위한 전략이었다. 소비자들이 일단 도스의 맛에 길들여지게 만든 후에 그들로부터 돈을 뽑아내겠다는 것이었고, 이런 표준 설정 전략은 큰 성공을 거두었다. 표준을 위해선 선점이 필요했고, 선점을 위해선 예술적 깊이를 추구할 필요가 없었을 뿐 아니라 조잡하고 설익은 제품이라 하더라도 시장에 빨리 내놓는 게 더 중요했다.[60]

게이츠는 불법 소프트웨어의 유통도 표준 설정을 위해선 도움이 된다고 보았기 때문에 불법 복제를 근절시키기보다는 적정 수준에서 관리하는 방식을 취했다. 1998년 게이츠는 워싱턴 대학에서 학생들에게 이렇게 말했다. "매년 중국에서 300만 대의 컴퓨터가 판매되고 있음에도 불구하고, 사람들은 소프트웨어를 이용하는 대가를 지불하지 않고 있습니다. 하지만 언젠가 그들은 소프트웨어를 이용하는 대가를 지불하게 될 것입니다. 그들이 소프트웨어를 훔쳐야 한다면 우리 것을 훔치길 바랍니다. 그러면 그들은 우리 소프트웨어에 중독될 것이고, 향후 10년 내에 우리는 소프트웨어 이용료를 징수하는 방법을 찾아내게 될 것입니다."[61]

1995년 8월 23일 시작돼 한동안 세계를 덮친 '윈도 95 광풍'도 표준 설정을 위해 게이츠가 꾸며낸 초대형 이벤트에 다름 아니었다. 미국에서 인터넷은 1993년부터 상용 이용이 가능해진 이후 1995년 개인용 컴퓨터의 새로운 운용 체제인 '윈도 95'의 발매를 계기로 급속히 전 세계로 확산되었는데, 그런 의미에서 1995년은 '인터넷의 원년'이라고 해도 과언이 아니다.[62]

그 '광풍'은 어떻게 연출되었던가? 2억 5,000만 달러에 이르는 마케팅 비용이 투입된 가운데 미국의 텔레비전은 "나를 부팅시켜 주세요!(Start Me Up!)"라는 롤링스톤스(Rolling Stones)의 광고 음악으로 뒤덮였고, 뉴욕 엠파이어스테이트 빌딩은 밤이면 윈도 95의 로고를 나타내는 불빛으로 뒤덮였다. 이런 대대적인 광고 공세에 자극받은 대중은 윈도 95를 빨리 사고 싶은 열망에 들뜬 나머지 소프트웨어 대리점 앞에서 밤새 줄을 섰다.[63]

미국에서만 그런 게 아니라 전 세계가 이 '윈도 95 광풍'에 휘말려 들어갔다. 예컨대, 영국의 『타임스』는 1995년 8월 23일자의 무료 배포를 단행하는 '묘기'를 선 보였다. "공짜! 오늘자 『타임스』는 신문 발행 비용을 전액 부담한 마이크로소프트사의 호의로 무료 배포됩니다." 『타임스』는 신문 제호 왼쪽 상단에 '윈도 95, 출시 개시'라는 표제 아래 '무료 배포'를 표시하였는데, 마이크로소프트사가 신문대금 37만 5,000파운드를 전액 지불하는 조건으로 평소 발행부수의 2배가 넘는 150만 부를 발행하였다. 이 무료 신문엔 28쪽에 이르는 '윈도 95' 특집 부록판이 포함되었다.

게이츠는 표준 설정을 위한 시도에 '복음화(evangelization)'라는 이름을 붙였다. 마이크로소프트가 하는 일은 신도들을 개종시키는 것과 같은 작업이라는 뜻이다.[64] 그러나 게이츠를 비난하는 사람들이 그의 가장 큰 죄로 지목하는 게 바로 표준 설정이다. 『마이크로소프트 파일: 빌 게이츠 신화의 거짓과 진실』이라는 책을 낸 저널리스트 웬디 골드만 롬(Wendy Goldman Rohm)은 "왜 빌을 비난하는가? 그것은 그의 지배가 시장을 표준화시켰기 때문이다. 그가 아니었다면 시장은 다양하고 생산적인 논쟁으로 가득 찼을 것이다."며 다음과 같이 말한다.

"더욱이 마이크로소프트사는 공격적 마케팅 전략을 통해 가격을 깎아주는 등의 약탈적인 저가 정책으로 고객층을 확장하려고 했다. 이 방법은 평생 동안 무료로 업그레이드를 시켜주어 경쟁사의 제품을 배제하자는 것인데, 이 전략에는 많은 양의 마이크로소프트사 제품 구입시 할인, 무료 제공, 경쟁사 제품 무료 업그레이드 등이 포함되어 있다."[65]

게이츠의 표준 설정이 인터넷의 운명을 재앙으로 바꿔 놓았다고 보는 사람들도 있다. 노엄 촘스키는 인터넷을 국방부, 그리고 이후 미국 국립과학재단이 관장하던 때엔 사용료가 없었다는 걸 상기시키면서 다음과 같이 말한다.

"1994년까지만 해도, 빌 게이츠 같은 사람들은 인터넷에 관심이 없었고, 인터넷 관련 회의에도 참석하지 않았다. 인터넷이 돈벌이가 되리라고 생각하지 않았기 때문이다. 그 뒤 인터넷이 개인기업으로 넘어가자, 그들은 새로운 돈벌이를 찾았던 것이다. 인터넷의 상당 부분을 공공영역에서 빼앗아, 인트라넷으로 구축하려 한다. 다시 말해서 기업 내부용으로만 활용하면서 엄밀한 방화벽으로 보호막을 치고 있던 인트라넷을 확대하려는 것이다."[66]

## '탐욕의 전도사'에서 '자선의 전도사'로

2011년 봄 게이츠는 아이작슨과 저녁을 함께 먹으면서 아이패드의 성공과 잡스가 아픈 와중에도 그것을 개선하는 데 주력했다는 사실에 대해 놀라움을 표하면서 이렇게 말했다. "나는 그저 말라리아 같은 병에서 세상을 구하고 있는데 스티브는 여전히 놀라운 신제품들을 내놓고 있군요. …… 나도 그 게임에 남아 있었어야 했나 봅니다."[67]

잡스의 만족은 사람들의 감탄을 자아낼 만한 제품을 만드는 것으로 충족된 반면, 게이츠의 만족은 표준을 설정하는 일에서, 그리고 나중엔 일 자체보다는 일을 통해 얻은 돈을 좋은 목적을 위해 쓰는 박애주의의 실천을 통해 얻어졌다.[68] 잡스가 단 한번도 공식적으로 기부를 한 적이 없었던 반면, 게이츠가 '기부의 화신'으로 변신한 것도 그런 차이 때문이 아니었을까?

게이츠는 2006년 6월 이제 겨우 50세의 나이였는데도 "일상의 회사 업무에서 벗어나 2008년 7월부터는 세계 보건 및 교육 문제를 다루는 재단에서 더 많은 시간을 보내게 될 것"이라고 밝혔다. 500억 달러(약 50조 원)의 재산을 보유해 세계 최대 갑부이자 최고액 자선사업가가 된 그는 "아주 중요하고 도전할 만한 두 가지 열정을 갖게 된 것을 행운으로 여긴다"며 "부富에는 사회에 되돌려줄 책임이 따르며 최선의 방식으로 돌려줘야 하는 책임이 있다"고 말했다.[69]

게이츠는 예고한 대로 2008년 6월 27일 근무를 마지막으로 MS 경영에서 손을 뗐다. 그는 이날 퇴임식에서 MS가 구글에 뒤진다는 우려에 대해 "우리는 실수에서 배운다. 다시 세상을 놀라게 할 것"이라며 "변화를 놓치는 것이 가장 위험하다"고 말했다.[70]

지난 2000년 그가 부인과 함께 제3세계 빈민 구호와 질병 퇴치를 목적으로 설립한 '빌 앤드 멜린다 게이츠 재단'은 기금 규모만 2005년 말 기준으로 350억 달러에 이르는 세계 최대의 자선재단이 되었다. 2006년 6월엔 '투자의 귀재' 워런 버핏에게서 무려 307억 달러를 기부받았다. 게이츠는 "처음 재단을 설립할 때는 보건과 교육 문제가 이토록 큰 잠재력을 갖고 있는지 실감하지 못했다"며 "이 점은 30년 전 MS를 창업했을 때도 마찬가지였다"고 털어놓았다.[71]

왜 그걸 그렇게 늦게 알게 되었을까? 아마도 이룰 건 다 이루었기 때문일 게다. '탐욕'과 '자선'이라는 게이츠의 두 얼굴은 미국의 기존 '탐욕 시스템'을 유지시킬 수 있는 비결인지도 모르겠다. 게이츠의 부인이며 '빌 앤드 멜린다 게이츠 재단' 운영자인 멜린다 게이츠는 2003년 『워싱턴 포스트』 인터뷰에서 410억 달러나 되는 재산에 대해 다음과 같이 말한 바 있다.

"우리 둘 다 그걸 설명할 수 없어요. 빌은 정말 열심히 일했고 어떤 점에선 믿기지 않을 정도로 영리하지만, 운이 매우 매우 좋았지요. 그래서 우리는 그 재산으로 우리가 할 수 있는 무엇인가를 해야 한다는 엄청난 책임감을 느끼고 있어요."[72]

아름다운 말씀이다. 그런데 이런 문제는 또 어떻게 보아야 할까? 2007년 1월 7일 『로스앤젤레스 타임스』는 '빌 앤드 멜린다 게이츠 재단'이 질병퇴치를 내세우고 있지만 실제론 공해산업에 투자해 심각한 질병을 유발하고 있다고 보도했다. 재단은 전 세계 어린이들을 위한 소아마비 등 각종 백신의 연구개발에 그동안 2억 1,800만 달러를 투자하면서 질병 퇴치에 앞장서고 있지만 4억 2,300만 달러를 엑손모빌과 셰브론, 로열더치셸과 같은 석유회사 등 각종 공해배출 산업에 투자해 이득을 취하고 있다는 것이다. 또 코노코필립스, 다우케미칼, 타이코인터내셔널 등 미국과 캐나다의 최대 공해물질 배출회사와, 환자들이 살 엄두를 내

지 못하도록 에이즈약을 고가로 책정하고 있는 제약회사들에도 투자하고 있다는 것이다.[73]

병 주고 약 주는, 아니면 약 주고 병 주는 이중 행태라 아니할 수 없겠다. 탐욕으로 돈을 번 뒤 자선을 하는 것도 좋긴 하지만, 더 좋은 건 기업운영 자체가 사회적 책임 위에서 서는 것이 아닐까? 그런 점에서 영국의 경제 저널리스트 매튜 비숍(Matthew Bishop)과 마이클 그린(Michael Green)이 2008년에 출간한 『박애자본주의』라는 책을 살펴볼 필요가 있겠다.[74]

## 게이츠의 '박애 자본주의'

박애자본주의(Philanthro-capitalism)의 대표적 국가는 세계 최대 '자선대국'인 미국이다. 국내총생산에서 자선기부금 비율은 미국이 1.67퍼센트로 영국 0.73퍼센트, 독일 0.22퍼센트, 프랑스 0.14퍼센트, 네덜란드 0.45퍼센트 등 다른 선진국들보다 월등히 높다. 온라인 잡지 『슬레이트』가 매년 발표하는 거액 자선기부자 순위 '슬레이트 60'에 오르기 위한 최소기부액이 1997년 1,000만 달러에서 2008년엔 3,000만 달러로 뛰어올랐다. 이처럼 개인적 선행의 차원을 넘어 체계적이고 효과적인 기부를 통해 다양한 사회문제를 해결하려는 흐름이 바로 '박애 자본주의'다.

저자들은 '박애 자본주의'에 대한 회의론도 짚어본다. 한편에선 빈곤퇴치 같은 사회적으로 중대한 문제들은 개인이 아니라 국가가 최적의 해결책을 제시할 수 있다고 주장한다. 부자들로부터 더 많은 세금을 거둬 사회안전망을 확충하는 데 써야 한다는 것이다. 부자들의 거액 기부가 감세 혜택을 받거나, 재단을 설립해 자녀들에게 안정적으로 먹고살 길을 마련해주려는 것이라는 비판도 있다. 다른 한편에선 재능 있는 사람들이 자선사업에 뛰어드는 것보다 비즈니스에 주력하는 게 사회에 더 공헌하는 길이라는 지적도 나온다. 동유럽 철학자 슬라보예 지젝(Slavoj Zizek)은 빌 게이츠의 기부 활동에 대해 "경제적 착취를 박애주의라는 가면으로 숨기려는 행동"이라고 비판한다.[75]

그럼에도 저자들은 결론적으로 박애 자본주의가 세상을 지금보다 훨씬 나은 곳으로 변화시킬 수 있는 잠재력을 갖고 있다고 평가한다. 자선가와 기업, 정부, NGO, 일반시민이 효과적인 협력 관계를 구축하고, 역할을 분담해야 한다며 이를 위한 새로운 '사회계약'의 필요성을 강조한다. 지금은 "박수를 칠 때"라며, 의심하기보다 격려하라고 주문한다. 더 나아가 박애자본주의야말로 '21세기의 복음'이라고 주장한다.[76]

좋은 이야기지만, 그래도 짚어볼 점은 있는 것 같다. 이 말을 믿어야 할지 모르겠지만, 빌 게이츠는 2007년 하버드대학 졸업식 연설에서 세계에 대한 자신의 무지를 이렇게 토로했다고 한다. "하버드를 자퇴했을 때 나는 세계 전역에 끔찍한 불평등이 만연해 있음을, 건강과 부 그리고 기회의 어마어마한 격차가 수백만 명의 삶을 절망으로 내몰고 있음을 전혀 알지 못했습니다."[77]

이거 참 골치 아픈 주장이다. 저자들은 박애 자본주의 정신을 설명하기 위해 게이츠의 이 말을 긍정 인용하고 있지만, 박애 이전에 국내외를 막론하고 미국인들의 바깥 세계에 대한 무지를 탓해야 하는 게 아닐까? 미국인들로 하여금 세계 전역의 끔찍한 불평등을 잘 알게 해준다면, 미국의 자본주의는 더욱 더 인간의 얼굴을 갖게 될 수 있지 않을까?

이제 박애자본주의자(Philanthrocapitalist)가 된 게이츠는 "이 시대에 창조된 모든 부에 커다란 의문이 있다"며 이렇게 말한다. "이것은 계기의 문제입니다. 더 많은 사람이 참여할수록 다른 사람들을 더 많이 끌어들이게 된다는 얘기지요. 과연 신흥 부유층의 어느 정도 비율이 궁극적으로 기부 대열에 서기 시작할까요? 저는 15퍼센트 정도가 아닌 70퍼센트에 가까운 높은 비율이 될 거라고 봅니다."[78]

## 게이츠의 '창조적 자본주의'

시스템은 그대로 둔 채 기부로 시스템의 문제를 해결하자는 것일까? 바로 그것이다. 게이츠는 2007년 6월 모교인 하버드대 졸업식에서 행한 연설에서 이른바 '창조적 자본주의(Creative Capitalism)'를 역설했다. 그는 2008년 1월 다보스 연설에서도 같은 메시지를 반복했다.

"자본주의의 진정한 힘은 이익을 추구하는 인간의 성향을 더욱 광범위한 이익 창조에 기여할 수 있게 만드는 데 있습니다. 혁신의 대가로 커다란 재정적 이득을 얻을 수 있는 가능성이 있기 때문에 수많은 인재들이 다양한 발견과 혁신을 추구하는 일에 뛰어듭니다. 자기이익의 추구라는 힘에 의해 움직이는 이러한 시스템 덕분에 수십억 명의 삶을 개선한 위대한 혁신들이 가능했습니다."[79]

'창조적 자본주의'에 대한 가장 효과적인 반론이 좌파가 아닌 우파쪽에서 나온 게 흥미롭다. 하버드대학의 경제학 교수 로버트 배로는 빈곤과 질병을 퇴치하려는 자산사업의 효율성을 문제삼는다. "게이츠가 세계은행 관리자들보다 더 똑똑하고 더 열정적일지는 모르지만 그들보다 더 잘 해낼 가능성은 적다."[80]

그렇다고 해서 배로가 시스템을 바꾸자는 건 아니다. 오히려 정반대다. 그냥 이대로가 좋다는 것이다. 그는 "게이츠는 자신이 이미 인류에게 커다란 기여를 했다는 사실을 제대로 인식하지 못하고 있다"고 질타하면서, 게이츠의 자선활동은 돈 낭비라고 주장한다. "합리적인 계산을 수행해보면 마이크로소프트는 사회에 큰 혜택을 주었으며, 그들이 만든 소프트웨어의 가치는 게이츠의 자선활동 가치보다 훨씬 크다."[81]

배로의 첫 번째 주장에만 주목한다면, 아무래도 시스템을 교정하는 게 더 나을 것 같다. 그런데 여기서 중요한 건 미국 대중의 생각이다. 다수가 게이츠의 '창조적 자본주의'에 지지를 보내고 있다. 마이크로소프트에 대한 반독점 소송에 대해서도 부정적 여론이 우세했다. 우리의 자랑스러운 아이를 그대로 좀 내버려두라는 게 그들의 생각이었다.[82]

미국만 그런 것 같지는 않다. 2007년 6월 한양대 경제학부 김재원 교수가 '일과 직업의 세계' 강좌 수강생 171명을 상대로 '닮고 싶은 인물상' 설문조사를 벌인 결과, 남성 부문에서 가장 닮고 싶은 세계적 인물로 빌 게이츠 MS 회장(17.6퍼센트), 국내 인물 중에서는 이건희 삼성그룹 회장(19.6퍼센트)이 꼽혔다.[83]

게이츠는 성공의 정점에 섰을 때 '미국 경영 이론'까지 역설하면서 미국의 나아갈 길을 제시하는 이론적 지도자의 역할까지 자임했는데, 이는 마이크로소프트의 대대적인 광고·PR 공세와 시너지 효과를 내면서 미국인들의 생각에도 적잖은 영향을 미쳤다.[84]

게이츠가 1995년에 출간한 『미래로 가는 길(Road Ahead)』이 그런 선전 공세의 대표작이라 할 수 있겠다.[85] 다음과 같은 매력적인 선지자적 예언에 많은 미국인들이 어찌 매료되지 않을 수 있었으랴. "(정보) 고속도로는 마술처럼 묘사되는 능력들을 가능하게 할 것이지만, 그것은 우리의 삶을 더 쉽고 좋게 만들기 위해 작동하는 기술을 대변한다. 당신은 자신이 원하는 것을 가리키기만 해라. 그러면 빠르게! 당신은 그것을 얻을 것이다."[86]

게이츠는 더 나아가 자본주의 예찬론까지 전개한다. "자본주의는 지난 수십 년 동안 다른 체제들에 비해 자신이 우월하다는 것을 입증했다. 그것은 인간이 만든 경제체제 중에서 가장 장점이 많은 제도였다. 정보고속도로는 그 장점을 더욱 확대할 것이다. 정보고속도로는 물건을 만드는 사람들이 소비자들이 원하는 내용을 전보다 효율적으로 파악할 수 있게 하고 소비자들이 그 물건을 전보다 효율적으로 살 수 있게 할 것이다. 애덤 스미스는 흐뭇해할 것이다. 그러나 더 중요한 것은 모든 소비자들이 함께 혜택을 누릴 수 있으리라는 점이다."[87]

예일대학의 컴퓨터 과학자인 데이비드 겔런터의 평가가 재미있다. "내가 느끼기에 빌 게이츠는 자신의 신분에 대해 불만을 가지고 있다. 그의 저서 『미래로 가는 길』을 읽으면서 나는 마릴린 먼로가 지식인과 결혼할 필요가 있었다는 생각이 들었다. 그녀는 뭇사람들로부터 존경을 받기 위해 자신의 신분을 바꿀 필요성을 느꼈겠지만 그렇게 하지 않았으며, 또 그렇게 해서는 안되었다. 나는 게이츠가 기술의 미래 대신에 비즈니스에 관한 책을 썼다면 좋았을 거라 생각한다. 우리는 모두 그에게서 많은 것을 배워야 한다. 사업가로서 게이츠는 천재이며 기발한 사람이다. 내 말은 틀린 말이 아니다. 그저 놀라울 따름이다. 하지만 그가 과학기술 예언가로서 나에게 해줄 일은 아무 것도 없다."[88]

## 게이츠는 카네기와 록펠러의 환생還生

사실 게이츠식 '창조적 자본주의'의 원조는 100여 년 전 악덕 자본가로 악명을 떨치면서 모은 돈으로 자선사업을 펴 새로운 명예를 얻은 철강왕 앤드루 카네기(Andrew Carnegie, 1835~1919)와 석유왕 존 록펠러(John D. Rockefeller, 1839~1937)다. 록펠러가 사실상 창안한 '트러스트(trust)'

와 거대 독점기업은 가격의 인위적 상승, 경쟁 차단, 임금 착취 등을 초래했는데, 록펠러는 브라운 대학 학생들과 트러스트 문제에 관해 이야기하면서 다음과 같이 주장했다.

"대기업의 성장은 적자생존適者生存일 뿐이다. …… 아메리칸 뷰티 장미는 그 주위에서 자라는 어린 싹들을 희생시켜야만 그 화려하고 향기로운 자태를 뽐낼 수 있다. 이는 사업에서 나쁜 게 아니다. 자연의 법칙과 신의 섭리가 작용한 결과일 뿐이다."[89]

물론 이 원리는 오늘날에도 작동하고 있으며, 게이츠에 의해 '창조적 자본주의'로 미화되고 있다. 100년이라는 시차만 있을 뿐 게이츠는 카네기와 록펠러의 환생還生이라고 보아도 무방하다.[90] 즉, 게이츠는 '창조적 자본주의'를 지지하는 미국적 시스템의 산물이라는 것이다.

대세는 '창조적 자본주의'이지만, 그렇다고 해서 모든 미국인들이 그것을 다 반기는 것은 아니다. 2011년 11월 26일 『뉴욕타임스』는 기업 소유주 등 부자들이 자선·기부활동으로 공공정책에 대한 영향력을 확대하고 있으며, 이는 선거를 통해 책임을 지는 대의代議 민주주의 원칙을 훼손할 수 있다는 우려가 정부와 학계에서 번지고 있다고 보도했다.

『뉴욕타임스』가 '정책 입안 억만장자(policy-making billionaires)'라고 명명한 이들의 영역은 2008년 금융위기와 경제침체기를 거치며 커졌다. 정부 통계에 따르면 일반인과 공공기관의 기부는 최근 3년간 감소하거나 정체했지만 부자들의 유산증여와 기업차원 기부는 각각 17퍼센트, 10퍼센트 증가했다. 2010년 게이츠와 워런 버핏이 '억만장자들이 재산의 절반을 기부하자'며 출범시킨 더 기빙 플레지(The Giving Pledge)에는 마이클 블룸버그 뉴욕시장, CNN 창업자 테드 터너, 영화감독 조지 루커스, 페이스북 창업자 마크 저커버그 등 69명이 참여해 총 2,000억 달러(240조 원) 기부를 약속했다. 이는 2010년 미 국민의 기부총액(2,910억 달러)의 3분의 2에 육박하는 수치다.

정부 재정악화로 복지예산이 줄고 한정된 재원을 둘러싼 정치권의 분쟁이 계속되면서 공공부문의 신뢰가 깎인 것도 자본이 정책에 미치는 영향력을 키웠다. 인디애나대학교의 기부연구센터는 "기업이 각 분야의 문제를 한 방에 해결해줄 수 있다는 신화와 '느려터진 정부와 정치는 필요 없다'는 인식이 함께 퍼지고 있다"고 분석했다. 교육계에선 미국 전역에 퍼지고 있는 차터스쿨(자율형 공립학교)에서 연 수십억 달러를 퍼붓는 빌 게이츠 재단의 입김이 정부를 압도하고 있다며 공교육 위기설을 제기했다. 공공정책을 사적私的 영역에만 맡기면 투명성과 책임성을 담보할 수 없다는 것이다. NYT는 2010년 미국 내 빈곤층이 4,600만 명으로 사상 최고를 기록하는 등 빈부격차가 커지는 상황에서 부자들의 기부보다 중요한 것은 공정한 과세 시스템과 적절한 기업규제라는 경제학자들의 주장이 힘을 얻고 있다고 했다.[91]

자, 이걸 어떻게 보아야 할까? '박애 자본주의'나 '창조적 자본주의'를 하지 않아도 좋으니, 제발 법이라도 좀 잘 지켜 달라고 말하고 싶어할 사람들이 많지 않을까? 한국의 삼성에 대해서도 같은 말을 하고 싶어하는 이들이 많으리라. '박애' 역시 자본주의 앞에 붙은 그 많은 수식어들 중의 하나에 지나지 않는 포장술에 불과한 것인가? 그러나 그 어떤 문제에도 불구하고 '박애 자본주의'가 널리 확산되는 것이 바람직하다는 데에 이의를 제기하기는 어렵다. "큰 부자들이 박애를 실천하지 않거나 속임수로 써먹기 때문에 나는 영영 박애완 담쌓고 살련다"는 주장이 정당화될 수는 없지 않겠는가.

한국에서 박애 자본주의는 아마도 기존 가족주의의 해체 또는 대변화가 동반하지 않으면 기대하기 어려울 것이다. 고영복이 잘 지적했듯이, "부정부패는 가족이 잘 사는 것을 도모한다. 그러나 국가에 대한 범죄이다. 관직을 이용한 부정부패는 양심의 가책을 받아야 하는데도 가족을 먼저 생각하지 국가를 우선시하지 않는다. 가족도 가장의 부정부패를 나무라지 않는다. 공무원의 마음속에는 가족을 초월하는 큰 사회가 보이지 않고 오로지 나와 나의 가족만이 보일 뿐이다."[92]

고위 공직자 인사 청문회를 할 때마다 잘 드러나듯이, 한국에서 가진 사람들의 자식 사랑은 너무도 끔찍해 징그러울 정도가 아닌가. 자식을 위해서라면 법과 도덕도 깔아뭉개는 등 수단과 방법을 가리지 않겠다는 이들에게 자신의 피붙이 이외의 사람들에게 '박애'니 '자선'이니 '기부'니 하는 말이 씨알이 먹힐 리는 만무하다. '박애 자본주의'의 반대말은 '가족 자본주의'인 셈이다.

게이츠의 '가족 자본주의'는 어떠한가? 그는 영국 일간 『데일리메일』(2011년 6월 13일)과의 인터뷰에서 자녀들에게 줄 자산의 규모에 대해 구체적으로 언급하지 않았지만 "그들은 내가 가진 부 가운데 일부만 가지게 될 것이며 그들은 그들의 길을 스스로 찾아야 한다"며 "너무 많은 돈은 그들에게 좋을 것이라고 생각하지 않는다"고 밝혔다. 신문은 게이츠가 3자녀 제니퍼(15), 로리(12), 포비(9)에게 1,000만 달러(108억 원 상당)씩만 물려줄 것이라는 그간의 보도를 부정하지 않았다고 보도했다.[93]

"너무 많은 돈은 그들에게 좋을 것이라고 생각하지 않는다"는 게이츠의 말이 재미있다. 그 시점에서의 게이츠의 재산은 560억 달러(62조 9,000억 원 상당)였으니, 자식 1인당 자기 재산의 0.02퍼센트도 안 되는 돈만 물려 주겠다는 건 놀라운 일이 아닐 수 없겠다. 비율로 환산하자면, 10억 원의 재산을 가진 사람이 자식에게 달랑 20만 원만 물려 주겠다는 것이니 이 어찌 놀라운 일이 아니랴. 그러나 절대 액수로 따지면 100억 원이 넘는 돈이다. 자본주의, 정말 괴물이다!

게이츠도 그런 비슷한 생각을 했던 걸까? 그는 2013년 새해를 맞아 여전히 희망은 말하면서도 자신과 마이크로소프트의 한계에 대해 이렇게 토로했다. "마이크로소프트(MS)에서 내가 세상에 보여준 것은 시장의 규칙을 바꿀 수 있으리라는 믿음이었다. 나의 낙관주의적인 신념대로 세상은 기술적으로 진보했다. 하지만 지금은 나의 낙관주의가 약해졌다. 기술혁신으로 세계 빈곤층의 삶을 낫게 해줄 수 있을 것이라고 믿어왔지만 글로벌 인류, 특히 개발도상국의 어려운 삶에 과연 '디지털 혁명'이 얼마나 진행됐는지 따져보면 형편없기 때문이다."[94]

## 주

1 피터 싱어, 정연교 옮김, 『이렇게 살아가도 괜찮은가』(세종서적, 1996), 30쪽에서 재인용.

2 게이츠는 MIT는 "한 떼거리의 기술자 놈들이 되기 위해 가는 것"이라고 폄하하면서 하버드를 택했다. 스테펀 메인즈(Stephen Manes) & 폴 앤드류(Paul Andrews), 이진광·이지선 옮김, 『빌 게이츠 훔치기』(푸른산, 1993/1994), 99, 732쪽.

3 Jeanne M. Lesinski, *Bill Gates*(Minneapolis, MN: Lerner Publications Co., 2000), p.28.

4 스테펀 메인즈(Stephen Manes) & 폴 앤드류(Paul Andrews), 이진광·이지선 옮김, 『빌 게이츠 훔치기』(푸른산, 1993/1994), 395-396쪽; 신완선, 『최고경영자 23인의 리더십을 배우자』(창현출판사, 1997), 46쪽; 자넷 로(Janet Lowe), 최인자 옮김, 『빌 게이츠 미래를 바꾸는 기술: 컴퓨터황제 빌 게이츠 성공 스토리』(문학세계사, 1998/1999), 40쪽.

5 자넷 로(Janet Lowe), 최인자 옮김, 『빌 게이츠 미래를 바꾸는 기술: 컴퓨터황제 빌 게이츠 성공 스토리』(문학세계사, 1998/1999), 152, 220쪽.

6 메리 조 폴리(Mary Jo Foley), 양승민 옮김, 『빌 게이츠, Nextpage』(엘도라도, 2008/2009), 27쪽.

7 〈Bill Gates〉, [Wikipedia].

8 신완선, 『최고경영자 23인의 리더십을 배우자』(창현출판사, 1997), 42쪽

9 데이비드 A. 캐플런(David A. Kaplan), 안진환·정준희 옮김, 『실리콘밸리 스토리』(동방미디어, 1999/2000), 485쪽.

10 프레드릭 맥스웰(Frederic A. Maxwell), 안진환 옮김, 『살아있는 신화: Microsoft CEO 스티브 발머』(한국경제신문, 2002/2003), 323쪽.

11 란달 스트로스(Randall Stross), 이관웅 옮김, 『빌 게이츠와 마이크로소프트의 얼굴 없는 신화』(엘테크, 1996/1997), 228쪽.

12 데스 디어러브(Des Dearlove), 홍길표 옮김, 『빌 게이츠 성공에 감춰진 10가지 비밀』(영언문화사, 1999/2000), 77쪽.

13 자넷 로(Janet Lowe), 최인자 옮김, 『빌 게이츠 미래를 바꾸는 기술: 컴퓨터황제 빌 게이츠 성공 스토리』(문학세계사, 1998/1999), 13쪽.

14 이본영, 〈믿는 측근에 발등 찍힌 빌 게이츠·워런 버핏〉, 『한겨레』, 2011년 4월 1일.

15 프레드릭 맥스웰(Frederic A. Maxwell), 안진환 옮김, 『살아있는 신화: Microsoft

CEO 스티브 발머』(한국경제신문, 2002/2003), 13–14쪽.

**16** 데스 디어러브(Des Dearlove), 홍길표 옮김, 『빌 게이츠 성공에 감춰진 10가지 비밀』(영언문화사, 1999/2000), 83쪽.

**17** 데스 디어러브(Des Dearlove), 홍길표 옮김, 『빌 게이츠 성공에 감춰진 10가지 비밀』(영언문화사, 1999/2000), 94–103쪽.

**18** 크리스 앤더슨(Chris Anderson), 정준희 옮김, 『프리; 비트 경제와 공짜 가격이 만드는 혁명적 미래』(랜덤하우스, 2009), 162쪽; 스테펀 메인즈(Stephen Manes) & 폴 앤드류(Paul Andrews), 이진광·이지선 옮김, 『빌 게이츠 훔치기』(푸른산, 1994), 172–174쪽.

**19** 로버트 영(Robert Young) & 웬디 골드만 롬(Wendy Goldman Rohm), 최정욱 옮김, 『리눅스 혁명과 레드햇』(김영사, 1999/2000), 159쪽.

**20** 경제산업연구회, 『2021 테크노파워: 경제 경양 MOGUL 33인』(청양, 2000), 104쪽.

**21** 데이비드 A. 캐플런(David A. Kaplan), 안진환·정준희 옮김, 『실리콘밸리 스토리』(동방미디어, 1999/2000), 192쪽. 다케우치 가즈마사는 "왜 IBM은 제삼자에게 MS–DOS를 판매할 수 있는 권리를 마이크로소프트에 줬을까? 그리고 왜 IBM은 MS–DOS를 사들이지 않고 컴퓨터 한 대당 라이선스로 지급했을까?"라는 질문을 던진 후 이렇게 답한다. "IBM이 이런 실책을 저지른 배경 중의 하나는 독점금지법과 관계가 있다. 메인프레임 시장에서 너무나 거대해진 IBM은 법무부의 주목을 받고 있었다. 법정투쟁은 장기화되었고, IBM 사원들에게도 악영향을 끼쳤다. 그 결과 IBM 사원들은 법적 조치라면 진절머리를 내게 됐다 …… 이와 같은 사정이 있었기 때문에 IBM으로서는 MS–DOS를 사들였다가 어딘가에서 저작권법 소송이라도 제기하면 곤란하다는 소극적인 심리가 작용했다. 즉 독점금지법의 트라우마가 IBM으로 하여금 MS–DOS의 매수를 단념케 한 주된 요인이었던 것이다." 다케우치 가즈마사, 『평전 스티브 잡스 vs 빌 게이츠』(예인, 2010), 22–23쪽.

**22** 로버트 헬러(Robert Heller), 형선호 옮김, 『빌 게이츠』(황금가지, 2000/2001), 9–10쪽. 애커즈와의 오찬을 전후로 IBM과의 계약을 계속 성사시키고 싶었던 발머는 당시 이렇게 되뇌곤 했다. "사업을 이뤄야 해, 사업을. 우리는 고개를 숙일 거야. 그리고 맡겨진 일을 해낼 거야." 당시 마이크로소프트 인재들 사이에서는 BOGU라는 말이 유행했다. BOGU란 '굽신거리고(Bend Over), 아첨하라(Grease Up)'는 뜻이었다. 스테펀 메인즈(Stephen Manes) & 폴 앤드류(Paul Andrews), 이진광·이지선 옮김, 『빌 게이츠 훔치기』(푸른산, 1993/1994), 530쪽.

**23** 빌 게이츠, 〈추천의 글: 미래는 완전한 기억의 시대〉, 고든 벨(Gordon Bell) & 짐 겜멜(Jim Gemmell), 홍성준 옮김, 『디지털 혁명의 미래(Total Recall)』(청림출판, 2009/2010), 9쪽.

**24** 데이비드 A. 캐플런(David A. Kaplan), 안진환·정준희 옮김, 『실리콘밸리 스토리』

(동방미디어, 1999/2000), 461–462쪽.

25 로버트 헬러(Robert Heller), 형선호 옮김, 『빌 게이츠』(황금가지, 2000/2001), 12쪽; 김용근, 『디지털제국의 흥망: 인터넷 시장터 별들의 전쟁』(나남출판, 2000), 45–46쪽.

26 게이츠는 이런 말도 했다. "인터넷은 갑자기 대중의 상상력을 사로잡았고, 마이크로소프트는 그 파티에 초대받지 못한 것 같았다. 인터넷은 우리의 파멸을 예고하는 것이었다." 로버트 헬러(Robert Heller), 형선호 옮김, 『빌 게이츠』(황금가지, 2000/2001), 18–19, 117쪽.

27 데이비드 A. 캐플런(David A. Kaplan), 안진환·정준희 옮김, 『실리콘밸리 스토리』(동방미디어, 1999/2000), 484–485쪽.

28 마이크 윌슨(Mike Wilson), 김욱송 옮김, 『CEO 래리 엘리슨과 오라클 신화』(영언문화사, 1997/2001), 225쪽.

29 데스 디어러브(Des Dearlove), 홍길표 옮김, 『빌 게이츠 성공에 감춰진 10가지 비밀』(영언문화사, 1999/2000), 136쪽.

30 Jeanne M. Lesinski, *Bill Gates*(Minneapolis, MN: Lerner Publications Co., 2000), p.71; 〈Bill Gates〉, [Wikipedia].

31 로버트 슬레이터(Robert Slater), 김기준 옮김, 『빌 게이츠와 스티브 발머의 마이크로소프트 재창조』(조선일보사, 2005), 180–181쪽.

32 또 잭슨 판사는 하버드대를 2학년에 중퇴한 게이츠를 '소포모릭(sophomoric: 2학년생다운, 영리한 척하나 미숙한)'이라고 부르며 핀잔을 주기도 했다. 프레드릭 맥스웰(Frederic A. Maxwell), 안진환 옮김, 『살아있는 신화: Microsoft CEO 스티브 발머』(한국경제신문, 2002/2003), 16, 90쪽.

33 이재구, 『IT 천재들: 상상을 현실로 바꾼 영웅들의 이야기』(미래의창, 2011), 261–263쪽; 로버트 슬레이터(Robert Slater), 김기준 옮김, 『빌 게이츠와 스티브 발머의 마이크로소프트 재창조』(조선일보사, 2005), 71–73쪽.

34 프레드릭 맥스웰(Frederic A. Maxwell), 안진환 옮김, 『살아있는 신화: Microsoft CEO 스티브 발머』(한국경제신문, 2002/2003), 293–295쪽.

35 다니엘 이흐비아(Daniel Ichbiah), 강자모 옮김, 『마이크로소프트와 빌 게이츠』(세종서적, 1991/1993), 94쪽.

36 프레드릭 맥스웰(Frederic A. Maxwell), 안진환 옮김, 『살아있는 신화: Microsoft CEO 스티브 발머』(한국경제신문, 2002/2003), 172쪽.

37 란달 스트로스(Randall Stross), 이관웅 옮김, 『빌 게이츠와 마이크로소프트의 얼굴 없는 신화』(엘테크, 1996/1997), 225쪽.

38 프레드릭 맥스웰, 안진환 옮김, 『살아있는 신화: Microsoft CEO 스티브 발머』(한국

경제신문, 2003), 331쪽.

39 남정호, 〈MS '특허 챙기기' 너무해〉, 『중앙일보』, 2005년 8월 2일, E9면.

40 김재섭, 〈'제 무덤 판' MS 위주 국가정보화〉, 『한겨레』, 2005년 10월 18일, 3면.

41 김상훈, 〈'윈도'에 숨이 막혀… '펭귄' 불러라〉, 『동아일보』, 2005년 11월 10일, B1면.

42 김대준, 〈'OS 점유율 95%' 특허괴물 MS의 횡포 '심각하다!': "MS이익, 영업팀이 아닌 법무팀에서…"라 말할 정도〉, 『뉴데일리』, 2013년 1월 2일.

43 김승범, 〈"애플·페이스북이 인터넷 자유 위협": 구글 공동창업자 브린 주장〉, 『조선일보』, 2012년 4월 17일, A18면.

44 이건호, 〈"Google 이젠 실리콘밸리의 새 악당"〉, 『조선일보』, 2005년 8월 25일, A18면; 정미경, 〈실리콘밸리 "Google 해도 너무해"〉, 『동아일보』, 2005년 8월 26일, A16면.

45 장박원·현경식, 〈'구글왕국' 탄생하나〉, 『매일경제』, 2005년 10월 6일, 1면.

46 장세정, 〈"구글 죽여버리겠다"〉, 『중앙일보』, 2005년 9월 7일, E4면.

47 월터 아이작슨(Walter Isaacson), 안진환 옮김, 『스티브 잡스(Steve Jobs)』(민음사, 2011), 374, 601쪽.

48 월터 아이작슨(Walter Isaacson), 안진환 옮김, 『스티브 잡스(Steve Jobs)』(민음사, 2011), 640쪽.

49 월터 아이작슨(Walter Isaacson), 안진환 옮김, 『스티브 잡스(Steve Jobs)』(민음사, 2011), 285-287쪽.

50 월터 아이작슨(Walter Isaacson), 안진환 옮김, 『스티브 잡스(Steve Jobs)』(민음사, 2011), 297쪽. 잡스는 1996년에 제작된 다큐멘터리 〈바보들의 승리〉에 출연해선 마이크로소프트를 이렇게 비꼬았다. "They don't bring much culture into their products.(마이크로소프트는 그들의 제품에 문화를 담지 않는다.)" 하야시 노부유키, 김정환 옮김, 『스티브 잡스의 명언 50』(스펙트럼북스, 2009/2010), 28-29쪽.

51 월터 아이작슨(Walter Isaacson), 안진환 옮김, 『스티브 잡스(Steve Jobs)』(민음사, 2011), 374-375쪽.

52 월터 아이작슨(Walter Isaacson), 안진환 옮김, 『스티브 잡스(Steve Jobs)』(민음사, 2011), 375쪽.

53 월터 아이작슨(Walter Isaacson), 안진환 옮김, 『스티브 잡스(Steve Jobs)』(민음사, 2011), 561쪽. 아이맥(iMac)은 인터넷 매킨토시(Internet Macintosh)라는 뜻으로 붙여진 이름인데, 앨런 도이치먼(Alan Deutschman)은 "아이맥에서 인터넷을 의미하는 아이(i)는 약삭빠른 눈속임의 소지가 다분했다"고 말한다. "이 컴퓨터는 인터넷용 컴퓨터가 아니었다. 인텔 마이크로소프트 PC(또는 다른 매킨토시 컴퓨터들)보다 나은 것도 못한 것도 없는 그저 평범한 컴퓨터였다. 보통 PC 사용자들은 그들의 모

뎀에 전화선을 꽂고 모니터에 뜨는 아메리카 온라인의 아이콘을 클릭해 전화를 걸어 인터넷에 접속하면 그만이었으므로 넷용 PC든 인터넷 접속 기능이 있는 일반 PC든 별로 상관하지 않았다. 스티브 잡스는 결국 제품 설계의 우수성보다는 자사 브랜드의 인지도를 발판으로 인터넷의 폭발적 인기를 이용할 속셈이었다." 앨런 도이치먼(Alan Deutschman), 안진환 옮김, 『못말리는 CEO 스티브 잡스』(영진Biz.com, 2000/2001), 285쪽.

**54** 월터 아이작슨(Walter Isaacson), 안진환 옮김, 『스티브 잡스(Steve Jobs)』(민음사, 2011), 730-731쪽.

**55** 월터 아이작슨(Walter Isaacson), 안진환 옮김, 『스티브 잡스(Steve Jobs)』(민음사, 2011), 731쪽.

**56** 월터 아이작슨(Walter Isaacson), 안진환 옮김, 『스티브 잡스(Steve Jobs)』(민음사, 2011), 863-864쪽.

**57** 월터 아이작슨(Walter Isaacson), 안진환 옮김, 『스티브 잡스(Steve Jobs)』(민음사, 2011), 883쪽.

**58** 스테펀 메인즈(Stephen Manes) & 폴 앤드류(Paul Andrews), 이진광·이지선 옮김, 〈제1장 빈틈 없이 사고하라〉, 『빌 게이츠 훔치기』(푸른산, 1994), 35-55쪽.

**59** 데스 디어러브(Des Dearlove), 홍길표 옮김, 『빌 게이츠 성공에 감춰진 10가지 비밀』(영언문화사, 1999/2000), 70-71쪽.

**60** 이선기, 『밀레니엄 리더: 디지털 경제를 움직이는 139인의 비전과 전략!』(청림출판, 1999), 54쪽.

**61** 크리스 앤더슨(Chris Anderson), 정준희 옮김, 『프리; 비트 경제와 공짜 가격이 만드는 혁명적 미래』(랜덤하우스, 2009), 164-165쪽.

**62** 구니야스 도쿠마루, 김재봉 역, 『디지털 혁명과 매스미디어: 매스컴 빅뱅』(나남, 2000), 40쪽.

**63** 데이비드 A. 캐플런(David A. Kaplan), 안진환·정준희 옮김, 『실리콘밸리 스토리』(동방미디어, 2000), 486-487쪽.

**64** 니시 가즈히코, 김웅철 옮김, 『정보경영자 5인의 인터넷 예언』(평범사, 1997), 55쪽.

**65** 웬디 골드만 롬(Wendy Goldman Rohm), 고병권·김인수 옮김, 『마이크로소프트 파일: 빌 게이츠 신화의 거짓과 진실』(더난출판사, 1998/1999), 12, 183-184쪽.

**66** 노암 촘스키, 강주헌 옮김, 『그들에게 국민은 없다: 촘스키의 신자유주의 비판』(모색, 1999), 254쪽.

**67** 월터 아이작슨(Walter Isaacson), 안진환 옮김, 『스티브 잡스(Steve Jobs)』(민음사, 2011), 862쪽.

**68** 월터 아이작슨(Walter Isaacson), 안진환 옮김, 『스티브 잡스(Steve Jobs)』(민음사,

2011), 485쪽.

69 임병선, 〈빌 게이츠 "2년 뒤 퇴진"〉, 『서울신문』, 2006년 6월 17일, 14면.

70 김주현, 〈MS 은퇴후 자선사업 나선 빌 게이츠〉, 『경향신문』, 2008년 7월 3일자.

71 임병선, 〈빌 게이츠 "2년 뒤 퇴진"〉, 『서울신문』, 2006년 6월 17일, 14면.

72 〈Gates, Melinda〉, *Current Biography*, 65:2(February 2004), p.24.

73 강성만, 〈빌 게이츠 자선재단, '약주고 병주고'〉, 2007년 1월 9일.

74 매튜 비숍(Matthew Bishop) & 마이클 그린(Michael Green), 안진환 옮김, 『박애자본주의』(사월의책, 2010).

75 매튜 비숍(Matthew Bishop) & 마이클 그린(Michael Green), 안진환 옮김, 『박애자본주의』(사월의책, 2010), 435쪽.

76 김기천, 〈승자독식 사회 바로잡을 가장 긍정적인 대안 '기부': 박애 자본주의〉, 『조선일보』, 2010년 7월 10일자; 오미환, 〈"기부는 투자" 착한 부자들에게 박수를!: 박애 자본주의〉, 『한국일보』, 2010년 7월 10일자.

77 매튜 비숍(Matthew Bishop) & 마이클 그린(Michael Green), 안진환 옮김, 『박애자본주의』(사월의책, 2010), 67쪽.

78 매튜 비숍(Matthew Bishop) & 마이클 그린(Michael Green), 안진환 옮김, 『박애자본주의』(사월의책, 2010), 28쪽.

79 매튜 비숍(Matthew Bishop) & 마이클 그린(Michael Green), 안진환 옮김, 『박애자본주의』(사월의책, 2010), 439쪽.

80 매튜 비숍(Matthew Bishop) & 마이클 그린(Michael Green), 안진환 옮김, 『박애자본주의』(사월의책, 2010), 443쪽.

81 매튜 비숍(Matthew Bishop) & 마이클 그린(Michael Green), 안진환 옮김, 『박애자본주의』(사월의책, 2010), 438쪽.

82 Thomas Frank, *One Market Under God: Extreme Capitalism, Market Populism, and the End of Economic Democracy*(New York: Doubleday, 2000), p.12.

83 손재언, 〈한국 대학생들 "나도 이 사람처럼 되고파"〉, 『한국일보』, 2007년 6월 12일.

84 Thomas Frank, *One Market Under God: Extreme Capitalism, Market Populism, and the End of Economic Democracy*(New York: Doubleday, 2000), p.224.

85 빌 게이츠, 이규행 감역, 『빌 게이츠의 미래로 가는 길』(삼성, 1995).

86 데이비드 솅크(David Shenk), 정태석·유홍림 옮김, 『데이터 스모그(Date Smog)』(민음사, 1997/2000), 152쪽 재인용.

**87** 빌 게이츠, 이규행 감역, 『빌 게이츠의 미래로 가는 길』(삼성, 1995), 255쪽.

**88** 존 브록만(John Brockman), 김원희·임세윤 옮김, 『디제라티: 디지털 시대의 파워 엘리트』(황금가지, 1996/1999), 160쪽.

**89** 리오 휴버먼(Leo Huberman), 장상환 옮김, 『자본주의 역사 바로 알기』(책벌레, 2000); William Ryan, *Blaming the Victim*(New York: Vintage Books, 1971).

**90** Benjamin R. Barber, *Consumed: How Markets Corrupt Children, Infantilize Adults, and Swallow Citizens Whole*(New York: W. W. Norton & Co., 2007), pp.71-76; 다니엘 그로스(Daniel Gross) 외, 장박원 옮김, 『미국을 만든 비즈니스 영웅 20』(세종서적, 1997), 390쪽.

**91** 정시행, 〈NYT "부자 기부 의존은 민주주의 위협"〉, 『조선일보』, 2011년 11월 28일.

**92** 고영복, 『한국인의 성격: 그 변혁을 위한 과제』(사회문화연구소, 2001), 64쪽.

**93** 심혜리, 〈'재산 62조' 빌 게이츠 "자녀들에겐 100억씩만 물려줄 것"〉, 『경향신문』, 2011년 6월 14일.

**94** 빌 게이츠, 〈『칼럼 Outside』 삶을 바꾸는 디지털 혁명, 아프리카에선 아직…〉, 『조선일보』, 2013년 1월 5일.

제3장

# "신神의 마음과 같은 검색엔진": 래리 페이지와 세르게이 브린의 '구글 제국'

"사람들은 항상 구글이 검색에서는 이제 더 이상 할 일이 없다고 생각한다. 그러나 우리는 이제 갈 길의 5퍼센트 정도 왔을 뿐이다. 우리는 모든 것을 이해하는 궁극적인 검색엔진을 만들고 싶다."

## 래리 페이지와 세르게이 브린의 만남

1998년 9월 4일 인터넷 검색사이트 ‘구글(Google)’이 출범했다. 창업자는 25살 동갑내기 래리 페이지(Larry Page, 1973~)와 세르게이 브린(Sergey Brin, 1973~). 페이지는 미국 미시건, 브린은 러시아 모스크바 태생이지만 모두 유대인이고 부모가 대학교수였다.

미시건주립대 컴퓨터과학 교수였던 부모 밑에서 자란 페이지는 어릴 때부터 〈포퓰러 사이언스〉 같은 과학잡지들이 흘러 넘치는 집안에서 자랐다. 이 같은 환경 덕에 6살 때부터 컴퓨터를 시작했고, 초등학교에선 워드프로세서로 숙제를 제출한 최초의 학생이었다.

12살 때 물리학자이자 전기공학자로 발명에 관심이 많았던 니콜라 테슬라(Nikola Tesla, 1856~1943)의 전기를 읽은 페이지는 테슬라를 자신의 우상으로 삼았다. 테슬라는 기이한 행동과 여러 가지 광적인 아이디어 탓에 ‘미친 과학자’로 간주되었지만, 결국 라디오의 발명가로 인정을 받는 등(그간 마르코니로 알려져 왔지만) 위대한 발명가였다. 페이지는 테슬라가 아주 뛰어난 동시에 세상을 바꿀 만한 발명을 했음에도 불구하고 명성이나 부를 얻지 못했다는 사실을 알고 경악했는데, 자신은 그렇게 되지 말아야겠다고 결심을 했는지도 모르겠다.

미시건대에서 컴퓨터공학을 전공할 때 레고 블록으로 된 잉크젯 프린터를 만들기도 했던 페이지는 대학원으로 스탠퍼드대를 택했다. 1995년 3월 신입생 오리엔테이션 때 안내를 맡은 사람은 2학년생인 브린이었다. 둘은 처음에 상대를 거만하고 불쾌한 놈이라고 여겼지만, 논쟁적인 대화를 나누면서 관심사가 비슷한 것에 끌려 호감을 갖게 되었다.

당시 여러 가지 검색엔진이 나와 있었지만, 수많은 정보 중 원하는 것을 정확히 찾아내 주는 건 아직 없었다. 페이지는 여기서 '하이퍼링크'에 주목했다. 사람들은 인터넷의 좋은 정보를 인용할 때 링크를 건다. 많은 사이트에 링크를 통해 인용됐다면 좀 더 중요한 정보일 수 있다. 따라서 정보의 중요도에 순위를 부여하면, 검색 키워드를 입력했을 때 중요도가 가장 높고 근접한 결과가 출력될 수 있다. 하지만 문제는 인터넷의 정보가 너무 방대하다는 것이다. 수천만 개의 문서들을 어떻게 파악하고 분석할 것인가? 여기서 수학 천재 브린이 합류한 것이다.[1]

브린은 소련 모스크바의 유대인 학자 집안에서 태어났다. 할아버지와 부모 모두 수학자였다. 그러나 원해서 수학을 한 건 아니었다. 아버지 마이클(Michael)은 소련의 유대인 차별 정책 때문에 자신이 원하는 천체물리학을 할 수 없었다. 우여곡절 끝에 1979년 10월 미국으로 이민을 온 것도 바로 그런 유대인 차별 때문이었다. 당시 브린의 나이는 6살이었다.[2]

자신들을 후원한 유대인 단체의 도움으로 마이클은 메릴랜드대학 응용확률통계학 교수로, 어머니 유제니아(Eugenia)는 NASA에서 우주의 기후환경을 시뮬레이션하는 과학자로 자리를 잡았다. 브린은 고등학교를 1년 일찍 마치고 메릴랜드대학에서 수학과 컴퓨터공학을 복수전공했고, 국가과학재단(National Science Foundation)의 지원을 받아 스탠퍼드 대학원의 컴퓨터공학과에 진학했다.

브린은 페이지의 통 큰 연구과제야말로 자신의 능력을 한껏 발휘할 수 있는 것이라 판단했다. 브린은 인터넷의 수많은 데이터를 가져와서 체계적으로 분석할 수 있는 시스템을 개발했고, 두 사람은 하이퍼링크에 기반한 검색엔진 개발에 드디어 성공했다.[3] 특정 키워드 출현 횟수 대신 링크 횟수에 따라 사이트를 나열하는 백럽(BackRub)이라는 검색엔진이 바로 그것이다. 백럽은 한 웹사이트에 연결된 링크를 뜻하는 백 링크(back link)를 분석하는 프로세스에서 따온 이름이다. 뒤로 돌아간다는 이유 때문에 백럽이라는 이름을 붙인 페이지는 나중에 이렇게 말했다. "하이퍼텍스트의 초창기 버전은 안타깝게도 결함을 하나 갖고 있었어요. 단방향 링크만 알 수 있었다는 점이죠. 백럽은 그 결함을 해결했습니다."[4]

이 기술의 알고리즘을 가리켜 페이지랭크(PageRank)라고 했는데, 이는 래리 페이지의 이름을 딴 명칭이다. 기존 검색엔진은 단순히 검색 키워드가 가장 많이 포함된 웹페이지를 나열하는 수준이었지만, 페이지랭크는 말 그대로 웹페이지의 중요도에 따라서 순위를 매겨서 보여주는 방식이었다. 이 아이디어는 학계에서 논문의 인용횟수를 중시하는 것에서 비롯되었다. 중요한 논문일수록 다른 논문에서 참고하거나 인용할 횟수가 많아지기 마련인데, 그 원리를 검색에 적용한 것이다.[5] 페이지와 브린은 1997년에 발표한 논문에서, 기존 검색 엔진은 자기 회사조차 제대로 찾지 못한다고 비꼬면서 이렇게 말했다. "약간 관련 있는 결과는 수만 건 이상 넘쳐 난다. 우리는 가장 관련 있는 자료들에만 '관련성'이 있다고 말한다."[6]

## 구글의 탄생

대학원 기숙사방에 데이터센터를 구축한 이들은 이 검색기술을 구매할 포털 사이트를 찾아 나섰다. 이들은 자신들이 개발한 검색 엔진의 라이센스를 100만 달러에 팔고자 했을 뿐 회사를 창업할 생각은 없었다.[7] 그러나 이들의 판매 제안은 여러 차례 거절 당했다. 왜 포털사이트들은 구글의 강력한 검색 기술을 외면했을까? 너무 강력한 게 문제였다!

페이지와 브린을 만난 야후 설립자 제리 양(Jerry Yang)과 데이비드 필로(David Filo)는 두 사람의 검색 엔진에 대단히 감탄했지만, 검색 결과의 연관성이 높을수록 사용자가 야후 사이트를 빨리 벗어나게 될 것을 염려했다. 10페이지가 아니라 1~2페이지만 보면 야후에서 나갈 텐데, 그러면 야후가 광고주들에게 판매하는 페이지뷰 수가 낮아질 텐데, 하는 걱정 때문에 구글의 검색 엔진을 외면한 것이다.[8] 익사이트(Excite) 역시 같은 이유로 외면했다.[9] 이에 대해 켄 올레타(Ken Auletta)는 다음과 같이 말한다.

"야후와 익사이트 같은 회사들이 검색을 개선하기보다 포털업체로 남는 데 더 관심을 보인다는 것은 페이지와 브린에게는 기회였다. …… 그들은 포털을 만들어 온갖 콘텐츠로 꾸며진 인공정원을 만듦으로써 사용자를 그 안에 가둬둬야 한다는 생각을 거부했다. 그들은 사용자가 되도록 빠르게 구글에서 벗어나 검색 목적지로 가도록 해주는 것이 올바른 방식이라고 믿었다. 그들은 검색 결과 옆에 배너광고를 달고 싶어하는 광고주들의 요청도 거부했다. 배너를 달면 검색 결과가 느려지고, 배너는 검색의 본질적인 요소도 아니면서 주의만 분산시키기 때문이었다."[10]

필로는 페이지와 브린에게 회사를 직접 차려보는 게 좋겠다는 조언을 했고, 페이지와 브린은 이 조언에 고무돼 직접 검색엔진 회사를 차리기로 했다. 1997년 9월 페이지와 브린은 사업적으로 좀 더 매력적으로 보이기 위해 백럽의 이름을 바꾸기로 했다. 처음에는 '왓박스(Whatbox)'를 심각하게 고려했지만, 그다지 좋지 않은 느낌의 웨트박스(wetbox: 젖은 상자)와 비슷하게 들린다는 이유로 취소하고, 결국 구글(google)이라는 이름을 택했다.[11]

구글은 10의 100제곱, 즉 1 뒤에 0이 100개 달린 수를 뜻하는 구골(googol)에서 따온 말이다. 구골은 1938년 미국의 수학자 에드워드 카스너(Edward Kasner, 1878~1955)의 9살 조카 밀턴 시로타(Milton Sirotta)가 이름 붙인 거대한 수로, 카스너가 『수학과 상상(Mathematics and the Imagination)』(1940)이란 책에서 처음 소개했다. 고등학교 수업시간에 이 숫자에 매료된 래리 페이지는 방대한 정보를 얻는 건 물론 인터넷 세상의 무한한 정보를 체계화하겠다는 뜻으로 이 단어를 쓰려고 했는데, 철자를 헷갈리는 바람에 기억 속의 단어 구골은 구글이 됐다. 캘리포니아주 마운틴뷰(Mountain View)에 있는 구글 본사 건물의 이름인 구글플렉스(Googleplex)도 10의 구골 제곱을 뜻하는 구골플렉스(googolplex)에서 따온 말이다.[12]

선마이크로시스템즈의 창립자 중 한 명인 앤디 벡톨샤임(Andy Bechtolsheim)이 구글 지분 1퍼센트의 대가로 흔쾌히 내놓은 10만 달러가 구글의 첫 투자금이 되었다. '구글 법인' 앞으로 발행된 수표를 사용하기 위해 2주 뒤인 1998년 9월 4일 기숙사방을 나와 브린의 여자친구 앤 보이치키(Anne Wojcicki)의 언니인 수전 보이치키(Susan Wojcicki)의 집 차고를 사무실 삼아 구글 법인이 탄생했다.[13]

페이지와 브린의 만남은 빌 휴렛(Bill Hewlett, 1913~2001)과 데이빗 패커드(David Packard, 1912~1996)의 휴렛패커드, 빌 게이츠와 폴 앨런의 마이크로소프트, 스티브 잡스와 스티브 워즈니악의 애플, 제리 양과 데이비드 필로의 야후가 그랬던 것처럼, 2인 협업체제의 전통에 충실한 것이었다. 또한 HP, 익사이트(Excite), 시스코시스템(Cisco Systems), 선마이크로시스템(Sun Microsystems)처럼 스탠퍼드에서 탄생한 또 다른 전통을 따른 것이기도 했다.(선마이크로시스템의 Sun은 Stanford University Network의 약자다). 휴렛패커드와 애플처럼 첫 창업지가 차고라는 것도 같았다.[14]

## "사악하게 굴지 말라"

세상에 첫 선을 보인 구글은 넓은 화면 한가운데 큼직하게 박힌 로고와 극단적으로 단순한 검색 창 하나 뿐이었고, 그 흔한 배너광고 하나도 없었다. 그러나 이들이 개발한 알고리즘(algorithm: 문제해결을 위한 공식 또는 컴퓨터 프로그램)이 출력해주는 검색 결과는 당시 최고 검색엔진으로 통했던 야후나 알타비스타(AltaVista)보다도 성능이 훨씬 뛰어났다.[15]

나중에 구글의 홈페이지는 여백의 미를 중시하는 선禪 사상을 구현한 것 같다는 유머가 담긴 칭찬도 들었지만, 페이지는 훗날 그럴 수밖에 없는 사정이 있었다고 했다. "사실 구글의 미니멀리즘 디자인은 웹마스터가 없기 때문에 어쩔 수 없이 나온 것이었어요. 우리 스스로 해결해야 했습니다."[16] 그러나 단순함은 이후 내내 구글을 지배하는 원칙이 된다. 구글 스스로 밝혔듯이, "단순함은 강력하다. …… 구글은 덜 중요한 기능들을 추구하려고 단순함을 포기하기 전에 다시 한번 생각한다."[17]

구글은 1999년 두 개의 벤처 캐피탈 회사로부터 2,500만 달러를 투자받으면서 가진 기자회견에서 "세상의 모든 정보를 한 곳에 집대성해서 누구나 사용할 수 있도록 하겠다(Google's mission is to organize the world's information and make it universally accessible and useful)"는 계획을 담은 첫 보도자료를 배포했다. 이전까지 홈페이지에 올린 "인터넷에서 고급정보 검색을 더 쉽게 만들겠다"는 표어에서 훨씬 더 나아간 것이다.[18]

구글은 그러한 사명 선언문과 더불어 "사악하게 굴지 말라(Don't be evil)"는 사훈社訓을 내걸었다. 이는 구글이 1999년 엔지니어가 아니라 비즈니스 수완이 뛰어난 MBA 출신들을 대규모로 채용할 때 처음 등장했는데, MBA 출신들이 상업적 압력을 가할지 모른다는 엔지니어들의 우려를 반영한 말이었다.[19] 마이크로소프트 같은 회사가 되지 않겠다는 의미였다는 설도 있다.[20]

'구글 십계명'도 만들어졌다. ① 사용자에게 초점을 맞추면 나머지는 저절로 따라온다 ② 한 분야에서 최고가 되는 것이 최선의 방법이다 ③ 느린 것보다 빠른 것이 낫다 ④ 인터넷은 민주주의가 통하는 세상이다 ⑤ 책상 앞에서만 검색이 통하는 것은 아니다 ⑥ 부정한 방법을 쓰지 않고도 돈을 벌 수 있다 ⑦ 세상에는 무한한 정보가 존재한다 ⑧ 정보의 필요성에는 국경이 없다 ⑨ 정장을 입지 않아도 업무를 훌륭히 수행할 수 있다 ⑩ 대단하다는 것에 만족할 수 없다.[21]

2000년 3월 인터넷 업계에 재앙이 닥쳤다. 이른바 '닷컴 버블 붕괴'가 일어난 것이다. 전도 유망하다고 박수갈채를 받던 수많은 신생업체들이 줄줄이 파산하는 사태가 빚어진 것이다. 당시 웹 최대 검색엔진이었던 알타비스타조차 전 해 12월에 신청했던 3억 달러 규모의 기업공개를 취소할 수밖에 없을 정도였다. 모두들 구글도 곧 파산의 대열에 합류할 것으로 보았지만, 구글은 달랐다. 2000년 5월 첫째 주 구글의 일일 검색수는 800만 개, 2주 후에는 900만 개로 증가했고, 야후와 검색엔진을 제공하는 계약을 체결해 7월 3일부터 서비스에 들어갔다.[22] 2000년 말 구글은 하루 검색건수 1,800만 건에 달하는 미국 최대 검색 사이트로 급성장했다.

그러나 검색만 잘 한다고 해서 먹고 살 수 있는 건 아니었다. 광고로 수입을 올리지 않는 한 검색도 지속할 수 없는 게 아닌가. 당시까지 대부분 인터넷 업체들은 배너광고가 주된 수익모델이었다. 검색어를 입력했을 때 그 단어가 들어간 광고가 검색창 상위에 뜨도록 하는 '키워드 광고'를 선보인 곳도 있었으나, 이용자가 원하는 검색결과를 얻는 데 광고가 방해가 되었다. 페이지와 브린이 이런 광고를 거부한 데엔 기술적인 이유와 더불어 그들 나름의 순진한 이상 때문이었다. 스탠퍼드 시절 이 둘이 쓴 논문에는 "광고로 돈을 버는 검색엔진들은 본질적으로 광고주에 편향되어 소비자의 요구를 외면할 것"이라고 적혀 있다. 그렇다면 어찌할 것인가? 페이지와 브린은 결국 현실과 타협하는 길을 택했다.[23]

2000년 10월 23일 선을 보인 구글의 검색어 광고 '애드워즈(AdWords)'는 이용자가 원하는 검색결과에 가장 근접한 문자광고를 출력시키되, 검색결과를 보는 데 지장이 없도록 우측에 배치했다. 나중엔 광고를 상단에 배치하게 되지만, 별도 박스로 싸서 구분하며 한두 줄만 출력하는 방식으로 했다. 광고하는 웹사이트에 대한 품질까지 자동 알고리즘으로 평가해, 평판이 나쁜 사이트는 상위에 노출되지 못하도록 했다.[24]

광고주들도 가장 필요로 하는 소비자에게 광고가 노출되므로 높은 광고 효과를 얻을 수 있었지만, 이는 시간이 좀 걸리는 일이었다. 검색어가 광고주들의 서비스나 제품과 연관성이 떨어지면 광고가 표출되지 않았는데, 2000년에는 구글 검색결과의 85퍼센트에서 광고가 표출되지 않았다.[25] 구글은 2001년에서야 처음으로 수익을 얻었다. 8,600만 달러 수입 중 700만 달러 수익을 거둔 것이다.[26]

페이지와 브린은 자신들의 타협을 '광고는 소비자에 대한 중대 서비스'

라는 식으로 정당화했다. 이들을 대변해 구글 간부 오미드 코르데스타니(Omid Kordestani)는 이런 변명을 내놓았다. "우리는 광고를 상업적 정보로 바라보며, 이는 온 세상의 정보를 체계적으로 정리하겠다는 우리의 주요 미션과도 일맥상통하는 것이다."[27]

## 에릭 슈미트의 영입

2001년 3월 구글은 선마이크로시스템즈의 최고기술경영자(CIO)와 리눅스 업체인 노벨(Novell)의 CEO를 역임한 에릭 슈미트(Eric Schmidt, 1955~)를 이사회 회장 겸 대표이사(CEO)로 영입했다.(CEO는 2001년 8월부터) 회사가 커진 만큼 체계적으로 경영할 필요성이 생겼고, 주식시장 상장도 염두에 둬야 했기 때문이다. 거칠게 말하자면, 28살 '아이들'을 돌봐주면서 대외적으로 성숙함을 보여줄 46세의 '어른'이 필요했던 셈이다. 그간 15명의 후보들을 퇴짜 놓는 등 새로운 CEO 영입을 별로 내켜하지 않던 페이지와 브린을 구글의 주요 투자자인 존 도어(John Doerr)가 강력히 밀어 붙여 성사된 일이었다.[28]

슈미트는 1955년생으로 애플의 스티브 잡스, 마이크로소프트의 빌 게이츠와 동갑이었다. 그는 학창 시절 대형 컴퓨터를 이용한 프로그래밍에 푹 빠져 살았다. 공부도 잘했지만, 장거리 육상선수로 활약했을 정도로 운동에도 소질이 많았다. 그는 고등학교를 졸업하고, 프린스턴대학 건축학과에 입학했다. 하지만 워낙 컴퓨터 프로그래밍을 좋아했던 까닭에 곧 전기공학과로 전과했다. 대학에 있는 컴퓨터가 밤이 되면 속도가 빨라졌기 때문에 거의 매일 밤 잠을 자지 않고 프로그래밍했다. 여름이 되면 당대 최고의 연구소 가운데 하나였던 벨연구소에서 일했다. 이곳에서 슈미트는 대학생 신분으로 역사에 남을 프로그램을 하나 완성시켰다. 바로 '렉스(Lex)'라는 소프트웨어다. 이는 프로그래밍 언어를 기계가 이해할 수 있는 형태로 만들어주는 컴파일러라는 소프트웨어를 만들 때 반드시 이용해야 하는 도구다.

1979년 프린스턴대학을 졸업한 슈미트는 컴퓨터공학을 좀 더 심도 있게 공부하기 위해 버클리 캘리포니아주립대학(UC 버클리)에 진학했다. 그는 여름이면 마우스와 구이(GUI) 개념을 탄생시킨 제록스 파크(Xerox PARC)에서 다양한 연구를 경험하며, 컴퓨터공학의 이론과 실제를 습득했다. 1982년 대학 졸업 3년 만에 UC 버클리에서 초고속으로 박사학위를 취득해 한동안 스탠포드대 경영대학원에서 강의를 하기도 했다. 1983년 선마이크로시스템의 소프트웨어 매니저로 출발해 18년 만에 구글의 CEO를 맡은 슈미트는 이후 페이지, 브린과 구글의 3인 체제(triumvirate)를 형성하게 된다.[29]

슈미트를 페이지, 브린과 연결시켜준 중요한 고리 가운데 하나는 매년 노동절 기간(8월 마지막 월요일에서 9월 첫 월요일까지) 동안 네바다주 블랙록 사막(Black Rock Desert)에서 5만여 명이 참여하는 가운데 자유와 각성을 내걸고 펼쳐지는 버닝맨(Burning Man) 축제였다. 구글의 젊은 창업자들은 에릭 슈미트를 구글에 영입할 때 슈미트가 모든 후보들 가운데 유일한 버닝맨 참여자라는 데서 강한 연대감을 느꼈다.

1986년 샌프란시스코의 베이커 비치(Baker Beach)라는 작은 해변에서 시작된 버닝맨 축제는 무정부주의와 애니미즘 분위기가 물씬 풍기는 가운데 '급진적인 자기표현(radical self-expression)'을 발산하는 축제다. 사람들은 춤추고, 까불고, 행진하고, 풍자하고, 바디페인팅을 하고, 가면을 쓰고, 노래하고, 창작한다. 이 중엔 나체인 사람들도 많다. 이 행사의 절정은 거대한 나무와 사막 덤불로 만든 12미터 높이의 인형을 태워버리는 부분이다.

21세기의 우드스톡 축제로 여겨지는 버닝맨 축제의 10개 원칙은 '베풀기', '상업적 스폰서나 거래나 광고로 물들지 않은 사회환경' 만들기, '급진적인 참여윤리'로 '혁신적 변화' 이끌어내기가 있다. 버닝맨 축제는 사람들에게 자유가 주어지면 혼돈이 따르기도 하지만 바로 그것에서 믿을 수 없을 정도로 놀라운 창의성이 나타난다는 것을 상징하고 실천하는 이벤트이기에, 실리콘 밸리의 사람들을 열광시키는 건지도 모른다.[30]

스코트 클리랜드(Scott Cleland)와 아이라 브로드스키(Ira Brodsky)는 "버닝맨은 명백히 주류 미국사회의 많은 측면들을 부정하고 공동체주의, 사회주의, 환경주의 같은 유토피아적 이상에 의존한다. 그리고 이는 구글의 창업자들에게 진정한 영향을 끼쳤다."고 말한다.[31]

정지훈은 "버닝맨 문화는 개방과 창조성, 자기조직, 공유, 그리고 혁신이라는 실리콘밸리의 가장 중요한 문화와 그 맥이 닿아 있으며, 서로에게 셀 수 없을 정도의 영향을 주고받으면서 커졌다"며 이렇게 말한다. "실리콘밸리의 성공은 버닝맨의 문화를 이해하지 못하면 설명할 수 없는 부분이 많다. 우리에게도 이와 똑같지는 않더라도, 창의성을 주입하고 모두가 같이 공유하고 개방하며 나누는 어떤 문화적인 이벤트가 필요하지 않을까? 세상은 열심히 공부하고 일을 한다고 바뀌는 것이 아니며, 인간이 살아가는 의미도 그렇다. 우리에게도 새로운 문화의 활력소가 필요하다."[32]

버닝맨 연대감도 영향을 미쳤겠지만, 슈미트가 이후 구글의 3두 체제를 끌고 갈 수 있었던 최대 요인은 그의 좋은 성격이었다. 구글 본사에서 가진 첫 면접에서 페이지와 브린은 슈미트가 CEO를 지낸 노벨에 대해 독설을 퍼부어댔다. 사실 노벨은 당시 큰 위기에 처해 있었기에, 1997년부터 노벨의 CEO를 맡은 슈미트로선 가슴이 뜨끔할 일이었다. 훗날 슈미트는 "정말 황당했다. 그들은 오만하기 그지 없었다."고 회상했다.

슈미트는 두 사람의 독설에 정면 대응해 1시간 30분 동안 격론을 펼치면서도 내내 차분함을 잃지 않았는데, 이게 바로 페이지와 브린이 원했던 자격 조건이었는지도 모르겠다. 버르장머리 없는 악동惡童과 같은 젊은 창업주들의 무례와 변덕, '꼭두각시'라는 주변의 수근거림을 견뎌내면서 착실하게 자신의 몫을 해내는 뚝심이 슈미트의 최대 강점이었다. 그래서 그는 나중에 '칭송받지 않은 영웅'이라는 평가를 받게 된다.[33]

슈미트가 두 악동을 다스리는 법의 한 사례를 보자. 2001년 9.11 테러의 와중에서 인권 침해 소지가 많은 '애국법(Patriot Act)'이 제정되었다. 페이지가 어느 모임에서 애국법에 대한 질문을 받고 답을 하려고 하자 슈미트가 가로 막고 대신 이렇게 답을 했다. "이에 대한 최선의 답은, 이 법이 이 나라의 법이고 우리는 그 법을 따라야 한다는 겁니다."[34]

슈미트는 몇 년 후(2005년) "페이지와 브린이 강압적으로 굴지 않느냐"는 질문을 받자, 이렇게 답했다. "페이지와 브린이 워낙 유명인사다 보니 걸고 넘어지는 이들이 많습니다. 그들과 일하기 싫으면 안 하면 되지요. 노예제는 오래전에 불법화되지 않았던가요?"[35]

## "구글은 프라이버시의 시한폭탄이다"

2001년 9.11 테러는 구글에겐 엄청난 행운으로 작용했다. 사람들이 앞 다투어 뉴욕과 워싱턴에 가해진 테러에 관한 뉴스를 찾아보고 이해하려고 안간힘을 쓰는 동안 전화네트워크는 과부하로 불통이 되었고, 인터넷마저 접속이 폭주하자 많은 사이트들은 접속 자체가 불가능해졌다. 그날 뉴스와 정보에 대한 링크를 제공할 수 있었던 사이트는 오직 구글 뿐이었다.[36] 구글의 뉴스 관련 검색은 9.11 사태 이후 한 주간 60배 증가했다. 이에 대해 존 바텔(John Battelle)은 다음과 같이 말한다.

"막대하면서도 확장 가능한 네트워크 아키텍처 덕분에 9.11 사태 이후 며칠 동안 구글은 세계 최대의 뉴스서비스 업체가 되었다. 앞으로 구글에 대해 연구하는 사람들은 이러한 사실을 결코 잊지 않을 것이다. 9.11 사태는 구글과 전세계에 구글이 검색 서비스 이상의 것을 가지고 있음을 가르쳐 주었다. 다시 말해 구글은 비범한 자산, 즉 어떤 정보라도 저장해 두었다가 언제라도 요청에 따라 누구에게나 보여줄 수 있는 능력을 가지고 있었던 것이다."[37]

2001년 11월 슈미트가 『와이어드』 인터뷰에서 그간 내부용이었을 뿐 외부엔 드러나지 않았던 "악하게 굴지 말라"라는 사훈을 소개한 것도 세간의 그런 우려를 염두에 둔 것이었는지도 모르겠다. 구글의 대외 홍보를 담당했던 엘리엇 슈레이지(Eliot Schrage)는 이 공개에 대해 이렇게 말했다.

"이제 돌이킬 수 없었죠. 이 슬로건을 활용한 구글에 대한 우스갯소리가 쏟아져 나오기 시작했죠. 그렇게 공개할 만한 슬로건은 아니었거든요. 암묵적인 코드 같은 것으로 남겨 놓던가, 조금 다듬어서 공개했다면 더 나았을 겁니다."[38]

아닌게 아니라 공개에 따른 부작용이 있었다. 당시 인텔 CEO였던 앤디 그로브(Andy Grove)는 이렇게 생각했다고 한다. "히틀러가 스스로 사악하다고 생각했을까? 너무 모호하고 이기적이고 자기 본위에요. 이런 겁니다. '난 사악하지 않다. 그러므로 난 사악하지 않다.'"[39]

이 사훈의 공개가 이후 구글의 발목을 잡는 역할을 하기도 하지만, 그럼에도 구글 직원 대다수는 이 슬로건을 자랑스럽게 생각했다. 페이지와 브린도 이 슬로건의 의미를 이렇게 설명했다. "우리는 몇가지 단기적인 이익을 포기하더라도 장기적으로는 세상을 위해서 좋은 일을 하는 회사가 주주들에게나 다른 모든 면에서 더 좋은 결과를 얻을 것이라고 강력히 믿고 있다. 이것은 우리 문화에 중요하고, 회사 내부적으로 광범위하게 공유되는 인식이다."[40]

그러나 달리 생각하는 사람들도 많았다. 2002년 구글을 감시하는 민간단체인 구글워치(GoogleWatch)는 "구글은 프라이버시의 시한폭탄이다"고 선언했다. "대부분 미국 국외 지역에서 들어오는 매일 2억 회의 검색을 감안할 때, 구글은 터질 날만 기다리는 프라이버시 재앙이나 다름없다. 워싱턴의 데이터분석 관료들은 구글이 이미 달성한 최고의 효율성을 감조차 잡지 못하고 있다."[41]

"구글은 프라이버시의 시한폭탄"이라는 선언은 그만큼 구글의 힘이 막강해졌다는 걸 의미하는 것이기도 했다. 2003년 미국방언협회(American Dialect Society)는 'google'을 '검색하다'라는 뜻의 동사로 공식 인정하였다. 이 협회는 1년 전인 2002년 '올해의 단어'로 '구글'을 '대량학살무기'에 이어 두 번 째로 가장 주요한 단어로 꼽았다.[42]

또한 존 바텔(John Battelle)과 알렉스 솔크에버(Alex Salkeveer)는 2003년 구글이 모든 종류의 온라인 정보산업에 미치는 압도적 영향력을 가리켜 '구글라이제이션(googlization)'이라는 말을 만들어냈으며, 이 말은 나중에 구글에 의해 주도되는 디지털 커뮤니케이션 혁명을 가리키는 긍정적·부정적 의미를 동시에 갖게 된다.[43] 그밖에도 구글은 다음과 같은 다양한 신조어들을 탄생시켰다.

구글링(Gooling: 구글에서 검색 중), 구글리(Googly: 구글 임직원이 구글 문화에 어울리는 그 어떤 것이든 설명할 때 쓰이는 말), 구글러(Googler: 구글에서 일하는 사람, 구글 사용자), 구글리언(Googlian: 구글 콘셉트에서 파생된 모든 것), 구글마니아(Googlemania: 구글 애용자), 구글피디어(Googlepedia: 구글 백과사전), 구글리셔스(Googlicious: '훌륭하다' '멋지다'의 구글식 표현), 구글아키(Googlearchy: 온라인의 승자독식 체제), 구글 스토크(Google stalk: 좋아하는 이성의 관심사를 알아내기 위한 구글 검색), 구글포비아(Googlephobia: 구글 권력이 날로 막강해지는 것에 대한 공포), 구글플렉서티(Googleplexity: 겉보기엔 매우 간단하고 단순하지만, 그걸 가능케 하기 위한 이면의 복잡성), 구글버스(Googleverse: Google과 universe의 합성어로 구글을 중심으로 돌아가는 생태계), 구고미터(Googometer: Google과 barometer의 합성어로 구글이 주식 시가총액을 기준으로 기업의 덩치를 재는 새 기준으로 등장했다는 것).[44]

## "구글은 거대한 광고대리점"

구글은 2002년 9월부터 '구글 뉴스(Google News)' 서비스를 시작했다. 초기에 4천여 언론매체에의 접근을 제공한 '구글 뉴스'는 나중엔 2만5천여 언론매체를 포괄하게 된다.[45] 2003년 2월 구글은 블로거닷컴(blogger.com)의 모회사인 블로그 기술개발 업체 파이라랩스(Pyra Labs)를 인수함으로써 마이크로소프트와 야후를 제치고 블로그 시장을 선점하는 발판을 마련했다. 구글의 블로거닷컴은 2004년 11월 15일 블로거 서비스의 글로벌화를 위한 첫 걸음이라며 9개 언어의 다국어 인터페이스를 출시하는데, 이는 언어적 장벽을 없애려는 '바벨탑의 재건' 시도로 평가된다.[46]

2003년 3월 구글은 애드센스(ADSense)라는 새로운 광고기법을 선보인 뒤 그해 6월 18일 일반에 공개하였다. 블로거나 홈페이지를 운영하는 네티즌이 자신의 사이트에 구글 애드센스 광고를 붙일 경우, 해당 웹사이트를 찾은 방문자가 그 광고를 클릭하면 구글이 광고주로부터 돈을 받아 그 일부를 웹사이트 소유자에게 나눠주는 방식이다.

애드센스는 어느 사이트의 내용에 흥미를 느낀 사용자는 같은 주제를 가진 광고도 동시에 보려 한다는 가정에 근거해 만든 것으로, 블로그 운영자가 애드센스에 접속하면 구글은 그 사이트의 내용을 분석해 그에 알맞은 광고를 내보낸다. 이 원리를 콘텍스트 광고(context advertisement)라고 한다. 스스로 적당한 환경을 찾아가 그 속에 등장하는 광고라는 뜻이다.[47]

애드센스는 발음이 유사한 'Add Cents'에서 가져온 것으로, 이는 사람들이 클릭할 때마다 돈이 들어온다는 의미를 살린 작명이었다. 2004년 초 애드센스 가입자 수는 수십만 명에 이르렀고, 그해 말 하루에 100만 달러를 벌어다 줄 만큼 성장했다.[48] 이는 다품종 소량 생산된 비주류 상품이 대중적인 주류 상품을 밀어내고 시장점유율을 높여 가는 현상을 가리키는 이른바 롱테일(long tail)의 모범적 사례로 거론되었다. 이와 관련, 정지훈은 "흔히 롱테일 현상을 설명할 때 가장 먼저 예를 드는 것이 아마존의 책 판매 현황이지만 구글의 애드센스가 가져온 롱테일 현상이 어찌 보면 더욱 혁명적이라고 할 수 있다"며 다음과 같이 말한다.

"애드센스는 누구라도 쉽게 새로운 광고시장에 진입할 수 있도록 했다. 광고주가 광고 문안을 만든 뒤에 그 광고를 클릭했을 때에만 광고비를 지출하면 되는 '성과급' 형태이기 때문에 광고주가 큰 무리 없이 광고를 하고, 효과를 보면 광고비를 더 지불하면 되는 방식이었기 때문이다. 미디어 입장에서도 영세한 미디어는 광고주를 잡는 것이 거의 불가능한 상황에서, 미디어의 성격에 맞추어 전략만 잘 세운다면 큰 돈을 벌지는 못해도 어느 정도 광고수입을 올리는 것이 가능했다."[49]

애드센스의 최대 문제는 '부정클릭(click fraud)'이었다. 경쟁기업들끼리 상대 기업의 광고비를 고갈시키기 위해 대량으로 클릭을 해대는 수법이 많이 동원되었다.[50] 이에 대해 스코트 클리랜드(Scott Cleland)와 아이라 브로드스키(Ira Brodsky)는 다음과 같이 말한다.

"구글은 누군가 애드센스 광고를 클릭할 때마다 웹사이트 보유자에게 돈을 지급하지만, 구글이 광고주로부터 거두는 돈이 훨씬 크다. 구글이 부정클릭으로 득을 보기 때문에, 일부 사람들은 구글이 부정클릭을 막는 데 진지한 관심이 없다고 느낀다. 광고주들의 부정클릭 탐지를 돕는 일을 전문으로 하는 기업들이 존재한다. 그들 중 하나인 클릭포렌식(Click Forensics)의 2010년 보고에 의하면, 전체 부정 클릭률은 18.6퍼센트였다."[51]

구글이 광고주에겐 단 몇 센트라도 광고비를 월별로 청구하면서 웹사이트 보유자에겐 100달러가 넘어야만 지불하는 방식도 비판의 대상이 되었다.[52]

훗날 프라이버시 보호 및 반反소비주의 운동 단체인 애드버스터즈(Adbusters)는 모든 애드센스 광고를 볼 때마다 모두 클릭하는 식으로 이에 저항해야 한다고 주장한다. 이에 대해 페이지는 미소를 활짝 띄면서 농담처럼 이렇게 말한다. "애드센스 광고를 클릭하면 돈 버는쪽은 결국 우리 아닌가요? 반대운동 때문에 우리가 돈을 번다니, 그거 괜찮은데요."[53]

곧 구글의 수익원은 애드센스와 애드워즈가 되었다. 2006년 구글의 수입 중 58퍼센트를 애드워즈가, 41퍼센트를 애드센스가 차지하게 된다. 이에 대해 일본 저널리스트 사사키 토시나오는 저서 『구글』에서 구글 수익의 99퍼센트가 광고에서 비롯되는 걸 지적하면서 구글은 검색엔진 기업이 아니라 "거대한 광고대리점"이라고 주장했다.[54]

## 지메일 충격과 논란

2004년 4월 1일 구글이 지메일(gmail.com) 서비스를 선보였다. 당시 마이크로소프트와 야후의 웹 기반 이메일 프로그램은 2 메가바이트의 용량만을 제공했고, 그보다 더 큰 용량을 원하는 사람들은 돈을 내고 사야만 했다. 반면 지메일은 구글의 핵심자산인 기술 인프라 구조를 이용해서 1기가바이트 용량의 새로운 무료 이메일 서비스인 지메일(Gmail)의 베타버전을 출시함으로써 이메일계의 판도를 완전히 뒤바꿔 놓았다.

1기가비이트는 1메가바이트의 약 1000배가 되는 용량이니, 사람들이 어찌 놀라지 않을 수 있었으랴. 처음엔 1,000명의 초청 고객들과 이들이 초청하는 사람들만 지메일을 사용할 수 있었으므로 의혹이 증폭되었다. 만우절(4월 1일) 장난은 구글의 전통이었던 바, 믿지 않는 사람들이 많았다. 『슬래시닷(Slashdot)』의 한 독자는 주요 언론이 "역사상 가장 큰 거짓말에 넘어갔다"며 즐거워했고, 영국의 『인콰이어러(Inquirer)』지는 지메일 발표를 "구글이 만우절에 한 실없는 짓"이라고 표현할 정도였다.[55]

구글은 1년 뒤인 2005년 4월 1일 지메일의 용량을 2기가바이트로 확대시켰고, 이어 계속 확대정책을 펴 사람들을 놀라게 만들었다. 지메일 서비스는 '고객 추천에 의한 베타 서비스(invitation-only beta release)'였는데, 이 방식의 홍보는 이른바 '입소문 마케팅'의 대표 사례로 꼽힐 만큼 성공을 거두었다. 구글은 더욱 확대된 2.8기가바이트의 용량을 지원하는 지메일 서비스를 시작할 때에도 직접적인 홍보를 하지 않았다. 대신 일부 파워 유저들에게 지메일 계정을 나눠주고, 계정을 갖고자 하는 사람은 이미 지메일을 사용하는 사람의 초대에 의해서만 개설할 수 있도록 했다. 한정된 공급이 수요를 창출했다. 누리꾼들은 서로를 추천하면서 지메일을 세상에 알렸다.[56]

지메일의 일반 공개는 2007년 2월 7일, 베타 서비스의 업그레이드는 2009년 7월 7일부터 이루어지는데, 처음 3년간 초청받은 사람만 이용할 수 있게 한 것은 지메일의 '권위 효과'를 높여 주었다. 특히 첫 해에 지메일 주소는 기술 커뮤니티에서 엘리트임을 나타내는 표시로 간주되었다.[57]

지메일은 곧 뜨거운 논란을 불러일으켰는데, 논란의 핵심은 프라이버시 침해 문제였다. 지메일은 구글의 애드워즈 기술을 이용해 사용자의 이메일 메시지 옆에 광고를 배치했는데, 광고는 무료 이메일을 얻는 데 대한 대가였다. 다른 업체들도 그렇게 하고 있었지만 지메일의 광고는 지나치게 관련성이 높았다. 예컨대 엄마가 아들에게 애플파이에 관한 메일을 보내면, 아들은 엄마가 보낸 메일 옆에서 애플파이 요리법에 대한 광고를 보게 되었다. 물론 구글의 컴퓨터들이 이메일을 실제로 읽는 건 아니었고, 대신 애드워즈 네트워크와 맞는 광고를 골라내기 위해 단순히 텍스트를 분석하고 있었던 것이지만 그런 차이는 이용자들에겐 무의미한 것이었다.

구글의 내부 작업에 대한 정보 공개에 주력하고 있는 비영리단체인 구글워치의 다니엘 브랜트(Daniel Brandt)와 같은 프라이버시 옹호론자들은 "구글은 당신의 이메일 주소를 알기 때문에 컴퓨터를 식별하기 위해 브라우저가 사용하는 고유 넘버인 당신의 IP 주소를 잠재적으로 당신의 신분과 연결할 수 있다. 이것은 온갖 종류의 프라이버시 악용 가능성을 일으켰다"고 지적했다. 비록 입법화되진 못했지만, 2004년 4월 캘리포니아 주의회 상원의원 리즈 피게로아(Liz Figueroa)는 다음과 같은 이유를 들어 지메일을 금지하는 법안을 제출하기까지 했다. "이메일에 광고를 싣는 행위는 침실에 거대한 광고판을 세워두는 것과 마찬가지입니다. 구글은 이메일에 대한 광고전략을 철회해야 합니다."[58]

이에 대해 모리 켄은 "이러한 시스템이 나쁘다고 지적하려는 것은 아니다. 기업인 이상 어떠한 형식으로든 이윤을 내야 한다. 무료로 서비스를 사용하면서 그 대가가 아무것도 없다는 것은 말이 안 된다."면서도 다음과 같이 말했다.

"하지만 여기서 분명히 짚고 넘어가야 할 게 있다. 구글을 이용하는 이상 모든 정보는 구글에 수납된다는 사실이다. 검색의 대상이 되는 한 인터넷에 글을 쓰는 행위 자체가 구글의 데이터베이스를 한층 강화시키는 행위가 된다. 결국 구글의 웹 데이터는 더욱 증식할 것이고, 키워드에 의한 인덱스로 늘어난다. 인덱스 항목과 웹 데이터가 늘어나면 의뢰인의 광고 표시도 더욱 정밀해지고 일목요연하게 제공될 수 있다. 그 결과 구글의 광고 사업은 더욱 인기를 얻을 것이고, 매출은 신장될 것이다. 다시 말해 구글이 구축한 시스템은 인터넷상에서 누가 무슨 행위를 하면 모두 구글의 이익으로 이어지는 시스템—아키텍처로 되어 있는 것이다. 기가 막힌 시스템이 아닐 수 없다."[59]

김평호는 "지메일이 품고 있는 문제의 핵심은 이처럼 온라인에서 수집된 각종 개인정보가 구글의 메인서버에 저장되면서 '상시적으로 검색될 수 있는 상황(discoverability)', 즉 공개적 개인정보·프라이버시 침해 환경이 사용자에게 편익을 제공한다는 명분으로 조성되고 있다는 것"이라고 했다.[60] 그러나 이런 문제에도 불구하고 지메일 사용자는 계속 늘어나 2012년 6월 전 세계 사용자는 4억 2,500만 명에 이르게 된다. 제공 용량도 10기가바이트로 늘어난다.[61]

사용자들의 지메일의 문제를 외면한 이유에 대해 스티븐 레비(Steven Levy)는 이렇게 말한다. "아이러니칼하게도 지메일 프라이버시 문제가 불거질수록 지메일 계정을 얻으려는 열광도 더 커졌다. 지메일에 대한 수요는 거대했다. …… 확실히 사람들은 대용량을 좋아하고 광속도로 메일을 검색하고 싶어했다. 쓸데없는 광고가 가끔 붙는 것쯤은 상관없는 일이었다."[62]

지메일이 나오고 얼마 후 빌 게이츠가 『뉴스위크』 편집국을 방문해 기자들과 지메일에 대해 이야기를 나눴는데, 이에 대해 당시 『뉴스위크』 기자였던 레비는 이렇게 말한다. "편집장과 나는 게이츠에게 『뉴스위크』 전산팀에서 메일 용량을 거의 안 주는 바람에 우리 모두 지메일을 사용한다고 말했다. 그래야 뭘 지울지 고민할 시간을 줄일 수 있기 때문이다. 무조건 지메일로 전달하다보니 우리 둘 다 몇 개월 안돼서 지메일의 2기가바이트 중 절반 이상이 찼음을 알았다.(그때 구글은 처음의 1기가바이트 용량에서 2기가바이트로 용량을 높인 상태였다.) 게이츠는 놀란 기색이었다. 상처입은 듯한 표정이기도 했다. '어떻게 1기가비이트 이상이 필요하실 수 있나요? 영화라도 집어 넣으시나요? 파워포인트 프리젠테이션 파일이라도?' '아뇨. 메일이 좀 많을 뿐이에요.' 게이츠는 연거푸 질문했다……"

이어 레비는 "이 이야기는 무엇을 시사할까? 게이츠의 지메일에 대한 비판은 이메일을 하나 하나 저장하는 것이 낭비라는 생각에서 나왔다. 최신기술 회사를 운영하고 있음에도 게이츠의 정신세계는 뭔가를 저장하려면 자기가 저장 용기를 갖고 있어야 한다는 전통적인 패러다임에 갇혀 있었다."며 다음과 같이 말한다.

"그는 자원을 극도로 아껴야 하는 시기에 첫 번째 프로그램을 작성했고, 마이크로소프트의 웹기반 이메일 서비스는 당시 상황을 반영하고 있었다. 그렇지만 구글의 젊은이들은 그런 정신적인 장벽을 갖지 않았다. 구글이 처음 회사를 시작했을 때부터 그들은 거대한 숫자만을 생각해왔다. 기억하시라. 구글이라는 이름 자체가 100만 단위를 가리키는 단어에서 따 왔다는 사실을 말이다!"[63]

## 구글의 기업공개와 '구글 북스'

2004년 8월 19일 구글은 나스닥에 상장했다. 상장 후 구글 주가는 하늘 높은 줄 모르고 상승했다. 기업공개로 구글은 16억 7,000만 달러를 마련했고 주가총액은 230억 달러가 되었다. 페이지와 브린이 27세의 나이에 어마어마한 갑부가 되었고, 자사주를 가진 수많은 구글 직원들이 백만장자가 되었다. 당시 주당 85달러에 첫 거래된 구글의 주가는 2007년 10월 31일에 무려 700달러를 돌파하기도 한다.[64] 기업 공개 한 달 전 페이지·브린은 슈미트와 한가지 약속을 했는데, 그건 슈미트가 향후 20년간 구글에서 같이 일한다는 것이었다. 20년 후인 2024년이면 슈미트는 69세, 페이지와 브린은 51세가 된다.[65]

이제 어마어마한 억만장자가 된 페이지와 브린은 2005년 보잉 767-200 와이드보디형 제트여객기를 자가용 비행기로 구입했다. 그들은 원래 승객 200명을 수용하는 여객기를 자신들의 입맛에 맞게 두 개의 특별실과 거실 겸 식사공간, 널찍한 갤러리, 50명이 앉을 수 있는 좌석을 갖춘 파티용 여객기로 개조했다. 이들은 구글 본사와 가까운 거리인 모펫(Moffet) 기지에 비행기를 세워두는 대가로 NASA에 매년 130만 달러를 지급하기로 했는데, 이는 부근의 샌프란시스코나 산호세 국제공항에 세워두는 것보다 4배나 비싼 요금이었다.[66]

2004년 가을 페이지와 브린은 세계 출판업계의 가장 큰 연례행사인 프랑크푸르트 도서박람회에서 구글 프린트 프로그램(나중에 '구글 북서치'를 거쳐 '구글 북스'로 바뀜)을 공식적으로 발표했다. 구글이 이미 2002년부터 시작한 도서 디지털화 프로젝트였다. 이 프로젝트는 8억 달러로 추정되는 비용을 들여 10년 동안 3,300만 권의 도서를 스캔하는 작업이었다.(책에 대한 정의를 좀 더 넓게 잡은 뒤, 구글은 2010년 8월 세상의 모든 언어

로 이뤄진 책의 수를 129,864,880권으로 계산했다.)[67]

구글은 이 프로젝트를 '인류에게 주는 위대한 선물'이라고 표현했다. 한 구글 직원은 "구글 도서 프로젝트의 의미는 인류의 달 착륙에 버금간다"고 주장했다.[68] 그러나 정반대로 생각하는 사람들도 많았다. 프랑스 국립도서관장 장 노엘 자네(Jean-Noel Jeanneney)는 『르 몽드(Le Monde)』(2005년 1월 23일)에 기고한 〈구글이 유럽대륙을 침략할 때〉라는 제목의 칼럼에서 구글의 그런 시도는 프랑스 문화를 위협하는 동시에 전 세계적으로 미국 대중문화의 영향력을 확장하는 행위이며, 미국은 앞으로 정신적인 독재자로 군림하며 영향력을 발휘하게 될 것이라고 경고했다. 이어 3월 16일 프랑스 대통령 시라크는 프랑스 국립도서관의 주도 아래 여러 유럽 국가의 도서관들이 서로 협력해 디지털 도서관을 세워 구글에 맞서기로 결정했다.[69]

구글 프린트 프로그램에 대한 반발은 미국내에서도 터져 나왔다. 2005년 9월 20일 8,000여 명의 작가들을 대변하는 미국작가협회(The Authors Guild)가 구글에 대해 '광범위한 저작권 위반'이라며 집단소송을 제기하자, 구글은 자신들의 프로젝트는 책의 아주 작은 일부(snippets)만을 보여줄 뿐이라며, 이는 저작권법의 예외조항인 '공정 이용의 원칙'(the doctrine of fair use)에 따른 것이라고 주장했다. '공정이용의 원칙'은 저작권자의 권리와 공익 사이의 균형을 꾀하고 비판, 논평, 뉴스, 교육, 연구 등과 같은 활동을 자유롭게 할 수 있도록 보장하기 위한 것이다.[70] 슈미트는 『월스트리트저널』(2005년 10월 18일)에 기고한 글에서 다음과 같이 주장했다.

"이전에는 접근할 수 없었던 수천만 권의 책을 방대한 목록 속에 포함시켜 이 목록에 포함된 모든 글들을 부유하건 가난하건, 도시에 살건 시골에 살건, 선진국에 살건 제3세계에 살건, 어떤 언어를 사용하고 있건 상관없이, 누구라도, 게다가 물론 완전히 무료로 검색할 수 있게 되는 문화적인 영향력을 상상해보라."[71]

아름다운 비전이지만, 그렇다고 저작권 문제가 저절로 해결되는 건 아니었다. 이 프로젝트는 이후 저작권 문제로 끊임없는 논란과 갈등을 빚게 된다. 미리 이야기하자면, 구글은 2008년 10월 28일 미국 출판업계와 합의를 보게 된다. 구글은 예전의 저작권법 위반 건을 합의하는 대가로 1억 2,500만 달러를 지불하여 출판사와 저자의 법률 비용을 변상하고, 출판사와 저자가 자신의 책을 사용하도록 인가하고 온라인에서 활용되는 데 따른 사용료를 받는 시스템을 만들기로 했다. 구글북서치가 그간 스캔을 마친 책은 700만 권에 이르렀는데, 책을 실어나르고 스캔하는 담당 직원만 해도 수백 명이었다.[72]

그러나 그 합의로 모든 문제가 다 해결된 건 아니었다. 니콜라스 카(Nicholas Carr)는 "이 합의 내용은 또 다른 측면에서 더욱 맹렬한 반발을 불러일으켰다. 이 조항들은 저작권 소유자가 알려지지 않거나 찾을 수 없는 수백만 권에 이르는 소위 고아 서적(orphan book)의 디지털 버전들에 대한 독점권을 구글에 부여하는 듯 보였다."며 다음과 같이 말한다.

"미국 도서관연합은 소장에서 구글이 '이윤을 극대화하기 위해 열람료를 많은 도서관이 감당할 수 없는 수준으로 높일 것'이라 경고했다. 미국 법무부와 저작권청도 모두 이 거래가 구글에게 디지털 서적과 관련한 미래 시장에 대한 너무 많은 권한을 부여한다며 비판하고 있다. 다른 비판가들 역시 같은 맥락이긴 하지만 보다 보편적인 우려를 표하고 있다. 즉 디지털 정보에 대한 상업적인 통제는 필연적으로 지식의 흐름에 제약을 가져올 것이라는 점이다. 이들은 구글이 보여준 이타적인 미사여구에도 불구하고 구글의 동기에 대해 의심의 눈초리를 보내고 있다."[73]

전미 저널리스트, 저자 협회, 작가 협회, 마이크로소프트 등도 거세게 반대하고 나섰다. 이런 반대에 상당한 충격을 받은 페이지는 "이런 식으로 싸움을 벌인다면 그건 인류에 대한 희롱일 뿐이다"고 주장했다. 브린은 『뉴욕타임스』(2009년 10월 8일)에 기고한 칼럼에서 이 합의가 전 세계 지식의 보존에 있어서 필수불가결하다고 주장했다. "절판된 책에 대해 스캔을 반대하고 있는 기업들은 절판된 책에 대해 아무것도 해주지 못하면서 그저 반대할 뿐입니다."[74]

## "구글은 '악의 제국'"

기업공개로 막강한 자금력을 갖춘 구글은 굶주린 사자처럼 다른 기업들을 사들이기 시작했다. 구글이 2004~2005년에 인수한 회사만 해도 15개에 이르렀는데, 이 가운데 주목할 만한 것은 '지도'와 '모바일'이었다. 2004년 10월 구글은 비디오게임의 가상환경처럼 지구의 지표면을 위성사진으로 표현해주는 웹 서비스 회사인 키홀(Keyhole)을 인수했다.[75] 2005년 7월 처음 선보인 구글의 인터넷 지도 서비스인 구글 지도(Google Maps)는 단순히 길과 지형뿐 아니라 정밀한 항공·위성사진, 심지어 바닷속 사진까지도 확인할 수 있는 서비스를 제공했다.[76]

2005년 8월 17일 구글은 모바일 소프트웨어업체인 안드로이드(Android)를 인수했으며, 이어 8월말 인터넷 전화 겸 메신저 서비스인 구글 토크(Google Talk)를 출시했다. 이는 곧 구글이 정식으로 통신시장에 진출하면서 기존의 통신업체들에게 도전장을 내던졌음을 의미하는 것이었다.[77]

구글의 안드로이드 인수는 구글 상층부의 권력관계를 보여준 사건이기도 했다. 슈미트는 그간 여러 번에 걸쳐 구글 휴대전화가 나오지 않으리라고 공개적으로 천명했기 때문이다.[78] 페이지는 구글의 미래가 모바일에 달려있다고 생각했지만, 슈미트는 모바일에 미온적이었다. 그런 이유로 페이지는 슈미트에게는 일언반구의 상의도 없이 브린과 함께 안드로이드를 인수해버린 것이다.[79]

2005년 8월 24일 미국『뉴욕타임스』는 구글이 거대한 자본과 기술력을 앞세워 경쟁업체를 고사시키는 전략을 구사해 과거 마이크로소프트가 독차지해 온 '악의 제국(Evil Empire)'이라는 악명을 넘겨 받았다고 보도했다. 구글은 막강한 현금 동원력을 무기로 인재들을 싹쓸이해가는 바람에 기술직 임금을 25~50퍼센트 뛰게 만들어 프로그래머 연봉을 15만 달러(약 1억 5,000만 원) 선으로 높였고, 지난해 하반기 실리콘밸리에 들어온 벤처자금의 25퍼센트를 차지했다는 것이다.

네트워크업체인 '링키드인'의 창업자 리드 호프만은 "구글은 마이크로소프트사가 실리콘 밸리의 혁신 정신에 악영향을 끼쳤던 것보다도 더 큰 폐해를 끼치고 있다"며, "신규사업자들이 흥미있는 새 사업에 도전하는 것이 더 어려워졌다"고 구글을 비난했다. 인터넷 검색엔진 '익사이트' 설립자 존 크라우스는 "과거 IBM이 '부드러운 거인'이고 MS가 '무자비한 거인'이었다면 지금은 MS가 '부드러운 거인'이 된 반면 구글이 '무자비한 거인'으로 부상했다"고 말했다.[80]

구글은 그간 마이크로소프트가 따라오는 길목마다 막고 서서 도전했을 뿐만 아니라 워싱턴주 레드몬드의 마이크로소프트 본사에서 그리 떨어지지 않은 곳에 인력채용 사무실을 차려놓고 마이크로소프트의 재능 있는 인력을 빼내갔으니, 마이크로소프트로선 미치고 팔딱 뛸 만한 일이 아닐 수 없었다.[81]

결국 마이크로소프트의 발머의 핏대가 폭발하고 말았다. 그의 입에서 "죽여버리겠어!"라는 말까지 튀어나온 것이다. 2005년 9월 5일 영국

일간『타임스』는 이 발언은 전직 MS 연구 담당 부사장을 지낸 리카이푸(Kai-Fu Lee, 1961~)가 구글로 옮기면서 불거진 양측 간 소송 및 비난전 와중에서 나왔다고 보도했다. 리카이푸는 2005년 7월 마이크로소프트를 사직한 뒤 신설되는 구글의 연구개발센터 책임자로 옮겨갔다.

워싱턴 법원 기록에 따르면 발머는 2004년 11월 당시 MS 엔지니어였던 마크 루코프스키(Mark Lucovsky)가 구글로 가게 됐다며 사직 의사를 밝히자 갑자기 의자를 집어던지며 욕을 해댔다. 에릭 슈미트(Eric Schmidt) 구글 최고경영자에 대해서는 '4글자짜리 욕설'을 섞어가며 "그 놈을 매장시키겠어. 전에 한 번 그래 주었는데. 이제 다시 매장시키고야 말겠어. 내가 그 놈의 구글을 죽여버리겠어"라며 고래고래 소리를 질렀다. 발머는 이런 사실이 알려지자 "루코프스키가 떠나겠다는 것을 만류하기는 했지만 욕설 얘기는 과장된 것"이라고 주장했다.[82]

구글에게 '악의 제국'이라는 딱지가 붙기 시작했기 때문이었을까? 2005년 9월 구글은 월드와이드웹의 선구자인 빈트 서프(Vint Cerf, 1943~)를 부사장 겸 수석 인터넷 전도사(Chief Internet Evangelist)로 영입하는 쾌거를 올렸다. 국방부 산하 국방첨단연구계획청(DARPA: Defense Advanced Research Project Agency)에서 일하며 인터넷 보안기술을 개발했던 서프는 '인터넷의 아버지'로 불리는 거물이었다. 서프는 구글에서 월드와이드웹이 사회에 미칠 영향을 예측하는 미래학자의 역할을 함으로써 구글에 선한 이미지의 후광효과를 부여하는 역할을 수행했다.[83]

다른 구글 직원들도 구글을 해명하는 데에 적극 나섰다. 구글의 첫 번째 여성 엔지니어이자 20번째 사원인 마리사 메이어(Marissa Mayer)는 2005년 기자들에게 '몬테소리 이론'을 제시했다. 페이지와 브린은 유대인이며 학자 집안에서 태어났다는 것 외에도 한가지 유별난 공통점이 있었으니, 그건 바로 어린 시절 이탈리아 의사 마리아 몬테소리(Maria Montessori, 1870~1952)가 1920년대에 개발한 몬테소리 교육을 받았다는 점이다. 몬테소리는 이렇게 주장했다.

"아이의 영혼에는 알려져 있지 않지만 반드시 알아야 할 부분이 있다. 황금을 찾아 낯선 땅에서 온 산을 헤치는 탐험가들처럼, 우리도 희생적이고 열성적으로 아이들 속에 숨겨진 황금을 찾아야 한다 …… 우리는 아이들이 순종적이고 매사에 무관심하기를 원치 않는다. 우리는 아이들이 정서적으로 성장하는 것을 돕고 싶다. 따라서 아이들이 작게 생각하기보다는 크게 생각하도록 도와야 한다. 그래서 아이들이 단지 큰 생각을 받아들이는 것을 넘어 더 많이 요구하게 해야 한다."[84]

메이어는 "페이지와 브린이 몬테소리 유치원 출신이라는 사실을 모르시는 한, 여러분은 구글을 이해할 수 없어요"라면서 이렇게 말했다. "그들의 성격에는 몬테소리식 교육이 반영되어 있죠. 질문을 하려면 그들의 방식대로 해야 해요. 권위를 존중하지 않아요. 누가 시켜서가 아니라, 합리적이어야 뭔가를 합니다. 몬테소리에서는 뭔가 표현하고 싶은 바가 있으면 그림을 그리거나 직접 표현해야 합니다. 절대 선생님이 시키지 않습니다. 페이지와 브린도 늘 '왜 그래야 하느냐?'고 묻죠. 그들 두뇌가 그렇게 프로그래밍되어 있어요."[85]

## 프라이버시의 실종

구글이 과연 '악의 제국'인지는 확실치 않지만, 구글의 검색 권력은 좋은 의미에서건 나쁜 의미에서건 세상을 혼란스럽게 만든 건 분명했다. 구글의 검색 권력은 날이 갈수록 강해질 뿐만 아니라 넓어지고 있었다. 구굴은 2005년 1월 구글 비디오(Google Video) 서비스를 출시해 여러 방송 채널의 텔레비전 프로그램 속의 제목이나 문자를 검색할 수 있게 했으며, 2005년 4월엔 모바일 로컬(Google Local for Mobile) 서비스를 출시해 휴대폰으로 사용자들이 네비게이션 서비스뿐 아니라 가장 가까운 곳에 위치한 지역정보를 제공받을 수 있게 했다.

존 바텔(John Battelle)은 『검색으로 세상을 바꾼 구글 스토리』(2005)에서 "앞으로 모든 마케팅은 검색순위 상단을 차지하려는 경쟁으로 변할지도 모른다"고 전망했다.[86] 이 책의 한국어판 추천사에서 전병국은 이렇게 말했다. "이제 온세상이 검색으로 모여들고 있다. 지구상 어딘가에서 큰 사건이 터지면 수백 수천만의 사람들이 엄지손가락 크기밖에 안되는 검색창 앞에 모여 정보에 대한 갈증을 해소한다.…하늘에서는 인공위성이 연결되고, 땅에서는 책과 도서관이 검색과 손을 잡는다. 정말 편리하고 놀랍다. 하지만 역시 두렵다. 검색되지 않는 세계는 이제 존재하지 않는 세계로 전락하고 있는 것이다."[87]

키워드로 검색을 하는 검색엔진은 아무래도 키워드에 끌려갈 수밖에 없고, 키워드에 걸리지 않는 정보는 나오지 않는다. 그래서 '정보의 단절화'가 일어난다. 이에 대해 슈미트는 "미래의 검색엔진은 키워드로 검색하는 것이 아니라 라이프로그 방식으로 움직일 것이므로 단절화는 일어나지 않을 것"이라고 주장했다. 라이프로그(lifelog)는 '생활행동기록'인데, 이용자의 행동 기록을 수집해 거기서 이용자들이 무엇을 원하고 있는지를 추출하고 적합한 정보를 제공하는 것이 라이프로그 광고다. 이용자가 명시적으로 입력한 정보가 아니라 어떤 버튼을 클릭했는가 등의 암묵적 데이터를 집약하는 웹사이트를 가리켜 '암묵적 웹(Implicit Web)'이라는 말도 쓰이는데, 이게 바로 라이프로그를 기반으로 하는 웹이다.[88]

2006년 슈미트는 '구글과 언론이 만나는 날'이라는 이벤트에서 구글의 5년 계획을 내놓았다. "'어느 대학에 가면 좋을까?' 하는 질문에 구글이 최소한이라도 대답을 줄 수 있기까지는 몇 년이 더 걸릴 것이다. 그러나 구글의 최종적인 목표는 더 추상적인 질문에 대답을 주는 것이다."[89]

다 좋은 일이긴 한데, 문제는 프라이버시의 침해를 넘어선 프라이버시의 실종이었다. 바텔은 "미국 사회는 대중의 알 권리라는 다소 소름끼치는 개념 위에 세워진 곳이다. 그래서 미국 정부는 공개적으로 운영되도록 되어 있다. 법원도 마찬가지이다. 재판관이 공개불가 판결을 내리지 않는 한, 이혼, 살인, 중죄, 경범죄, 주차위반 딱지 등 모든 것이 대중에게 공개된다."며 다음과 같이 말했다.

"하지만 누군가에 대한 정보를 알아내는 것이 구글에 그의 이름을 입력하는 것과 같이 간단하다면 과연 어떤 일이 일어날까?…이제는 온라인으로 볼 수 있는 초등학교 2학년 때 통신문에 적혀 있던 이야기에서부터 당신이 차버린 옛 애인의 분노에 이르기까지 당신에 대한 모든 것들이 공개적으로 당신의 이름을 영원히 따라다닌다면 과연 어떻게 될까? 사회적 차원에서 우리가 디지털 검색을 금지하는 법안이라도 만들어서 어떤 것은 공개되어도 되고, 어떤 정보가 종이에 쓰여져 곰팡내 나는 서류창고에 보관되어야 하는지 분명한 경계를 그어야 하는 것은 아닐까?…검색으로 인해 우리는 민주주의가 맞닥뜨릴 수 있는 가장 중요하고 어려운 문제 가운데 하나와 맞서게 되었다. 그 문제란 바로 개인의 프라이버시 보호 권리와 기업이나 정부 혹은 다른 개인이 될 수도 있는 누군가의 알 권리 사이에 균형을 잡는 일이다."[90]

그러나 그런 걱정조차 하지 않고, 오히려 그런 세상을 긍정하거나 담담하게 보는 이들도 있었다. 토머스 프리드먼(Thomas L. Friedman)은 『세계는 평평하다』(2005)에서 "정직하게 살아야 한다. 왜냐하면 당신이 무엇을 하는지, 무슨 잘못을 저지르는지 모든 것이 검색되는 날이 언젠가 올 것이기 때문이다."고 했다.[91] 좋은 뜻으로 한 말이겠지만, 너무 가혹한 건 아닌가?

## 구글의 유튜브 인수

2006년 7월 20일 구글이 전년 동기보다 110퍼센트 증가한 7억 2,110만 달러의 2분기 순이익을 발표하자, 구글이 야후를 완전히 제압했다는 분석이 쏟아졌다. 전년 2분기보다 78퍼센트 준 1억 8,400만 달러의 순이익을 올린 야후의 주가는 7월 21.8퍼센트나 빠졌다. 새 검색 엔진 출시를 미룬 데 대한 실망감까지 더해져 삽시간에 10조 원 가량을 허공에 날린 셈이 되었다. 인터넷 시장조사업체 컴스코어는 구글이 6월에 44.7퍼센트로 11개월 연속 검색점유율 1위를 차지했다고 밝혔다. 야후는 28.5퍼센트, 엠에스엔(MSN)은 12.8퍼센트에 그쳤다. 구글 매출의 99퍼센트를 차지하는 온라인광고를 뒷받침하는 검색에서의 선두 질주가 업계 판도에 그대로 반영된 것이다.

이와 관련, 이본영은 "하지만 찬찬히 들여다 보면, '구글은 하는 일마다 되는 게 없다'는 역설적 평가도 가능하다. 구글이 새 서비스와 제품을 내놓을 때마다 애널리스트들과 언론은 법석을 떨지만, 훗날 감감무소식인 경우가 허다하다. 2004년 경쟁업체들보다 500배 많은 저장공간을 자랑하며 출시한 '지메일'은 8.7퍼센트, 지난해 내놓은 인스턴트메신저 '구글 토크'는 1퍼센트의 점유율에 그친다. 한국의 '싸이월드'와 비슷한 개념인 '오르커트'는 27만 9,000여 명의 이용자를 확보해, '마이스페이스'의 5,200만 명과 비교 자체가 어색하다."며 다음과 같이 말했다.

"뛰어난 성능을 자랑하는 검색을 빼면 구글은 이메일, 뉴스, 금융 등 대부분의 서비스에서 야후나 아메리칸온라인(AOL) 등한테 낯을 들 수 없을 정도다. 왕년의 업계 황제 야후가 검색부문의 고전에도 불구하고 '종합 1위'를 고수하는 이유다. '구글 뉴스'와 '구글 맵'이 각각 3위에 올라 그나마 체면치레를 해주고 있다. 그렇다고 구글이 이런 부문에 소홀하지는 않다. 예산의 10퍼센트를 '실험'에 쓴다는 원칙은 흔들리지 않고, 관료주의적 성향에 젖었다는 야후에 견줘 '혁신 정신'이 살아있다는 평을 듣는다. 서비스 개선과 확대를 위해 큰 돈을 들여 업체 인수에도 나서고 있다. 거듭되는 졸작 양산은 일단 저지르고 보는 사업 방식과 관련이 있다."[92]

일단 저지르고 보는 사업 방식은 공동창업자 세르게이 브린이 2006년 5월 기자회견에서 "사실 당신들은 (실험용) 기니피그"라고 말한 데에서 적나라하게 드러났다. 여러 서비스와 제품 중 미완성작을 다듬고 성공작을 추리는 데 소비자들을 이용하겠다는 것이다. 『뉴욕타임스』는 속도와 단출함을 추구하는 구글의 방식과 통합성과 완벽을 지향하는 야후의 특징이 모두 위험을 내포하고 있다며, 양 쪽이 상대방의 방식을 차용해 가고 있다고 분석했다.[93]

그러나 대세는 구글 쪽으로 기울고 있었다. '구글'이라는 단어는 2006년 '인터넷에서 정보를 검색하다'라는 뜻으로 『미리암 웹스터 사전(Merriam Webster Collegiate Dictionary)』과 『옥스포드 영어사전(Oxford English Dictionary)』에 등재된 것이 그런 대세를 말해주고 있었다. 2006년 5월 자신의 소설 『제이팟(JPod)』에서 구글을 신神에 비유한 소설가 더글러스 커플랜드(Douglas Coupland)는 『타임』(2006년 5월 16일) 인터뷰에서 "구글은 신인가?"라는 질문에 이렇게 답했다. "구글 자체가 신은 아니지만, 오랫동안 구글에 접속해 검색을 하고 나면 마치 구글이 신처럼 느껴진다. 갑자기 모든 것에 대한 해답을 알게 되는 것이다. 신이라면 이처럼 모든 것을 알 게 아닌가."[94]

2006년 10월 구글은 16억 5,000만 달러(1조 5,800억 원)로 유튜브를 인수함으로써 대세 굳히기에 들어갔다.[95] 이와 관련, 성민규는 "인터넷 검색을 넘어서 이미 이메일, 이미지, 비디오, 번역, 블로그, 전자책 등 인터넷 산업의 전반적 영역으로 사업을 확장하여 그 중심에 서 있는 구글은 인터넷 세계의 제국을 꿈꾼다. 속도, 효율성 그리고 인터넷 활동의 통합성 등을 통해 구글은 인터넷의 새로운 비즈니스 모델을 끊임없이 창출해 오고 있다."며 다음과 같이 말했다.

"하지만 한편으로 세계화가 다수의 지역성이 다양한 교차의 영역들을 구성함으로써 만들어지는 이질적인 틈새들도 담아내는 물질적인 사회구성 과정인 것처럼, 이상적인 인터넷 비즈니스 모델 구축의 표현으로서 구글라이제이션(googlization) 역시 다른 한편으로는 다양한 사회적 도전을 통해서 끊임없이 재구성되는 사회문화적 영역들을 만들어내기도 한다. 요컨대, 디지털 문화의 구글라이제이션은 인터넷의 문화와 경제에서 단순히 전체주의적 획일성을 그려내는 것이라기보다는 다양한 참여적 형태가 발굴되고 비즈니스 모델화되면서 궁극적으로는 사회적 도전을 통해 재구성되는 인터넷의 정치경제를 위한 표현이라고 할 수 있다."[96]

2006년 12월 18일 경제 주간 『비즈니스위크』는 슈미트가 5년 전 적자 상태의 '벤처 기업' 구글의 CEO로 영입돼 1,500억 달러의 초대형기업으로 키웠다며, 그를 '올해의 CEO'로 뽑았다. 슈미트는 "선도 회사에서 파멸의 씨앗은 내부에 있다"며 향후 모바일 기술과 좀 더 많은 제휴에 돈을 쓰겠다고 밝혔다.[97]

2006년 말 구글의 수입은 100억 달러에 달해 월가의 예측을 1년 앞서갔고, 35억 달러 수익을 거두어 수익률은 30퍼센트에 달했다. 아마존의 수익률이 2퍼센트, 월마트가 4퍼센트 정도임을 감안할 때, 이는 놀라운 기록이었다. 그것은 곧 엔지니어링의 힘이기도 했다. 2006년 말 구글의

정직원 1만674명 가운데 절반이 엔지니어였다.[98]

엔지니어링 중심 문화는 구글의 명암明暗, 즉 강점이자 약점이기도 했다. 무엇보다도 소통을 수학으로만 이해하는, 사실상 '소통 없는 문화'가 가장 큰 문제가 된다. 구글 디자이너였던 더글러스 보먼(Douglas Bowman)은 2009년 초 구글을 떠나면서 블로그에 이런 말을 남겼다. "회사에 엔지니어가 가득하면, 문제를 해결할 때 엔지니어링에만 의지하게 된다. …… 결정 하나하나를 단순한 논리 문제로 축소하라고 밀어붙였다. 주관성을 모두 배제하고 데이터를 보라"며.

보먼의 말을 소개한 켄 올레타(Ken Auletta)는 "애플과는 달리, 구글은 취향이나 고상함보다는 '기능성'에 집중했다"며 다음과 같이 말한다. "엔지니어치고 소통에 능한 사람은 드물다. 구글 문화는 본능이나 인식이나 의견이 아니라, 과학과 데이터와 사실을 믿는 마음에 지배된다. 이것은 홍보를 경멸하는 태도로 받아들여질뿐 아니라, 오만한 느낌까지 풍긴다."[99]

구글 사용자들도 그런 엔지니어링 중심 문화로부터 자유로울 수는 없게 된다. 시바 바이드히아나탄(Siva Vaidhyanathan)은 『모든 것의 구글화(The Googlization of Everything: And Why We Should Worry)』(2011)에서 구글 사용자들의 기술 맹신 경향은 위험하다며, 이를 '기술 근본주의(techno-fundamentalism)' 이데올로기라고 불렀다.[100]

## "구글은 이제 박해자의 협력자가 됐다"

구글에겐 "악하게 굴지 말라"는 사훈과 충돌하는 그늘도 있었으니, 그 대표적인 사건이 중국정부의 검열 압력에 굴복한 것이다. 구글은 2002년 구글 중국어 버전을 출시한데 이어, 2004년 중국판 구글 뉴스의 서비스를 개시했는데, 중국 정부는 사용자들이 '티베트 해방'이니 '천안문 사태' 같은 검색을 할 수 없게 하라고 구글에 압력을 넣었다. 이 압력에 굴복한 구글은 2006년 1월 독립된 검색사이트 Google.cn을 만들어 정치적 내용이 제거된 검색을 제공하기에 이르렀다.[101] 『뉴욕타임스』는 Google.cn에서 진실을 찾으려는 사람들에 대해 다음과 같이 묘사했다.

"'파룬궁'에 대해 검색하면 반 파룬궁 사이트만이 첫 번째 사이트 결과로 뜬다. 사진 검색용으로 흔히 쓰이는 구글의 이미지 검색엔진 또한 비슷한 결과를 내준다. '천안문 광장'을 검색하면 시위와 진압에 관련된 상징적인 사진 다수가 생략돼서 나온다. 그 대신 검색 결과는 천안문 광장에 대한 관광용 사진과 광장에서 사진을 찍으며 즐거워하는 중국인들이 나온다."[102]

야후와 마이크로소프트도 중국정부의 검열 정책에 협력했기에 구글이 특별히 더 욕을 먹어야 할 이유는 없었지만, 문제는 "악하게 굴지 말라"는 슬로건이었다. 구글 비판자들은 구글의 사악함이 한층 커졌다고 비난했다. 뉴저지주 하원의원 크리스토퍼 스미스(Christopher Smith)는 구글을 이렇게 비난했다. "'악하게 굴지 말라'가 기업철학인 구글이 돈을 벌겠다고 중국의 검열정책과 협력하는 악을 저지르고 있다니 매우 놀라운 일이다. 사실을 말했다고 해서 투옥과 고문을 당하고 있는 수많은 중국인에게 구글은 이제 박해자의 협력자가 됐다."[103]

『마더 존스(Mother Jones)』 2006년 11~12월호는 "구글이 항상 올바른 일을 할 것이냐의 문제가 아니다—예전에도 그런 적이 없고 앞으로도 그렇지 않을테니까."라면서 이렇게 말했다. "지칠 줄 모르고 개인정보를 탐내는 구글이야말로 역사상 가장 프라이버시에 위협적인 존재가 되었다. 이 커다란 정보 꿀단지를 노리는 것은 해커나 크래커, 온라인 도둑만이 아니다. 오히려 국민들을 염탐할 수 있는 편리한 방법을 찾는 정부의 손에 들어가는 상황이 더 우려된다."[104]

2007년 2월 ZDNet의 칼럼니스트 래리 디그넌(Larry Dignan)은 "구글을 믿고 데이터를 맡길 것인가"라는 질문에 "아니오"라고 답했다. 사업가로서 그는 구글이 한 회사의 데이터를 잃어버리면 그 사고를 심각하게 받아들이지 않으리라고 생각했다. 왜냐하면 구글은 사용료 이상의 손실은 면책이라고 주장했기 때문이다. 이것은 서비스가 무료로 제공되면 책임이 없다는 말과 같은 것이다.[105]

2007년 4월 슈미트는 『비즈니스 위크』와의 인터뷰에서 "구글이 웹 상에서 사람들의 움직임에 대해 지나친 영향력을 가진 것이 아니냐"는 질문을 받고 이렇게 답했다. "구글이 지나친 영향력을 가졌다고 말하는 건 사용자들이 결국 잘못된 선택을 하고 있다는 뜻이가요?" 이에 대해 스코트 클리랜드(Scott Cleland)와 아이라 브로드스키(Ira Brodsky)는 다음과 같이 말한다.

"슈미트의 반응은 책임을 전가하는 구글 전술의 전형을 보여준다. 구글이 지나치게 강력하다니, 사용자들이 부끄러운 줄 알아라. 슈미트는 구글이 지나친 영향력을 가질 수 있다는 점을 부인할 뿐만 아니라, 구글의 투명성 부족으로 인해 대부분 사용자들의 입장에서 구글이 얼마나 많은 권력을 축적했는지 알 수 없다는 점을 인정하지 않는다."[106]

사실 구글은 투명성이 부족한 정도가 아니라 거의 편집증적으로 기밀에 집착하는 기업이었으며, 이는 곧 페이지와 브린의 특성이기도 했다. 2007년 5월 브린은 어머니의 소원대로 '참한 유대인 색시'와 은밀하게 바하마 제도에서 결혼식을 올렸는데, 이 결혼과 관련해 기자들 사이에서 회자되는 농담거리가 생겨났다. 『샌프란시스코 크로니클』이 구글측에 브린의 결혼식을 보도하겠다고 통보했을 때, 구글은 이 신문사의 전무이사인 필 브론슈타인(Phil Bronstein)에게 "그렇게 하면 구글과의 관계가 손상될 수도 있다"고 경고했다. 그러자 필은 이렇게 대꾸했다고 한다. "관계? 무슨 관계요?"[107]

브린의 신부는 창업 당시 차고를 빌려준 수전 보이치키의 여동생인 앤 보이치키(Anne Wojcicki)였다. 수전 보이치키는 구글에 마케팅 전문가로 취직해 최고위 임원까지 되었고 그녀의 남편인 데니스 트로퍼(Dennis Troper)도 구글의 운영 이사가 되었으니, 이 자매야말로 구글 신화의 최대 수혜자였다. 브린에 질세라 페이지도 그해 12월 오랜 여자친구 루신다 사우스워스(Lucinda Southworth)와 카리브해 휴양지인 네커아일랜드에서 결혼식을 올렸다.

## '구글의 10가지 황금률'

2007년 5월 30일 슈미트는 서울 광진구 광장동 쉐라톤그랜드워커힐호텔에서 열린 서울디지털포럼에서 특별 연설을 통해 "구글은 검색의 개인화에 대한 개발을 추진하고 있으며 한국 시장 진출을 확대하겠다"며 "구글의 미션은 세계에 흩어진 정보를 조직적으로 모아 언제 어디서든 접근할 수 있도록 하는 것"이라고 말했다. 슈미트는 "삼성전자, LG전자, SK텔레콤, 다음커뮤니케이션 등 한국 기업과 전략적 제휴를 더 많이 맺을 것"이라며, 이처럼 한국사업을 확대하는 배경에 대해 "디지털 시대에 한국은 세계의 실험실로 향후 수십 년간 인터넷업계의 선두주자로 남을 수 있을 것"이라고 전망했다.

슈미트는 구글이 개인 성향에 따라 검색을 해주는 검색의 개인화를 추진하고 있다고 밝혔다. 이로 인한 사생활 침해 가능성에 대해서는 "비판론자들이 (구글의 개인화된 정보 구축에 대해) 민주주의 저해 등 부정적인 측면의 미래를 언급하지만 이에 동의할 수 없다"며 "구글은 이용자의 선택과 동의를 얻어 개인화를 진행할 것"이라고 설명했다.[108]

슈미트는 〈비즈니스 2.0〉과의 인터뷰에서 "구글의 모든 직원은 업무 시간의 20퍼센트를 자신의 창의적인 프로젝트에 쏟도록 하고 있다"며 "구글의 핵심 경쟁력은 여기서 비롯된다"고 밝혔다. 그는 이를 가리켜 '20퍼센트 법칙'이라 표현했다. 그가 역설한 '구글의 10가지 황금률'은 다음과 같다.

- **위원회가 직원을 채용한다** : 구글에 입사하는 모든 이들은 적어도 여섯 번의 인터뷰를 거친다. 면접에는 경영진은 물론이고, 함께 일하게 될 동료들도 참여한다. 고용절차에 많은 이들이 참여할수록 공정하고 훌륭한 인재가 선발될 가능성이 높다. 물론 시간이 많이 걸린다는 단점이 있지만 최고의 인재들이 선발과정에 직접 참가함으로써 회사의 가치는 더욱 높아진다.
- **업무에만 전념하도록 한다** : 피터 드러커는 "직원들의 업무에 방해가 되는 것을 제거하는 것은 기업의 의무"라고 말했다. 구글은 기본적인 복리후생은 물론, 최고급 식당과 체육관, 세탁시설, 마사지실, 미용실, 세차, 설거지, 통근버스 등 직원들에게 필요한 모든 것을 제공한다.
- **직원 모두 한 공간에 있어야 한다** : 구글 업무의 대부분은 팀으로 이뤄진다. 따라서 원활한 '의사소통'은 필수다. 이를 위해선 팀원 간 거리가 가까워야 한다. 필요하면 언제든지 상의하고 토론할 수 있어야 한다. 구글은 CEO를 포함, 모든 직원이 한 사무실에서 함께 근무한다. 어떤 경우라도 의사소통에 장벽이 있어선 안된다.
- **협동을 용이하게 하라** : 팀을 한 곳에 모으면 의견조율도 쉽다. 여기에 한 주에 한차례씩 이메일을 공유하면 보다 효과적이다. 구글의 직원

들은 이메일을 통해 한주간 프로젝트 성과와 업무 흐름을 파악하는 것을 원칙으로 한다.

- **내부의 시험을 거쳐라** : 구글의 새로운 시스템은 외부에 선보이기 전, 내부적으로 철저히 검증된다. 가장 까다로운 동료들이 직접 시험하는 과정에서 더 나은 아이디어가 나오기도 한다. 'G메일' 은 구글의 내부 정보관리 기법을 상품화해 성공한 대표적 경우다.
- **창조성을 장려하라** : 구글의 모든 직원은 업무 시간의 20퍼센트를 자신만의 프로젝트에 사용할 수 있다. 흥미로운 사실은 구글의 핵심 사업분야가 이 20퍼센트 시간에 창조됐다는 것이다. 구글의 경쟁력은 창조적인 이들을 더욱 창조적일 수 있게 도와주는 '20퍼센트 법칙'에 있다.
- **끊임없이 합의를 추구하라** : 성공은 한 사람의 영웅에 의해 만들어지지 않는다. 다양한 의견을 수렴할수록 최고의 가치를 만들어낸다. 경영자의 주된 역할은 자신의 목소리를 내는 것이 아니다. 많은 이들의 의견을 모아 최상의 결론을 이끌어내는 것이다.
- **악한 기업은 성공할 수 없다** : '사악해지지 말자'는 구글의 창립이념이자 사훈이다. 이는 우리가 지향하는 바를 명확히 보여준다. 성공하려면 신념을 지키되, 자신과 의견이 다른 이를 존중하는 '관용정신'을 터득해야 한다.
- **데이터에 근거한 결정을 내려라** : 모든 결정은 내외부의 정보활용 시스템을 이용한다. 구글의 엔지니어들은 데이터를 면밀히 분석하고, 실행 매트릭스로 성과를 측정한다. 경영진들은 이들이 만든 각각의 비즈니스 모델의 '온라인 계기판'을 통해 시시각각 업무를 파악할 수 있다.
- **자유롭게 의사소통하라** : '간단한 다과와 음료수를 곁들인 토론시간'은 금요일 사무실 풍경이다. 조직 내 '부서 이기주의'라는 칸막이를 없애려면 모든 조직원 간 커뮤니케이션이 중요하다.[109]

## 구글의 엘리트주의 인사 정책

구글에 대해 쏟아져 나온 수많은 책들은 "업무에만 전념하도록 한다"는 두 번째 '황금률'에 주목하면서 구글이 기본적인 복리후생은 물론, 최고급 식당과 체육관, 세탁시설, 마사지실, 미용실, 세차, 설거지, 통근버스 등 직원들에게 필요한 모든 것을 제공한다는 점을 미주알고주알 열거하곤 한다. 이런 책들의 구글에 대한 외경심은 아이돌 숭배에 가까울 정도여서, 한 신문기사는 그 책들을 구글을 위한 '문학적 전기'라고 일컫기도 했다.[110]

구글은 미국『포춘』지 선정 '미국에서 가장 일하기 좋은 100대 기업'에서 2007~2008년 연속 1위를 차지했다.[111] 그러나 반론도 없진 않다. 전 구글 직원 리사(Lisa)는 "구글은 이 리스트에 오를 자격이 없어요.『포춘』은 다른 어떤 것보다 회사 실적을 우선으로 보는 것 같네요. 수당이니 특전이니 하는 건 연막이에요. 정말입니다. 구글에서 일해봤지만 그건 선전도구에 불과했어요."라면서 다음과 같이 말했다.

"공짜 음식이나 마사지를 친구나 친지들에게 소문을 퍼뜨리고 윗선에서 명령하듯 말하곤 했거든요. 우선, 구글에서 일을 잘 하고 싶으면 점심을 오래 먹으면 안 돼요. 30분만 지나도 경멸 어린 시선을 받으니까요. 결국 책상에 와서야 겨우 점심을 다 먹게 돼요. 그렇다 보니 구글의 멋진 식사는 엄연히 존재하지만 사실은 없는 거나 마찬가지죠. 마사지만 해도 그래요. 예약을 하더라도 6개월을 기다려야 하는데 막상 예약일이 오면 십중팔구 회의니 뭐니 해서 허사가 되기 일쑤죠. 요즘 들어 매니저들이 무시무시해졌어요. 매니저를 감독할 내부 시스템이 없어요. 끔찍한 소문이 많이 들리죠."[112]

구글의 1인당 매출액은 100만 달러로 기술업계에서 가장 높은 수준이다.(마이크로소프트의 1인당 매출액은 약 70만 달러이다.)[113] 이와 같은 사실들을 들어 구글의 안팎에서 '좋은 채용'이 구글의 성공 열쇠라고 말하는 사람들이 많다.[114] 매년 100만 명이 넘는 지원자 가운데 최상의 인재만 골라 쓴다는 것이다. 구글이 초창기에 뽑은 엔지니어 100명 가운데 40명이 박사학위 소지자들이었다.[115] 그러나 구글의 인사정책이 철저하게 일류 학교 위주로 최고의 평점을 받은 자들만 뽑는 등 지독한 엘리트주의라는 비판의 목소리도 높다. 이와 관련, 스코트 클리랜드(Scott Cleland)와 아이라 브로드스키(Ira Brodsky)는 다음과 같이 말한다.

"구글은 채용된 여성과 소수자의 비율에 대한 정보가 '영업비밀'이라고 주장하며 고용기회균등 데이터의 공개를 거부함으로써, 대중을 무시한다는 점을 보여준다. 그러면서 구글은 일류 대학 졸업생들을 채용하고 있다는 사실을 모두에게 알리려고 안달이 나 있다."[116]

대학을 수석 졸업할 정도로 우등생 출신인 페이지와 브린은 일류대 출신만 좋아할 뿐 아니라 고교 시절 수능 성적을 요구하는 걸로도 악명이 높다. 심지어 중년의 경력 사원을 뽑을 때에도, 입사후 승진심사시에도 20년 전의 수능 성적과 학점을 제출하라고 요구한다. 학점이 3.0 이하면 아예 뽑질 않으며, 3.0~3.5 사이에 있으면 의심할 대상이고, 3.5는 넘어야 한다. 지금은 평균 46~60일 기간 동안 최대 8번의 면접을 거친다고 하지만, 한땐 6개월에서 1년까지 20번의 면접을 거쳐야 하고 지능검사 등과 같은 각종 테스트마저 봐야 한다. 왜 이렇게까지 하는 걸까? 페이지가 했던 다음과 같은 말에 그 이유가 있는 것 같다. "우리는 우리 같은 사람을 뽑습니다."[117]

'우리 같은 사람'의 기준엔 나이도 포함되어 있다. 구글의 연령 차별은 2004년 엔지니어링 책임자였던 54세의 브라이언 레이드(Brian Reid)가 연령차별 때문에 해고되었다며 구글을 상대로 소송을 제기하면서 널리 알려졌는데, 이 소송은 구글의 전 직원 평균 연령이 30세 이하이며 40세 이상의 직원은 채 2퍼센트도 되지 않는다는 점에 주목했다. 이와 관련, 한 벤처 캐피털리스트는 이렇게 말했다. "실리콘밸리의 지저분한 비밀 한 가지는 신생기업들이 밤새 일할 수 있는 독신 젊은이들에 의해 운영된다는 것입니다. 구글은 젊은 사람들만 채용하고 있지요."[118]

이른바 '20퍼센트 법칙'이 기만적이라는 반론도 제기되었다. 정규 직무만으로도 시간이 모자라서 다른 일을 하는 것은 전혀 불가능하다는 것이다. 비기술직 직원들은 2류 구글 직원으로 대접받는다는 비판도 나왔다. 페이지와 브린이 비기술직 종사자들을 얕잡아보는 경향이 있어, 구글은 일종의 '두 계층 문화'를 갖고 있다는 것이다.[119]

## 구글의 '개방형휴대폰연합'과 더블클릭 인수

2007년 11월 구글은 안드로이드를 무상이면서도 오픈소스로 공급하는 안드로이드 구상을 공개적으로 발표하고, 안드로이드용 휴대전화 제조업체와 통신사들로 구성된 개방형휴대폰연합(OHA: Open Handset Alliance)을 결성했다. 이 연합에 참여한 업체는 T-모바일, 삼성, 인텔, 이베이 등 33개였다. 도대체 무슨 일을 하려는 것이었을까? 찰스 아서(Charles Arthur)는 "그것은 휴대폰 제조업체라면 누구라도 구글이 개발한 모바일 운영체제를 무료로 사용할 수 있다는 구글의 제안이었다"며 다음과 같이 말한다.

"개방형휴대폰연합은 검색, 앱 등에서 구글이 핵심이 되는 휴대폰을 생산하는 방법이었다. 그것은 휴대폰에 대한 구글의 이중적인 전략 중 하나였다. 이를 통해 구글은 전혀 새로운 모바일 경험을 제공하려고 했다. 다른 하나는 (주로 애플과의) 휴대폰 협력관계를 통해 휴대폰에 구글 맵과 같은 앱을 탑재하는 것이었다. 라이선스는 최대한 개방한다. 제조업체들은 운영체제의 소스코드에 접근할 수 있다. 이것이 구글이 애플이나 마이크로소프트와 다른 점이었다."[120]

개방형휴대폰연합의 결성은 이미 2년여 전 구글이 안드로이드를 인수할 때부터 예상된 일이었지만, 페이지와 브린의 멘토 역할을 해온 애플의 스티브 잡스는 별 의심없이 2006년 8월 슈미트를 애플 이사진으로 앉혔으며, 2007년 1월 아이폰을 공개했을 때에도 안드로이드에 대해 별로 우려하지 않는 듯했다. 그러나 2008년 들어 상황이 달라지기 시작하자 잡스는 점차 분노했다.

이와 관련, 스티븐 레비(Steven Levy)는 "하지만 잡스조차 수개월간 구글과의 관계를 깨기 꺼려했다. 자신을 사업적 측면만이 아니라 인간 본성에 대한 신중한 관찰자라고 자랑스럽게 생각하던 잡스는 자신이 멘토가 되고자 했던 두 젊은이에게 속았다는 사실을 인정하기 싫어했다."며 다음과 같이 말한다.

"수차례에 걸쳐 말싸움에 가까운 전화통화를 했고, 2008년 여름 잡스는 두 회사 사이의 신뢰가 어느 정도 손상되었는지 알아보기 위해 안드로이드폰을 직접 살펴보기로 했다. 그는 격노했다. 구글이 원래 경쟁하지 않기로 했던 휴대전화 시장에 뛰어들어 아이폰의 아이디어를 상당 부분 반영했다고 판단했다. 애플이 현재 갖고 있거나 출원 중인 지적재산권을 구글이 상당 부분 훔쳐갔다고 생각했다."[121]

구글은 마이크로소프트와도 격돌했다. 2008년 3월 구글은 인터넷 광고 마케팅 업체인 더블클릭(DoubleClick)을 31억 달러에 인수했다. 마이크로소프트와 인수 경쟁을 벌이느라 인수 가격이 10억 달러나 올라갔지만, 이는 구글의 승리로 간주되었다. 이에 충격을 받은 마이크로소프트는 2개월 후인 5월 구글이 쓴 비용의 두 배인 60억 달러를 들여 더블클릭의 경쟁업체인 어퀀티브(aQuantive)를 인수하게 된다.

그레그 콘티(Greg Conti)는 "더블클릭은 주요 온라인 광고 서비스이지만 오랫동안 비난을 받아왔다. 왜냐하면 사용자들이 웹 서핑을 할 때 그들을 추적하기 위해 쿠키 및 IP 주소를 사용하기 때문이다."며 다음과 같이 말했다.

"연합된 구글-더블클릭 거대 공룡의 밀접한 관계에는 중요한 의미가 있다. 구글은 검색광고(애드워즈)와 단순문자 광고(애드센스)에서 탁월하다. 반면 더블클릭은 플래시 배너와 비디오 광고 같은 '디스플레이 광고'에서 월등하다. 80~85퍼센트의 웹 사용자들이 본다. 결국에는 구글이 사용자의 검색 및 웹 방문 등을 추적할 수 있게 하는 대형 네트워크 망이 되는 것이다."[122]

당시 매일 온라인 광고를 200억 개나 집행하던 더블클릭은 100개가 넘는 데이터를 추적하고 있었다. 그래서 사용자가 어떤 광고를 보았고, 얼마나 오래 보았고, 어디를 그냥 지나쳤고, 어떤 링크를 클릭했고, 광고를 보고 나중에 사이트에도 방문한다면 어떤 상품에 흥미를 보였고, 어떤 광고가 상품을 사거나 사지 않는 데 '가장 일조했고', 돈을 얼마나 썼는지 등을 알 수 있었다.[123]

2008년 6월 11일 슈미트는 시러큐스대 뉴하우스 공공 커뮤니케이션스 대학원이 주최한 회의에 참석해 질의응답 시간에 "더블클릭의 디스플레이 광고 서비스가 신문사들의 온라인 수입을 상당히 증대시킬 수 있을 것"이라고 말했다. 그는 "이런 도움이 신문사들이 과거 인쇄매체를 통해 누렸던 이익을 회복하는 데 충분하지는 않겠지만 신문사가 온라인에 공급하는 기사와 사진 등 콘텐츠들이 매일 수백만 웹페이지 상의 광고와 연결되도록 함으로써 도움을 줄 수 있다"고 덧붙였다.[124]

## "구글이 우리를 바보로 만드는가?"

미국의 기술문명 평론가인 니콜라스 카(Nicholas Carr)는 미 시사잡지 『애틀랜틱 먼슬리』 2008년 7~8월호에 게재한 〈구글이 우리를 바보로 만드는가?(Is Google Making Us Stupid?: What the Internet Is Doing to Our Brains)〉라는 제목의 글에서 구글로 대표되는 인터넷의 위험성은 인간의 뇌를 계량해서 최적화할 수 있는 일련의 기계적 과정의 산출로 본다는 데 있다고 비판했다. 구글의 창업자인 세르게이 브린은 구글이 "세계의 모든 정보를 우리의 뇌, 혹은 그보다 더 영리한 인공두뇌에 직접 연결시키는 차원"을 꿈꾼다고 했는데, 카의 글은 사실상 이에 대한 반박이었다.

카는 인터넷에 많은 시간을 보낸 뒤로 책이나 긴 글을 읽을 때 집중하는 데 어려움을 겪고 있다는 자신의 경험을 소개하면서, 인터넷이 집중(concentration)과 숙고(contemplation)를 방해하며 "구글이 이끄는 세계에는 깊은 사색 과정에서 나오는 '경계의 모호함' 따위는 들어설 여지가 없다"고 주장했다. 카는 구글을 비롯한 인터넷 업체들이 "제일 꺼리는 것은 한가롭게 한 곳에 머물러 천천히 읽어내려 가거나, 골똘히 사색에 잠기는 것"이라고 지적하면서, 그렇게 되면 인간은 '팬케이크(pancake) 인간', 즉 한 번의 손끝 터치로 방대한 정보망과 연결될 수는 있지만 응축된 사유의 공간은 사라진, 얇고 납작한 인간으로 전락하고 말 것이라고 경고했다.[125]

이에 대해 구글의 에릭 슈미트는 "나는 우리가 예전보다 더 똑똑해졌다고 생각한다"며 반박했다.[126] 우리가 예전보다 더 똑똑해진 것이 사실이라 해도, 프라이버시의 침해 위험이 그만큼 커진 건 분명한 사실이었다. 유럽연합(EU)의 프라이버시 위원회가 2008년 구글을 비롯한 검색기업들의 사용자 검색기록 보관 기한을 18개월에서 6개월로 줄이도록 한 것도 바로 그런 위험에 대한 선제적 대응이었다.[127] 인터넷 평론가 앤드류 킨(Andrew Keen)은 2008년 8월 구글의 위험에 대해 다음과 같이 주장했다.

"지난 10년간 그들이 긁어모은 개인정보가 세상 모든 정부가 모은 것보다 훨씬 많다. 이에 비하면 옛 동독 비밀경찰이나 KGB는 순진한 동네 할아버지처럼 보일 정도다. 이 사실은 매우 중요하다. 사악한 누군가가 그 정보를 차지한다면 어렵지 않게 빅브라더가 될 테니까."[128]

구글에 어떤 문제가 있건, 현실이 구글의 편인 건 확실했다. 그렇지 않다면 2008년 대선을 맞아 대선 후보들이 구글과 그 임직원들을 만나기 위해 마운틴뷰까지 몰려갈 이유가 없지 않은가. 이와 관련, 테크놀로지 관련 웹사이트 〈더 레지스터(The Register)〉의 편집주간 앤드류 올로브스키(Andrew Orlowski)는 2008년 8월 다음과 같이 말했다.

"웹은 당대의 세속 종교다. 정치인들은 구글 자이트가이스트(Google Zeitgeist) 컨퍼런스 같은 행사에 참석하여 기도를 올린다. 선견지명이 있다는 이미지를 만들고 싶은 정치인이라면 구글 보이즈와 사진을 찍으려 할 것이다."[129]

자이트가이스트는 독일어지만 그 기원은 라틴어 genius seculi에 있다. Genius는 '수호신'을, seculi는 '세기世紀'를 뜻한다. 이 단어는 한 시대의 지적·문화적 분위기를 설명하는 '시대정신'이란 의미로 쓰이는데, 검색을 많이 하는 단어의 순위가 시대정신을 말해주는 단서일 수 있다는 가정에서 '구글 자이트가이스트'라는 말이 만들어졌다. 2007년 5월부터는 핫트렌즈(Hot Trends)라는 용어로 대체돼 월별, 연도별 리스트가 만들어진다. 구글은 초청받는 사람만 입장 가능한 구글 자이트가이스트 컨퍼런스를 세계 곳곳에서 정기적으로 개최하여 여론 지도자들에게 당대의 정신을 숙고하고 논의할 기회를 제공한다. 존 바텔(John Battelle)은 자이

트가이스트를 '의향들의 데이터베이스'이자 '당대의 훌륭한 인류학 도구'라고 했다.[130]

## "구글, 인터넷 정보제국 '전지구 확장'"

구글 창립 10주년을 맞은 2008년 9월 9일, 페이지와 브린은 캘리포니아주 밴덴버그(Vandenberg) 공군기지에서 최첨단 로켓 델타2(Delta2)가 지오아이-1(GeoEye-1) 인공위성을 궤도에 올리기 위해 공중으로 날아오르는 것을 뿌듯하게 지켜보고 있었다. 구글 로고가 장식된 인공위성은 구글의 지도 서비스에 사용된 선명한 사진을 지구로 전송할 것이니, 이 얼마나 흐뭇한 일이었겠는가.[131]

바로 그날 구글은 인터넷에서 소외된 세계 30억 인구에게 무선 인터넷 접속 서비스를 제공함으로써 지구촌의 디지털 격차를 획기적으로 개선하겠다는 야심 찬 구상을 발표했다. 적도 주변 상공에 16기의 저궤도 인공위성을 띄워 아프리카·동남아·중동·중남미 등 상업적으로 초고속 유선 인터넷망이 보급되기 어려운 지역을 무선 인터넷이 터지는 핫스팟(hot spot)으로 바꾼다는 것이 이 프로젝트의 골자였다. 구글은 유럽 최대 케이블TV 그룹인 리버티 글로벌 등과 함께 7억 5,000만 달러를 투자, 2010년까지 위성 네트워크를 구축키로 하고, 장비 발주까지 마쳤다.[132]

구글은 과거 신문을 데이터베이스화하는 작업도 진행했다. 마이크로필름 등을 옮겨 당시 신문 기사는 물론 광고까지 인터넷상에서 신문 형태 그대로 검색할 수 있게 한다는 구상이었다. 구글은 "우리의 최종 목표는 작은 주간지에서부터 거대 일간지까지 지금까지 나온 모든 신문을 독자가 검색할 수 있게 돕는 것"이라고 밝혔다. 또 북미에서 가장 오랜

244년의 역사를 가진 『퀘벡 크로니클 텔레그래프』를 비롯해 『뉴욕타임스』, 『워싱턴포스트』 등 일간지와 제휴를 맺고 2006년부터 작업을 진행했다.[133]

그러나 영국 BBC는 '모든 정보를 모두가 이용할 수 있도록 한다'는 구글의 이상은 많은 이들의 환영을 받고 있지만 개인정보 보호 위협의 우려도 함께 낳고 있다고 지적했다. 미국 펜실베이니아 주의 한 부부는 구글이 자신의 개인정보를 함부로 사용하고 있다며 구글을 고소했다. 거리 정보를 모아 인터넷상에서 재현하는 구글맵에서 자신의 집과 주위 정보가 그대로 드러나자 고소한 것이다. 이에 대한 구글의 첫 답은 "사막 한가운데도 위성으로 조망할 수 있는 현대에 완전한 사생활이란 없다"는 것이었다. 미국 법·정책센터의 켄 봄 대표는 "구글의 세계에선 사생활은 존재하지도 않는 것 같다"고 비난했다.[134]

그런 비난은 그럴 만한 근거가 있는 것이었는데, 이는 한국에서도 문제가 됐다. 『조선일보』(2008년 9월 22일)는 "인터넷 검색 사이트 구글에 주민등록번호와 휴대전화번호 등 개인정보가 떠다니고 있다. 노출된 주민등록번호는 휴대폰이나 신용카드 불법 개통에 악용될 수 있지만, 구글측에서 주민번호가 검색되는 것을 사전에 막을 수 없다며 팔짱만 끼고 있어 선량한 피해자들이 양산될 것으로 우려된다."며 다음과 같이 말했다.

"본지가 입수한 한국정보보호진흥원의 '구글 주민등록번호 점검 통계'에 따르면 올 상반기에만 총 16만 4,536명의 개인 주민등록번호가 구글 검색을 통해 노출된 것으로 드러났다. 하루 평균 1,462명의 주민등록번호가 구글에서 노출됐다는 이야기다. 주민등록번호를 노출한 인터넷 홈페이지의 숫자도 6만 558개에 달했다. 정보보호진흥원이 모든 노출 사례를 찾아내지는 못한다는 점을 감안하면 실제 노출 규모는 몇 배로 커질 수 있다. …… 네이버와 야후코리아 같은 다른 인터넷 포털들은 주민등록번호 노출을 막기 위한 예방조치를 취하고 있다. 예를 들어 'XXXXXX-XXXXXXX'처럼 주민등록번호 형태의 숫자 조합이 발견되면 이를 검색 결과에서 처음부터 배제한다. 하지만 구글코리아는 '자유로운 정보 유통을 제한하지 않는다'는 본사의 원칙을 내세우며 적극적인 조치를 취하지 않고 있다."[135]

## "돈이 뭐기에…… '사악한 손'과 손잡은 구글"

2008년 10월, 슈미트는 "10년 뒤 검색엔진은 인공지능과 비슷해진다. 사용자의 위치와 검색어의 사회적 맥락까지 파악해 인류의 삶과 일을 바꿀 것이다."고 했다.[136] 구글의 이런 끈질긴 야심에 탄력을 받은 구글의 시장점유율은 계속 상승세를 보였다. 2008년 11월 기준 구글의 미국 내 웹검색 시장점유율은 71.7퍼센트, 매출 기준으론 76퍼센트에 이르렀다. 반면 야후의 웹검색 시장점유율은 17.7퍼센트, 마이크로소프트는 5.4퍼센트에 불과했다.[137]

검색 파워만 높아진 게 아니라 탐욕의 강도도 강해졌다. 2008년 12월 30일 『조선일보』는 〈돈이 뭐기에…… '사악한 손'과 손잡은 구글〉이라는 제목의 기사에서 "구글은 최근 자사의 최대 수익원인 검색광고(검색창에 키워드를 입력하면 그와 관련된 광고를 보여주는 것) 정책에 큰 변화를 줬습니다. 우선 지금까지 금지해온 독주(毒酒·liquor) 광고를 미국 내에서 허용했습니다. 이제는 구글 검색창에 '보드카'라는 단어를 넣으면 검색결과와 함께 보드카 광고가 등장하게 됩니다. 올 10월에 맥주 같은 저알코올 주류의 광고를 허용한 데 이은 추가조치입니다. 구글은 같은 달 영국에서 도박 광고도 허용했습니다. 술과 도박처럼 사회적 악영향을 끼칠 수 있는 광고를 막는 것은 '사악하지 말자'는 경영 철학의 상징사례로 인용돼 왔습니다."라면서 다음과 같이 말했다.

"구글은 또 최근 아무 내용도 없는 인터넷 홈페이지에 광고를 붙여주는 '도메인 광고(AdSence for Domain)'를 전면 허용했습니다. 앞으로는 누구나 'www.OOO.com'과 같은 인터넷 주소만 구입하면 실제 운영 여부와 관계 없이 광고를 붙일 수 있습니다. 전문가들은 구글의 이번 조치가 쓰레기 같은 텅 빈 인터넷 홈페이지를 양산할 것이라고 우려합니다. 광고주 입장에서도 구매력 없는 허수의 네티즌들에게 광고비를 쓰게 될 가능성이 높아졌습니다. 구글은 4분기 들어 비디오 검색과 이미지 검색, 뉴스, 금융, 지도 등 대부분의 서비스에 광고를 붙이기 시작했습니다. '이용자의 편의가 가장 중요하다'던 구글의 철학도 돈 앞에서는 무기력해지나 봅니다."[138]

돈 앞에서는 무기력해진 덕분에 구글은 2008년 218억 달러의 매출에 42억 달러의 수익을 거두었다. 이 가운데 97퍼센트가 광고 수입이었다. 이는 미국 5개 방송사(CBS, NBC, ABC, Fox, CW)의 광고수입을 합한 것에 맞먹었다. 더블클릭은 하루 170억 개의 광고를 집행함으로써 230억 달러에 달하는 미국 온라인 광고 시장과 540억 달러에 달하는 전 세계 온라인 광고 시장의 40퍼센트를 독식했다. 구글은 미국 전체 인터넷 검색의 3분의 2, 전 세계의 거의 70퍼센트를 장악하였던 바, 검색의 다른 이름은 곧 광고였다.[139]

2008년 10월 출시된 첫 안드로이드폰 G1은 대만의 HTC가 생산한 것으로 하드웨어 면에서는 별 특징이 없었다. 특징이 있다면 그건 바로 구글 서비스와의 긴밀한 결합이었다. 그 폰을 사용하려면 먼저 구글 계정을 만들어야 했다. 그리고 그 계정을 통해 구글검색, 지도, 이메일 그리고 달력 기능에 접근할 수 있었다. 안드로이드폰은 아이폰과 거의 유사하면서도 훨씬 저렴한 휴대폰을 찾고 있던 중국시장에서 뜨거운 환영을 받았다. LG, 모토로라, 그리고 삼성이 2009년부터 안드로이드폰을 공급하기 시작하면서, 시장점유율은 더욱 상승세를 보이기 시작했다.[140]

## "구글과 오바마의 러브스토리"

2009년 10월 말, 경제 주간지 『포춘』은 〈구글과 오바마의 러브스토리〉라는 제목의 기사에서 구글로 세상을 보는 오바마 대통령과 오바마 정부가 총애하는 구글의 밀착관계를 조명했다. 오바마 대통령은 대선후보 시절 실리콘밸리에 있는 구글 본사를 방문, "우리는 위로부터가 아니라 아래로부터 세상을 바꿀 수 있다는 믿음을 공유하고 있다"며 일체감을 드러냈고 구글 임직원은 무려 80만 달러를 모아 오바마 후보에게 기부했다.

또한 오바마는 후보시절 자신의 경제고문을 맡았던 슈미트를 2009년 4월 대통령 과학기술자문위원회 자문역에 앉혔다. 구글의 글로벌 공공정책 담당임원이던 앤드루 맥로린은 2009년 5월 백악관 비서실 기술정책 부책임자가 됐다. 이 밖에도 구글 임원들이 속속 오바마 행정부에 입성, 과학기술 정책수립에 관여했다.

오바마 행정부는 선거공약이었던 '망 중립성(Net Neutrality)' 등 구글의 미래를 좌우할 다방면의 정부 규제정책을 추진하기 시작했다. 인터넷 서비스 사업자들이 인터넷 사이트나 콘텐츠에 대해 차별 없이 동등 전송속도를 제공하도록 의무화하는 망 중립성 법안의 제정은 컴캐스트, 버라이존 등 인터넷 사업자 보다는 구글 등 콘텐츠 공급업체에게 유리한 환경을 제공하는 것이었다.

그러나 구글이 사활을 걸고 있는 서적 디지털사업에 대해선 반독점법 위반 시비가 일어났고, 연방거래위원회(FTC)는 2009년 새롭게 선보인 구글의 맞춤광고기법(Behavioral ads)이 사생활을 침해할 수 있다고 우려했다. 포춘은 "기업과 거리를 두어온 오바마 팀과 일반적으로 반 정치적이었던 구글이 밀접히 협력하고 있다"면서도 "정부규제와 관련한 다양한 전선에서 구글과 오바마의 관계는 시험에 들게 될 것"이라고 전망했다.[141]

구글의 친 민주당 노선은 부통령 앨 고어에게 구글 이사회 합류를 요청하면서 기업공개 이전 3,000만 달러 이상의 가치가 있는 구글 주식을 줘 그를 억만장자로 만들어준 2001년으로 거슬러 올라간다. 『유에스에이투데이』(2005년 2월 13일)는 구글 임직원들이 연방선거캠페인에 기부한 금액 중 98퍼센트가 민주당으로 갔다고 보도했다. 이런 사례들을 지적한 스코트 클리랜드(Scott Cleland)와 아이라 브로드스키(Ira Brodsky)는 "구글은 정치가들이나 정부관리들과 밀실거래를 하고, 특정 정책이나 후보를 지지한다"며 다음과 같이 말한다.

"구글은 백악관이 유튜브를 활용해서 메시지를 내보내도록 권장했다. 구글은 백악관을 위한 특별 유튜브 채널을 개설하기까지 했다. (2009년 1월) 백악관은 유튜브를 연방 온라인 프라이버시 법률에서 면제시키는 것으로 즉각 화답했다. 구글에게는 유튜브 동영상이 삽입된 백악관 페이지를 방문하는 사용자들을 추적할 수 있는 영구적 쿠키의 사용이 허용됐다. 이 사건은 프라이버시 옹호자들의 비난 세례를 촉발시켜, 백악관이 부분적으로 자신의 결정을 뒤집도록 만들었다. 유튜브 동영상을 클릭한 사용자들만이 추적될 수 있도록 말이다. 또한 구글은 백악관과 상원 관계자들에게 개인적인 유튜브 채널을 제공했다."[142]

## 구글과 애플의 충돌

2010년 초 구글은 트위터의 콘텐츠를 구글 검색결과에서 보여주는 서비스를 선보였으며, 사회관계망 전문서비스인 페이스북과 마이스페이스도 검색 결과에 포함시키기로 했다. 이와 관련, 〈비비시〉(BBC)는 '사회관계망 서비스는 범죄 대상의 정보를 알려주는, 절도범을 위한 인터넷 쇼핑몰과 같다'고 보도했다. 트위터에서 친구들에게 무심히 말한 얘기가 누군가에 의해 범죄와 스토킹에 활용될 수 있다는 것이다. 구본권은 "'검색되지 않으면 존재하지 않는 것'이라는 시대에 단문블로그, 인맥사이트가 '검색'되기 시작한다는 것은 인터넷 사용자들이 영화 〈트루먼 쇼〉와 같이 노출된 삶을 살게 될 우려로 이어진다."며 "실시간 검색 시대에 자신의 어디까지를 공개하고 살지 스스로 결정해야 한다. 인터넷에 올리는 모든 것은 기록으로 남아 있고, 검색된다는 걸 잊지 말아야 한다."고 말했다.[143]

2010년 3월 2일 애플이 대만의 휴대전화 제조회사 HTC가 아이폰의 특허를 침해했다며 제소함으로써 애플과 구글 사이에 전운이 감돌기 시작했다. HTC는 구글이 개발한 모바일 운영체제(OS) 안드로이드를 적용한 휴대전화를 만들어온 업체였기 때문이다. 애플의 제소는 업계에서 구글에 대한 법적 싸움의 시작이자 모바일폰 쪽으로 영역을 확장하려는 구글의 계획을 늦추려는 움직임으로 받아들여졌다.

잡스는 자신의 전기 작가인 월터 아이작슨(Walter Isaacson)에게 이렇게 말했다고 한다. "내 몸이 부서지는 한이 있더라도, 애플이 가진 40억 달러 현금을 총동원하더라도, 이 상황을 반드시 바로잡을 것입니다. 나는 안드로이드를 박살내고 말 겁니다. 그것은 한마디로 장물입니다. 핵전쟁이라도 불사하고 싶은 심정입니다."[144]

구글과 애플은 유망한 회사를 인수하는 경쟁에서도 충돌했다. 애플은 2009년 가을 급성장하는 모바일 광고회사 애드몹을 6억 달러에 인수하는 계약을 추진했다. 마무리될 때쯤 구글이 뛰어들었다. 구글은 7억 5,000만 달러를 제시했고 잡스는 분노했다. 구글의 인수전략에 밝은 한 관계자는 『뉴욕타임스』에 "애드몹이 애플의 수중에 들어가는 것을 막기 위해 거액을 써낸 것"이라며 "애플이 애드몹을 노리지 않았다면 7억 5,000만 달러까지 가격이 올라가지 않았다"고 밝혔다. 화가 난 애플은 2010년 1월 애드몹의 경쟁사인 '콰트로 와이어리스'를 3억 달러에 인수했다.

『뉴욕타임스』는 수십 명의 업계 관계자들을 개별 인터뷰한 결과 그간 화기애애하게 지내오던 잡스와 슈미트의 갈등이 증오감을 드러낼 정도로 매우 심각한 수준이라고 지적했다. 잡스는 구글이 자사의 아이폰과 닮은 스마트폰을 개발해 동맹을 깨뜨렸다고 믿고 있으며 심지어 구글이 자신의 주머니를 털었다고 느끼고 있다는 것이다. 익명을 요구한 한 실리콘밸리 투자자는 『뉴욕타임스』에 "(양사가 표현하는) 적대감의 수위에 놀라고 있다"며 "전쟁으로 치면 제3차 세계대전에 비유할 정도로 역사상 최대의 자존심 싸움"이라고 심각성을 전했다.[145]

미리 이야기하자면, 2년 후 안드로이드 진영의 세계 스마트폰 시장 점유율은 70퍼센트를 훨씬 웃도는 놀라운 약진을 기록하게 된다. 이에 대해 김익현은 "애널리스트들은 안드로이드가 애플 점유율을 잠식하고 있는 것은 가격 경쟁력이 훨씬 뛰어난데다 혁신 면에서도 결코 애플에 뒤지지 않기 때문인 것으로 보고 있다. 특히 얼리어답터들이 주도했던 시장 초기 국면이 끝나고 대중화 단계에 접어들면서 가격에 민감하게 된 부분 역시 안드로이드의 약진에 중요한 영향을 미친 것으로 분석됐다."며 다음과 같이 말한다.

"안드로이드의 영향력이 급속도로 확대되고 있는 것은 오픈소스 플랫폼이란 장점도 크게 작용했다. 단말기 제조업체들이 자유롭게 가져다 쓰면서 성능을 개선할 수 있기 때문이다. 반면 애플은 자신들의 플랫폼을 철저하게 통제한다. 특히 애플은 소프트웨어나 하드웨어뿐 아니라 음악, 책, 게임 같은 콘텐츠 거래 플랫폼까지 직접 관리한다. 바로 이런 차이점이 안드로이드와 애플의 최근 혁신 속도에 중요한 영향을 미쳤다는 것이 애널리스트들의 분석이다. …… 물론 안드로이드 진영 역시 어두운 면이 적지 않다. 다양한 업체들이 앞다퉈 안드로이드 단말기를 내놓으면서 실제로 수익을 올리는 곳이 많지 않기 때문이다. 애널리스트들은 한국의 삼성전자 외에는 안드로이드 사업을 통해 수익을 내는 곳이 없다고 주장했다."[146]

## 구글, 중국사이트 'google.cn' 철수

2010년 3월 23일 구글은 공식블로그를 통해 "오늘부터 구글 중국 사이트의 검색, 뉴스, 이미지 등의 사전검열에 대해 받아들이지 않기로 했다"며 "구글 중국 사이트에 접속하려는 사용자들은 홍콩 사이트로 우회 접속하게 된다"고 밝혔다. 구글이 2개월여 전인 1월 12일 "중국 내부 소행으로 보이는 해킹 공격을 받았다"며 중국시장 철수를 시사한 지 두 달여 만에 내린 결정이었다.

구글의 조치는 중국 당국의 검열 고수에 맞서 '인터넷 자유'라는 명분을 얻기 위한 것으로 여겨졌다. 중국 정부가 "인터넷 검열은 협상의 여지가 없는 법률적 요구"라는 점을 명확히 한 상황에서 구글로서는 '굴복이 아니면 철수'밖에는 다른 도리가 없었기 때문이다. 중국시장의 매출액이 구글 전체에서 차지하는 비중이 미미한 점도 구글이 '경제적 실리'보다 인권옹호라는 '명분'을 취하게 했다는 분석도 제기되었다. 구글 전체 매출 240억 달러 중 중국시장 매출은 2억 5,000만~6억 달러에 불과했으며, 구글의 중국 인터넷 검색엔진 점유율도 2009년 4분기 기준 35.6퍼센트로, 중국 바이두(58.4퍼센트)에 뒤졌다.

인터넷 검열에 대한 구글 내부의 치열한 논쟁의 결과라는 분석도 있었다. 2006년 구글이 'google.cn'을 개설할 때 자체 검열 문제를 두고 페이지·브린과 슈미트 사이에 격론이 벌어졌었다. 러시아 태생으로 언론 자유의 소중함을 알아 검열에 반대한 브린 측과 사업의 합리성 및 실용성을 중시하며 검열을 받아들이자는 슈미트 측으로 임원진이 대립했고 이후 이 논쟁은 지속됐다. 그러다 2009년 12월 구글 및 중국 내 20개 미국 회사가 해킹당하는 일이 벌어지면서 브린 측이 힘을 얻어 이 결정이 이뤄졌다는 것이다.[147]

브린은 『월스트리트저널 아시아판』(2010년 3월 25일)에 실린 인터뷰에서 "소련의 압제에 대한 기억이 어렴풋이 남아있다"며 "이 기억 때문에 전체주의가 만연한 중국을 벗어나자고 구글의 임원들을 적극적으로 설득했다"고 밝혔다. 그는 당시의 기억에 대해 "유대계인 가족을 감시하기 위해 소련 경찰들이 아무 때나 대문을 두드리고 집을 불쑥 찾아왔다"며 "소련에서 천체물리학자가 되고자 했던 아버지는 이러한 전체주의에 희생돼 꿈을 접고 수학자의 길을 걸어야 했다"고 말했다. 그는 "중국에서 검색사업을 철수한 것은 인터넷검열 풍조가 다른 나라로 확산되는 것을 막기 위해서였다"고 밝혔다.[148]

## '구글 스트리트 뷰' 논란

2010년 5월 20일 구글은 구글TV를 선보였다. 구글 검색 서비스를 즐길 수 있고 스마트폰처럼 각종 앱들도 작동시킬 수 있는 TV였다. TV를 인터넷 운영체제에 편입시켜 통합된 광고시장을 창출하겠다는 야심을 드러낸 것이다.[149]

비슷한 시기에 구글과 관련된 개인정보 보호 논란이 벌어졌다. 2005년부터 시작된 구글의 지도 서비스인 '구글 맵스'에 2007년부터 더해진 '스트리트 뷰(Street View)' 기능 때문에 벌어진 논란이다. '스트리트 뷰'는 지도 안의 길거리 주변을 3차원 영상으로 볼 수 있는 서비스인데, 구글이 거리 사진을 찍을 때 지역별 무선네트워크 정보도 함께 수집하면서 보안이 설정되지 않은 와이파이(Wi-Fi)를 통해 이메일, 문자메시지, 서핑 중인 인터넷 화면 등 사생활 정보를 모은다는 의혹이 제기되었다. 2010년 5월 독일정부가 의혹을 제기한 뒤 30여 개 국가에서 이같은 사실이 확인되면서 구글에 대한 비난이 쏟아졌다. 이른바 '와이스파이(Wi-Spy)' 스캔들이다. 구글은 사실을 인정하고 "중대한 실수를 저질렀다"고 사과했지만, 그게 과연 뭘 모르고 저지른 '실수'였을까?

이는 한국에서도 문제가 되었고, 결국 2010년 8월 10일 경찰청 사이버테러대응센터가 서울 강남구 역삼동 구글코리아 본사를 압수수색하는 사건이 벌어졌다. 구글코리아는 2009년 10월부터 특수차량 3대를 이용해 국내에서 위치정보를 수집해왔는데, 그 과정에서 개인정보를 무단으로 수집해 통신비밀보호법을 위반한 혐의 때문이었다.[150] 이에 대해 박종권은 다음과 같이 말했다.

"하지만 이는 어쩌면 약과다. 조지 오웰이 『1984』에서 그린 '빅 브라더'가 이미 눈앞에 있다. 스마트폰을 쥐고 있으면 어디서 무엇을 하는지, 무슨 생각을 하는지까지 알 수 있다. '손 안의 내비게이션' 덕분에 길을 잃지 않게 됐단다. 하지만 현대인은 '구글 맵스'의 길 위에서 길을 잃은 것은 아닐까. 첨단 문명과 인간성의 갈림길에서 말이다. 과연 우리는 어디로 가야 하나."[151]

이 논란에 대해 슈미트는 구글 스트리트뷰에 자신의 집이 나오는 것이 싫다면 "이사를 가라"고 했으며, 프라이버시 문제에 대해서도 "만일 다른 사람이 알지 않았으면 하는 뭔가를 여러분이 가지고 있다면, 우선적으로 그런 일을 하지 말아야 하지 않을까요"라고 했다. 그러면서 이 모든 논란을 달라진 세상 탓으로 돌렸다. "여러분이 항상 온라인에 접속해 있다면, 컴퓨터는 여러분에 관한 많은 정보를 만들어낼 것입니다. 이건 구글이 결정한 것이 아니라, 사회적 결정입니다."[152]

그러나 슈미트의 이런 주장은 2년 전 구글 맵스가 공개된 직후 벌어진 '슈미트 개인정보 공개' 파동에 대해 그가 보인 반응과는 상충되는 것이었다. 당시 CNET 뉴스 기자 엘리노 밀스(Elinor Mills)는 사생활 보호와 관련해 구글을 다루는 기사를 재미있는 실험을 통해 쓰기로 했는데, 실험 내용은 30분 동안 구글을 이용해 슈미트 관련 정보를 얼마나 찾을 수 있는지를 알아보는 것이었다.

밀스는 7월 14일 슈미트의 개인 재산 규모, 정치 모금 활동과 취미 관련 정보를 공개하면서 "공개된 웹사이트에서 이렇게 자세한 개인정보를 아주 쉽게 얻을 수 있었다는 사실이 대부분 사람을 불편하게 했다"고 썼다. 이에 분노한 슈미트는 1년 동안 CNET 뉴스 기자들의 취재 요구에 응하지 않겠다고 통보했다. 그러자 슈미트를 비웃는 기사가 여러 곳에서 쏟아져 나왔다. 『뉴욕타임스』는 "구글과 관련된 것만 빼고 뭐든지 검색(Google Anything, So Long As It's Not Google)"이라는 제목의 기사를 실었다.[153]

## 구글의 모순과 배신

2010년 8월 초, 미국에서 열린 '테코노미' 콘퍼런스에서 슈미트는 "어떠한 익명성도 인터넷의 미래가 될 수 없다"며 "프라이버시와 익명성은 서로 다른 것"이라고 말했다. 또 "만약 당신이 끔찍한 범죄를 저지르려 한다면 당연히 익명성 속에 숨고자 할 것"이라며 "따라서 이런 문제를 해결하려면 인터넷에서 익명성을 없애기 위해 인터넷 기업들이 고객을 위한 실명 서비스를 갖춰야 하고 정부도 기업에 이를 요구해야 한다"고 주장했다. 이에 대해 김상훈은 다음과 같이 말했다.

"이건 참 모순된 발언이었습니다. 왜냐하면 구글은 지난해 한국 정부가 '제한적 본인확인제'라는 실명을 확인할 수 있는 시스템 도입을 요청하자 이를 거부하고 한국에서 유튜브에 동영상을 올리거나 댓글을 다는 기능을 아예 없앤 바 있기 때문이죠. 이에 대해 구글코리아 홍보팀은 '구글은 개인의 표현의 자유를 중요하게 생각하기 때문'이라고 입장을 밝힌 바 있습니다. 그런데 갑자기 CEO의 실명제 주장이라니요?"[154]

2010년 8월 9일, 구글은 그간 '망 중립성'의 가장 열성적인 대변적 역할을 해왔음에도 '망 중립성'에 대해 결사 반대해온 거대 통신사 버라이즌과 협력하기로 하면서 '망 중립성'에 대한 관점을 수정하겠다고 발표했다. 유선통신에서는 중립적인 통신망 이용을 보장하고, 무선통신에서는 현실적인 문제를 반영해 망 중립성을 당장 요구하지 않는다는 내용이었다.

즉각 구글의 배신에 대한 비판이 홍수처럼 쏟아졌다. 프라이버시 문제와 더불어 애플에 대한 배신 문제까지 불거지면서 구글은 또 하나의 불량배 기업일 뿐이라는 여론이 비등해졌다. 8월 13일 구글 본사 앞에서는 원래 구글에 우호적이었던 무브온 등과 같은 단체들의 주도로 항의시위가 벌어졌다. 이들은 30만 명의 서명을 받은 청원서를 갖고 있었다.[155]

2010년 가을, 구글은 구글 인스턴트(Google Instant)를 선보였는데, 이는 사용자가 자판을 두드리는 순간순간, 사용자가 무엇을 찾으려 하는지 예측하는 시스템이다. 슈미트는 "사용자가 원하는 것은 자신들이 다음에 뭘 해야 하는지 구글이 알려주는 것"이라며 "내가 늘 만들고자 했던 것은 내가 뭘 보고 싶어하는지 예측하는 프로그램"이라고 말했다.[156]

도대체 왜 그런 일이 필요한 걸까? 슈미트는 "역사가 시작된 이래 2003년까지 인류의 의사 전달 내용을 모두 기록한다면 50억 기가바이트 정도 된다. 지금 우리는 단 이틀 만에 그만큼의 데이터를 만들어내고 있다"고 했다. 정보의 홍수에 휩쓸리는 가운데 개별화된 필터가 필요하다는 뜻이다.[157]

구글은 무인자동차 개발에도 박차를 가하고 있었다. 2010년 10월 처음 무인자동차를 공개했고, 미국 서부의 네바다주를 20만 마일(약 32만 ㎞)가량 주행하는 데 성공하기도 했다. 자동차의 지붕 위에 장착된 센서가 차량 내 컴퓨터와 연결돼 도로 상황을 스스로 판단하면서 주행한다. 구글의 지도 서비스가 주변환경 정보를 실시간으로 차량에 전송하는 것이다.[158] 왜 인터넷 검색 회사가 무인자동차에 관심을 갖는단 말인가? 이런 의문을 제기하는 비판이 제기된 것에 대해, 스티븐 레비(Steven Levy)는 다음과 같이 말한다.

"초창기 때부터 브린과 페이지는 구글이 인공지능 회사라는 관점을 견지하고 있었다. 대량의 데이터를 수집하고, 해당 정보를 학습 알고리즘으로 처리해서 집합적인 인간두뇌를 보완할 수 있는 기계 같은 지능을 만들어보자는 목표였다. 구글의 로봇카 또한 정보를 모으고 레이저와 센서로 주변 환경을 스캔하여 스트리트뷰 데이터로 보완시켜 놓은 형태다. …… 2010년 말 공개된 로봇카 프로그램은 공포스러울 정도의 야망과 혁명적인 인공지능, 실시간 이뤄지는 정보의 대량처리, 철저한 비밀주의 등 래리 페이지 프로젝트의 모든 성격을 집약시켜서 보여준다."[159]

## "래리 페이지는 구글의 운명이었을까?"

2011년 1월 20일 구글은 전년도 4분기 실적을 발표하는 자리에서 4월 4일부터 페이지가 대표이사를 맡아 경영을 지휘하고 슈미트는 대표이사에서 회장으로 물러난다고 밝혔다.(분기수입은 최고 기록인 80억 달러였으며, 2010년 전체 수입은 300억 달러에 달했다.) 슈미트는 "구글에 더 이상 '어른'의 통제는 필요없다."고 했다. 10년 전 자신이 CEO에 취임할 당시 페이지가 20대에 불과해 자신과 같은 '어른'이 필요했지만, 이젠 페이지가 직접 경영에 나서도 충분하다는 얘기였다. 슈미트는 이사회 의장으로 자리를 옮겨 대외 업무를 맡고 두 공동창업자에 대한 자문구실을 하고, 브린은 전략 프로젝트와 신제품 개발에 전념하기로 했다.

페이지는 『뉴욕타임스』와의 인터뷰에서 "나의 주된 역할 중 하나는 구글을 민첩하면서도 신생기업의 영혼과 열정, 속도를 가진 거대기업으로 만드는 것이다"라고 밝혔다.[160] 이에 대해 스티븐 레비(Steven Levy)는 이렇게 말했다. "자신이 공동 창립한 회사, 구글에 대한 래리 페이지의 열정적인 소유욕을 보면(이제 직원 수가 2만 4,000명에 달하는데 페이지는 지금도 직원 하나 하나의 채용을 허가하거나 거부하는 결재를 처리하고 있다), 슈미트 시대조차도 결국 구글의 리더는 페이지였다는 사실을 알 수 있다."[161]

2011년 1월 27일 미국의 대표적 IT매체인 지디넷(Zdnet)의 블로거이자 칼럼니스트인 로빈 해리스(Robin Harris)는 "래리 페이지는 구글의 운명이었을까?"라는 제목의 칼럼에서 구글의 새로운 CEO로 선임된 페이지를 혹평하고 나섰다. 그는 "인터넷 광고회사 구글은 실리콘 밸리에서 가장 성공적인 회사이다"며 "그렇지만 만일 과거의 행적이 일종의 가이드가 될 수 있다면 래리 페이지의 CEO 선임으로 구글은 느리지만 고통스러운 죽음으로 향해가고 있다"고 포문을 열었다. 그 이유로 그는 신임 CEO의 △부족한 커뮤니케이션 기술 △전략적 판단 미흡 △회사 실무에 대한 무관심 △위계질서를 깨뜨리는 업무진행 △실행능력 부족 등을 꼽았다. 사례를 든 하나하나 세계 최대 기업의 CEO가 되기에는 모두가 치명적인 약점이 될 수 있는 것들이다.

해리스는 전직 구글관계자들의 입을 통해 "페이지는 회사의 세밀한 부분에 대해서 무관심할 뿐만 아니라 예산과 정책에 대해서도 특별한 입장을 내비치지 않았다"면서 "심지어 컨퍼런스 콜에서조차 회사 전략에 대한 자신의 입장을 명확하게 내비치지 않았다"고 비판했다. 또한 회사의 위계질서를 따르지 않고 자신의 프로젝트를 무모하게 실행시키는 등의 무모한 행동을 서슴지 않았고 또한 그 실행능력에 있어서도 의심이 간다고 지적했다. 대표적인 사례로 구글이 수년 전부터 추진해온 G드라이브 프로젝트를 거론했다. 페이지가 이 프로젝트를 놓고 미적거리는 동안 경쟁사인 마이크로소프트(MS)가 25기가바이트 용량의 무료 스토리지인 '윈도 라이브 스카이 드라이브'를 내놓았다는 것이다.

해리스는 "애플의 스티브 잡스는 자신이 세운 회사에서 한 번 쫓겨나는 실패를 통해서 크게 성장했지만 페이지는 아직 그런 기회를 얻지 못한 것 같다"며 "G드라이브를 정책의 우선순위에 두지 못한 페이지는 리더로서 약점을 갖고 있다"고 비판했다. 마지막으로 그는 "나도 구글이 성공하기를 바라지만 희망적이지는 않다"며 이 같은 자신의 견해에 대해 독자들의 적극적인 반론을 주문하기도 했다.[162]

## 크롬북과 클라우드 컴퓨팅

2011년 5월 11일 기자회견에서 브린은 "몇 년 전만 해도 모두가 과연 가능하겠느냐고 되묻던 '완전히 새로운 컴퓨터'가 현실이 됐다"고 얘기를 시작했다. 그 컴퓨터는 '크롬북(Chromebook)'으로 불렸다. 하드디스크 없이 구글서버에 저장하는 클라우드(cloud) PC였으니, 그야말로 파격적인 컴퓨터라 할만 했다.

클라우드 컴퓨팅 파워는 사실 페이지와 브린의 스탠퍼드 시절로 거슬러 올라간다. 당시 그들은 손에 닿는 모든 PC를 긁어 모아 서로 연결해야 했다. 그 효과가 워낙 성공적이어서 구글은 여전히 이 방식을 사용하고 있다. 2006년까지만 해도 전문가들은 구글이 검색어 처리를 위해 서버 컴퓨터 100만 대를 리눅스 운영체제로 돌리고 있다고 추정했는데, 그 실상은 비밀에 붙여져 있다.[163]

클라우드 컴퓨팅에서 '클라우드(cloud: 구름)'라는 말은 컴퓨터 네트워크 상에 숨겨진 복잡한 인프라 구조와 인터넷을 은유적으로 뜻하며, 2008년 9월 2일에 선을 보인 구글 브라우저의 명칭인 '크롬'은 창문을 의미하는 속어다.[164] 페이지와 브린은 사용자들에게 이런 메시지를 던진 셈이었다. "집(PC)에 물건을 놓아둘 필요가 없다. 창문(단말기)을 통해서 구름(클라우드) 저 너머에 있는 정보와 소프트웨어를 필요할 때 그냥 꺼내쓰기만 하면 된다."[165]

이와 관련, 오카지마 유시는 "일본의 전형적인 데이터 센터는 두꺼운 방벽에 둘러싸여 완벽한 공조 장치와 전원 설비, 내진 구조를 갖추었으며, 24시간 체제로 감시원이 상주한다. …… 이에 비해 벨기에에 있는 구글의 데이터 센터는 컨테이너에 서버들이 수납되어 있는 이른바 컨테이너형이다. 놀랍게도 야외에 설치되어 있어 컨테이너 상부는 비에 젖을 때도 있다."며 다음과 같이 말한다.

"게다가 놀라운 사실은, 정보 기기에 필수라고 여겨지던 공조설비조차 없다는 것이다. 만약 서버가 뜨거워져서 가동률이 떨어지면 잠시 동안 다른 나라의 데이터 센터로 그 처리를 넘긴다고 한다. '구글 검색 두 번이면 커피 한 잔 분의 물을 끓일 때와 같은 양의 이산화탄소를 발생시킨다'는 비판이 있지만, 이렇게까지 전력과 비용 절감에 철저히 주력하는 자세는 참으로 놀랍다. …… 클라우드 서비스에서 하드웨어는 단순한 범용품이며 교체 가능한 소모품이다. 극단적으로 말하면 클라우드에서는 하드웨어 따위는 아무래도 상관없다고 생각한다."[166]

구글은 크롬을 이용해 노트북을 만들었는데, 그게 바로 크롬북이다. 제조는 한국 삼성전자와 대만 에이서가 맡았다. 브린은 "마이크로소프트(MS)나 다른 OS 회사들은 오늘날의 컴퓨터를 예전 컴퓨터보다 더 복잡하게 만들어놓고 우리 모두를 괴롭힌다"며 "크롬은 소비자와 기업을 괴롭히지 않을 것"이라고 강조했다.

그의 호언대로 크롬북은 기존 노트북과는 완전히 달랐다. 기존 윈도 노트북은 1분도 넘게 걸렸는데, 크롬북은 부팅 속도가 빨라 전원 버튼을 누른 뒤 8초만 지나면 쓸 수 있는 상태가 됐다. 사용자가 직접 '장치 드라이버'를 설치한다거나 '보안 프로그램'을 설치하는 등 복잡한 일을 할 필요도 없었다. 크롬북이 인터넷에 연결됐을 때 구글 서버가 알아서 대신 해주기 때문이다.

판매 방식도 크게 달랐다. 크롬북의 일반 소비자 가격은 349~499달러이지만 주력 시장은 소비자가 아닌 기업 고객이었다. 크롬팀을 이끄는 구글의 부사장 선다 피차이는 "사용자 1인당 월 28달러를 내면 구글이 소프트웨어 설치와 애프터서비스, 최신 소프트웨어 업데이트는 물론이고 새 노트북 교체 비용, 노트북의 인터넷 통신비용까지 부담한다"고 말했다. 기업 전산담당자의 업무가 크게 줄어드는 셈이다. 구글은 통상 기업 직원 1명이 컴퓨터를 쓰기 위해 연간 3,000달러 정도를 쓰는데, 이 비용을 10분의 1 수준으로 줄이겠다고 했으니, 기업으로선 솔깃할 수밖에 없었다.

그러나 이날 행사에선 "이건 무조건 구글만 믿고 따라오라는 소리"라며 "구글이 세계인의 정보를 모으는 '빅 브러더'가 될 수 있다"는 지적도 나왔다. 크롬북은 하드디스크 대신 인터넷에 파일을 저장하는데 이 경우 개인의 주요 정보가 고스란히 구글에 저장되기 때문이다. 이에 대해 피차이는 "구글을 믿지 못하는 이들을 감안해 MS의 검색, 야후의 e메일, 드롭박스의 저장공간을 사용해도 되게 만들었다"며 "구글은 크롬의 프로그램 한 줄까지 모두 뜯어볼 수 있도록 제품을 투명하게 공개하기 때문에 문제될 게 없다"고 해명했다.

크롬북이 보편화되면 MS의 윈도 OS와 MS오피스는 커다란 타격을 입을 게 분명했다. 브린은 "구글 직원 가운데 MS 윈도 컴퓨터를 쓰는 직원은 20퍼센트도 되지 않는다"며 "내년에는 크롬북 때문에 이 수가 더욱 줄어들 것"이라고 말했다. 1980년대 PC가 등장한 후 30년 동안 변함없던 컴퓨터 시장이 처음으로 요동치기 시작한 것이다.[167]

최용석은 클라우드 컴퓨팅의 전망에 대해 이렇게 말한다. "이러한 클라우드 컴퓨팅이 가능해지는 이유는 지금보다 100배는 빨라질 인터넷 인프라에 있다. 원격지에 있는 메인 호스트에 접속해서 소프트웨어를 다운로드받고 구현하는 시간이 내 컴퓨터에 있는 프로그램을 직접 사용하는 것만큼 빨라지는 시대가 도래하는 것이다."[168]

## '개방형 클라우드 선언'

기업의 입장에선 사업이 커져서 시스템 용량을 늘려야 할 때 기계를 살 필요 없이 단지 클라우딩 공간을 좀 더 빌리면 되므로 유연성이 높아진다. 그러나 문제는 서버가 공격 당하면 개인 정보가 유출될 수 있고, 재해로 서버의 데이터가 손상되면 미리 백업하지 않은 정보를 되살리지 못하며, 소수의 회사만 클라우딩을 운영한다는 점이다. 이와 관련, 엘리 패리저(Eli Pariser)는 "정부기관은 클라우드에 저장된 개인 데이터를 가정의 컴퓨터에 저장된 정보와 달리 손바닥 뒤집듯이 쉽게 검색할 수 있다"며 다음과 같이 말한다.

"FBI가 당신의 노트북을 조사하려면 판사의 영장이 필요하다. 그러나 당신이 사용하는 지메일이나 핫메일, 야후 메일에 대해서는 헌법상의 사생활 보호 권리는 온데간데 없다. FBI는 해당 회사에 정보를 요구할 수 있다. 판사의 영장이나 허가는 필요 없다. 단지 긴급 상황이라고 주장하면 된다. …… 데이터 분야에서도 규모의 경제 때문에 클라우딩 회사들은 점점 더 강력해진다. 또 이런 회사들은 규제에 취약하기 때문에 정부기관의 비위를 맞추는 데 여념이 없다."[169]

니콜라스 카(Nicholas Carr)는 "우리는 무의식적으로 구글의 검색 엔진에 기여한다. 브린과 페이지는 자신들의 기계를 프로그래밍해서 우리가 일상적 일을 하면서 웹에 남겨놓은 자질구레한 작은 지능들을 모으는 것이다. 컴퓨팅 클라우드가 성장하고 유비쿼터스화 하면서, 우리는 계속해서 컴퓨팅 클라우드에 지능을 심어줄 것이다."며 다음과 같이 말한다.

"전 지구 위치확인위성과 작은 라디오 송신기를 사용해서, 컴퓨팅 클라우드는 물리적 세계 속에서의 우리의 이동을 (오늘날 가상세계 속에서의 우리의 클릭을 추적하는 것만큼이나) 아주 정확하게 추적할 것이다.

그리고 인터넷을 통해 실행되는 상업적이고 사회적인 거래 유형들이 확산됨에 따라, 훨씬 더 다양한 종류의 데이터가 수집되고, 저장되고, 분석되고, 소프트웨어 프로그램에 유용하게 될 것이다. 월드와이드 컴퓨터는 상상할 수 없을 만큼 한층 더 영리해질 것이다. 즉, 우리의 두개골에 칩이나 소케트를 끼우든 끼우지 않든 우리의 지능을 기계로 양도하는 일이 일어나는 것이다."[170]

바로 이런 문제들 때문에 '클라우드의 독점'을 우려하는 목소리가 높다. 이에 영국의 경영 컨설턴트인 찰스 레드베터(Charles Leadbeater)는 '개방형 클라우드 선언(Open Cloud Declaration)'을 통해 5대 원칙을 제시하였다. '클라우드 자본'을 소유한 빅 브라더에게 주도권을 넘겨주지 않기 위해 다짐하고 취해야 할 원칙이라고 할 수 있겠다.

"첫째, 우리는 구글이나 애플과 같은 특정 기업의 표준 클라우드 밑에서 작동하는 디지털 하늘을 원하지 않는다. 우리에게는 이런 기업에 예속되지 않는 공공 클라우드가 필요하다. …… 둘째, 상업적 클라우드의 규제를 피할 수 있는 새로운 방법이 있어야 한다. 이들의 지나친 권한을 규제하거나 공정한 경쟁이 이루어질 수 있도록 유도해야 한다. …… 셋째, 산업시대를 영위했던 기존의 미디어가 새로운 클라우드 서비스의 진입을 막는 행위도 규제해야 한다. …… 넷째, 전 세계 정부의 과도한 규제 역시 중대한 위협이 된다. …… 다섯째, 개방형 웹에서 가장 무서운 문제는 불평등이다. …… 오픈소스 개발도구, 저렴한 기기의 보급, 위키피디아와 같은 서비스의 활성화, 그리고 여유가 있는 쪽에서 기부하고 같이 나누는 문화 등이 더욱 확산되어야 한다."[171]

## "칫솔 같은 구글을 만들겠다"

사실 크롬북은 구글의 무한팽창 욕구에서 비롯된 것이다. 구글은 이미 2008년 7월 위키피디어의 지위를 약화시키기 위해 동료평가식 백과사전 방식을 도입한 놀(Knol)을 출시했고, 그해 10월 애플의 아이폰에 대항하기 위해 G1폰을 들고 나왔다. 이와 관련, 인텔의 전 CEO 앤드 그로브는 "마이크로소프트의 힘은 업종 내에 머문 데 반해, 구글의 힘은 다른 산업에서 벌어질 상황까지 결정하고 있다"며 ""구글은 온갖 산업에 손을 대는 혈기왕성한 기업"이라고 했다.[172]

그런 관점에서 보자면, 구글에게 가장 큰 골칫거리는 바로 페이스북이었다. 2011년 5월 말 페이스북 가입자 수가 7억 명에 육박한 것과 관련, 이젠 구글 이사회 의장이 된 슈미트는 "최고경영자(CEO) 재직 당시 가장 큰 실수는 페이스북 등장에 신속하고 효과적으로 대처하지 못한 것"이라고 말했다. 그는 특히 "4년 전 구글이 페이스북에 대응해야 할 필요성이 있다는 것을 인식하고 메모까지 했으나 아무것도 하지 않았다. CEO로서 책임을 통감한다. 큰 실수를 했다"고 탄식한 것으로 전해졌다.[173]

2011년 6월 말, 그동안 도지볼, 자이쿠, 오르컷, 웨이브, 버즈 등 여러 차례 사회관계망 서비스를 출시해왔으나 페이스북과 트위터에 밀려 이렇다 할 성공을 거두지 못했던 구글이 또다시 '구글+'란 이름의 사회관계망서비스로 페이스북에 도전장을 냈다. 구글+ 서비스의 핵심 내용은 페이스북처럼 글과 사진을 통해 지인들과 소통하는 것이지만, 영상채팅과 그룹채팅, 단체 문자메시지 발송, 콘텐츠 추천 등의 기능이 덧붙여진 게 차이점이었다. 구글+는 슈미트에 이어 경영 일선에 나선 페이지가 최역점 사업으로 추진한 것이었다.[174]

2011년 7월 22일 페이지는 CEO 취임 3개월만에 깜짝 놀랄 만한 2분기 실적을 내놓았다. 매출(90억 2,600만 달러)은 전년 동기에 비해 32퍼센트나 늘었고, 영업이익(28억 8,100만 달러)은 사상 최대치였다. 실적 발표가 나오자 구글의 주가는 529달러에서 단번에 598달러로 뛰어올랐다. 시장이 마침내 페이지를 믿을 만한 CEO로 인정하게 된 것이다.

페이지는 실적 발표회장에서 "지난 4월 CEO 자리에 오른 이후 추진해 온 핵심목표는 바로 빠른 결정, 빠른 실행이었다"고 말했다. 그의 키워드는 혁신을 위한 '스피드 경영' 이었던 셈인데, 그는 우선 제품영역별로 책임소재를 명확하게 하기 위해 조직부터 재구성했다. 회사가 커지면서 무분별하게 나눠져 있던 사업 카테고리를 ▦검색 ▦광고 ▦유튜브 ▦안드로이드(운영체제) ▦크롬(인터넷 접속 소프트웨어) ▦구글플러스(사회관계형서비스) 등 6개의 핵심 사업부로 정리한 것이다. 페이지는 "장기적으로 이익을 내고 성장을 계속하는 데 초점을 맞추고 있다"며 "우리는 아직 하고 싶은 일의 1퍼센트밖에 하지 못했다. 모든 사람이 매일 두 번씩 쓰는 칫솔 같은 구글을 만들겠다"고 말했다.[175]

## '구글의 125억 달러짜리 도박'

2011년 8월 15일 구글이 모토롤라 모빌리티(Motorola Mobility)를 125억 달러(약 13조 원)에 인수한다고 발표했다(2012년 5월 22일 인수 완료). 『월스트리트저널』(8월 18일)은 '구글의 125억 달러짜리 도박'이란 기사에서 이 인수가 구글로 하여금 안드로이드를 모토롤라 기기에 최적화된 서비스로 만들 수 있도록 할 것이라고 봤다.

구글의 모토롤라 모빌리티 인수는 세계 정보기술(IT) 산업계의 지각변동이자 IT 기업들의 패권 전쟁 본격화의 신호탄으로 간주되었다. 인수 발표일 미국 뉴욕 증시에서 핀란드 통신기업 노키아의 주가는 17퍼센트 급등했고, 블랙베리를 만드는 캐나다의 리서치인모션(RIM)은 토론토 증시에서 9.5퍼센트가 올랐다. 글로벌 통신업계의 대표기업인 두 회사의 주가가 지속된 실적 악화에도 불구하고 이날 급등한 이유는 구글의 모토롤라 인수에 이어 앞으로 두 기업도 인수·합병 대상이 될 가능성이 있기 때문이었다.

이어 8월 17일에는 131년 전에 카메라와 필름 산업을 개척한 이스트만코닥의 주가가 단숨에 26퍼센트 폭등해 또 다른 매물로 등장했음을 신고했다. 한때 300억 달러에 이르던 기업가치의 98퍼센트가 증발하고, 최근 6년 동안 1년 빼고 계속 적자를 기록할 정도로 실적이 악화된 상태지만, 글로벌 특허 전쟁의 새로운 사냥감이 될 법하다는 기대 때문이었다.

이튿날인 8월 18일엔 또 다른 메가톤급 발표가 이어졌다. 세계 최대 컴퓨터 제조업체인 휼렛패커드(HP)가 영국의 소프트웨어업체 오토노미를 약 100억 달러에 인수하는 협상을 하고 있다고 밝힌 것이다. 또 기존의 주력사업이던 개인용컴퓨터(PC) 부문 분사를 추진하고, 태블릿PC인 터치패드와 스마트폰 사업을 포기한다고 선언했다. 본업인 PC 제조에서 손을 떼고, 애플 따라하기를 포기한다는 의미였다. 휼렛패커드는 하드웨어로 일반 소비자 시장에 주력해왔지만 앞으로는 소프트웨어를 중심에 놓고 기업용 시장으로 눈을 돌리겠다는 것이다.[176]

구글의 모토롤라 모빌리티 인수는 한국에도 큰 파장을 몰고왔다. 구글과 같은 소프트웨어 중심 공룡기업이 하드웨어 업체를 인수해 정보기술(IT)의 토털 라인을 구축하겠다는 것은 구글의 운영체제(안드로이드)를 쓰는 삼성전자와 같은 하드웨어 업체에겐 큰 충격이 아닐 수 없었기 때문이다. 새삼 소프트웨어에 너무 소홀했다는 한탄이 여기저기서 나왔다.[177] 이건희 삼성전자 회장은 8월 16일 긴급 사장단 회의를 소집해 부랴부랴 소프트웨어 역량 강화 및 인수·합병 전략을 주문했다.

이와 관련, 구본권은 "숨가쁘게 업계 지형이 변화하는 직접적 계기는 구글의 모토롤라 인수지만, 근본적 이유는 애플이 아이폰과 아이패드로 그동안의 산업 패러다임을 흔들어버렸기 때문이다."며 다음과 같이 말했다. "더욱이 애플이 혁신적 제품을 기반으로 소비자와 개발자를 끌어들인 생태계를 만들어 번성시킨 데 이어, 삼성 갤럭시탭과 모토롤라 줌 등에 대해 특허침해 소송과 판매금지 가처분신청 등으로 강공에 나선 것이 최근 업계의 합종연횡을 불러왔다……노키아, 블랙베리, 휼렛패커드 등이 하루아침에 기존 모델을 포기하고 강자와 제휴를 모색하는 풍경은 중국의 춘추전국시대를 연상시킨다. 숱한 군웅이 제 고장을 기반으로 할거하던 시기가 삼국시대를 거쳐 결국 천하가 통일되는 게 패권 다툼의 역사다."[178]

## 구글의 개인정보 통합정책

2012년 초 구글은 인터넷 접속정보를 기억하는 파일인 쿠키를 통해 개인정보를 수집하다 적발돼 '쿠키 게이트(Cookie Gate)'라는 별칭이 생겨나기도 했다. 이에 대해 박순찬은 이렇게 말했다. "구글이 과도한 개인정보를 수집한다는 비난 속에서도 이용자들을 사로잡고 있는 것은 아이러니하게도 내가 제공한 정보 때문이다. 구글이 나에 대해 많이 알면 알수록, 매번 같은 정보를 입력하지 않아도 되고 내가 선호하는 정보를 알아서 제공하는 것이다. 구글은 사용자들의 정보를 바탕으로 계속 새로운 서비스를 만들어낸다."[179]

2012년 1월 25일 구글은 3월 1일부터 지메일, 유튜브, 구글플러스 등 구글의 60여 개 서비스에 분산돼 있던 사용자의 검색 기록, 연락처, 일정 등 개인정보를 통합하기로 했다고 밝혔다. 구글은 개인정보 통합 이유에 대해 "그동안 개인정보 보호와 관련된 70여 건의 정책을 14건으로 줄일 수 있게 됐다"며 약관의 단순화와 명료화를 통해 편의를 높였다고 설명했다. 또 구글은 "사용자의 위치, 일정, 당일 교통상황을 판단해 사용자가 약속에 늦지 않도록 알림 서비스를 제공할 수도 있다"며 새로운 프라이버시 정책의 장점을 알렸다.

이에 따라 개인별 맞춤형 검색 서비스가 가능하게 되었다. 예컨대, 앞으로 구글을 통해 '재규어'를 찾으면, 고급 승용차에 관심이 있는 사람에게는 재규어 새 모델 시승기와 같은 차량 관련 정보가 맨 위에 노출되고, 유튜브를 통해 '동물의 왕국' 같은 자연 다큐멘터리를 많이 시청해온 사람에게는 아메리카 대륙에 사는 고양이과 동물 재규어 관련 정보 위주로 결과가 제시되게 되었다. 그간 구글은 둘을 구분하지 않고 섞어서 보여주었다.

이에 대해 미국 하원의원 여덟 명이 페이지에게 공개서한을 보내 "프라이버시 침해 우려"를 전달하는 등 구글이 정보화 시대에 모든 것을 감시하는 권력자인 '빅브라더'의 의도를 드러낸 것이라는 비판이 쏟아졌다. 개인정보 통합에 따라, 한 곳만 뚫리면 사용자의 방대한 정보가 한꺼번에 노출될 수 있으며, 사용자가 동의하지 않아도 정보가 통합되도록 설계가 바뀐 것에 대한 우려였다.

구글은 "다양한 서비스 이용 정보를 통합하는 것은 사용자가 로그인한 경우에만 적용되므로, 개인정보 통합이 걱정되면 로그인 없이 쓸 수 있다"고 해명했지만, 현실적으로 구글 서비스를 로그인 없이 사용하기란 매우 어려웠다. 스마트폰으로 안드로이드 운영체제와 서비스를 쓰는 경우는 더욱 그랬다.[180]

구글의 새 정책은 한국에서도 논란이 되었다. 정보통신망법에 따르면 이용자가 개인정보를 포털사이트 등에 제공하지 않더라도 해당 사이트를 자유롭게 이용할 수 있도록 규정돼 있기 때문이다. 이와 관련, 구글코리아 법무담당자는 2월 9일 방송통신위원회 개인정보보호윤리과장 김광수와 만나 "이번 개인정보 통합 정책은 전 세계에서 공통적으로 적용되기 때문에 한국만 예외를 둘 수 없다"며 "(개인정보 통합에) 이용자가 동의하지 않으면 서비스를 탈퇴해야 한다"고 밝혔다.[181]

이 논란에 대해 구본권은 "많은 서비스를 통해 숱한 개인정보가 구글에 쌓이고 있지만, 이번처럼 구글의 개인정보정책은 업체 의도에 따라 바뀔 수 있다는 점도 문제다. 하지만 프라이버시 우려 속에서도 상당수 이용자는 더 많은 개인정보를 제공하고 맞춤화된 서비스를 선호하는 경향을 보인다."고 논평했다.[182]

## 우주 광물 채취와 구글글라스

2012년 4월 24일, 페이지는 우주 소행성에서 광물을 캐내기 위한 '플래니터리 리소시스'라는 회사를 설립했다. 창립멤버에는 슈미트 회장, 우주공상과학영화 '아바타'를 만든 제임스 카메론 감독, 미국 대선후보였던 로스 페로의 아들 로스 페로 2세, 마이크로소프트(MS)에서 일하다가 두 차례 우주 여행을 한 찰스 시모니, 미 항공우주국(NASA)의 화성탐사 책임자였던 에릭 앤더슨, 민간 우주여행사업가 피터 다이아먼디스 등이 포함되었다.

구글은 이미 2005년 NASA와 공동 기술개발협정을 맺고, 행성과 행성간에 인터넷을 이용할 수 있는 우주인터넷 프로젝트도 추진하고 있었다.

또 우주 엘리베이터 사업도 연구 중인데, 대기권 바깥까지 높이 치솟은 엘리베이터를 만들어 사람이나 화물을 로켓 없이 우주로 보낸다는 구상이었다.

페이지는 우주광이다. 그는 2005년부터 우주개발을 위한 X프라이즈 재단 운영이사를 맡고 있는데, 엑스프라이즈는 성공적인 달 탐사 로보트를 처음 개발하는 기업에 2,000만 달러의 상금을 포상하는 민간대회다. 페이지 못지 않은 우주광인 브린은 개인 우주여행을 위해 3,500만 달러의 예산을 책정하기도 했다. 이런 관심을 반영하듯 미국 캘리포니아주 새너제이에 있는 구글 본사 43번 건물 1층 로비 천장에는 '스페이스십 1'이라는 개인용 소형 우주선이 매달려 있다. 모형이 아닌 실제 우주선으로, 페이지가 구입한 것이다.[183]

2012년 6월 27일, '구글 신기술발표회 2012'가 열린 미국 샌프란시스코 모스코니센터 3층에선 구글글라스 쇼가 펼쳐졌다. 수석부사장 빅 군도트라가 한창 소셜네트워크서비스(SNS) 구글플러스의 신기능을 발표하고 있을 때 갑자기 브린이 무대로 뛰어올라왔다. 예상치 못한 일이었다. 발표는 중단됐고 객석은 술렁였다. 뭔가 이상했지만 브린이 곧 객석을 향해 소리쳤다. "구글글라스 시연을 보실래요?"

구글글라스는 구글이 만든 '스마트 안경'으로 스마트폰처럼 안드로이드 운영체제(OS)를 이용해 사진도 찍고 인터넷 검색도 하며 길안내도 받을 수 있다. 브린은 무대의 대형화면에 샌프란시스코 상공에 떠 있는 비행선을 연결했다. 그 시간 하늘에선 구글글라스를 낀 스카이다이버들이 낙하를 준비하고 있었다. 이후에는 마치 한 편의 블록버스터 뮤지컬을 보는 듯한 광경이 펼쳐졌다. 스카이다이버들은 곧장 비행선에서 뛰어내려 발표장인 모스코니센터 지붕 위에 착륙했다. 그리고는 계단 대신 밧줄을 타고 행사장이 있는 3층 발코니로 내려와 미리 준비된 자전거로 갈

아탔다. 이들이 자전거를 탄 채로 무대에 오를 때까지 걸린 시간은 단 10분이었으며, 이 모든 광경이 이들의 1인칭 시점으로 대형화면에서 생중계됐다. 브린은 "구글글라스는 상상도 못한 미래가 우리 앞에 놓여 있음을 보여주는 기계"라고 말했다.

구글은 이날 행사에 참석한 개발자들을 대상으로 구글글라스의 사전예약 주문을 받았다. 한 대에 1,500달러(약 173만 원)나 했지만 참가자들은 사전예약을 하기 위해 긴 줄을 섰다. 구글글라스는 2013년 초 예약자들에게 배송되며, 소비자 대상 제품은 2013년 하반기에 판매될 예정이라고 했다.

이날 구글이 선보인 새로운 하드웨어도 관심을 모았다. 구글은 대만의 아수스를 통해 '넥서스7'이라는 태블릿PC를 발표했다. 7인치 화면의 이 태블릿은 경쟁제품인 애플 '아이패드'보다 화면도 작고 선명함도 덜하고 기계 성능도 다소 떨어지지만, 아이패드가 499달러인 데 비해 넥서스7은 그 반값도 안 되는 199달러에 불과했다.[184]

2012년 10월 2일 구글은 '글라스 손목시계(Glass wristwatch)'라는 시계형 컴퓨터(스마트 시계)를 내놓고 특허를 출원했다. 이 스마트시계는 디스플레이를 통한 방향제시와 제품정보 및 이메일도착 고지 등의 기능을 갖고 있었다.[185]

## "2017년에 구글이 사라질 것"

2012년 10월 1일 뉴욕증시에서 구글의 시가총액은 약 2,492억 달러(약 277조 원)로 마이크로소프트 시가총액(약 2,485억 달러)을 역사상 처음으로 제쳤다. 구글 주가는 상승을 이어가 10월 5일에는 미국 증시 상장 종목들 가운데 애플, 엑손모빌을 제치고 전체 3위까지 오르기도 했다. 석유업체인 엑손모빌을 제외하고 글로벌 IT기업만 놓고 본다면 애플에 이어 2위에 오른 것이다. 업계에서는 구글의 마이크로소프트 시가총액 추월을 충격으로 받아들였다. 『뉴욕타임스』는 "포스트PC 시대가 열렸음을 보여주는 것"이라고 보도했다.[186]

그러나 2012년 10월 18일, 구글의 3분기 실적발표에 대해선 적지 않은 투자자들과 주요 외신이 불안을 나타냈다. 이날 실적은 구글 본사의 승인 없이 실수로 장중에 공개됐는데, 이런 '실수'보다도 투자자들을 더 불안하게 한 것은 구글이 공개한 실적 관련 수치들이었다.

이날 발표된 구글의 매출 증가율(모토로라 매출 제외시 17퍼센트)이나 영업이익률(37퍼센트)은 모두 시장 기대에 못미쳤다. 문제는 이런 부진이 일시적인 요인이 아니라, 최근 인터넷 업계를 둘러싼 근본적이고 거시적인 불안을 반영한다는 점이다. 이를 보여주는 대표적인 수치가 클릭당 온라인 광고단가(CPC·Cost Per Click)이다.

CPC는 인터넷 검색 광고가 한 번 클릭 될 때마다 광고주가 검색 포털에 지급하는 평균 금액. 보통 광고주들이 특정 키워드에 대해 입찰하는 경매 가격을 바탕으로 결정된다. 즉 '꽃배달' 등 특정 검색어에 대해 경매를 거쳐 광고주가 일정 금액을 내면 해당 검색어 검색결과에 광고주의 광고가 노출되는 구조다. 모바일 검색광고의 경우 CPC가 PC용 인터넷 검색광고에 비해 절반에서 심하게는 10분의 1 수준까지도 낮다.

그런데 광고주가 클릭당 구글에 지급하는 평균 단가는 2012년 3분기 전년 같은 기간에 비해 15퍼센트 떨어졌다. 4분기 연속 하락세였다. 온라인 광고단가가 떨어지는 이유는 광고 단가가 높은 PC용 검색광고 대신 스마트폰·태블릿 PC 등 모바일 기기에서 광고를 클릭하는 비율이 높아졌기 때문이다. 모바일 광고의 단가는 같은 검색광고라도 PC용 검색

광고에 비해 절반 이하다. 이에 따라 전체 클릭수는 늘어나고 있음에도 구글의 수익은 성장이 정체되는 현상이 나타난 것이다.

구글을 비롯한 검색포털 서비스는 PC 사용자들이 검색광고를 클릭하는 대가로 광고주에게서 돈을 받는 게 주 수입원이다. 그러나 PC 대신 휴대전화(모바일)로 인터넷 사용자들이 대거 이동하면서 이런 수익모델에 한계가 뚜렷해졌다. 자칫 10년 전 IT업계를 강타했던 인터넷 광고 시장 위축이 되돌아올 수 있다는 분석도 나왔다. 구글을 비롯한 세계 검색포털업계의 거인巨人들이 일제히 부진한 실적을 내놓으면서 검색포털에 위기가 닥쳤다는 분석이 부상한 것이다. 심지어 2017년에 구글이 사라질 것이라는 극단적 분석까지 등장했다.[187]

그러나 래리 페이지는 오히려 애플과 페이스북을 향해 쓴소리를 내뱉는 여유를 보였다. 그는 2013년 1월 18일 정보기술(IT) 전문매체인 『와이어드(Wired)』와의 인터뷰에서 자사의 '구글X' 프로젝트를 언급하면서 "애플과 페이스북 같은 업체들이 경쟁보다는 혁신에 더 많은 자원들을 집중해야 한다"고 말했다. 구글X 프로젝트는 구글이 미래 핵심 사업을 발굴하기 위해 지난 2011년부터 실리콘밸리의 한 연구소에서 비밀리에 추진 중인 최첨단 IT 기술 개발 과제다. 2010년 말 2만 6,316명이던 구글의 임직원은 2년 새 배 이상 늘어나 5만 3,500여 명이 되었는데, 페이지는 그 상태에서도 구글을 세계 최고의 혁신 조직으로 유지하는 비법이라며 다음과 같이 말했다.

"오직 경쟁사를 격파하는 것이 일의 목표라면 매일 출근하는 게 얼마나 지겹겠는가. 그래서 내 업무 중 큰 부분은 사람들이 작은 개선이 아닌 도약적인 개선에 집중하도록 하는 것이다. …… 투자자들은 언제나 '미친 짓'에 너무 많은 돈을 쓰는 거 아니냐'고 구글을 걱정한다. 하지만 유튜브, 크롬, 안드로이드처럼 지금 그들이 열광하는 서비스는 모두 미친 짓의 산물이다. 만일 당신이 '미친 짓'을 하고 있지 않다면, 당신이 일을 잘못하고 있는 것이다. …… 우리가 검색을 시작했을 때 모두 '너희는 망할 것이다. 검색 회사는 벌써 다섯 곳이 있다'고 했다. 우리는 '다른 식으로 할 것이다'고 했다. 나는 이런 시각으로 모든 분야를 보고 있다. …… 우리가 지금 쓰는 전화기에는 유리가 달려있다. 떨어뜨리면 깨질까 봐 걱정해야 한다. 5~10년 후에는 다를 것이다. 앞으로 하드웨어 분야에 많은 혁신과 변화가 일어날 것이다."[188]

## 신의 영역에 도전하려는 구글의 욕망

오늘날 구글에는 웹의 모든 것을 캡처하는 인덱싱 업무를 하는 엔지니어만 3만여 명에 이른다. 브린은 이런 말을 한 적이 있다. "구글에서 검색을 해봤다면 다 조사한 것이고, 그렇지 않으면 조사한 것이 아니라고 사람들이 생각할 수 있는 상황까지 나아가고자 한다."[189]

페이지는 2003년 스탠퍼드대 연설에서 "궁극의 검색엔진은 인간만큼, 혹은 인간보다 더 똑똑할 것입니다"라며 구글의 야망을 드러냈다.[190] 그는 또 2009년에는 이렇게 말했다. "사람들은 항상 구글이 검색에서는 이제 더 이상 할 일이 없다고 생각한다. 그러나 우리는 이제 갈 길의 5퍼센트 정도 왔을 뿐이다. 우리는 모든 것을 이해하는 궁극적인 검색엔진을 만들고 싶다."[191]

마찬가지로 구글이 우리 두뇌의 일부가 되기를 원하는 브린은 "완벽한 검색엔진은 신神의 마음과 같을 것입니다"라고 말한다.[192] 이에 대해 하버드 교수 니콜라스 카(Nicholas Carr)는 2008년 1월 "구글에서 일하는 수학자나 컴퓨터 과학자들은 인공지능에 열심이지만, 구글의 의도를 유저들이 알게 될 때 그만큼 달가워할지는 의문입니다."라면서 다음과 같이 말한다.

"인간보다 월등한 지능의 존재에 대해 걱정하는 사람들이 않으니까요. 구글 로보트가 이러저리 돌아다니며 사람들을 선 밖으로 내몰 거라는 말은 아닙니다. 하여튼 구글은 우리 대신 많은 생각을 할 수 있는 기계를 창조하는 데 열심인 것으로 보입니다. 우리가 기계에 기억과 결정을 의존하기 시작할 때부터 우리의 자유의지는 어떻게 될지 따져봐야 할 것입니다."[193]

"신神의 마음과 같은 검색엔진"을 꿈꾸고 있는 래리 페이지와 세르게이 브린의 '구글 제국'의 행진은 계속되고 있다. 2017년에 구글이 사라질 것이라는 극단적 분석까지 등장했다지만, 바로 보름 전 '구글의 무한질주'에 대한 찬탄이 쏟아졌다는 걸 감안할 필요가 있겠다. 구글 현상으로 밥을 먹고 사는 논평가들의 애로도 이해해야 하지 않겠는가.

구글의 본질은 '속도'다. "빠른 것이 느린 것보다 낫다"는 구글의 선언은 당연한 듯 보이지만, 실은 그 이상이다. "1000분의 1초가 모두 중요하다. …… 속도는 사용자들에게 중요하다. 속도는 또한 구글이 좋은 명분이 없이는 희생하지 않는 경쟁우위다." 제프 자비스(Jeff Jarvis)의 말마따나, "속도는 구글 종교의 교리인 셈이다."[194]

그런 속도에 치이는 것 중의 하나는 바로 프라이버시다. 선마이크로시스템즈(Sun Microsystems)의 창립자인 스콧 맥닐리(Scott McNealy, 1954~)는 이미 1999년 "프라이버시는 죽었다. 잊어버려라.(You have zero privacy anyway. Get over it.)"라고 말했다지만,[195] 그로부터 10년 후 구글 CEO 에릭 슈미트는 "당신한테 아무도 모르길 바라는 점이 있다면, 애초에 그걸 하면 안되는 거겠죠."라고 말했다.[196] 그러나 이들의 체념은 남들의 프라이버시로 장사를 하는 사람들의 이야기일 뿐, 프라이버시는 그렇게 쉽게 잊을 수 있는 문제는 아니었다.

작가 파울로 코엘료(Paulo Coelho)는 "검색엔진이 지구를 장악할 것이다"고 선언했다지만,[197] 구글은 그 이상을 내다보고 있다. 구글은 사용자의 '의도'를 파악하는 이른바 '시맨틱(semantic) 검색'의 단계로 나아가고 있다. 구글의 검색 전문가 아미트 싱할(Amit Singhal)은 "사용자의 의도를 미리 파악해 검색결과를 내놓는 게 우리의 꿈"이라며 "그 단계를 '검색 없는 검색(searching without searching·SWS)'이라 부른다"고 했다.[198]

켄 올레타(Ken Auletta)는 "구글은 더 이상 단순한 검색 엔진의 이름이 아니다"면서 "구글은 21세기 지구 상에서 가장 강력한 영향력을 가진 기업을 일컫는 말"이라고 했고, 장영재는 구글을 '신의 영역에 도전하는 기업'이라고 했다.[199] 지구 장악을 넘어서 신의 영역에 도전하려는 구글의 욕망, 그것이 바로 "신神의 마음과 같은 검색엔진"이다.

페이지와 브린의 재산은 각각 175억 달러로 2010년 세계 부자순위 24위에 동시에 올라 있다.(2011년엔 각각 203억 달러) 슈미트도 70억 달러의 재산으로 세계 부자 순위 136위다. 재산이 이 정도 되면 '꿈'을 실현하려는 인류사적 도전과 족적에 올인하기 마련이다.

이제 더욱 확장된 개념으로서의 '구글라이제이션'은 축복이되 이윤 추구를 전제로 한 축복이다. 구글 창업자들은 돈엔 관심없다고 입버릇처럼 말하지만, 자신들의 꿈을 실현할 조직 유지를 위해서도 돈은 필요할 터이니 하나마나한 말이다. 구글은 "사악하게 굴지 말라(Don't be evil)"는 사훈社訓을 내걸었다지만, 선악의 기준은 오직 자신들의 선의일 뿐이니 이 또한 하나마나한 말일 뿐이다.

구글이 '사악하게 굴지 말라'는 신조 아래 무료사용 원칙을 지켜온 것에 대해 긍정적인 평가를 해온 로이터 회장 토머스 글로서(Thomas Glocer)는 이런 경고를 했다. "(그 신조가) 구글의 진정한 신조이자 실제 가치관인지, 아니면 단지 '걱정 말라'고 안심시키고 나중에 엄청난 개인행동 데이터를 구축하고 나면 '근데 말이지, 이제부턴 돈을 내셔야겠어' 하고 등을 치려는 건지 모릅니다. …… 구글은 소프트웨어를 응용해서 좁은 해협을 만들고는 우리가 웹에서 뭔가를 할 때마다 그곳을 지나가야 하게 만들었죠. …… 사용자들의 눈길을 끌려면 구글에 의존해야 한다는 것이 두려운 거죠. 어떤 시점이 되면 구글은 공익사업가가 아니라 입장료를 받는 문지기로 바뀔 수도 있어요."[200]

스탠퍼드 로스쿨 교수 로렌스 레식(Lawrence Lessig)은 이렇게 말했다. "선량한 사람들이 확신범이 되는 법입니다. 자신이 선하다고 너무나 확신한 나머지 눈이 멀어버리는 것 말이죠. 오늘날 구글이 그럴지도 모릅니다."[201] 아마존의 CEO이자 구글 투자자인 제프 베조스는 "당연히 악해져서는 안 되겠죠. 하지만 그다지 자랑하고 다닐 일도 아니라고 봅니다."라고 말했다. 심지어 슈미트마저 "악惡이란 세르게이 브린이 악하다고 말하는 것"이라고 유머러스하게 비꼰 적이 있다.[202]

'빅 브라더'에게도 선의는 있는 법이다. 그 어떤 선의로 충만하건, 독점적 지위 자체가 악惡으로 쉽게 전환될 수 있다는 데에 문제가 있다. 또한 그 누구건 어떤 선한 명분과 대의를 내걸더라도 우리 시대의 비전을 위한 혁신과 창의력은 바로 충분한 이윤이 보장될 때 나오기 마련이다. 비전을 위한 욕망이건 이윤을 위한 욕망이건 이 욕망의 실천이 사람들을 즐겁게 만들어주면 빛은 과대평가되고 그림자는 과소평가된다. 빛은 현실의 문제이고, 그림자는 이론이나 예외적 일탈의 문제로 간주된다. 우리는 '제국 건설'이라고 하는 드라마에 매료되기도 한다. '구글 드라마'도 언젠가는 끝나겠지만, 종영이 되기에는 아직 많은 시간이 남아있는 것 같다.

# 주

1 최진주, 〈[슈퍼 리치 스토리] "악해지지 말라"… 독점·폐쇄성 버리니 되레 돈이 보여: 구글 창업자 래리 페이지·세르게이 브린(상)〉, 『한국일보』, 2010년 5월 29일; 재닛 로우(Janet Lowe), 배현 옮김, 『구글 파워: 전 세계 선망과 두려움의 기업』(애플트리태일즈, 2009/2010), 35–36, 44–45쪽; 존 바텔(John Battelle), 이진원·신윤조 옮김, 『검색으로 세상을 바꾼 구글 스토리』(랜덤하우스중앙, 2005), 123쪽; 장유엔창, 하진이 옮김, 『창조경영 구글』(머니플러스, 2005/2010), 25쪽.

2 켄 올레타(Ken Auletta), 김우열 옮김, 『구글드: 우리가 알던 세상의 종말』(타임비즈, 2009/2010), 55–56쪽.

3 최진주, 〈[슈퍼 리치 스토리] "악해지지 말라"… 독점·폐쇄성 버리니 되레 돈이 보여: 구글 창업자 래리 페이지·세르게이 브린 (상)〉, 『한국일보』, 2010년 5월 29일.

4 스티븐 레비(Steven Levy), 위민복 옮김, 『In The Plex: 0과 1로 세상을 바꾸는 구글 그 모든 이야기』(에이콘, 2011/2012), 33쪽.

5 김정남·김정현, 『세계 최고의 디지털 리더 9인의 이야기』(팜파스, 2007), 400–401쪽.

6 엘리 패리저(Eli Pariser), 이현숙·이정태 옮김, 『생각 조종자들』(알키, 2011), 45쪽.

7 장유엔창, 하진이 옮김, 『창조경영 구글』(머니플러스, 2005/2010), 366쪽.

8 켄 올레타(Ken Auletta), 김우열 옮김, 『구글드: 우리가 알던 세상의 종말』(타임비즈, 2009/2010), 80–81쪽.

9 스티븐 레비(Steven Levy), 위민복 옮김, 『In The Plex: 0과 1로 세상을 바꾸는 구글 그 모든 이야기』(에이콘, 2011/2012), 52쪽.

10 켄 올레타(Ken Auletta), 김우열 옮김, 『구글드: 우리가 알던 세상의 종말』(타임비즈, 2009/2010), 81, 95쪽.

11 스티븐 레비(Steven Levy), 위민복 옮김, 『In The Plex: 0과 1로 세상을 바꾸는 구글 그 모든 이야기』(에이콘, 2011/2012), 53쪽.

12 함석진, 〈[유레카] 구글〉, 『한겨레』, 2007년 4월 30일; 임소정, 〈[어제의 오늘] 1998년 구글 창립〉, 『경향신문』, 2010년 9월 4일.

13 재닛 로우(Janet Lowe), 배현 옮김, 『구글 파워: 전 세계 선망과 두려움의 기업』(애플트리태일즈, 2009/2010), 45–46쪽; 임소정, 〈[어제의 오늘] 1998년 구글 창립〉, 『경향신문』, 2010년 9월 4일.

14 재닛 로우(Janet Lowe), 배현 옮김, 『구글 파워: 전 세계 선망과 두려움의 기업』(애

플트리태일즈, 2009/2010), 46–47, 102–103쪽.

**15** 최진주, 〈[슈퍼 리치 스토리] '개방'의 구글, 과연 애플 아성도 넘을까: 구글 창업자 래리 페이지, 세르게이 브린 (하)〉, 『한국일보』, 2010년 6월 5일.

**16** 스티븐 레비(Steven Levy), 위민복 옮김, 『In The Plex: 0과 1로 세상을 바꾸는 구글 그 모든 이야기』(에이콘, 2011/2012), 55쪽.

**17** 제프 자비스(Jeff Jarvis), 이진원 옮김, 『구글노믹스: 미래경제는 구글 방식이 지배한다』(21세기북스, 2009/2010), 198쪽.

**18** 랜달 스트로스(Randall Stross), 고영태 옮김, 『구글, 신화와 야망』(일리, 2008/2009), 26쪽; 장유엔창, 하진이 옮김, 『창조경영 구글』(머니플러스, 2005/2010), 59쪽.

**19** 랜달 스트로스(Randall Stross), 고영태 옮김, 『구글, 신화와 야망』(일리, 2008/2009), 167–168쪽.

**20** 스티븐 레비(Steven Levy), 위민복 옮김, 『In The Plex: 0과 1로 세상을 바꾸는 구글 그 모든 이야기』(에이콘, 2011/2012), 205쪽.

**21** 재닛 로우(Janet Lowe), 배현 옮김, 『구글 파워: 전 세계 선망과 두려움의 기업』(애플트리태일즈, 2009/2010), 178–181쪽; 장유엔창, 하진이 옮김, 『창조경영 구글』(머니플러스, 2005/2010), 102–111쪽; 이지선·김지수, 『디지털 네이티브 스토리』(리더스하우스, 2011), 101쪽.

**22** 찰스 아서(Charles Arthur), 전용범 옮김, 『디지털 워』(이콘, 2012), 69–76쪽.

**23** 재닛 로우(Janet Lowe), 배현 옮김, 『구글 파워: 전 세계 선망과 두려움의 기업』(애플트리태일즈, 2009/2010), 114쪽.

**24** 최진주, 〈[슈퍼 리치 스토리] '개방'의 구글, 과연 애플 아성도 넘을까: 구글 창업자 래리 페이지, 세르게이 브린 (하)〉, 『한국일보』, 2010년 6월 5일.

**25** 랜달 스트로스(Randall Stross), 고영태 옮김, 『구글, 신화와 야망』(일리, 2008/2009), 16쪽.

**26** 켄 올레타(Ken Auletta), 김우열 옮김, 『구글드: 우리가 알던 세상의 종말』(타임비즈, 2009/2010), 156쪽.

**27** 재닛 로우(Janet Lowe), 배현 옮김, 『구글 파워: 전 세계 선망과 두려움의 기업』(애플트리태일즈, 2009/2010), 114쪽.

**28** 스티븐 레비(Steven Levy), 위민복 옮김, 『In The Plex: 0과 1로 세상을 바꾸는 구글 그 모든 이야기』(에이콘, 2011/2012), 121쪽; 정지훈, 『거의 모든 IT의 역사: 세상의 패러다임을 바꾼 위대한 혁명』(메디치, 2010), 287–288쪽.

**29** 정지훈, 〈[정지훈의 IT 인물열전] 에릭 슈미트〉, 『주간동아』, 제782호(2011년 4월 11일); 〈Eric Schmidt〉, [Wikipedia]; 켄 올레타(Ken Auletta), 김우열 옮김, 『구글

드: 우리가 알던 세상의 종말』(타임비즈, 2009/2010), 120쪽.

30 켄 올레타(Ken Auletta), 김우열 옮김, 『구글드: 우리가 알던 세상의 종말』(타임비즈, 2009/2010), 39, 120쪽; 재닛 로우(Janet Lowe), 배현 옮김, 『구글 파워: 전 세계 선망과 두려움의 기업』(애플트리태일즈, 2009/2010), 53–54쪽; 구본권, 〈페이스북·구글·애플을 키운 건 '대항문화'였다〉, 『한겨레』, 2012년 2월 21일; 다니엘 솔로브(Daniel J. Solove), 이승훈 옮김, 『인터넷세상과 평판의 미래』(비즈니스맵, 2007/2008), 329–330쪽; Ori Brafman & Rod A. Beckstrom, *The Starfish and the Spider: The Unstoppable Power of Leaderless Organizations*(New York: Portfolio, 2006), pp.77–81.

31 스코트 클리랜드(Scott Cleland)·아이라 브로드스키(Ira Brodsky), 박기성 옮김, 『두 얼굴의 구글: 구글 스토리에 숨겨진 또 다른 이면』(에이콘, 2011/2012), 313쪽.

32 정지훈, 『거의 모든 IT의 역사: 세상의 패러다임을 바꾼 위대한 혁명』(메디치, 2010), 32–33쪽.

33 켄 올레타(Ken Auletta), 김우열 옮김, 『구글드: 우리가 알던 세상의 종말』(타임비즈, 2009/2010), 123–134쪽; 존 바텔(John Battelle), 이진원·신윤조 옮김, 『검색으로 세상을 바꾼 구글 스토리』(랜덤하우스중앙, 2005), 223쪽; 김정남·김정현, 『세계 최고의 디지털 리더 9인의 이야기』(팜파스, 2007), 453쪽; 장유엔창, 하진이 옮김, 『창조경영 구글』(머니플러스, 2005/2010), 36쪽.

34 재닛 로우(Janet Lowe), 배현 옮김, 『구글 파워: 전 세계 선망과 두려움의 기업』(애플트리태일즈, 2009/2010), 59쪽.

35 재닛 로우(Janet Lowe), 배현 옮김, 『구글 파워: 전 세계 선망과 두려움의 기업』(애플트리태일즈, 2009/2010), 245쪽.

36 찰스 아서(Charles Arthur), 전용범 옮김, 『디지털 워』(이콘, 2012), 85쪽.

37 존 바텔(John Battelle), 이진원·신윤조 옮김, 『검색으로 세상을 바꾼 구글 스토리』(랜덤하우스중앙, 2005), 233–234쪽.

38 스티븐 레비(Steven Levy), 위민복 옮김, 『In The Plex: 0과 1로 세상을 바꾸는 구글 그 모든 이야기』(에이콘, 2011/2012), 206쪽.

39 켄 올레타(Ken Auletta), 김우열 옮김, 『구글드: 우리가 알던 세상의 종말』(타임비즈, 2009/2010), 132쪽.

40 켄 올레타(Ken Auletta), 김우열 옮김, 『구글드: 우리가 알던 세상의 종말』(타임비즈, 2009/2010), 96쪽; 제프 자비스(Jeff Jarvis), 이진원 옮김, 『구글노믹스: 미래경제는 구글 방식이 지배한다』(21세기북스, 2009/2010), 172쪽.

41 스코트 클리랜드(Scott Cleland)·아이라 브로드스키(Ira Brodsky), 박기성 옮김, 『두 얼굴의 구글: 구글 스토리에 숨겨진 또 다른 이면』(에이콘, 2011/2012), 50쪽.

42 랜달 스트로스(Randall Stross), 고영태 옮김, 『구글, 신화와 야망』(일리, 2008/2009), 11, 314쪽.

43 〈Googlization〉, [Wikipedia]. 2006년 1월 스위스 다보스에서 열린 2006 세계경제포럼(WEF)에서 클라우스 슈왑(Klaus Schwab) 포럼 회장은 전세계인들이 구글 인터넷 검색엔진을 통해 시공을 초월해 정보를 이용할 수 있게 된 현실이 세상을 뒤바꿔 놓고 있음을 가리켜 "전세계가 이제 글로벌라이제이션에서 구글라이제이션(Googlization)으로 움직이고 있다"고 말했다. 〈왜 '구글라이제이션' 시대인가(사설)〉, 『매일경제』, 2006년 1월 28일.

44 재닛 로우(Janet Lowe), 배현 옮김, 『구글 파워: 전 세계 선망과 두려움의 기업』(애플트리태일즈, 2009/2010), 89쪽; 장유엔창, 하진이 옮김, 『창조경영 구글』(머니플러스, 2005/2010), 150쪽; Matthew Hindman, *The Myth of Digital Democracy* (Princeton, NJ: Princeton University Press, 2009), pp.38–57; John Walston, *The Buzzword Dictionary*(Oak Park, IL: Marion Street Press, 2006), pp.97–98; 심상복, 〈'구고미터'〉, 『중앙일보』, 2005년 6월 10일, E6면.

45 〈Google News〉, [Wikipedia]; 〈Schmidt, Eric〉, *Current Biography Yearbook 2008*, pp.511–519.

46 장유엔창, 하진이 옮김, 『창조경영 구글』(머니플러스, 2005/2010), 134–135쪽.

47 홀름 프리베(Holm Friebe) & 사샤 로보(Sascha Lobo), 두행숙 옮김, 『디지털 보헤미안: 창조의 시대를 여는 자』(크리에디트, 2006/2007), 272–273쪽.

48 스티븐 레비(Steven Levy), 위민복 옮김, 『In The Plex: 0과 1로 세상을 바꾸는 구글 그 모든 이야기』(에이콘, 2011/2012), 151, 157쪽.

49 정지훈, 『거의 모든 IT의 역사: 세상의 패러다임을 바꾼 위대한 혁명』(메디치, 2010), 310–311쪽.

50 〈AdSense〉, [Wikipedia].

51 스코트 클리랜드(Scott Cleland)·아이라 브로드스키(Ira Brodsky), 박기성 옮김, 『두 얼굴의 구글: 구글 스토리에 숨겨진 또 다른 이면』(에이콘, 2011/2012), 195쪽.

52 〈AdSense〉, [Wikipedia].

53 스티븐 레비(Steven Levy), 위민복 옮김, 『In The Plex: 0과 1로 세상을 바꾸는 구글 그 모든 이야기』(에이콘, 2011/2012), 479쪽.

54 모리 켄, 하연수 옮김, 『구글·아마존화 하는 사회』(작가정신, 2008), 117–118쪽.

55 랜달 스트로스(Randall Stross), 고영태 옮김, 『구글, 신화와 야망』(일리, 2008/2009), 256쪽.

56 백승찬, 〈가장 강력한 '홍보 무기': 입소문·넷소문의 역사와 효과〉, 『경향신문』, 2007년 2월 22일, K2면.

57 그레그 콘티(Greg Conti), 이다윗 외 옮김, 『구글은 당신을 알고 있다』(비팬북스, 2009), 162쪽.

58 존 바텔(John Battelle), 이진원·신윤조 옮김, 『검색으로 세상을 바꾼 구글 스토리』(랜덤하우스중앙, 2005), 306-308쪽; 장유엔창, 하진이 옮김, 『창조경영 구글』(머니플러스, 2005/2010), 471쪽.

59 모리 켄, 하연수 옮김, 『구글·아마존화 하는 사회』(작가정신, 2008), 130-131쪽.

60 김평호, 〈인터넷 검색과 지식권력: 포털의 정치경제학〉, 김상배 엮음, 『인터넷권력의 해부』(한울, 2008), 60쪽.

61 〈Gmail〉, [Wikipedia].

62 스티븐 레비(Steven Levy), 위민복 옮김, 『In The Plex: 0과 1로 세상을 바꾸는 구글 그 모든 이야기』(에이콘, 2011/2012), 253쪽.

63 스티븐 레비(Steven Levy), 위민복 옮김, 『In The Plex: 0과 1로 세상을 바꾸는 구글 그 모든 이야기』(에이콘, 2011/2012), 253-254쪽.

64 재닛 로우(Janet Lowe), 배현 옮김, 『구글 파워: 전 세계 선망과 두려움의 기업』(애플트리태일즈, 2009/2010), 140쪽; 최진주, 〈[슈퍼 리치 스토리] '개방'의 구글, 과연 애플 아성도 넘을까: 구글 창업자 래리 페이지, 세르게이 브린 (하)〉, 『한국일보』, 2010년 6월 5일.

65 재닛 로우(Janet Lowe), 배현 옮김, 『구글 파워: 전 세계 선망과 두려움의 기업』(애플트리태일즈, 2009/2010), 58쪽; 〈Google〉, [Wikipedia].

66 재닛 로우(Janet Lowe), 배현 옮김, 『구글 파워: 전 세계 선망과 두려움의 기업』(애플트리태일즈, 2009/2010), 245-246쪽.

67 스티븐 레비(Steven Levy), 위민복 옮김, 『In The Plex: 0과 1로 세상을 바꾸는 구글 그 모든 이야기』(에이콘, 2011/2012), 500쪽.

68 재닛 로우(Janet Lowe), 배현 옮김, 『구글 파워: 전 세계 선망과 두려움의 기업』(애플트리태일즈, 2009/2010), 233쪽

69 장유엔창, 하진이 옮김, 『창조경영 구글』(머니플러스, 2005/2010), 336-337쪽.

70 Don R. Pember, *Mass Media Law* 3rd ed. (Dubuque, Iowa: Wm.C.Brown, 1984), pp.424-425.

71 니콜라스 카(Nicholas Carr), 최지향 옮김, 『생각하지 않는 사람들: 인터넷이 우리의 뇌 구조를 바꾸고 있다』(청림출판, 2010/2011), 239-240쪽.

72 켄 올레타(Ken Auletta), 김우열 옮김, 『구글드: 우리가 알던 세상의 종말』(타임비즈, 2009/2010), 431쪽; 스티븐 레비(Steven Levy), 위민복 옮김, 『In The Plex: 0과 1로 세상을 바꾸는 구글 그 모든 이야기』(에이콘, 2011/2012), 504쪽.

73 니콜라스 카(Nicholas Carr), 최지향 옮김, 『생각하지 않는 사람들: 인터넷이 우리의

뇌 구조를 바꾸고 있다』(청림출판, 2010/2011), 240–241쪽.

**74** 스티븐 레비(Steven Levy), 위민복 옮김, 『In The Plex: 0과 1로 세상을 바꾸는 구글 그 모든 이야기』(에이콘, 2011/2012), 518–519쪽.

**75** 구글의 CIA 연계설은 이 키홀 인수와 관련이 있다. 키홀의 자금원인 인큐텔(In-Q-Tel)은 CIA의 투자회사였기 때문이다. Evgeny Morozov, *The Net Delusion: The Dark Side of Internet Freedom*(New York: PublicAffairs, 2011), pp.236–237.

**76** 장유엔창, 하진이 옮김, 『창조경영 구글』(머니플러스, 2005/2010), 89–90; 탁상훈, 〈구글의 무한질주〉, 『조선일보』, 2012년 10월 12일.

**77** 장유엔창, 하진이 옮김, 『창조경영 구글』(머니플러스, 2005/2010), 5쪽.

**78** 스티븐 레비(Steven Levy), 위민복 옮김, 『In The Plex: 0과 1로 세상을 바꾸는 구글 그 모든 이야기』(에이콘, 2011/2012), 307쪽.

**79** 찰스 아서(Charles Arthur), 전용범 옮김, 『디지털 워』(이콘, 2012), 273–274쪽.

**80** 이건호, 〈"Google 이젠 실리콘밸리의 새 악당"〉, 『조선일보』, 2005년 8월 25일, A18면; 정미경, 〈실리콘밸리 "Google 해도 너무해"〉, 『동아일보』, 2005년 8월 26일, A16면.

**81** 재닛 로우(Janet Lowe), 배현 옮김, 『구글 파워: 전 세계 선망과 두려움의 기업』(애플트리태일즈, 2009/2010), 299쪽.

**82** 박석원, 〈"구글 죽이겠다": MS 최고경영자 발머 임원 빼가기에 발끈〉, 『한국일보』, 2005년 9월 7일; 〈Steve Ballmer〉, [Wikipedia].

**83** 재닛 로우(Janet Lowe), 배현 옮김, 『구글 파워: 전 세계 선망과 두려움의 기업』(애플트리태일즈, 2009/2010), 199쪽.

**84** 재닛 로우(Janet Lowe), 배현 옮김, 『구글 파워: 전 세계 선망과 두려움의 기업』(애플트리태일즈, 2009/2010), 38–39쪽.

**85** 스티븐 레비(Steven Levy), 위민복 옮김, 『In The Plex: 0과 1로 세상을 바꾸는 구글 그 모든 이야기』(에이콘, 2011/2012), 175–176쪽.

**86** 존 바텔(John Battelle), 이진원·신윤조 옮김, 『검색으로 세상을 바꾼 구글 스토리』(랜덤하우스중앙, 2005).

**87** 전병국, 〈추천사/검색혁명의 서막을 올린 구글에서 배워야 한다〉, 존 바텔(John Battelle), 이진원·신윤조 옮김, 『검색으로 세상을 바꾼 구글 스토리』(랜덤하우스중앙, 2005), 9쪽.

**88** 사사키 도시나오, 한석주 옮김, 『큐레이션의 시대』(민음사, 2011/2012), 148–161쪽.

**89** 엘리 패리저(Eli Pariser), 이현숙·이정태 옮김, 『생각 조종자들』(알키, 2011), 50쪽.

90 존 바텔(John Battelle), 이진원·신윤조 옮김, 『검색으로 세상을 바꾼 구글 스토리』(랜덤하우스중앙, 2005), 301-305쪽.

91 토머스 L. 프리드먼(Thomas L. Friedman), 김상철·이윤섭 옮김, 『세계는 평평하다』(창해, 2005), 209쪽.

92 이본영, 〈'구글 패러독스'〉, 『한겨레』, 2006년 7월 25일.

93 이본영, 〈'구글 패러독스'〉, 『한겨레』, 2006년 7월 25일.

94 매튜 프레이저(Matthew Fraser) & 수미트라 두타(Soumitra Dutta), 최경은 옮김, 『소셜 네트워크 e 혁명』(행간, 2008/2010), 39쪽.

95 유튜브 인수를 위해 구글이 치른 대가는 2010년 중반 유튜브가 구글과 페이스북에 이어 전 세계에서 가장 많이 방문하는 인터넷 사이트 3위에 오르면서 순식간에 보상을 받게 된다. 카르스텐 괴릭(Carsten Görig), 박여명 옮김, 『SNS 쇼크: 구글과 페이스북, 그들은 어떻게 세상을 통제하는가?』(시그마북스, 2011/2012), 53쪽.

96 성민규, 〈디지털 문화의 '구글리제이션'과 2006년 저작권현대화법〉, 『방송동향과 분석』, 통권 242호(2006년 10월 31일), 39-47쪽.

97 강성만, 〈온-오프 넘나들며 '구글천하' 호령: '올해의 CEO'에 오른 에릭 슈미트〉, 『한겨레』, 2006년 12월 22일.

98 켄 올레타(Ken Auletta), 김우열 옮김, 『구글드: 우리가 알던 세상의 종말』(타임비즈, 2009/2010), 275쪽.

99 켄 올레타(Ken Auletta), 김우열 옮김, 『구글드: 우리가 알던 세상의 종말』(타임비즈, 2009/2010), 42-43쪽.

100 Rebecca MacKinnon, *Consent of the Networked: The Worldwide Struggle for Internet Freedom*(New York: Basic Books, 2012), p.10.

101 켄 올레타(Ken Auletta), 김우열 옮김, 『구글드: 우리가 알던 세상의 종말』(타임비즈, 2009/2010), 223-224쪽.

102 스티븐 레비(Steven Levy), 위민복 옮김, 『In The Plex: 0과 1로 세상을 바꾸는 구글 그 모든 이야기』(에이콘, 2011/2012), 404쪽.

103 스티븐 레비(Steven Levy), 위민복 옮김, 『In The Plex: 0과 1로 세상을 바꾸는 구글 그 모든 이야기』(에이콘, 2011/2012), 405쪽.

104 재닛 로우(Janet Lowe), 배현 옮김, 『구글 파워: 전 세계 선망과 두려움의 기업』(애플트리태일즈, 2009/2010), 226쪽.

105 랜달 스트로스(Randall Stross), 고영태 옮김, 『구글, 신화와 야망』(일리, 2008/2009), 265쪽.

106 스코트 클리랜드(Scott Cleland)·아이라 브로드스키(Ira Brodsky), 박기성 옮김, 『두 얼굴의 구글: 구글 스토리에 숨겨진 또 다른 이면』(에이콘, 2011/2012), 223쪽.

107 리처드 L. 브랜트(Richard L. Brandt), 안진환·유근미 옮김, 『구글웨이』(북섬, 2009/2010), 21–22쪽.

108 김선우, 〈구글 "개인 성향까지 고려한 '맞춤 검색' 추진"〉, 『동아일보』, 2007년 5월 31일.

109 김은지, 〈구글 성공의 비결은? '20%의 법칙': 구글 CEO 에릭 슈미트〉, 『한겨레』, 2007년 8월 4일.

110 스코트 클리랜드(Scott Cleland)·아이라 브로드스키(Ira Brodsky), 박기성 옮김, 『두 얼굴의 구글: 구글 스토리에 숨겨진 또 다른 이면』(에이콘, 2011/2012), 13–14쪽.

111 박현정, 〈신바람 일터 만들기 2부/② 미국 구글〉, 『한겨레』, 2008년 5월 7일자.

112 재닛 로우(Janet Lowe), 배현 옮김, 『구글 파워: 전 세계 선망과 두려움의 기업』(애플트리태일즈, 2009/2010), 189쪽.

113 리처드 L. 브랜트(Richard L. Brandt), 안진환·유근미 옮김, 『구글웨이』(북섬, 2009/2010), 103쪽.

114 재닛 로우(Janet Lowe), 배현 옮김, 『구글 파워: 전 세계 선망과 두려움의 기업』(애플트리태일즈, 2009/2010), 176쪽.

115 랜달 스트로스(Randall Stross), 고영태 옮김, 『구글, 신화와 야망』(일리, 2008/2009), 34쪽.

116 스코트 클리랜드(Scott Cleland)·아이라 브로드스키(Ira Brodsky), 박기성 옮김, 『두 얼굴의 구글: 구글 스토리에 숨겨진 또 다른 이면』(에이콘, 2011/2012), 245, 275쪽.

117 스티븐 레비(Steven Levy), 위민복 옮김, 『In The Plex: 0과 1로 세상을 바꾸는 구글 그 모든 이야기』(에이콘, 2011/2012), 198–202쪽.

118 리처드 L. 브랜트(Richard L. Brandt), 안진환·유근미 옮김, 『구글웨이』(북섬, 2009/2010), 89–90쪽.

119 리처드 L. 브랜트(Richard L. Brandt), 안진환·유근미 옮김, 『구글웨이』(북섬, 2009/2010), 91쪽.

120 찰스 아서(Charles Arthur), 전용범 옮김, 『디지털 워』(이콘, 2012), 321쪽.

121 스티븐 레비(Steven Levy), 위민복 옮김, 『In The Plex: 0과 1로 세상을 바꾸는 구글 그 모든 이야기』(에이콘, 2011/2012), 311–314쪽.

122 그레그 콘티(Greg Conti), 이다윗 외 옮김, 『구글은 당신을 알고 있다』(비팬북스, 2009), 243–244쪽.

123 켄 올레타(Ken Auletta), 김우열 옮김, 『구글드: 우리가 알던 세상의 종말』(타임비즈, 2009/2010), 287쪽.

124 〈구글 CEO "신문 돕는건 도덕적 책무"〉, 『동아일보』, 2008년 6월 14일.

**125** 〈Is Google Making Us Stupid?〉, [Wikipedia]; 전병근, 〈구글이 사람을 바보로 만든다?: 읽기와 사유를 바꾼 검색 왕국〉, 『조선일보』, 2008년 6월 19일.

**126** 제프 자비스(Jeff Jarvis), 이진원 옮김, 『구글노믹스: 미래경제는 구글 방식이 지배한다』(21세기북스, 2009/2010), 388−389쪽.

**127** Wayne Overbeck & Genelle Belmas, *Major Principles of Media Law*, 2010 ed.(Boston, MA: Wadsworth, 2010), p.220.

**128** 재닛 로우(Janet Lowe), 배현 옮김, 『구글 파워: 전 세계 선망과 두려움의 기업』(애플트리태일즈, 2009/2010), 225쪽.

**129** 재닛 로우(Janet Lowe), 배현 옮김, 『구글 파워: 전 세계 선망과 두려움의 기업』(애플트리태일즈, 2009/2010), 14쪽.

**130** 재닛 로우(Janet Lowe), 배현 옮김, 『구글 파워: 전 세계 선망과 두려움의 기업』(애플트리태일즈, 2009/2010), 93−96쪽.

**131** 재닛 로우(Janet Lowe), 배현 옮김, 『구글 파워: 전 세계 선망과 두려움의 기업』(애플트리태일즈, 2009/2010), 6쪽.

**132** 〈구글이 바꾸는 세상(사설)〉, 『중앙일보』, 2008년 9월 10일자.

**133** 권오성, 〈구글, 인터넷 정보제국 '전지구 확장'〉, 『한겨레』, 2008년 9월 10일자.

**134** 권오성, 〈구글, 인터넷 정보제국 '전지구 확장'〉, 『한겨레』, 2008년 9월 10일자.

**135** 정진영, 〈구글엔 주민번호가 '우글': 검색어 넣자 휴대폰·체중까지 6900개 쏟아져…〉, 『조선일보』, 2008년 9월 22일자.

**136** 이나리, 〈볼 만한 공연 뭐 있지? 말만 해도 검색 쫙~ : 구글 10돌…인터넷 검색엔진이 바꿀 10년 뒤 세상은〉, 『중앙일보』, 2008년 10월 30일자.

**137** 재닛 로우(Janet Lowe), 배현 옮김, 『구글 파워: 전 세계 선망과 두려움의 기업』(애플트리태일즈, 2009/2010), 72쪽.

**138** 정진영, 〈[뉴스 블로그] 돈이 뭐기에… '사악한 손'과 손잡은 구글〉, 『조선일보』, 2008년 12월 30일자.

**139** 켄 올레타(Ken Auletta), 김우열 옮김, 『구글드: 우리가 알던 세상의 종말』(타임비즈, 2009/2010), 34−35쪽.

**140** 찰스 아서(Charles Arthur), 전용범 옮김, 『디지털 워』(이콘, 2012), 350−352쪽.

**141** 정진황, 〈구글과 오바마, 밀월관계 계속될까〉, 『한국일보』, 2009년 11월 24일.

**142** 스코트 클리랜드(Scott Cleland)·아이라 브로드스키(Ira Brodsky), 박기성 옮김, 『두 얼굴의 구글: 구글 스토리에 숨겨진 또 다른 이면』(에이콘, 2011/2012), 252−255, 298쪽.

**143** 구본권, 〈구글, 사회관계망까지 검색…사생활 '실시간 노출'〉, 『한겨레』, 2010년 1월

6일자.

144 찰스 아서(Charles Arthur), 전용범 옮김, 『디지털 워』(이콘, 2012), 368쪽.

145 성동기, 〈애플 잡스-구글 슈미트, 언론 앞에서 '삿대질' 왜?〉, 『동아일보』, 2010년 3월 16일.

146 김익현, 〈"안드로이드, 애플보다 혁신 속도 훨씬 빨라": 美 전문가들 "애플 제자리 있는 동안 무섭게 약진"〉, 『아이뉴스24』, 2012년 11월 19일.

147 민동용·구자룡, 〈구글, 중국사이트 'google.cn' 철수 왜?〉, 『동아일보』, 2010년 3월 24일.

148 양홍주, 〈"전체주의에 대한 혐오감이 구글이 中 떠나게 된 이유": 구글 공동창업자 세르게이 브린〉, 『한국일보』, 2010년 3월 26일.

149 정지훈, 『거의 모든 IT의 역사: 세상의 패러다임을 바꾼 위대한 혁명』(메디치, 2010), 453-454쪽.

150 송진식·백인성, 〈구글코리아, 개인정보 불법 수집·보관〉, 『경향신문』, 2010년 8월 11일, 11면; 〈무차별 사생활 정보 수집, 구글만의 문제 아니다(사설)〉, 『조선일보』, 2010년 8월 12일, A35면.

151 박종권, 〈분수대/'스트리트 뷰'〉, 『중앙일보』, 2010년 8월 12일, 35면.

152 스코트 클리랜드(Scott Cleland)·아이라 브로드스키(Ira Brodsky), 박기성 옮김, 『두 얼굴의 구글: 구글 스토리에 숨겨진 또 다른 이면』(에이콘, 2011/2012), 42쪽.

153 랜달 스트로스(Randall Stross), 고영태 옮김, 『구글, 신화와 야망』(일리, 2008/2009), 238-239쪽.

154 김상훈, 〈구글이 변했다?〉, 『동아일보』, 2010년 8월 25일.

155 스티븐 레비(Steven Levy), 위민복 옮김, 『In The Plex: 0과 1로 세상을 바꾸는 구글 그 모든 이야기』(에이콘, 2011/2012), 549-550쪽.

156 엘리 패리저(Eli Pariser), 이현숙·이정태 옮김, 『생각 조종자들』(알키, 2011), 14쪽.

157 엘리 패리저(Eli Pariser), 이현숙·이정태 옮김, 『생각 조종자들』(알키, 2011), 17쪽.

158 박순찬, 〈구글 세계 정복 꿈꾸나〉, 『조선일보』, 2012년 7월 14일.

159 스티븐 레비(Steven Levy), 위민복 옮김, 『In The Plex: 0과 1로 세상을 바꾸는 구글 그 모든 이야기』(에이콘, 2011/2012), 551-552쪽.

160 구본권, 〈구글 운전대, 젊은 창업주가 바꿔잡는다〉, 『한겨레』, 2011년 1월 22일; 허재경, 〈구글의 돌아온 신화… 10년 만에 경영 복귀해 3개월 만에 최대 실적: 구글의 돌아온 신화, 래리 페이지〉, 『한국일보』, 2011년 7월 23일.

161 스티븐 레비(Steven Levy), 위민복 옮김, 『In The Plex: 0과 1로 세상을 바꾸는 구글 그 모든 이야기』(에이콘, 2011/2012), 553쪽.

162 〈"페이지가 구글 CEO? 당신은 자격 없어!": 구글의 신임 CEO 래리 페이지 혹평한 미국 지디넷 블로거〉, 『동아일보』, 2011년 1월 29일.

163 재닛 로우(Janet Lowe), 배현 옮김, 『구글 파워: 전 세계 선망과 두려움의 기업』(애플트리태일즈, 2009/2010), 279쪽.

164 〈클라우드컴퓨팅『Cloud Computing』〉, [네이버 지식백과]; 오카지마 유시(Yuushi Okajima), 김정환 옮김, 『애플 구글 마이크로소프트 삼국지』(예인, 2010), 121쪽.

165 예병일, 〈감수의 글: 애플, 구글, 마이크로소프트와 새로운 인터넷 세상, 그리고 클라우드〉, 오카지마 유시(Yuushi Okajima), 김정환 옮김, 『애플 구글 마이크로소프트 삼국지』(예인, 2010), 10쪽.

166 오카지마 유시(Yuushi Okajima), 김정환 옮김, 『애플 구글 마이크로소프트 삼국지』(예인, 2010), 41-42쪽.

167 김상훈, 〈구글 공동창업자 세르게이 브린 "노트북 혁명" 호언… "지금까지의 컴퓨터는 틀렸다"〉, 『동아일보』, 2011년 5월 13일.

168 최용석, 『애플의 전략: 아이폰과 아이패드』(아라크네, 2010), 123쪽.

169 엘리 패리저(Eli Pariser), 이현숙·이정태 옮김, 『생각 조종자들』(알키, 2011), 195-196쪽.

170 니콜라스 카(Nicholas Carr), 임종기 옮김, 『빅스위치』(동아시아, 2008), 303-304쪽.

171 정지훈, 『무엇이 세상을 바꿀 것인가』(교보문고, 2012), 145-147쪽.

172 재닛 로우(Janet Lowe), 배현 옮김, 『구글 파워: 전 세계 선망과 두려움의 기업』(애플트리태일즈, 2009/2010), 295-296쪽.

173 정상원, 〈페이스북 7억 명 가입 대비 못한 구글 '탄식'〉, 『한국일보』, 2011년 6월 3일.

174 구본권, 〈이번엔 '구글 플러스' … "페이스북 한판 붙자"〉, 『한겨레』, 2011년 6월 30일.

175 허재경, 〈구글의 돌아온 신화… 10년 만에 경영 복귀해 3개월 만에 최대 실적: 구글의 돌아온 신화, 래리 페이지〉, 『한국일보』, 2011년 7월 23일.

176 구본권, 〈구글이 던진 폭탄〉, 『한겨레 21』, 제875호(2011년 8월 29일).

177 김희원, 〈구글의 비전, 궁극의 욕망〉, 『한국일보』, 2011년 8월 20일.

178 구본권, 〈구글이 던진 폭탄〉, 『한겨레 21』, 제875호(2011년 8월 29일).

179 박순찬, 〈구글 세계 정복 꿈꾸나〉, 『조선일보』, 2012년 7월 14일.

180 구본권, 〈구글 맞춤형 서비스에 '빅브라더'의 향기가〉, 『한겨레』, 2012년 1월 31일.

181 정진욱, 〈'빅 브러더' 구글의 배짱 "개인정보 통합 관리 동의 안 하면 지메일-SNS 등 서비스 탈퇴해야"〉, 『동아일보』, 2012년 2월 11일.

182 구본권, 〈구글 맞춤형 서비스에 '빅브라더'의 향기가〉, 『한겨레』, 2012년 1월 31일.

183 최연진, 〈인터넷 엘리베이터·우주 인터넷 이어… 구글 "이번엔 우주 광물 채취"소행성 끌어오기 추진… "호기심 차원 넘어 실질적 미래사업으로"〉, 『한국일보』, 2012년 4월 24일; 재닛 로우(Janet Lowe), 배현 옮김, 『구글 파워: 전 세계 선망과 두려움의 기업』(애플트리태일즈, 2009/2010), 43-44쪽.

184 김상훈, 〈구글이 만든 신세계: 美 샌프란시스코 '구글 신기술 발표회'를 가다〉, 『동아일보』, 2012년 6월 29일.

185 유환구, 〈스마트 안경·시계 등 '입는 컴퓨터' 진화… '생각하는 기계' 지능형 로봇도 점차 현실로〉, 『한국일보』, 2012년 10월 6일. 그러나 2013년 3월 워싱턴주 시애틀에 소재한 바(Bar)에서 손님에게 구글 글라스 착용을 금지하는 등 구글 글라스는 발매 전부터 프라이버시 침해에 관한 우려에 부딪혔다. 우예진, 〈구글 글래스 착용 금지한 '시애틀 카페' 주목〉, 『베타뉴스』, 2013년 3월 12일.

186 탁상훈, 〈구글의 무한질주〉, 『조선일보』, 2012년 10월 12일.

187 백승재, 〈포털을 밀어내다 스마트폰의 반란〉, 『조선일보』, 2012년 10월 26일.

188 최갑천, 〈"애플·페이스북 혁신 부족" 구글 창업주 페이지 독설〉, 『파이낸셜뉴스』, 2013년 1월 18일; 〈[Weekly BIZ] [BIZ Quotes] "사람들이 열광하는 서비스는 모두 미친 짓의 산물"〉, 『조선일보』, 2013년 1월 26일.

189 스티븐 레비(Steven Levy), 위민복 옮김, 『In The Plex: 0과 1로 세상을 바꾸는 구글 그 모든 이야기』(에이콘, 2011/2012), 83, 93쪽.

190 니콜라스 카(Nicholas Carr), 최지향 옮김, 『생각하지 않는 사람들: 인터넷이 우리의 뇌 구조를 바꾸고 있다』(청림출판, 2010/2011), 253쪽.

191 엘리 패리저(Eli Pariser), 이현숙·이정태 옮김, 『생각 조종자들』(알키, 2011), 50쪽.

192 스코트 클리랜드(Scott Cleland)·아이라 브로드스키(Ira Brodsky), 박기성 옮김, 『두 얼굴의 구글: 구글 스토리에 숨겨진 또 다른 이면』(에이콘, 2011/2012), 248, 341쪽.

193 재닛 로우(Janet Lowe), 배현 옮김, 『구글 파워: 전 세계 선망과 두려움의 기업』(애플트리태일즈, 2009/2010), 272-273쪽.

194 제프 자비스(Jeff Jarvis), 이진원 옮김, 『구글노믹스: 미래경제는 구글 방식이 지배한다』(21세기북스, 2009/2010), 178-179쪽.

195 〈Scott McNealy〉, [Wikipedia].

196 셰리 터클(Sherry Turkle), 이은주 옮김, 『외로워지는 사람들: 테크놀로지가 인간관계를 조정한다』(청림출판, 2010/2012), 220쪽.

197 제프 자비스(Jeff Jarvis), 이진원 옮김, 『구글노믹스: 미래경제는 구글 방식이 지배한다』(21세기북스, 2009/2010), 205쪽.

198 백승재, 〈말하면 검색 결과 좌르르, 몇 초 전 트위터 글까지 실시간으로 찾아…〉,

『조선일보』, 2010년 7월 22일자.

**199** 정철환, 〈세계는 지금 '구글' 당하고 있다〉, 『조선일보』, 2010년 5월 29일자.

**200** 한승동, 〈세상을 홀린 '구글'… 미래를 홀릴 '힌트'〉, 『한겨레』, 2010년 2월 21일자.

**201** 켄 올레타(Ken Auletta), 김우열 옮김, 『구글드: 우리가 알던 세상의 종말』(타임비즈, 2009/2010), 230쪽.

**202** 재닛 로우(Janet Lowe), 배현 옮김, 『구글 파워: 전 세계 선망과 두려움의 기업』(애플트리태일즈, 2009/2010), 164-167쪽; 존 바텔(John Battelle), 이진원·신윤조 옮김, 『검색으로 세상을 바꾼 구글 스토리』(랜덤하우스중앙, 2005), 228쪽.

제 4 장

# "세상을 개방하고 연결하는 것이 꿈이다": 마크 주커버그의 '페이스북 제국'

facebook

"내가 정말로 신경 쓰는 것은 세상을 개방적인 곳으로 만들겠다는 사명이다. …… 페이스북은 원래 기업이 되기 위해 탄생한 것이 아니다. 세상을 좀 더 공개적이고 연결되는 곳으로 만들기 위한 사회적 사명을 이루기 위해 만들어졌다."

## 컴퓨터에 미친 천재

"내가 정말로 신경 쓰는 것은 세상을 개방적인 곳으로 만들겠다는 사명이다(The thing I really care about is the mission, making the world open)." 미국의 페이스북(Facebook) 창업자 마크 주커버그(Mark Zuckerberg, 1984~)가 2010년 5월 『와이어드(Wired)』 인터뷰에서 한 말이다.[1] 늘 엄청나게 큰 돈을 번 사람들이 이구동성으로 말하듯이, 돈을 버는 게 자신의 첫 번째 관심사는 아니라는 뜻이다.

주커버그는 인터뷰를 할 때마다 이런 종류의 말을 하곤 하는데, 어떤 경우엔 '세상을 연결하는 것(connecting the world)'이 자신의 꿈이라고 말한다.[2] 또 어떤 경우엔 둘을 합해서 말하기도 한다. "페이스북은 원래 기업이 되기 위해 탄생한 것이 아니다. 세상을 좀 더 공개적이고 연결되는 곳으로 만들기 위한 사회적 사명을 이루기 위해 만들어졌다(Facebook was not originally created to be a company. It was built to accomplish a social mission—to make the world more open and connected)."[3]

주커버그는 '개방'과 '연결'에 따라붙기 마련인 '공유'의 가치를 역설하기도 한다. "사람들은 더 많은 정보와 더 다양한 정보를 공유하는 것뿐만 아니라, 더 많은 사람에게 더 개방적으로 공유하는 데 익숙해졌다. 사회적 표준은 시간이 지남에 따라 진화하는 그 무엇이다."[4]

주커버그는 그런 고상한 명분들을 들이대면서 아예 '투명성'을 외쳐댄다. 주커버그가 그러니 페이스북 직원들이야 그 뒤를 따라야지 어쩌겠는가? 페이스북 직원들은 '절대 투명성' 또는 '혁신적인 투명성'이라는 표현을 쓰면서 투명성이 사람을 더 선하게 만든다고 주장한다. 이 주장을 뒷받침하기 위해 페이스북 때문에 요즘 젊은이들이 바람을 피우기 힘들어졌다는 예를 들기도 한다.[5]

주커버그가 원하는 건 '기부경제(gift economy)'가 꽃을 피우는 세계다. 그는 2009년 『포춘』 기자 데이비드 커크패트릭(David Kirkpatrick)과의 인터뷰에서 이렇게 말했다. "사회가 개방되고 누구나 의견을 빨리 전달할 수 있는 방향으로 발전하면 더 많은 경제 시스템이 기부경제의 원리로 돌아가고, 회사와 조직은 더 많은 선을 베풀며 신용을 쌓아야 할 책임을 느낍니다. 결국 정부의 작동방식도 변하겠지요. 투명한 세상은 통제하기 더 쉬우면서도, 더 공정한 세상을 만듭니다."[6] 그게 과연 가능한 일일까? 주커버그는 도대체 왜 이렇게 '개방'과 '연결'과 '공유'와 '투명성'에 집착하는 걸까?

주커버그는 1984년 뉴욕 인근의 치과의사 아버지와 정신과의사 어머니 사이에서 태어났다. 부모는 모두 유대인이다. 주커버그는 '적록 색맹'인데, 페이스북에 파란색이 많은 것도 그런 이유 때문이다. 적록색맹은 대부분 붉은 색과 녹색을 잘 구분하지 못하는 대신, 황색이나 청색은 매우 예민하게 구분할 수 있다. 그는 "파란색은 내게 가장 풍부한 색"이라며 "나는 모든 파란색을 볼 수 있다"고 말했다. 『타임』 기자 레브 그로스만(Lev Grossman)은 주커버그의 모습을 다음과 같이 묘사했다.

"주커버그는 신체적으로 건장한 체구는 아니다. 아마 173센티미터쯤 될 거고, 매부리코이며, 좁은 가슴에, 갈색 곱슬머리 위에 꽉 끼는 모자를 쓴다. 손톱은 세심하게 정리하지만 복장은 티셔츠와 청바지 차림이다. 주커버그에게서 가장 돋보이는 신체부위는 턱인데 그 턱은 약간 들어 올린 각도로 유지된다…… 마치 까치발을 하고서 뭔가의 너머를 보려고 하는 것처럼."[7]

주커버그는 어릴 때부터 컴퓨터에 미쳐 독학으로 프로그래밍을 배웠는데, 11세 때 환자가 아버지의 병원에 도착했을 때 병원의 모든 컴퓨터에 이를 알려주는 프로그램을 만드는 등 일찍부터 천재적 재능을 발휘했다. 사립 명문고 필립스 엑스터(Phillips Exeter)에 재학 중 나중에 페이스북의 최고기술경영자(CTO)로 일하게 되는 애덤 댄젤로(Adam D'Angelo)와 함께 우리에게도 익숙한 윈앰프(Winamp)의 '플러그인'을 제작하면서 유명해지기 시작했다. 그들이 만든 플러그인을 보고, AOL과 마이크로소프트 같은 큰 회사에서 일자리를 제안했지만, 대학에 진학하기로 결심하고 하버드대학에 입학했다.[8]

주커버그는 2002년 하버드대학에 입학해 심리학과 컴퓨터 사이언스를 전공했지만, 수업 자체엔 별로 관심이 없었다. 그가 성공한 뒤 하버드대학 교지인 〈하버드 크림슨〉과의 인터뷰에서 "난 정말 어린애 같아서 쉽게 지겨워한다. 컴퓨터가 나에게 흥미를 불러일으킨 것이고, 그것이 나를 이끌어왔다"고 말했듯이,[9] 그의 관심은 오직 컴퓨터뿐이었다.

## 페이스북의 탄생

주커버그는 수업은 잘 들어가지도 않으면서 수업을 같이 듣는 사람들의 리스트를 볼 수 있는 '코스매치(Coursematch)'를 개발했고, 누가 인기가 있고 없고를 가리는 '페이스매쉬닷컴(Facemash.com)', 하버드생들끼리 인맥을 구축할 수 있는 '하우스시스템(houseSYSTEM)'을 만들어 인기를 끌었지만, '페이스매쉬'는 적잖은 논란을 불러일으켰다.[10]

주커버그가 다닌 명문 사립고 필립스엑스터는 학생들의 사진과 학년 주소 전화번호를 담은 '사진주소록(The Photo Address Book)'을 발간해 정보를 공유했는데, 학생들은 이것을 '페이스북'이라고 불렀다.[11] 이렇게 하는 학교들이 많았거니와 '페이스북'이란 말은 다른 학교들에서도 널리 쓰이던 말이었는데, 하버드 대학에서는 다른 학교와 달리 학생들의 기본적인 정보와 사진 등이 들어 있는 디렉토리, 즉 페이스북을 제공하지 않았다. 이에 주커버그가 이런 서비스를 하려고 했지만 대학 측에서 사생활 정보를 모으는 것을 반대하며 허락하지 않았다.

그러자 주커버그는 대담하게도 어느 날 밤 하버드 대학의 전산 시스템을 해킹해 학생들의 기록을 빼냈다. 그리고 이를 바탕으로 2003년 11월 2일 페이스매시(Facemash)라는 간단한 사이트를 제작해 12개 기숙사 여학생들의 사진을 쌍으로 올리면서, 어느 쪽이 더 마음에 드는지 고르게 했다. 4시간 만에 450명이 이 사이트를 방문했고, 사진이 2만 2,000번 노출되었다.[12]

페이스매시의 홈페이지에는 이렇게 쓰여 있었다. "우리가 외모로 하버드에 입학했는가? 아니다. 우리는 외모로 판단될까? 그렇다." 〈하버드 크림슨〉은 페이스매시에 대해 이런 평가를 내렸다. "주커버그는 하버드 학생들이 가진 최악의 측면에 대한 요구를 맞추고 있다. …… 우리 하버드 학생들은 주변 사람들을 직접 대면할 필요도 없이 표면적인 기준으로 판단하는 데에 취미를 몰입시키게 되었다."[13]

대학 당국은 이 사태를 뒤늦게 파악하고, 주커버그의 인터넷 접속을 차단했을 뿐만 아니라 윤리 규정 위반과 사생활 침해 등의 이유로 그에게 징계를 내렸다. 그는 보호관찰을 받게 되었고, 상담사를 찾아갈 것과 그 사이트에 대해 항의한 라틴계 여학생 단체인 푸에르차 라티나(Fuerza Latina)와 하버드 흑인여학생연합과 같은 단체들에게 사과할 것을 명령받았다.[14]

이 사건은 그에게 큰 교훈이 되었다. 어떻게 하면 윤리 위반과 법적 분쟁을 피해갈 수 있을까? 이를 두고 고민하던 그는 사용자가 자신의 정보를 직접 업로드하게 하면 이 문제를 해결할 수 있다는 아이디어를 생각해냈다. 즉 "공개하고 싶은 자신의 정보를 공개한다"와 "그 정보에는 누구나 접근할 수 있다"는 두가지 조건을 내세우면 된다는 해법을 찾은 것이다.[15]

이에 따라 주커버그는 2004년 2월 4일 하버드 대학 기숙사 룸메이트인 더스틴 모스코비츠(Dustin Moskovitz), 에두아르도 새버린(Eduardo Saverin), 크리스 휴즈(Chris Hughes)와 함께 인맥 및 지인 관리 인터넷 사이트로 페이스북을 개설했다. 오프라인 페이스북을 온라인으로 옮겨 실시간으로 친구들의 소식과 안부를 확인할 수 있게 만든 것이다. 페이스북이 폭발적 인기를 끌자 다른 대학들에서도 서비스를 요청하는 메일이 쏟아졌다. 그래서 당초 하버드생으로 국한했던 회원 가입 조건을 아이비리그 대학, 미국 전역의 대학, 13세 이상 등으로 점차 확대해가면서 급속도로 성장했다. 바로 이런 점진적 확대가 신뢰할 수 있는 환경을 조성해 페이스북의 경쟁력을 높여주었다.[16]

## ‘뉴스 피드’ 논란

주커버그는 대학을 그만 두고 캘리포니아로 건너가 이걸 본격적인 사업으로 키우는 일에 전념했다. 2004년 말 가입자는 100만 명에 이르렀다. 미국 SNS의 원조라 할 프랜스터(Friendster)가 페이스북의 가치를 알아보고 그 해에 1,000만 달러에 팔라는 제안을 해왔지만, 주커버그는 이 제안을 거절했다.[17] 이어 MTV를 거느린 비아콤(Viacom)이 2005년 3월 말 7,500만 달러에 팔라는 제안을 해왔지만, 주커버그는 이 제안도 거절했다. 2005년 말 가입자는 1,100만을 돌파했다. 2006년에 가장 화제가 되었던 것은 그해 가을(9월 5일)에 이루어진 ‘뉴스 피드(News Feed)’ 기능의 추가다. 뉴스 피드는 사용자의 친구가 프로필을 갱신할 때마다 즉시 알려주는 기능인데, 이는 일부 사용자들로부터 엄청난 항의를 받았다.

“뉴스 피드가 생기기 전에도 프로필을 볼 수도, 사진을 볼 수도 있었고 댓글과 관계도 확인할 수 있었지만, 그건 사용자가 관심을 가진 사람이었다. 그러나 지금은 모든 정보가 모든 이의 목구멍 속으로 밀고 들어오는데 참 묘한 일이다.” 이렇게 온건하게 표현하는 사용자도 있었지만, 어떤 사용자는 “페이스북은 행동을 일일이 기록하는 인터넷 독재자가 되고 있다.”고 비판했다. 더 나아가 ‘페이스북 뉴스 피드에 반대하는 학생들(Students Against Facebook News Feeds)’라는 저항그룹마저 생겨났는데, 며칠만에 가입자가 70만 명에 이르렀다. 그러자 주커버그는 사용자에게 다음과 같은 공개 서한을 발표했다.

“우리 잘못입니다. 우리가 뉴스 피드와 미니 피드를 만든 이유는 여러분께 소셜네트워크 정보의 흐름을 제공하기 위해서였습니다. 하지만 우리는 뉴스 피드가 정확히 무엇인지 설명하지 못했고 여러분이 뉴스 피드를 컨트롤하는 기능도 마련하지 못했습니다. 즉각적으로 이러한 실수를 수정하겠습니다."

이 논란에 대해 컴퓨터 보안전문가 브루스 슈나이어(Bruce Schneider)는 이렇게 말했다. "사람들은 통제가 가능한 범위에서만 여러 정보를 기꺼이 공유한다. 페이스북이 일방적으로 정보개방정책을 변경하자 사람들은 통제력을 잃었다고 생각한 것이다."[18]

주커버그는 엔지니어들을 투입시켜 48시간 동안 긴급하게 추가 기능을 만들었다. 사용자들이 뉴스 피드로 중계되는 개인정보를 직접 통제할 수 있게 한 것이다. 이 새로운 기능이 발표되면서 항의는 급속히 수그러들었다. '페이스북 뉴스 피드에 반대하는 학생들' 그룹도 그날 75만 명의 회원이라는 기록으로 정점을 찍었다. 그런데 과연 뉴스 피드는 그렇게까지 혐오스러운 것이었나? 페이스북의 간부인 크리스 콕스(Chris Cox)는 다음과 같은 이견異見을 제시했다.

"만약 뉴스 피드가 성공하지 못한다면 사람들이 페이스북에 흥미를 갖는 이유에 대한 주커버그의 이론 전체가 틀렸음이 입증되는 셈이었죠. 뉴스 피드가 먹히지 않는다면 페이스북 자체를 그만둬야 한다는 게 주커버그의 생각이었습니다. 그러나 주커버그는 사람들이 그룹에서 하는 말과 달리, 실제로는 뉴스 피드를 좋아한다는 사실을 간파했습니다. 이를 증명하는 데이터도 있었습니다. 사람들은 평균적으로 뉴스 피드 개시 이전보다 페이스북에서 시간을 훨씬 더 많이 보냈습니다. 8월 페이지뷰 수가 120억이었던 데 반해, 뉴스 피드 서비스가 진행 중인 10월에는 220억 페이지뷰를 기록했습니다."[19]

나중엔 뉴스 피드가 너무 '똑똑해진' 것을 우려하는 이들도 있었다. 무브온의 이사장인 엘리 패리저(Eli Pariser)는 『생각 조종자들』(2011)에서 "나는 정치적으로 왼쪽이지만 보수적인 사람들이 어떻게 생각하는지 듣고 싶다. 그래서 그들과 친분을 맺고 몇몇은 페이스북에 친구로 등록했다. 나는 그들이 어떤 글을 읽고 보는지, 의견은 무엇인지 그들의 생각을 알고 싶었다."며 다음과 같이 말한다.

"그러나 그들의 링크는 나의 뉴스 피드(News Feed: 특정한 뉴스를 다른 서버로 송고하는 것)에 올라오지 않았다. 그 이유는 페이스북이 산수를 하고 있기 때문이다. 페이스북은 내가 여전히 진보적인 친구들을 더 자주 클릭하고 있다는 사실을 계산하고서 그들의 링크를 올려주는 반면, 보수적 친구들의 글이나 레이디 가가의 최신 비디오 파일과 같은 내용은 나에게 링크해주지 않는다. 나는 페이스북이 무엇을 보여주고 무엇을 감추는지 알아내기 위해 몇 가지를 조사해보았다. …… 나는 개별화가 우리에게 얼마나 가까이 있는지를 알고는 다시 한번 경악했다. 구글과 페이스북뿐 아니라 거의 대부분의 웹 사이트가 개별화를 하고 있었다."[20]

## 야후와 마이크로소프트의 페이스북 인수 시도

그러나 뉴스 피드 논란은 페이스북의 상업적 가치를 높여주는 큰 홍보 효과가 되었고, 심지어 "뉴스 피드가 개발되면서 페이스북의 인기는 광풍을 타고 번졌다"는 평가가 나올 정도였다.[21] 이에 따라 페이스북에 눈독을 들이던 대기업들의 페이스북 인수 시도도 활발해졌다.

2006년 7월 둘째 주 야후가 페이스북 인수 대가로 10억 달러를 제시하자, 주커버그는 10억 달러라는 돈에 흔들려 팔겠다고 구두로 약속했다. 그런데 그 직후 야후의 2/4분기 실적 발표에 대해 월스트리트의 실망스러운 평가가 이어지자 야후의 주식가치는 하루만에 22퍼센트나 빠졌다. "매출이 거의 없는 회사에 야후가 거액을 쓰면 월스트리트는 어떻게 반응할까?" 이런 생각에 겁이 덜컥 난 야후의 CEO 테리 시멀(Terry

Semel)은 인수 금액을 8억 5,000만 달러로 낮추었다. 이걸로 양측의 구두 거래는 끝이 나고 말았다. 야후는 나중에 다시 10억 달러를 제시했지만, 한번 멀어진 주커버그의 마음을 돌릴 순 없었다.[22]

야후의 인수 건이 불발로 끝나자, 다른 거대 업체들이 달려 들었다. 사사건건 맞서고 있던 마이크로소프트(MS)와 구글도 눈독을 들이고 교섭에 나섰지만, 주커버그는 모든 제안을 다 거절했다. 야후 건에서 큰 교훈을 얻은 주커버그는 "이건 가격이 문제가 아니다. 페이스북은 내 자식(baby)이기 때문에 보살피고 성장시키고 싶다"고 말했다.[23]

2007년 10월, 인수가 안 되면 투자라도 하자며 매달리던 마이크로소프트는 페이스북 지분 1.6퍼센트를 2억 4,000만 달러에 인수하는 걸로 만족해야 했다. 이는 페이스북의 기업가치가 150억 달러라고 MS 측으로부터 인정받은 셈이어서 세상을 깜짝 놀라게 만들었다.

이에 고무된 주커버그는 2007년 11월 6일 뉴욕의 한 무대에 올라 다소 근엄한 목소리로 "미디어는 100년에 한 번씩 변하고 있다"며 페이스북의 새로운 광고 시스템이 바로 10년에 한 번 일어나는 미디어 혁명이라고 주장했다. 페이스북의 새로운 광고 시스템인 비콘(Beacon) 프로그램을 소개하기 위해 한 말이었다.

비콘은 회원들이 자신의 온라인 '친구들'에게 제품을 추천하는 이른바 '소셜 애즈(social ads)'였는데, 잠재적 광고주들을 향해 페이스북이 내건 슬로건은 "유기적 소셜 애즈로 당신의 비즈니스를 홍보하세요"였다. 비콘은 웹사이트에서 회원들의 활동 내용을 광고주들이 추적할 수 있게 만들었으며, 회원들의 쇼핑 정보를 회원 친구들에게 자동으로 알려주는 기능도 있었다.

비콘은 즉각 큰 반향을 불러일으켰지만, 분노하는 사람들도 많았다. 회원들의 동의를 받지 않은 채 저지른 일이었기 때문이다. 비콘 광고 시스템은 사용자들이 친구나 가족들이 구매한 선물들을 볼 수 있게 했던 바, 온라인 시민단체인 무브온(MoveOn.org)은 "페이스북이 크리스마스를 망쳤다"며 매우 효과적인 온라인 진정서를 만들었고 매우 빠르게 7만 명 이상의 지원자를 얻었다.[24]

이런 일들도 벌어졌다. "비콘을 통해 남편이 최근 세일가로 반지를 구매했다는 사실을 알게 된 남자의 아내가 '대체 어떤 여자를 위한 선물이냐'며 남편을 추궁하고 나섰던 것이다. 물어볼 것도 없이 이 반지는 아내를 위한 것이었다. 정말이었다. 또 어떤 사람들은 영화표를 예매한 것을 놓고 누구와 함께 가려는 것이냐며 애인에게 의심을 사기도 했다."[25]

결국 비콘은 동의하는 회원들만 구매정보를 공개하는 옵트인(opt-in) 방식으로 바뀌었다. 주커버그는 사생활 침해 사실을 공개적으로 사과했지만 결코 진심은 아니었다. 그는 한달 후 CBS 시사 프로그램인 〈60분〉에 출연해 "비콘은 회원들이 그 가치를 인정해야 할 서비스"라고 목청을 높였다.[26] 그러나 일련의 집단소송이 제기되자, 페이스북은 2009년 9월 비콘을 제거했으며, 주커버그는 2011년 11월에서야 비콘이 '실수'였음을 인정했다.[27]

스스로 밝혔듯이, 주커버그는 정말 어린애 같다. 2007년 초 스위스 다보스에서 열린 세계 경제 포럼에도 자신이 좋아하는 아디다스 슬리퍼를 신고 나타났다. 청바지에 검정색 터틀넥만 고집했던 잡스처럼 '악동' 같은 이미지 때문에 '제2의 스티브 잡스', 하버드 중퇴 경력과 더불어 여러 스타일이 비슷해 '제2의 빌 게이츠'로 불렸다. 수줍음이 많은 듯 보이나 이면으로 오만함이 존재하는 것, 단순하면서도 매력을 느낀 대상엔 앞뒤 재지 않고 몰입하는 주커버그의 기질은 확실히 이들과 닮았다.[28] 사정이 그러하니 업계 전문가를 모시는 게 좋겠다는 생각을 스스로 했음직하다.

2008년 3월 주커버그는 페이스북의 광고를 맡길 최고광고책임자로

2개월에 걸쳐 총 50여 시간의 면담 끝에 구글에서 일하던 여성 경영자 셰릴 샌드버그(Sheryl Sandberg, 1969~)를 영입했다. 하버드대 경제학과와 하버드 MBA 출신인 샌드버그는 2001년에서 2008년까지 구글에서 '애드워즈(AdWords)' 프로그램을 지휘하는 등 글로벌 온라인 판매 운영(Global Online Sales and Operations)을 담당하는 부사장으로 일한 인물이었다.

샌드버그는 이른바 '소비자 참여형 광고(engagement ads)'를 개발해 대박을 터뜨리며 첫해에만 1억 달러에 가까운 수익을 페이스북에 안겨 주었다. 이것은 그때까지 노출만을 중시하던 광고에 동영상에 댓글을 달거나, 설문조사에 참여하거나, 무료 샘플을 신청하도록 유도하는 등 "사용자가 얼마나 관여했는가"를 도입하는 새로운 방식이었다.[29] 그녀는 스톡옵션으로 2012년 5월 중순 현재 14억 5,000만 달러를 소유한 억만장자가 되었다.[30]

## 40억 달러의 재산으로 세계 청년 억만장자 1위

2008년 500여 명의 미국 정치인이 페이스북에 개인 페이지를 운영할 정도로 페이스북은 유권자 동원에 가장 효과적인 사이트로 인정을 받았다. 『리더스 다이제스트』가 2008년 대선을 '페이스북 선거(The Facebook Election)'라고 부를 정도로, 페이스북은 2008년 대선에서 화려한 주목을 받았다.[31] 특히 페이스북은 젊은 유권자들의 정치 참여를 높이는 데 중요한 기여를 했다.[32] 민주당 후보 버락 오바마는 공화당 후보 존 매케인보다 약 3배가 많은 245만 명에 달하는 페이스북 지지자를 확보했고, 페이스북 공동설립자인 크리스 휴즈(Chris Hughes)를 캠프에 합류시켜 페이스북과 유사한 사이트인 마이보(MyBO: My.BarackObama.com)를 만들어 큰 재미를 보았다.[33] 이후 페이스북 가입자 수는 무서운 속도로 늘기 시작했다.

2008년 12월 페이스북은 '페이스북 커넥트(Facebook Connect)'라는 서비스를 출시했는데, 이는 플랫폼의 근본적인 변화였다. 페이스북 커넥트는 개발자들이 새로운 방법으로 페이스북 플랫폼 위에서 개발을 할 수 있게 했다. 2년 후엔 100만 개의 웹사이트가 다양한 방식으로 커넥트를 도입하고, 페이스북 사용자 1억 5,000만 명이 열심히 사용하며, 전세계 상위 100개의 웹사이트 가운데 절반이 커넥트 서비스의 파트너가 된다.[34]

2009년 3월 리서치회사 닐슨컴퍼니는 인터넷 상의 획기적인 변화에 대해 발표했다. 전 세계 인터넷 사용자가 소셜미디어에서 보내는 시간이 사상 처음으로 이메일 페이지에서 보내는 시간을 넘어선 것이다. 전 세계에 걸쳐 소셜네트워크 서비스에서 사람들이 보내는 사용 시간은 2008년 63퍼센트가 증가했지만, 페이스북 사용시간은 1년 사이 566퍼센트나 증가한 것으로 나타났다.[35]

2009년 4월 8일, 주커버그는 공식 페이스북 블로그를 통해 "오늘 중으로 2억 번째 가입자를 맞게 될 것"이라며 "이는 정말 좋은 시작"이라고 의미를 부여했다. 그는 특히 "자신들의 목소리를 듣고자 하는 사람들과 연결되고 싶어하는 사람들과 단체가 아직도 많다"며 추가적인 가입자 확대 가능성을 낙관했다. 주커버그는 이어 "우리가 2억 번째 가입자를 맞고 많은 사람이 페이스북을 이용하고 있지만 우리는 '공유의 힘'을 전세계 모든 사람들에게 전달하기 위해 일하고 있다"고 강조했다. 그는 또 2억 번째 가입자를 축하하기 위해 유저들이 "페이스북이 어떻게 커뮤니티에 도움을 줬고, 변화를 이끌었는지 등에 대한 이야기들을 공유하기

위해 '선을 위한 페이스북' 페이지를 만들었다고 덧붙였다.[36]

2009년 9월 16일 주커버그는 회사 블로그에 올린 성명을 통해 "가입자가 3억 명을 넘어섰다"면서 "세계 모든 사람들을 연결하겠다는 목표를 위해 좀 더 빠르고 효율적인 운영 방안을 연구할 것"이라고 밝혔다. CNN은 7월까지 페이스북의 가입자수가 2억 5,000만 명이었는데, 불과 두 달 만에 5,000만 명을 더 끌어모으는 초고속 성장세를 보였다면서 이는 하루에 최소 80만 명이 새로 가입한 결과라고 전했다. 또 페이스북의 자체 통계에 따르면 가입자의 70퍼센트가 미국이 아닌 다른 국가에 거주하는 사람들로 나타났다. 한편 경제전문지 『포춘』은 15일 페이스북 최고운영책임자의 말을 인용해 버락 오바마(Barack Obama) 대통령의 경우 페이스북을 통해 700만 명의 팬을 확보하고 있다고 전했다.[37]

2009년 말 전 세계적으로 인터넷 사용자 중에서 SNS 사용자 비중은 62.5퍼센트에 이르렀다. 인터넷 사용자 중에서 거의 3명 중 2명이 SNS를 활용하고 있는 셈이다.[38] 이런 SNS 파워를 말해주듯, 2010년 새해 첫날 페이스북이 미국 시장 점유율 7.30퍼센트 대 7.29퍼센트로 검색사이트인 구글을 제쳤다. 안부 메시지를 클릭하는 사람들 손길이 인터넷 관문을 통해 온갖 검색어를 두드리는 숫자를 앞지른 것이다. 미국 인터넷 방문객 수를 조사하는 '히트와이즈'는 이 새로운 기록이 2009년 크리스마스 이브(7.56퍼센트 대 7.54퍼센트)와 크리스마스 당일(7.81퍼센트 대 7.51퍼센트)에도 발생했다고 발표했다.[39]

이 기록은 특별한 날에만 머물지 않았다. 2010년 3월(6~13일) 미국 웹사이트 방문 횟수 집계에서 전체의 7.07퍼센트를 기록한 페이스북이 구글(7.03퍼센트)을 근소한 차이로 제쳤다. 페이스북은 지난 1년 동안 가입회원수도 배 이상 늘어났다. 2009년 4월 회원 2억 명을 돌파한 데 이어 2010년 2월 4억 명을 넘어섰다. 세계 인터넷 이용자들의 2009년 12월

월간 소셜네트워킹 사이트 이용 시간은 평균 5시간 30분에 달해 전년 동기 대비 82퍼센트 증가했다. 히트와이즈는 "정보를 얻는 개념도 익명의 공간에서 '검색'하는 데서 친구들과 '공유'하는 것으로 변하고 있다"고 설명했다.[40]

언론은 이런 일련의 신기록 작성을 즐기는 듯 보였다. 2010년 3월 『포브스』지는 주커버그가 40억 달러의 재산으로 세계 청년 억만장자 1위에 올랐으며, 자수성가형 억만장자로는 최연소 타이틀까지 갖고 있다고 보도했다.[41]

## 개인정보 보호 논란

2010년 4월 22일, 페이스북의 연례 행사인 F8 콘퍼런스에서 주커버그는 "이제 인터넷 웹사이트의 디폴트(사용자의 별도 명령 없이 시스템이 미리 정해진 값이나 조건을 적용하는 것)가 소셜이 될 것이다"라고 선언하면서 구글이 주도해온 데이터 중심의 웹이 인간 중심의 소셜 웹으로 진화할 것이라고 주장했다.[42]

웹에서 방문자 수가 가장 높은 1,000개 사이트를 조사대상으로 하는 구글의 더블클릭 애드 플래너는 2010년 4월 페이스북의 순방문자 수가 5억 4,000만 명으로 전체 웹 사용자의 35.2퍼센트에 이른다고 밝혔다. 페이지뷰로는 5,700억 번으로 2위 야후의 700억 번보다 무려 8배나 많았다.[43]

그러나 데이터 중심의 웹이 아니라 인간 중심의 소셜 웹이기 때문에 생겨나는 문제도 있었으니, 그건 바로 프라이버시 보호에 관한 것이었다. 페이스북이 2009년 말 회원 개인정보보호 규정을 바꾸면서 기본 공개대상에서 제외했던 출신학교와 거주지 등 프로필을 공개항목에 포함시킨데다, 2010년 5월 사용자 간 대화를 제3자가 몰래 볼 수 있는 '버그'(프로그램 오류)까지 나오면서 비난 여론이 커졌다.

이에 주커버그는 5월 24일 정보보호를 강화하겠다는 내용의 '반성문'을 『워싱턴포스트』에 실었지만, 일부 사용자들은 처음 기본설정부터 모두 비공개로 하고 가입자가 선택적으로 공개하는 방식으로 바꿔야 한다고 주장했다. 페이스북 반대 사이트인 '큇페이스북데이닷컴'(QuitFacebookday.com)은 페이스북의 개인정보 보호에 문제가 있다며 5월 31일 밤을 '집단 자살의 날'로 정했다. 첫날 3만 3841명이 동참했으며 페이스북 이탈자들이 이어지고 있다고 이 사이트는 밝혔다. 『샌프란시스코 크로니클』은 개인정보 보호 문제가 핵심 쟁점으로 등장하자 디아스포라, 애플시드, 원소샬웹 등 대안적 소셜네트워크들이 등장하고 있다고 전했지만, 페이스북의 월 순방문자 수 5억 4,000만 명 가운데 3만여 명의 탈퇴는 '찻잔 속의 태풍'에 불과하다는 시각이 지배적이었다.[44]

2010년 중반, 캐나다 출신의 해커가 짧은 시간에 페이스북을 해킹해 개인정보 1억 개를 손에 넣어 온라인에 공개했다. 그런데 그가 얻은 개인정보는 그저 모두가 볼 수 있도록 공개된 것이었을 뿐, 별다른 안전망을 뚫고 얻은 것이 아니었다. 이에 대해 카르스텐 괴릭(Carsten Görig)은 "개인정보 설정을 경솔하게 여기는 페이스북 회원이 얼마나 많은지, 그리고 페이스북에서 개인정보를 보호한다는 것 자체가 얼마나 어려운 일인지를 보여주는 결과였다"며 다음과 같이 말했다.

"페이스북에는 경우에 따라 바꿀 수 있는 개인정보 공개 설정이 무려 25개에 이른다. 개인정보 유출도 사실 이처럼 혼란스럽고 자주 바뀌는 시스템 때문에 가능했다고 볼 수 있다. 생각해보자. 대부분의 경우 표준설정을 해놓고 말지 누가 25개가 넘는 설정 방식에 일일이 손을 대겠는

가. 결국 이는 개인정보의 완벽한 공개로 이어질 수밖에 없다. 더욱 분명해지는 사실은 페이스북이 개인정보 보호 따위에는 전혀 관심이 없다는 것이다. 개인정보 보호는 사업을 말리고 사용자 프로필의 상품 가치를 떨어뜨리기 때문이다."[45]

이와 관련, 전자프런티어재단(Electronic Frontier Foundation)의 크리스 팔머(Chris Palmer)는 "공짜 서비스를 이용하는 대가는 바로 당신에 대한 정보 제공이며, 구글과 페이스북은 바로 이를 현금화한다"고 말한다.[46] 사실 바로 이것이야말로 구글과 페이스북이 승승장구할 수 있었던 최대 이유였다.

## 페이스북 가입자 5억 명 돌파

2010년 7월 22일 페이스북 사용자가 5억 명을 돌파했다. 주커버그는 이날 자신의 블로그를 통해 "오늘 아침 전세계 5억 명이 각자의 온라인 친구들과 네트워크로 연결된 의미있는 지점에 도달했다"며 "6년 전 처음 서비스를 시작했을 때 전혀 예상하지 못했던 업적을 이루게 됐다"고 밝혔다. 그는 또 페이스북 사용자들을 대상으로 한 비디오 연설에서 "5억 명 돌파를 기념해 자신의 이야기를 전세계 사용자와 공유해 인기도를 평가 받을 수 있는 '페이스북 스토리' 서비스를 선보인다"고 발표했다.

AFP통신은 "세계 인구가 68억 5,000여만 명인 것을 감안하면 지구인 14명 가운데 1명 꼴로 페이스북에 가입한 셈이다"고 했고, 영국 BBC방송은 "최근 6개월 동안 1억 명의 신규 가입자가 늘 정도로 눈덩이처럼 급속히 커지고 있다"며 "페이스북 인기의 동력은 가입자들의 입소문이다"고 전했다.[47] 한국의 페이스북 사용자는 110만 명을 넘어섰다.[48]

영국 시사주간 『이코노미스트』는 페이스북이 점점 국가의 모양을 갖추고 그렇게 활동하기 시작했다고 주장했다. 그 근거는 무엇인가? 페이스북은 일단 '인구'면에서 기존 국가를 압도한다는 점을 들었다. 페이스북 가입자는 5억 명으로, 실제 국가라면 중국과 인도에 이어 세계 3위 인구 대국이며, 온라인에서 친교 활동하던 페이스북 이용자들은 점차 오프라인 접촉을 늘리며 실생활에서의 유대관계를 다지고 있다는 것이다. 페이스북이 독자적인 경제체제 구축에도 박차를 가하고 있다는 점도 꼽혔다. 2010년 초 도입된 페이스북 크레디트는 사용자들이 국가별로 다른 통화에 구애 없이 온라인 상에서 자유로운 상거래를 하도록 돕는데, 페이스북 측은 매 거래마다 30퍼센트의 '세금'도 징수한다는 것이다.

세 번째로 정치체제도 서서히 모습을 갖추고 있다는 점이 지적되었다. 페이스북 운영 방식과 정책 결정은 운영자 자의로 하는 게 아니라, 회원 포럼을 열어 의견을 수렴하고 약관 변경 등 주요 결정은 온라인 투표에 부치며, 페이스북은 벌써 '외교' 마찰을 빚기도 한다는 것이다. 중국 정부는 페이스북의 가상통화가 위안화에 충격을 줄 것을 우려해 페이스북 크레디트의 오프라인 거래를 중단한 일, 표현의 자유를 추구하는 페이스북이 살인범 찬양 게시물까지 허용하면서 영국 정부와 갈등을 빚은 일, 중국과 파키스탄 등 일부 국가는 정치·종교적 이유로 페이스북 서비스를 일시 중단한 일 등이 거론되었다.

전문가들은 페이스북이 전통적인 개념의 국가에 도전할 날이 머지않았다고 전망했다. 템플대 법학 교수 데이비드 포스트(David Post)는 "페이스북은 근대 민족국가와 비슷하게 사람이 모이게 하고 스스로 운명을 결정하도록 하는 역할을 한다"고 분석했으며, 정치학자 베네딕트 앤더슨(Benedict Anderson)은 "페이스북은 상상 속 공동체"라면서 "사람들은 그 속에서 수백만 명의 익명 동료·시민과 유대감을 느끼고 있다"고 말했다.[49]

## 영화 〈소셜 네트워크〉 파동

2010년 10월 1일, 주커버그를 다룬 영화 〈소셜 네트워크(The Social Network)〉가 개봉하자마자 북미 흥행실적(박스오피스) 1위에 올랐다. 한국에서 11월 18일에 개봉한 이 영화가 나오게 된 계기는 주커버그의 하버드대 동창생 3명이 "페이스북은 우리의 아이디어를 도용해 만든 것"이라며 소송을 제기한 2004년으로 거슬러 올라간다.

카메론 윙클보스(Cameron Winklevoss)·타일러 윙클보스(Tyler Winklevoss) 쌍둥이 형제와 디브야 나렌드라(Divya Narendra) 3명은 재학 시절 소셜네트워크 사이트를 처음 구상하고 관련 컴퓨터 코드 프로그래밍을 주커버그에게 의뢰했으나 그가 아이디어를 훔쳐 결국 페이스북을 만들었다고 주장했다. 이 소송이 2007년 3월 기각되자, 이들 3명은 자료를 보완해 2007년 7월 연방법원에 소장을 다시 제출했다. 이들 역시 페이스북과 유사한 '커넥트유(ConnectU)'라는 소셜네트워크 사이트를 설립해 운영 중이었는데 페이스북보다 2년 앞선 2002년에 설립했지만, 커넥트유의 가입자는 2007년 7월 현재 7만 명에 불과했다.[50]

헐리우드에서 이 흥미로운 이야기를 어찌 외면할 수 있었으랴. 영화 시나리오를 쓴 애런 소킨(Aaron Sorkin)은 "인터넷 기업을 소재로 우정과 배신이라는 전통적 소재를 다루려 했을 뿐 페이스북의 진실을 다룬 것은 아니다"고 했지만, 주커버그는 자신을 천재적이지만 무자비한 인물로 그린 것에 대해 불편한 심기를 드러냈다. 처음엔 '영화를 보지 않겠다'고 했던 주커버그는 개봉일에 직원들과 함께 영화를 봤다. 그는 영화 개봉 열흘 전 뉴저지 뉴어크(Newark)시 공교육 개혁에 1억 달러(1,200억 원)를 기부했는데, 일각에서는 〈소셜 네트워크〉 개봉에 맞춰 이미지 관리를 하기 위해서라고 비판하기도 했다.[51]

이렇게 주커버그에 관한 영화까지 만들어진 것은 주커버그의 성공이 드라마보다 더 드라마틱하기 때문일 것이다. 『페이스북 이펙트(The Facebook Effect)』의 저자로 주커버그를 직접 취재했던 데이비드 커크패트릭(David Kirkpatrick)은 영화의 내용 중 60퍼센트는 사실과 다르다고 했다.[52] 분쟁이 일어난 원인은 '소통'에 있었던 것으로 보인다.

윙클보스 쌍둥이와 나렌다라는 '하버드 커넥션(Harvard Connection)'이라는 데이트·사교 사이트를 만드려는 생각을 가지고 있었는데, 이들은 컴퓨터 프로그래머가 아니었기 때문에 『하버드 크림슨』에서 주커버그와 페이스매시에 관한 기사를 읽고 주커버그에게 '하버드 커넥션'의 프로그래밍을 부탁했다. 주커버그는 이 부탁에 응하긴 했는데, 작업을 불규칙하게 했고 몇 주 후엔 흥미를 잃어버렸다. 그런데 그는 이 사실을 그들에게 분명하게 말하지 않고 질질 끌다가 2004년 1월 14일에야 그만 두겠다는 사실을 통보했다. 그리고 나서 한달 후에 페이스북이 나왔으니, 윙클보스 쌍둥이와 나렌다라가 자신들의 아이디어를 훔쳤다고 펄펄 뛴 것이다. 반면 페이스북은 그들의 '하버드 커넥션'과는 '완전히 다르다'는 게 주커버그의 주장이었다.[53]

소송 사건은 쌍둥이 형제가 2008년 마이크로소프트가 투자하며 주당 36달러로 평가한 페이스북의 주식 4,500만 달러어치와 현금 2,000만 달러를 받는 조건으로 일단 종결되었다. 이후 어떤 일이 벌어졌는지, 미리 살펴보자. 합의 후 페이스북 주식은 주당 8.88달러로 평가되자, 쌍둥이 형제는 이를 알았더라면 더 많은 주식을 요구했을 것이라며 2010년 12월 추가배상소송을 냈다. 2011년 4월 11일 샌프란시스코법원은 쌍둥이 형제가 6명의 변호사를 동원해 충분한 사실을 파악할 수 있었다며 추가배상 근거가 없다고 판결했다. 아직 상장하지 않은 페이스북의 가치는 계속 올라 쌍둥이 형제가 받은 주식가격은 2011년 4월 현재 현재 1억

6,000만 달러(약 1,700억 원)를 웃돌았지만, 그 정도론 만족할 수 없다는 게 쌍둥이 형제의 입장이었다.[54]

주커버그는 이미 공동창업자인 에두아르도 새버린과도 소송전을 벌였었다. 영화의 바탕이 된 벤 메즈리치(Ben Mezrich)의 책 『우연히 억만장자가 된 사람들(The Accidental Billionaires)』(2009)은 대부분 새버린의 관점에서 쓰여진 것이다. 브라질의 한 부유한 사업가의 아들인 새버린은 첫 창업비를 댔지만 뉴욕에 머물면서 페이스북 일에 관여하지 않고 있었다. 새버린은 주요 의사결정이 자신을 배제한 채 이루어지는 것에 불만을 품고 페이스북의 은행계좌를 동결시켜 버렸다. 메즈리치에 따르면, "주커버그에게 자신을 빼놓고 일을 추진하는 것은 유대교인으로서 할 일이 아니라는 것을 알려주기 위해서였을 것이다."[55]

2004년 7월, 주커버그는 새버린을 상대로 소송을 제기하면서 그가 페이스북의 은행계좌를 동결시켜 회사를 위험에 빠뜨렸다고 주장했다. 새버린도 따로 소송을 제기하면서, 페이스북의 창업자금을 제공한 게 자신의 돈이었고 주커버그로서는 결코 구할 수 없었던 돈이었다고 주장했다. 이 소송의 결과로 사실상의 새 회사를 차린 주커버그는 새버린이 가진 지분을 대폭 줄였으며, 이 때에 웹사이트 이름도 '더페이스북'에서 '페이스북'으로 바뀌었다.[56]

너무 갑자기 큰 성공을 한 탓이었을까? 아이디어 도용 관련 소송과 창업자들 간의 소송 공방전 뿐만 아니라 소유권 소송도 제기되었다. 2010년 6월 뉴욕 웰스빌에 거주하는 폴 세글리아(Paul Ceglia)는 자신이 2003년 당시 하버드생이었던 주커버그와 페이스북 웹사이트를 디자인하도록 계약을 맺었다며 페이스북 지분 50퍼센트를 요구하는 소송을 냈다. 당시 세글리아는 주커버그가 직접 서명한 것으로 알려진 계약서와 이메일을 제출했다. 그러나 주커버그의 변호인은 2011년 6월 2일 뉴욕주 버팔로법원에 "계약서와 이메일은 다른 서류에서 짜깁기를 해 위조한 것"이라며 "법원은 원고가 '진본'을 제출토록 명령하고, 원고의 컴퓨터도 조사해야 한다"고 말했다. 주커버그 측은 또 원고가 사기 전과가 있는 흉악범이라고 덧붙였다.[57] 주커버그를 물고 늘어지는 여러 소송 관련 논란은 지금까지도 계속되고 있다.[58]

## 『타임』의 2010 '올해의 인물'

2010년 11월 15일, 주커버그는 캘리포니아주 샌프란시스코에서 발표회를 열고 휴대전화 문자메시지와 메신저, 이메일을 하나로 묶은 통합 메시지서비스를 공개했다. 그는 젊은 이용자들이 이메일이 너무 느려 사용하지 않는 점에 착안해 이 같은 통합 메시지서비스를 내놓게 됐다고 설명했다. 그는 "현대의 메시지 시스템은 이메일이 되지 않을 것"이라고 말해, 이메일 시장을 대체하려는 의도가 있음을 부인하지 않았다.

새 서비스의 형태는 이메일과 비슷하지만 휴대전화 문자와 메신저 채팅 내용, 이메일을 '페이스북닷컴' 계정 하나로 관리할 수 있다. 이 서비스를 이용하면 삭제하지 않는 한 상대방과 나눴던 모든 대화 내용이 기록으로 남는다. 또 상대방의 메일 주소나 전화번호 대신 이름을 클릭하는 것만으로 대화를 시작할 수 있다. 언론들은 페이스북이 구글 외에도 야후, 마이크로소프트 등 기존 이메일 업체들에 타격을 줄 것이라고 분석했다. 앨터미터그룹의 애널리스트 쉘린 리는 페이스북의 새 서비스가 "구글의 지메일 서비스를 죽이지는 않겠지만 서서히 갉아먹을 것"이라고 예견했다.[59]

2010년 12월 9일 『월스트리트저널』은 주커버그가 재산의 절반 이상을 기부하기로 공개 약속했다고 보도했다. 주커버그를 비롯해 AOL 공동 설립자인 스티브 케이스, '공격적 인수합병의 귀재' 칼 아이칸, '정크본드(고위험 채권)의 황제' 마이클 밀켄 등 총 17명이 "생전 또는 사후에 최소한 재산의 절반을 기부하겠다"는 '기부서약' 운동에 동참했다는 것이다. 이들이 기부를 약속한 곳은 빌 게이츠와 워렌 버핏에 의해 지난 2010년 조직된 '더 기빙 플레지(The Giving Pledge·기부서약)'로 이제 기부서약 운동 참여자는 총 57명으로 늘어났다. 재산이 69억 달러(한화 약 7조 5,000억 원)로 평가된 주커버그는 '기부서약'에 의해 준비된 비디오에서 "해야 할 일이 많고 지금 시작하는 게 더 낫다"고 말했다.[60]

2010년 12월 15일 주커버그는 시사주간 『타임』이 뽑은 '올해의 인물(Person of the Year)'에 선정됐다. "세계 각국에 있는 5억 5,000만 명의 페이스북 가입자들을 연결시켰으며 이를 통해 우리가 사는 방식을 바꿨다"는 이유에서였다. 2010년 말 페이스북은 75개 언어로 서비스돼, 전 세계 인구의 98퍼센트가 자국 언어로 사용 가능했으니, 그렇게 말하는 것도 무리는 아니었다. 『타임』 편집자인 리처드 스텐걸은 "페이스북은 지구 상에서 10분의 1이 하나로 연결된 결합조직이며, 지구 상에서 세 번째로 큰 국가에 해당하는 동시에, 그 어떤 정부보다도 시민들에 대한 정보를 많이 제공해주고 있는 소셜네트워크 플랫폼"이라고 말했다.

주커버그는 『타임』 선정 올해의 인물 가운데 역대 두번째 연소자 기록을 세웠다.(최연소는 1927년 대서양을 횡단한 찰스 린드버그) '올해의 인물' 2위는 미국의 보수 유권자 단체인 티파티, 3위는 위키리크스 설립자 줄리언 어산지였다. 『타임』 표지 기사는 이런 결론을 내렸다. "초기의 인터넷사업자는 '성(sex)'을 팔아서 수백만 달러의 돈을 벌었다. 하지만 주커버그는 '친구(friend)'를 팔아 수십억만장자가 됐다."[61]

2011년 1월 10일 오전 이명박 대통령은 제56차 라디오 연설에서 "스무 살 때 페이스북을 창업해 세계적인 소셜 네트워크 기업으로 키운 마크 주커버그가 우리나라에서도 나올 수 있도록 열린 환경을 만들어 나가겠다"고 다짐했다. 그는 "정부도 1인 창조 기업을 위해 사무 공간과 경영 컨설팅을 무료로 제공하는 등 다양한 지원 제도를 시행하고 있다"면서 "벤처 인프라와 미디어를 구축하는 데 더욱 힘을 쏟겠다"고 말했다.[62]

이와 관련, 이흥우는 "우리는 산업화엔 늦었지만 정보화는 빨랐다. 그러나 지금 같은 일률적인 주입식 교육과 적성에 관계없이 법대나 의대가 우수 학생을 빨아들이는 사회적 환경에선 주커버그가 나오기 어렵다. 얼마 전 한국교육개발원이 발표한 보고서 '한국 고교생의 대입 준비과정의 특징과 과제'에 따르면 적성보다 성적으로 대학이나 전공을 결정한 학생이 세 명 가운데 한 명 이상이었다."며 다음과 같이 말했다.

"'새로운 시스템 창조.' 타임이 주커버그를 올해의 인물로 선정한 이유다. 창조적 마인드는 창조적 교육에서 나온다. 한국식 교육은 레드 오션에 대응하는 인물을 '대량생산'하는 데 성공했는지 몰라도 블루 오션에 맞는 인물을 길러내는 데는 적합하지 않다. 메모리 분야에선 세계 최고라는 찬사를 들으면서도 비메모리 분야에선 아류국에 머물고 있는 이유이기도 하다. 한국판 주커버그 탄생은 교육에 달려 있다."

또 이흥우는 "사실 미국보다 한발 앞서 SNS를 시작한 곳이 한국이다. 1999년 9월 서비스를 시작한 싸이월드는 국내에서 선풍을 일으켰다. 싸이월드는 국내에서의 여세를 몰아 2006년 무렵 미국, 일본, 독일, 대만 등에서도 서비스를 시작했다. 하지만 지난해 대부분의 해외 서비스를 중단했다. 지나친 현지화가 외려 글로벌 SNS로 성장하는 데 걸림돌이 됐다. 미국의 싸이월드와 독일의 싸이월드가 서로 호환되지 않은 탓이다. 출발은 우리가 먼저 했으나 지금 상황은 우리가 뒤처졌다. 국내에서도 페이스북과 트위터가 토종 SNS들을 제치고 앞서기 시작했다."며 다음과 같이 말했다.

"국내 전문가들은 그 주된 이유를 '개방의 차이'에서 찾는다. SNS는 세상과 소통하는 도구임에도 토종 SNS는 눈앞의 이익에 매몰돼 폐쇄적으로 운영해 왔다. 반면 페이스북은 일정 요건만 갖추면 누구나 접근할 수 있는 열린 공간을 제공했다. 이런 개방성이 상승작용을 일으켜 페이스북 가입자 수는 폭발적으로 늘었다. 주커버그는 당장의 수익보다 성장 가능성을 중시했다. 우리만의 특성을 갖추는 데도 실패했다. 페이스북은 인맥 넓히기 기능이 탁월하고, 트위터는 단순한 리트윗만으로도 여론 형성에 지대한 영향력을 발휘한다는 평을 받고 있다. 하지만 토종 SNS의 경우 딱히 '이거다' 하는 특징이 없다. 페이스북이라고 약점이 없는 것은 아니다. 페이스북은 개인정보 유출에 취약하다. 세계 곳곳에서 이에 대한 논란이 끊이질 않는다. 그럴수록 주커버그는 사용자가 쉽게 더 많은 정보를 얻을 수 있게 계속해서 기능을 추가하며 약점을 보완하고 있다."[63]

## 구글플러스를 압도한 페이스북

2011년 4월 20일 버락 오바마 미국 대통령이 캘리포니아 팔로알토에 있는 페이스북 본사를 찾아 '국민과의 대화' 시간을 가졌다. 페이스북 직원과 지역 유지, 낸시 펠로시 미 하원 민주당 원내대표 등 100명이 참석한 가운데 열린 행사는 오바마와 주커버그간 문답식으로 진행됐다. 오바마가 "나와 당신(주커버그) 같은 사람들이 세금을 좀 더 내야 한다"고 주문한 데 대해 주커버그가 "찬성한다"고 답하자 웃음과 박수가 터져 나왔다. 공식 석상에서도 티셔츠와 청바지를 즐겨 입는 주커버그는 이례적으로 정장과 넥타이 차림이었다. 국민과의 대화는 페이스북을 통해 생중계됐는데, 오바마의 페이스북엔 댓글 3,000여 개가 달렸다. 그의 페이스북 '친구'는 1,900만 명이었다.[64]

구글이 페이스북과 경쟁하기 위해 2011년 6월 말에 선 보인 소셜네트워킹서비스 구글플러스에서 가장 팔로어(친구)가 많은 주인공은 다름 아닌 주커버그인 것으로 나타나 화제가 되었다. 주커버그의 팔로어수는 7월 5일 오전 8시 현재 2만 9,543명으로 1위였고, 이어 구글의 공동창업자이자 CEO인 래리 페이지(1만 9,878명), 구글의 소셜네트워크를 책임지고 있는 빅 군도트라(1만 5,793명), 공동창업자 세르게이 브린(1만 5,646명) 등이 뒤를 이었다.

구글플러스는 기자와 블로거, 기술분야 종사자들을 제외한 일반인에게는 아직 서비스를 공개하지 않고 있었는데, 주커버그는 자신의 구글플러스 홈페이지에 굳은 표정의 사진 한 장과 함께 '나는 물건을 만듭니다(I make things)'라는 짤막한 소개 글을 올렸다. 이를 두고 영국『데일리메일』은 주커버그가 경쟁 상대 서비스를 검토해보길 원했던 것 같다고 보도했다.『LA타임스』등은 경쟁사의 CEO가 구글의 창업자나 경영진보다 더 인기가 있는 것은 흥미를 넘어 다소 황당한 것으로 받아들여지고 있다고 전했다.[65]

2011년 9월 22일부터 일반에 공개된 구글플러스의 첫날 방문객은 250만 명으로 집계됐지만, 이 가운데 59퍼센트는 구글이 검색서비스에서 실시한 특별 마케팅을 따라 들어온 것으로 분석됐다. 그간 구글이 시작한 SNS는 총 열 가지에 이르렀지만 성공한 것은 하나도 없었다. 구글의 첫 SNS인 오커트(2004년)를 비롯해 ▦이용자의 위치정보 서비스인 닷지볼 ▦트위터 성격의 자이쿠 ▦네이버 지식인과 유사개념인 아드바크 등은 이미 사업을 접었거나 유명무실한 상태였고, 2010년 2월 이메일과 연동해 선보인 구글버즈는 '트위터 대항마'로 관심을 모았지만, 실적이

영 신통치 않았다. 업계 관계자는 "SNS의 주류회원은 주로 여성인데 구글플러스는 너무 남성회원이 많다"면서 "구글플러스가 살아남으려면 페이스북과 확실한 기능 차별화, 그리고 10억 명이 이용하는 구글 검색 서비스와 효율적 연계 뿐이다"고 말했다.[66]

왜 구글은 SNS에선 그렇게 부진했던 걸까? 혹 구글 특유의 '엔지니어링의, 엔지니어링에 의한, 엔지니어링을 위한 문화' 때문은 아닐까? 최윤식·정우석은 이렇게 말한다. "보통 언론에서 구글에 대해 부정적 평가를 할 때 주로 나오는 것 중 하나가 소위 구글의 알고리즘적 사고이다. 지나친 알고리즘적 사고 때문에 구글 임직원은 폐쇄적이고 차갑고 건방지며 이러한 사고방식 때문에 감성을 이해해야 하는 소셜네트워킹과 관련된 사업은 구글이 제대로 해낼 수 없을 것이라 판단한다. 실제로 아직까지는 소셜게임 쪽에서 구글은 성과를 내지 못하고 있다."[67]

구글플러스가 헤매고 있는 동안 페이스북은 점점 더 광범위한 용도로 이용되기 시작했다. 이미 2010년 12월부터 시작된 튀니지의 '재스민 혁명(Jasmine Revolution)', 이집트의 '민주화 혁명' 등 국가 권력을 교체하는 동력으로 작용한 이른바 '페이스북 혁명'이 사회 전 분야에 걸쳐 작동하기 시작한 것이다. 페이스북은 인권 탄압 국가들의 인권유린 현장 고발에 이용되었을 뿐만 아니라 기부금을 모으는 데에도 적극 활용되었다.

2011년 9월, 국제구호개발 NGO인 굿네이버스는 2011년 9월 페이스북과 트위터로 참여 가능한 소액기부 캠페인 전용 어플리케이션을 개발, 보급하였다. '100원의 기적'으로 이름 붙여진 이 캠페인은 소셜 기부(social donation) 방식을 채택했는데, 페이스북 이용자가 개인 기금모음자가 되어 자신의 계정을 통해 굿네이버스 '100원의 기적' 참여신청을 하면, 개인 계정에 연결된 사람들이 홍보문구의 좋아요 버튼을 클릭하거나 이를 리트윗 할 때 마다 1회에 100원씩 프로젝트 기금을 적립하여 1개월

모금 종료 후 해당 기관에 기부하게 되는 식이었다.[68]

페이스북은 이른바 '캐시몹(cash-mob)' 현상도 탄생시켰다. 2011년 12월 27일 『월스트리트저널』이 보도한 한가지 사례를 보자. 12월 20일 오후 6시 30분, 미국 캘리포니아 주 오클랜드 시 골목 한 모퉁이에 갑자기 한 무리의 사람들이 나타나 동네 선물가게에 들어가 물건을 구입한 뒤 바로 사라졌다. 이 중 한 사람이었던 마이클 머레인(Michelle Murrain)은 골목에서 사람들을 기다리다 시간이 되자 선물가게로 들어가 사람들과 약속한 20달러어치의 물건을 구매했는데, 그는 페이스북에서 알게 된 사람들과 지역의 소규모 자영업자들이 운영하는 영세점포를 돕기 위해 이 모임에 참여했다.

우리말로 하면 "물건구매용 번개"인데, 플래시몹(flash-mob)을 따라 캐시몹(cash-mob)이라는 이름이 붙었다. 캐시몹을 처음 제안한 사람은 37살의 크리스 스미스(Chris Smith)라는 시민으로 2011년 8월경 아이디어를 떠올려 버펄로시 지역의 와인가게에서 처음으로 이벤트를 열었다고 한다. 그 뒤로 이 아이디어는 클리블랜드, 샌디에이고 등 미국 주요 도시 지역으로 확산되어 침체에 빠진 지역상권을 되살리는데 기여했다.[69]

## 기업공개로 1,000억 달러 기업이 된 페이스북

2012년 4월 주커버그는 사진공유 소프트웨어업체 인스타그램(Instagram)을 10억 달러(1조 2,000여억 원)에 인수했다. 『월스트리트저널』은 이 M&A에 대해 "페이스북이 상대적으로 취약한 모바일 경쟁력 등을 강화하면서 구글을 견제하기 위한 포석"이라고 분석했다.[70]

그런데 주커버그의 일 처리 방식이 논란이 되었다. 그는 4월 5일 협의를 시작한 지 3일 만인 8일 인스타그램 CEO 캐빈 시스트롬(Kevin Systrom)과 단독으로 협상을 마무리지었기 때문이다. 둘의 단독 협상으로 인수가 가능했던 것은 주커버그가 우호지분까지 합치면 페이스북의 지분 57퍼센트를 보유한데다 시스트롬 역시 지분이 45퍼센트나 되기 때문이다.

심지어 이사인 마크 안드레센은 그날 주커버그의 집에서 저녁 6시에 시작된 이사회가 1시간쯤 진행되고 있을 때 시스트롬이 최종 사인을 위해 회의장에 걸어 들어오는 것을 보고 깜짝 놀랐다고 전했다. 그가 그곳에 있다는 사실을 전혀 몰랐다는 것이다. 페이스북 최대 규모의 인수작업을 20대 CEO 둘이 단 3일 만에 끝낸 것도 놀라운 일인데다, 주커버그가 타결 당일에야 이메일을 통해 이 사실을 이사들에게 일방적으로 통보했다는 점에서 비판적 여론이 제기되었다.[71]

그렇지만 그것보다 정작 일반 독자의 관심을 끈 것은 '대박 신드롬'은 아니었을까? 주커버그의 대박이야 말할 것도 없지만, 28살 먹은 시스트롬도 창업 2년 만에 10억 달러 중 4억 달러를 혼자 챙기게 되었다고 하니,[72] 기가 막힐 일이 아닌가 말이다. "아니 그 어린 나이에 그 많은 돈을 언제 다 쓰지?" 하는 부러움과 더불어 "아니 세상이 미쳐 돌아가는 것 아냐?" 하는 놀라움이 교차하는 사건이 아닐 수 없었다.

2012년 5월 7일, 주커버그가 뉴욕에서 열린 월스트리트 투자 설명회에 후드티에 청바지, 운동화 차림으로 나타나 논란을 빚었다. 웨드부시증권의 애널리스트 마이클 패처는 블룸버그 TV에서 "주커버그가 후드티를 입고 나온 것은 투자자들을 크게 신경쓰지 않고 있다는 점을 보여준 것"이라며 "이는 아직 그가 성숙하지 못했다는 것을 보여주는 것"이라고 주장했다. 또한 "주커버그가 투자를 요청하는 것인 만큼, 투자자들은 존중을 받아야 한다고 생각한다"며 비난했다.

반면, 실리콘밸리는 주커버그를 옹호하는 입장을 보였다. 일간『샌프란시스코크로니클(San Francisco Chronicle)』은 관련 보도에서 '앤젤투자회사 500 스타트업'의 파트너 데이브 맥클러의 예를 들었다. 그는 트위터에 '후드티사랑, 게임혐오'라는 계정을 만들어 월가의 비난에 대해 반박했다. 또한, 실리콘밸리 관계자들은 2011년 10월 사망한 애플의 공동창업자 스티브 잡스가 애플의 신제품 발표회 때마다 검정 터틀넥 티셔츠와 청바지, 운동화 복장을 고수한 것으로 유명했던 예를 들어 주커버그를 옹호했다. 관계자들은 "잡스의 티셔츠처럼 주커버그의 후드티도 상징적인 의미가 있다"며, "특히 실리콘밸리에서는 통상적으로 정장 대신 청바지와 티셔츠를 즐겨입는다"고 강조했다.[73]

2012년 5월 18일 전 세계의 비상한 관심 속에 페이스북의 기업공개(IPO: initial public offering)가 이루어졌다. 페이스북은 160억 달러(약 18조 8,512억 원)를 단숨에 벌어들였고, 상장가에 따른 기업가치도 1,000억 달러(약 117조 8,200억 원)로 평가됐다. 그러나 뉴욕 증시에 상장한 페이스북의 주가가 예상외로 저조한 실적을 보이면서 '결국 터질 게 터졌다'는 분위기가 투자자 사이에 감돌았다. 페이스북의 기존 수익과 사업 전망치를 감안할 때 상장가가 과대평가됐다는 지적에도 페이스북과 주간사인 모건스탠리는 38달러라는 상장가를 고수해 화를 자초했다는 평가가 지배적이었다.[74]

주커버그는 페이스북 나스닥 상장을 마친 직후인 5월 19일, 9년간 교제해 온 챈과 캘리포니아에 있는 자신의 집에서 결혼식을 올렸다. 당시 많은 사람들은 두 사람의 깜짝 결혼소식 뿐 아니라 백만장자답지 않은 소박한 결혼식에 놀라움을 감추지 못했다. 이들의 신혼여행도 큰 화제가 되었다. 이탈리아의 한 뉴스사이트는 두 사람이 로마의 작은 레스토랑에 들러 '착한 가격'의 점심을 나눠먹은 뒤 계산한 영수증을 공개했는데, 당시

두 사람이 계산한 점심값은 불과 32유로(4만 7,200원)에 지나지 않았다.[75]

## 페이스북의 위기인가?

2012년 5월 『애틀랜틱 먼슬리(The Atlantic Monthly)』의 표지 기사는 〈페이스북이 우리를 외롭게 만드는가?(Is Facebook Making Us Lonely?)〉였다. 결론은 "그렇다"는 것이었지만, 미국인들은 아직 수긍하지 않고 있다. 페이스북은 '고압적인 기업 독재 국가'로서 'Facebookistan'으로 부를 만 하다는 비판에서부터,[76] 엄청난 국가적 시간 낭비와 나르시시즘을 부추긴다는 비판에 이르기까지,[77] 페이스북에 대한 비판은 매우 다양하다. 루퍼트 머독(Rupert Murdoch)의 언론사가 프라이버시를 침해하면 위법이라며 펄펄 뛰지만, 주커버그의 페이스북이 그런 일을 저지르면 그건 '미래'요 '커뮤니티'라는 이상한 변명이 붙는다는 비아냥도 나온다.

이런 비판에 수긍하는 사람들이 많아진 걸까? 버크셔 해서웨이 회장 워런 버핏(Warren Buffet)은 "페이스북이 10년 후에도 특별한 기업일 것이라고 장담할 수 없다"면서 "나는 페이스북 같은 기업에 비관적"이라고 말한 바 있는데, 그의 예견이 맞아 떨어진 걸까? 2012년 8월 페이스북은 주가가 반토막이 날 정도로 대폭 하락하는 위기 상황에 처하게 되었으니 말이다. 이를 조롱하느라 잠깐 '서류상 억만장자'가 됐다가 자산의 절반 가까이 날린 사람들을 가리켜 'Zucked(주커버그 꼴 됐다)'라고 하는 신조어마저 생겨났다.[78]

페이스북 외에도 기업공개된 소셜 서비스 대부분이 고전을 면치 못하고 있다. 일부 전문가들은 '인터넷 공간을 사생활로 가득 채우는 서비스'가 장기적으로 승승장구할 수 있을 것인지에 대해 회의적이다. 페이스북과 같은 소셜 서비스들은 소모적인 거품에 불과하다는 것이다. 2006년 서비스를 시작한 트위터도 2010년까지 적자를 면치 못했으며, 2011년 광고 매출도 1억 400만 달러로 페이스북의 5퍼센트에도 못 미치는 수준이다. 사람들이 아무리 많이 쓰는 서비스라 해도 무엇으로 수익을 낼 것인가 하는 문제가 중요하기에, 온라인 광고매출이 85퍼센트에 달하는 페이스북은 광고 매출을 늘리기 위해 사력을 다하고 있지만 전망은 불투명하다. 이와 관련, 박순찬은 다음과 같이 말한다.

"전 세계 9억 5,000만 명에 달하는 이용자가 열심히 서비스를 이용하기는 하지만 이게 광고 효과로 이어지느냐에 대해서는 아직 의구심이 높다. 페이스북 담벼락에 열심히 글과 사진을 올리고, 남의 콘텐츠를 들여다볼 뿐 광고성 메시지는 제대로 보지 않고 휙 넘겨버린다는 것이다. 특히 이용자들이 손바닥만한 화면의 모바일로 썰물처럼 빠져나가는 흐름도 이 같은 고민을 심화시키는 요인이다. 모바일 광고는 아직 온라인광고만큼 수익을 내지 못한다는 공감대가 업계 전반에 깔려 있다……경제전문지 포브스는 '페이스북은 5년 내에 완전히 사라질 수 있다'고 전망한 바 있다."[79]

주커버그의 경영 능력이 의심을 받으면서 그가 한 발 뒤로 물러서야 한다는 목소리가 끊이지 않지만,[80] 그런 일이 일어날 것 같진 않다. 어렸을 때부터 고대 그리스·로마에 매료된 그의 꿈은 '제국의 건설'이기 때문이다. 그가 신혼여행지로 로마를 택한 것도 바로 그런 이유 때문이었을 것이다. 그가 좋아하는 비디오 게임도 오래 견뎌내는 제국 건설을 하는 게임인 〈Civilization〉이라는데, 그는 비디오 게임을 하듯 페이스북 제국의 부흥을 위해 사력을 다할 게 틀림없다.[81]

주커버그는 2012년 9월 11일 샌프란시스코에서 열린 콘퍼런스에서 "지난 2년을 날렸다(burned two years)"며 강도 높은 혁신을 약속했다. 그는 "구글이나 애플 스마트폰과 직접 연동되는 앱을 만들지 않은 것은 정말 뼈아픈 실수"라며 "앞으로 모바일에 집중하겠다"고 말했다.[82]

그런 혁신의 일환으로 페이스북은 검색 사업에도 뛰어들어 구글과의 본격 경쟁에 들어갔다. 레스토랑 추천 검색 등 차별화와 업그레이드를 주무기로 이른바 '소셜 검색(Social Search)'을 본격적으로 해보겠다는 것이다. 구글은 코웃음치지만 앞으로 어찌 될 것인지 두고 볼 일이다.[83]

2012년 10월 5일 페이스북은 9월 14일 기준으로 월간 이용자(active user) 10억 명을 넘었으며, 모바일로 접속하는 이용자도 6억 명에 이른다고 밝혔다. 페이스북에 등록된 사진은 2,190억 장, 친구로 연결된 건수는 1,403억 건에 달했다. 경제전문지 『포브스』는 "10억 명이란 숫자는 분명히 대단하지만 보다 중요한 것은 이들을 어떻게 수익으로 이끌 수 있느냐는 것"이라고 지적했다.[84]

## '페이스북을 죽이는 10가지 트렌드'

2012년 10월 21일, 영국 IT 전문 온라인 매체 '테크레이다(Tech Radar)'는 '페이스북을 죽이는 10가지 트렌드'라는 제목의 기사에서 아예 주커버그를 회사를 망하게 하는 악재 요인 중 하나로 지목했다. 테크레이다가 꼽은 페이스북에 대한 10가지 악재는 다음과 같다.

1. 모바일의 지배=페이스북의 가장 큰 걱정거리는 모바일 시대의 가속화다. 모바일 기기와 같은 작은 화면으로 페이스북의 배너 광고는 광고주들에게 만족감을 안겨주지 못하면서 페이스북은 광고 부문 경영에서 어려움을 겪을 수 있다.

2. 경쟁업체들의 질주=18세 이하 연령층은 페이스북에서 핀터레스트

(Pinterest)나 텀블러(Tumblr)와 같은 신생 소셜네트워크서비스(SNS)로 이동하기 시작했다. 이러한 트렌드는 그 어떤 것보다 위협적인 것이다. 인터넷을 통해 더 빨리 정보를 습득하고 관심사항을 찾길 원하는 10대는 페이스북보다는 이들 업체를 더 선호한다.

3. 개인정보 처리 문제 부각=개인정보보호 문제도 향후 걸림돌로 작용할 수 있다. 최근 구글 등 인터넷 관련 업체들의 개인정보보호 문제가 도마 위에 오르는 일이 잦아지고 있는 상황. 페이스북은 이 부분에서 뚜렷한 대책을 갖고 있지 않다.

4. 보관비용의 문제=IT 업종에 종사하는 이들이라면 누구나 공감할 수 있는 부분이 보관비용 문제다. 점차 정보를 보관하는 데 드는 비용 단가는 낮아지고 있지만 이용자들의 정보가 증가할수록 그 유지비용이 점차 증가할 것이라는 전망이다.

5. 투자자들의 반발=페이스북은 올해 상장 이후부터 줄곧 조용한 날이 없었다. 주가하락, 경영전망 불투명 등의 요소들이 투자자들로부터 신망을 얻지 못하면서 우려를 살 소지가 있다.

6. 마크 주커버그=주커버그는 '천재 소년'으로 인식되고 있지만 '후드티셔츠'를 입은 CEO는 결국 불명예 퇴진한 야후의 전 CEO인 제리 양의 전철을 밟게 될 확률이 높다. 주커버그의 번뜩이는 아이디어는 급속한 성장을 이룰 수 있게 하겠지만 자금조달 능력과 경영능력의 부족이 페이스북의 미래를 망칠 수 있다.

7. 비전의 부족=페이스북이 이용자들에게 제공할 수 있는 부분이 사진과 비디오 제공, 개인정보 업데이트 등에서 크게 벗어나지 않는다는 점이 문제다. '더 이상의 새로운 무엇'이 없다는 것이다. 10대 청년들이 그들의 20대 중반이 되어서까지 페이스북에 포스팅을 할 것으로 생각한다면 오산이다.

8. 사회적 분화의 간과=모든 이용자들에게 문이 열려있다는 페이스북의 장점이 오히려 단점이 될 수도 있다. 예컨대 인스타그램은 시각적인 측면에서의 기술력을 강조하고 있고 레딧닷컴은 강력한 오피니언 계층이 자주 이용한다는 특정이 있지만 페이스북은 이 같은 측면에서 뚜렷한 특징이 없다.

9. 예측하지 못한 재앙=예측할 수 없는 자연재해나 해외로의 개인정보 유출 등 갖가지 재앙도 페이스북의 미래를 위협하는 요소다. 특히 인터넷 업체라면 심각하게 받아들여야 할 부분인 바이러스 침투 문제도 골칫거리가 될 수 있다.

10. 이용자들의 변심=페이스북의 미래를 망가뜨릴 마지막 악재로 이용자들의 반란을 들 수 있다. 오늘 페이스북 계정을 사용하다가 당장 몇 시간 뒤 다른 서비스를 이용할 수 있는 것이 소비자들이다.[85]

## 핀터레스트의 도전, 페이스북의 반격

이 '10가지 트렌드' 가운데 가장 위협적인 것은 큐레이션(Curation) 방식인 핀터레스트(Pinterest)의 성장이다. 큐레이션은 미술관·박물관 등에 전시되는 작품을 기획하고 설명해주는 '큐레이터(curator)'에서 파생한 신조어다. 큐레이션은 큐레이터처럼 인터넷에서 원하는 콘텐츠를 수집해 공유하고 가치를 부여해 다른 사람이 소비할 수 있도록 도와주는 서비스로, 개방성과 참여성 등을 이유로 위키피디아에 빗대 '위키미디어'라고도 부르기도 한다. 큐레이션을 확산시킨 대표 서비스인 핀터레스트는 2010년 3월 서비스를 시작했는데 2년 만인 2012년 3월 기준 미국 방문자 순위에서 페이스북과 트위터에 이어 3위를 기록했다.[86]

벽에 물건을 고정할 때 쓰는 핀(Pin)과 '관심사'를 뜻하는 Interest의 합성어인 핀터레스트는 온라인에서 자신이 관심 있는 이미지를 핀으로 콕 집어서 포스팅하고, 이를 페이스북이나 트위터 등 다른 소셜네트워크 사이트와 연계해 지인들과 공유하는 이미지 기반 소셜네트워크 서비스다. 유저 활동의 중심이 콘텐츠의 생산이 아니라 수집에 있는 핀터레스트엔 아예 글을 쓰는 기능조차 존재하지 않는다. 모든 게 이미지 중심이다. 미술관이나 박물관에서 큐레이터가 제한된 전시공간에 어떤 작품을 전시할지 결정하듯이 핀터레스트의 이용자들은 개개인이 큐레이터가 되어 소셜미디어라는 공간에 자신이 고른 이미지들을 포스팅하고 이를 다른 사람과 공유한다고 해서 '소셜 큐레이션(Social Curation)'이라고도 한다. 사무실 벽이나 냉장고 등에 할인쿠폰, 마음에 드는 옷이나 가방 사진, 맛있는 음식의 레시피 등을 핀으로 고정시켜 놓는 소비자들의 일상생활에서 아이디어를 얻은 새로운 소셜네트워크 서비스인데, 페이스북마저 긴장시킬 정도로 인기가 하늘 높은 줄 모르고 치솟고 있다.[87]

페이스북의 전망을 어둡게 보는 비판에 기 죽지 않겠다는 듯, 2012년 10월 23일 주커버그는 지난 2분기의 순손실이 1억 5,700만 달러였던 것에 비해 3분기의 손실이 5,900만 달러로 줄었다는 걸 밝히면서 "페이스북에 대한 사람들의 가장 큰 오해는 모바일의 가능성을 과소평가하는 것이다. 다양한 모바일 제품과 수익모델을 내놓아 통념을 깨겠다"고 말했다. 3분기 광고수입 10억 9,000만 달러 가운데 모바일 광고 수입은 1억 5,000만 달러로 전체의 14퍼센트를 차지했다.[88]

2012년 11월 15일 페이스북은 '소셜 잡스(Social Jobs)' 앱을 선보였다. 이는 그동안 이용자들이 자신의 페이지에 구인공고 사이트의 구인 목록을 정리해두거나 링크를 거는 식으로 페이스북을 일종의 구인·구직 사이트처럼 활용해온 것을 공식 서비스화한 것이다. 페이스북은 서비스 출시 관련 성명서를 통해 다음과 같이 말했다. "우리는 소셜미디어의 힘을 잘 알고 있다. 친구, 가족, 커뮤니티 사이에 촘촘히 연결된 네트워크를 활용한다면 일자리 찾기에 엄청난 효과를 발휘할 수 있을 것이다." 이는 링크드인(LinkedIn)이 그간 점령해온 사업 영역을 침범하려는 시도로 여겨졌는데, 실제로 페이스북이 구인 시장에 뛰어든다는 소식이 전해진 후 링크드인의 주가는 한때 3퍼센트 이상 추락하다가 장 후반에야 간신히 회복했다.[89]

페이스북이 '소셜 잡스(Social Jobs)' 앱과 더불어 출시한 것은 새로운 '기프트(Gift)' 상품이었다. 페이스북 사용자들이 매일 접하게 되는 친구들의 생일, 결혼 등의 공지들과 더불어, 이제는 이를 위해 장난감과 초콜릿, 축하카드 등의 선물을 보낼 수 있는 새로운 버튼이 추가된 것이다. 사용자들이 신용카드 정보를 입력하고 수령자가 배송주소를 입력하면, 페이스북이나 소속 소매업체들이 주문을 완료하는 방식이다.[90]

2012년 12월 페이스북은 일반 이용자들이 '페친(페이스북 친구)'이 아닌 유명인들에게 메시지를 보내면 이 메시지를 상대방의 '받은 메시지함'으로 전송하는 서비스를 시험 도입했다. 이 서비스는 친분 정도에 상관없이 일정 요금을 내면 메시지를 '기타 메시지함'이 아닌 '받은 메시지함'으로 보내준다.(대부분의 사용자는 '받은 메시지함'에 있는 메시지만 확인할 뿐 기타 메시지함은 잘 살펴보지 않는다.)

페이스북은 "유료 서비스인 만큼 스팸 취급을 받지 않을 것"이라며 "서비스 요금은 메시지 한 건당 1달러로 책정하고 있지만 확실한 것은 아니다"라고 말했다. 그러나 『CNN머니』는 "마크 주커버그 페이스북 최고경영자(CEO)와 직접 관계가 없는 한 정보기술(IT) 전문기자가 그에게 메시지를 보내려 하자 '직접 메시지를 보내고 싶으면 100달러를 내시오'라는 옵션이 나타났다"고 보도했다. 이에 대해 페이스북은 "스팸을 걸러내기 위해 극단적인 방법이지만 큰 비용을 청구하는 실험을 하고 있다"고 해명했다. 그러나 전문가들은 "페이스북이 수입원 다변화를 위해 고가의 유료 메시지 서비스를 시험하는 것"으로 분석했다.[91]

2013년 1월 15일 주커버그는 캘리포니아의 멘로파크 본사에서 기자간담회를 열고 "SNS에 기반한 검색 '그래프 서치(Graph Search)'를 출시한다"고 발표했다. 그는 "페이스북 가입자 10억 명과 그들이 올린 사진 2400억 장, 1조 건의 친구 관계에서 원하는 정보를 찾아줄 것"이라고 설명했다. 구글이나 마이크로소프트 같은 기존 검색은 웹페이지에서 정보를 찾지만, 그래프 서치는 페이스북 사용자들이 공유한 사진·장소·거주지·관심사에서 결과를 찾는다는 것이다. 예를 들어 '우리집 주변에서 하이킹을 즐기는 사람' '내 친구들이 좋아하는 뉴욕의 레스토랑' 같은 식의 검색이 가능하다. 이날부터 영어 검색이 시작됐다.[92]

그래프는 주커버그가 평소 즐겨 언급하는 소셜 그래프(social graph)로 개인적·직업적 연결이 복잡하게 구성된 웹을 가리킨다. 주커버그는 그래프 검색이 초점을 맞추는 것은 사람(People), 사진(Photos), 장소(Places), 관심(Interests) 등 네 가지로, 기존 검색을 대체하려는 것이 아니라는 점을 강조했다.[93]

그러나 미국자유인권연합(American Civil Liberties Union)은 브리핑에서 페이스북의 '그래프 서치'로 사생활 침해가 우려되는 만큼 이용자가 공개범위 설정을 다시 살펴야 한다고 말했다. 경희사이버대 교수 민경배는 페이스북을 마케팅 수단으로 활용하는 기업과 페이스북 친구를 맺은 이용자는 더욱 정교한 마케팅 전략의 대상이 될 것이지만, "우리나라 이용자들은 그동안 대량 상업사이트, 포털사이트에 스스럼없이 개인정보를 제공해 왔기 때문에 논란이 크지 않을 것으로 보인다"고 내다봤다.[94]

## “사람들이 페이스북을 끊지 못하는 13가지 이유”

2013년 2월 3일『비즈니스인사이더(Business Insider)』는 그 어떤 문제에도 불구하고 “사람들이 페이스북을 끊지 못하는 13가지 이유”를 제시했다. “페이스북 이제 그만해야겠어”라고 말하는 사람들조차, 회원 탈퇴 버튼을 누르지 못하는 데엔 그만한 이유가 있다는 것이다. 상당 부분 상호 중복되는 내용임에도 애써 13가지를 만들어냈다는 생각이 들긴 하지만, 그 13가지 이유를 살펴보자면 다음과 같다.

(1) 당신은 몇 명의 생일을 기억하는가: 스마트폰, 소셜네트워크가 인기를 끌면서 지인들의 생일과 전화번호를 수첩에 적어 기억하는 시대는 끝났다. 페이스북이 알림 메시지를 통해 친구들의 생일을 알려주지 않는다면 파티를 한다거나 선물을 주고 받는 횟수도 크게 줄어들 것이다.

(2) 수십 장의 사진을 어떻게 친구와 공유하나: 페이스북이 없다면 30명의 친구에게 지난 주말 있었던 모임 사진 40장을 어떻게 첨부할 것인가. 당신은 여러명의 친구에 첨부파일 수십 장을 일일이 붙여 이메일로 보내기 위해 1시간을 들여야 하던 시절로 돌아가고 싶지 않다.

(3) 대학시절 남친의 새 애인을 어떻게 찾을까: 스토킹의 문제다. 많은 이들이 예전 남자친구, 여자친구의 새 애인에 대해 궁금하다. 그렇다고 헤어진 전 애인에게 전화로 물어볼 수도 없는 일. 페이스북은 오래 전 지인의 근황을 쉽게 알게 하는 도구다.

(4) 친구의 전화번호를 잊어버렸다면: 친구의 이메일 주소나 전화번호가 없을 때 페이스북이 없다면 어떻게 할까. 페이스북은 전화번호를 잊어버린 친구에게조차 쉽게 연락할 수 있게 하는 최적의 도구다.

(5) SNS로 긴 글을 남기고 싶을 때: 페이스북 외에도 SNS는 많다. 그러나 가장 인기 있는 SNS 도구 중 페이스북 만큼 편하고 쉽게 긴 글을

올릴 수 있는 공간은 적다. 최대 경쟁자인 트위터는 140자 단문 서비스란 한계가 있다. 지난 밤 생긴 마음의 변화를 140자에 모두 담기는 부족하다.

(6) 팜빌, 페이스북이 없다면?: 페이스북 그 자체보다 게임이 매력적인 순간도 있다. 전세계인 중 8,000명은 페이스북을 통해 징가가 만든 팜빌을 이용한다. 팜빌은 개인들이 페이스북을 끊을 수 없게 하는 주요한 원인이다.

(7) 새 사이트 가입에 2초, 시간 편의성: 페이스북에 연결된 새 사이트에 가입하는 시간은 2초면 충분하다. 가입 버튼만 누르면 되기 때문이다. 페이스북이 없던 시절엔 새로운 사이트에 가입하는 데 회원정보를 일일이 적어야 하므로 10분의 시간이 소요된다는 사실. 새로 잡지를 구독할 때도 마찬가지다.

(8) 지난 모임, 그 즐거웠던 순간의 기억과 공유: 지난 밤 있었던 동창모임을 어떻게 기억하고 순간을 공유할 것인가. 이 일들이 언제 어디서 있었던 건지 기억력에 의존하기는 어렵다.

(9) 페이스북의 도덕성 논란은 사용자들과는 상관없다: 친구의 아이디어를 가로챈 것 아니냐는 페이스북 창업자 마크 주커버그의 도덕성 논란도 이슈였다. 그러나 이같은 논란이 사용자들이 페이스북을 사용하는 데 지장을 주는 것은 아니다.

(10) 사생활 침해는 모두 페이스북이 문제?: 물론, 페이스북은 사생활 이슈가 있다. 그런데, 지금 사람들은 사생활에 더 이상 신경 쓰지 않는다. 인터넷에서 실명을 쓰지 않았던 그 때를 기억하는가?

(11) 끊기 어려운 것은 페이스북 뿐만이 아니다: 페이스북 이전에도 수많은 온라인 커뮤니티나 채널이 있었다. 그렇지만 대다수 사람들은 모든 커뮤니티나 채널을 필요가 없을 때마다 해지하기 힘들다. 페이스북도

마찬가지. 한 번 중독된 커뮤니티를 끊는 일은 상당히 어려운 일이다.

(12) 멀리 떨어진 친구들과 연락은?: 유학시절 만난, 바다 건너 사는 친구들과 연락하는 수단으로 페이스북 만한 것이 없다. 서로의 근황을 근처에 사는 친구처럼 알게 해준다. 페이스북이 없다면, 이 친구들과 어떻게 연락할 것인가?

(13) 엘레베이터를 탄 그 짧은 순간에도: 엘레베이터를 타거나, 이동하는 찰나의 순간에 사람들은 모두 스마트폰을 본다. 페이스북은 애플 앱스토어에서 가장 인기있는 스마트폰 애플리케이션 중 하나다.[95]

## '공개'와 '연결'에 대한 집착

구멍가게를 하듯 대학생 네 명이 시작한 일이 딱 8년 만에 1,000억 달러 가치, 연 매출 40억 달러의 괴물로 성장했으니,[96] 이 어찌 놀라운 일이 아니랴. 주커버그는 이 기적과 같은 일을 『타임』(2010년 12월 27일) 인터뷰에서 '세렌디피티(serendipity: 뜻밖의 발견)'라는 개념으로 설명했다.

"우리는 사람들이 행하는 세렌디피티라는 개념을 갖고 있어요. 뜻밖의 행운인 거죠. 가령 레스토랑에 가서 한동안 보지 못했던 친구를 우연히 마주치는 것과 같은 거죠. 굉장한 경험이죠. 그 상황이 그렇게 마법처럼 보이는 이유는 대체로 그런 일이 자주 일어나지 않기 때문이에요. 하지만 저는 사실 그런 상황들이 실제로는 흔하다고 생각해요. 아무도 우리가 그 중의 99퍼센트를 놓치고 있는 거겠죠."

주커버그와 인터뷰를 한 레브 그로스만(Lev Grossman)은 이런 해설을 덧붙였다. "페이스북이 원하는 건 외롭고 비사교적인 세계를 무작위적 확률로 친근한 세계로, 뜻밖의 발견이 있는 세계로 전환하는 것이다. 당신은 사람들이 이루는 네트워크 속에서 일하며 살게 될 것이고, 결코 다시는 혼자일 필요가 없을 것이다. 인터넷, 그리고 전 세계는 하나의 가족처럼, 하나의 대학 기숙사처럼, 혹은 직장동료들이 최고의 친구들이기도 한 하나의 사무실과 같은 느낌을 갖게 될 것이다."[97]

바로 그런 이유 때문에 페이스북은 지금 미국의 인터넷 이용자들이 가장 많이 시간을 보내는 곳이 되었다. 미국인들은 페이스북을 숭배하는 지경에까지 이르렀지만, 모든 이가 다 페이스북 현상을 반기는 건 아니다. 무엇보다도 프라이버시 문제가 심각하다. 셰리 터클(Sherry Turkle)은 이렇게 말한다. "사람들이 인터넷 상에서 '삭제하다(delete)'와 '지우다'란 단어들이 은유에 지나지 않음을 이해하기 시작하는 데 한 세대가 걸렸다. 파일, 사진, 메일, 검색 내역은 그저 눈앞에서만 제거된다. 인터넷은 절대 잊지 않는다."[98]

미국 대통령 버락 오바마도 2009년 9월 버지니아 고등학교에서의 연설에서 "한때 페이스북에 올린 정보가 인생의 어느 시점에 다시 등장할지 모른다"며 신중을 당부했을 정도이다.[99] 실제로 2009년 한 설문조사 결과 미국 회사의 35퍼센트가 소셜 네트워크에서 발견된 정보 때문에 구직자를 탈락시킨 적이 있었던 것으로 밝혀졌다.[100]

주커버그의 '공개'와 '연결'에 대한 집착은 페이스북의 사무실 구조에도 그대로 반영되었다. 화장실만 제외하곤 페이스북의 모든 사무실은 열린 공간으로 자기 방이 있는 직원은 단 한 명도 없다. 주커버그조차 다른 직원들과 같은 사무실에서 평범한 책상 하나를 가지고 있을 뿐이다.[101] 유일하게 따로 떨어져 있는 회의실도 사방이 유리벽이다.

'공개'와 '연결'에 대한 주커버그의 집착은 2009년 『포춘』 기자 데이비드 커크패트릭(David Kirkpatrick)과의 인터뷰에서 한 다음과 같은 발언에서도 발견된다. "여러분은 단 하나의 정체성을 가집니다. 여러분들이 직장 동료들과 지인들에게 각기 다른 이미지로 기억되는 시대는 아마도 빠른 시간 내에 종료될 것입니다. …… 여러분 자신에 대해 이중적인 정체성을 지니는 것은 온전한 자기 자신을 보여주지 못한다는 것을 뜻합니다."[102]

주커버그는 커크패트릭과의 인터뷰에서 "사람들은 단 하나의 정체성을 가집니다"는 말을 1분 동안 세 번이나 강조하며 반복했다고 한다. 페이스북 초기에 성인 가입자에게 두 가지 프로필, 즉 업무용과 여가용 프로필 생성을 허용해야 한다는 목소리가 높았지만, 주커버그는 이런 논리로 반대했다. "회사 동료에게 보이는 당신의 이미지와 친구들이 느끼는 당신의 이미지가 다른 시대는 아마도 머지 않아 끝날 것입니다."[103]

이와 관련, 사생활 정보를 입력하지 않게 돼 있는 비즈니스형 SNS인 링크드인(LinkedIn)의 창업자 레이드 호프먼(Reid Hoffman)은 이렇게 말한다. "주커버그는 사회생활과 직업생활이 구분된다고 믿지 않습니다. 그건 고전적인 대학생의 시각이죠. 나이가 들면서 배우는 것들 중 하나가 이런 다양한 관계들을 갖게 되는 건데 말이죠."[104]

단지 어린 나이 때문일까? 페이스북엔 주커버그와 그 일행들의 풍요롭고 안락한 계급적 배경이 전제돼 있다는 시각도 있다. 그 어떤 면에서건 자신의 정체성을 공개적으로 드러내는 것으로 인한 불이익이나 취약성을 느껴보지 못한 젊은 세대의 자신감이 페이스북에 그대로 반영돼 있다는 것이다.[105] 이제 주커버그는 유명 스피치라이터(speechwriter)를 고용해 점점 더 세련된 모습으로 대중 앞에 나타나기 시작했는데,[106] 시간이 좀 더 흐르면 그도 인간이 하나의 정체성만으론 살 수 없다는 걸 깨닫게 될까?

## 유대인의 특성 때문인가?

그러나 어이하랴. 미국인들은 아직까진 '고전적인 대학생의 시각'에 매료되고 있으니 말이다. 주커버그는 타인에 대한 관심이 인간의 유전자에 입력되어 있다고 주장했는데,[107] 주커버그의 '공개'와 '연결'에 대한 집착은 혹 그가 유대인이라는 것과 관련이 있는 건 아닐까? 주커버그 뿐만 아니라 처음에 페이스북을 같이 시작한 더스틴 모스코비츠와 에두아르도 새버린도 유대인으로, 이들은 모두 하버드대학 내 유대인협회 '알파 엡실론파이(Alpha Epsilon Pi)'의 멤버들이었다.[108]

마이스페이스와 페이스북이 아직 등장하기 전인 2002년 이들의 원조라 할 프렌스터(Friendster)라는 사이트를 만든 조나단 에이브럼스(Jonathan Abrams)도 유대인이었다.[109] 뿐만 아니라 월터 리프만(Walter Lippmann, 1889~1974), 에드워드 버네이즈(Edward L. Bernays, 1891~1995), 다니엘 부어스틴(Daniel J. Boorstin, 1914~2004), 노엄 촘스키(Noam Chomsky) 등 '여론'에 대해 탁월한 면모를 보인 지식인들은 한결같이 유대인인데, 여기에 무슨 특별한 이유가 있는 걸까?

유대인의 디아스포라(Diaspora), 즉 이산離散 또는 유랑은 유대인 정체성의 핵심이다. 오늘날에도 전 세계적으로 유대인이 10만 명 이상 거주하는 나라는 10개국, 1만 명 이상 거주하는 나라는 30여개국에 이른다.[110] 홍익희는 "유대인 파워는 몇 가지 특징이 있다. 우선 이들은 권력의 생리를 잘 알고 있다. 과거 이 나라 저 나라에서 눈칫밥을 먹으면서 터득한 지혜다."며 다음과 같이 말한다.

"유대인들은 수적 열세라는 약점을 잘 알고 있어 그들만이 특화할 수 있는 권력을 집중적으로 개발했다. 경성硬性 권력 중에는 경제력과 금융, 연성軟性 권력 중에는 문화예술, 그리고 20세기 이후부터 특수권력으로 성장한 언론 등을 세 개 축으로 해 권력기반을 확대했다."[111]

그러나 그 모든 게 꼭 의도적인 것만은 아니다. 특정 국가에서 오랜 뿌리를 갖지 못한 사람들이 제조업 분야에서 성공을 거두기는 매우 어렵다. 사람, 즉 머리를 최대의 자산으로 삼는 분야에 집중하는 건 당연하거나 불가피한 일이다.

스티븐 휘트필드(Stephen J. Whitfield)는 유대인의 여론 친화성을 그들의 '주변인 의식'에서 찾았다. 오랜 세월 동안 나라 없이 여기저기 흩어져 사는 동안 자신들이 '주변인'으로 머무르고 있는 나라의 여론에 민감할 수밖에 없는 독특한 성향과 관찰력이 그런 탁월성의 동력이 되지 않았겠느냐는 분석이다.[112]

유대인 특유의 시간지향성이 여론의 이모저모를 감지하는 데에 도움이 되었을 수도 있다. 미국 역사학자 스티븐 컨(Stephen Kern)은 유대인 혈통을 가지고 있는 베르그송, 프루스트, 프로이트의 저작과 유대인의 시간 경험 사이에는 몇 가지 놀라운 유사점이 있다며 다음과 같이 말한다.

"방황하는 유대인(Wandering Jews)은 시간 속에서만 편안하다 …… 근대 유럽의 역사에서 유대인들은 역사적 가치가 있는 어떤 것도 물질적인 형태로 남기지 않았다. 그들은 역사적 건조물을 내면화하여 구술 형태나 문자 형태로 보존해야 했다. …… 세 명의 사상가 모두 시간 속의 실존이야말로 가장 중요하고 1차적이라고 평가한 데에는 유대인들의 이러한 경험이 크게 작용하였다고 볼 수 있다."[113]

유대인들은 소셜미디어와 학계뿐만 아니라 여론과 관련된 전반적인 미디어업계와 정보통신업계까지 대거 진출해 큰 영향력을 발휘하고 있다. 『뉴욕월드』의 조지프 퓰리처(Joseph Pulitzer, 1849~1911), 『뉴욕타임스』의 아돌프 옥스(Adolph Ochs, 1858~1935), 『워싱턴포스트』의 유진 마이어(Eugene L. Meyer, 1875~1959), NBC-TV의 데이비드 사노프

(David Sarnoff, 1891~1971), CBS-TV의 윌리엄 페일리(William Paley, 1901~1990), ABC-TV의 레너드 골딘슨(Leonard H. Goldenson, 1905~1999) 등 미국 언론계의 신화적인 인물들은 대부분 유대인들이다. 리처드 닉슨 대통령이 '유대인에 의한 미디어 산업 지배의 위험성'을 우려한 것은 충분한 근거를 갖고 있는 셈이었다.[114]

정보통신업계에서도 구글(Google)의 래리 페이지(Larry Page, 1973~)와 세르게이 브린(Sergey Brin, 1973~), 오라클(Oracle)의 래리 엘리슨(Larry Ellison, 1944~), 마이크로소프트의 스티브 발머(Steve Ballmer, 1956~), 델 컴퓨터의 마이클 델(Michael Dell, 1965~), 인텔(Intel)의 앤디 그로브(Andy Grove, 1936~), 블룸버그의 마이클 블룸버그(Michael Bloomberg, 1942~) 등 내로라 하는 거물들이 모두 유대인이다.[115] 컴퓨터 업계의 고급 인력 가운데 유대인이 차지하는 비중도 높아 30퍼센트에 이른다.[116]

그 누구도 스티브 잡스를 유대인으로 보진 않지만, 그의 생모生母인 조앤 캐롤은 유대인이었다. 캐롤은 교육을 중시하는 유대인답게 양부모가 넉넉지 못했음에도 잡스의 대학 교육을 책임지는 걸 입양의 조건으로 내걸었다.[117]

'주변인 의식'은 창의성으로 이어지기 마련이다. 주변인은 그 사회의 주류에 속하는 사람들이 보지 못하는 것을 볼 수 있기 때문이다. 예컨대, 미국의 커피 문화를 혁명적으로 바꾼 스타벅스의 하워드 슐츠(Howard Schultz)도 유대인이었기에 아무도 보지 못했던 틈새시장을 찾아낸 셈인데, 이런 발상의 전환으로 큰 돈을 번 기업가들은 대부분 유대인들이다.[118]

주커버그도 그런 관점에서 볼 수 있을 것인지 단언하긴 어렵지만, 그가 컴퓨터공학과 더불어 심리학을 전공했다는 점엔 주목할 필요가 있겠다. 그는 『타임』과의 인터뷰에서 "물론 나는 컴퓨터 공학을 전공한 사람이지만 항상 컴퓨터 공학과 심리학이 어떻게 결합되는지에 관심을 가져왔다. 나에게 컴퓨터는 항상 좋은 것을 만드는 방법이었지 그 자체가 목적은 아니었다"고 말했다. 이에 맞장구를 치듯, 『타임』은 주커버그가 타인에 대한 놀랄 만큼의 이해력을 가지고 있다고 평했다.[119]

이와 관련, 최광은 이렇게 말한다. "페이스북의 성공요인으로 많은 분석들이 이뤄지지만 가장 결정적인 이유는 마크 주커버그가 전공한 심리학적 토대 아래서 인간의 본질을 끊임없이 연구했다는 것을 꼽을 수 있다. 언제 어디서나 끊임없는 소통을 요구하는 이용자들을 위해 최적화되어 군더더기 없고 간결한 플랫폼을 인터넷에 구현해낸 것이다."[120]

## '앰비언트 인티머시'에 대한 갈증 때문인가?

날이 갈수록 생존경쟁이 치열해져 평판과 인맥 관리를 위한 필요성은 더욱 커지고 있다. 이와 관련, 존 휘트필드(John Whitfield)는 이렇게 말한다. "트위터, 마이스페이스 등 여타 소셜미디어와 마찬가지로 페이스북도 사회적 네트워크 구축 및 평가와 위신 창출이 핵심 요소다. 소셜미디어는 사람들이 자신의 평판을 관리하는 동시에 타인의 평판을 평가하는 도구고, 구글의 서치 엔진은 웹사이트 간 연결고리를 파악해 평판을 평가하는 엿듣기 도구다. 따지고 보면 주요 웹사이트는 거의 예외 없이 평판을 이용한다."[121]

법학자 로버트 포스트(Robert Post)는 "평판은 자신의 한 형태"라고 했는데,[122] 결국 우리는 자산 축적의 일환으로 소셜 미디어에 빠져 들고 있는 건 아닌가? 컴퓨터공학자 랠프 그로스와 경제학자 알레산드로 액퀴 스티는 SNS는 "성가신 관계를 배제하고 가벼운 관계를 유지한다"고 했는데,[123] 이 또한 '경제성의 원칙'에 따른 것인가?

'경제성'이긴 한데, 상대를 배려하는 경제성이라는 점에서 그리 야박하진 않다고 볼 수도 있겠다. 이준구는 "미국이라는 나라에서는 멀리 떨어져 사는 지인의 정보나 상태를 부담없이 확인할 수 있는 서비스에 대한 욕구가 항상 있었다. 휴대전화나 이메일, 인터넷 메신저가 있기는 하지만 아쉽게도 상대에게 부담을 주지 않고 스스로도 부담을 느낄 필요가 없는 통신 수단은 아니었다."며 다음과 같이 말한다.

"상대가 어떤 상황인지 모르면서 별로 중요하지도 않은 용건으로 전화를 하거나, 문자나 메신저로 말을 거는 것은 어지간히 친하지 않은 이상 예의나 배려에 대한 부담이 있다. 거기다 미국 동부와 서부의 시차만 3시간이 난다. …… 이메일은 가벼운 메시지를 전하기에는 쓸데없이 진지한 매체이고, 상대방의 정보를 얻고자 하면 회신에 대한 부담을 줄 수밖에 없는 문제가 있었다. 페이스북은 이런 문제를 어처구니없을 정도로 간단하게 해결해 버렸다. 참고로 이런 점에 있어서는 트위터도 같은 욕구를 비슷한 방식으로 해소시키고 있다."[124]

영국의 테크놀로지 전문가 리자 레이첼트(Leisa Reichelt)는 페이스북의 그런 서비스 경험을 가리켜 '앰비언트 인티머시(ambient intimacy)'라는 표현을 썼는데,[125] 이는 "시공간의 제약으로 평소라면 접근이 불가능한 사람들과도 일정 수준 정기적으로 친밀하게 연락을 지속할 수 있는 상태"를 의미한다. 클라이브 톰슨(Clive Thompson)은 '앰비언트 인티머시'의 미덕을 이렇게 찬양했다. "이 새로운 사회적 인식은…… 과거 서로의 모든 일을 알고 지내던 작은 동네에서 살았을 때와 같은 경험을 재현한다."[126]

주커버그는 그런 '작은 동네'를 꿈꾸는 걸까? 그는 『뉴요커』와의 인터뷰에서 우리 주변에서 무슨 일이 일어나는지 더욱 깊이 알 수 있는 새로운 인터넷을 만드는 게 꿈이라고 밝혔다.[127] 과연 그가 언제까지 "세상을 좀 더 공개적이고 연결되는 곳으로 만들기 위한 사회적 사명"에 충실할 수 있을까? 또 그게 과연 좋기만 한 건가? 왜 꼭 우리 주변에서 일어나는 일을 깊이 알아야만 하는 걸까? 너무 고독하고 불안하기 때문에 그런 건 아닐까? 'SNS에 대한 피로감'을 호소하는 이들이 점차 늘고 있는 현상은,[128] 우리 인간이 '고독'과 '관계' 사이에서 방황하는 존재라는 걸 말해주는 건 아닐까?

## 주

1 〈Mark Zuckerberg〉, [Wikipedia].

2 Hayley Tsukayama, 〈10 Surprising Facts about Mark Zuckerberg〉, *The Washington Post*, May 31, 2012.

3 Hayley Tsukayama, 〈Facebook IPO: The Pressure of Being Mark Zuckerberg〉, *The Washington Post*, May 18, 2012.

4 스코트 클리랜드(Scott Cleland)·아이라 브로드스키(Ira Brodsky), 박기성 옮김, 『두 얼굴의 구글: 구글 스토리에 숨겨진 또 다른 이면』(에이콘, 2011/2012), 44쪽.

5 데이비드 커크패트릭(David Kirkpatrick), 임정민·임정진 옮김, 『페이스북 이펙트』(에이콘, 2010), 304, 306쪽.

6 데이비드 커크패트릭(David Kirkpatrick), 임정민·임정진 옮김, 『페이스북 이펙트』(에이콘, 2010), 426쪽.

7 마샤 아미든 루스타드(Marcia Amidon Lusted), 조순익 옮김, 『마크 주커버그: 20대 페이스북 CEO, 8억 제국의 대통령』(해피스토리, 2011/2012), 59쪽.

8 〈"돈방석보다 상생" 외치는 미래의 빌 게이츠〉, 『한국일보』, 2010년 3월 22일; 정지훈, 〈백수 청년이 일군 신화, 페이스북〉, 『시사인』, 제141호(2010년 5월 31일); 김지방, 〈페이스북에 파란색 많은 이유는?…… 창업자 주커버그가 '적록 색약'〉, 『국민일보』, 2010년 9월 16일.

9 김윤경, 〈IT界의 천재 악동 주커버그〉, 『이데일리』, 2007년 10월 26일.

10 김윤경, 〈IT界의 천재 악동 주커버그〉, 『이데일리』, 2007년 10월 26일.

11 남보라, 〈[슈퍼 리치 스토리] 페이스북 청년 창업자 "열린 세상 꿈꿉니다"〉, 『한국일보』, 2010년 10월 16일.

12 벤 메즈리치(Ben Mezrich), 엄현주 옮김, 『소셜네트워크』(오픈하우스, 2009/2010), 72쪽; 정지훈, 〈백수 청년이 일군 신화, 페이스북〉, 『시사인』, 제141호(2010년 5월 31일)

13 마샤 아미든 루스타드(Marcia Amidon Lusted), 조순익 옮김, 『마크 주커버그: 20대 페이스북 CEO, 8억 제국의 대통령』(해피스토리, 2011/2012), 70-71쪽.

14 마샤 아미든 루스타드(Marcia Amidon Lusted), 조순익 옮김, 『마크 주커버그: 20대 페이스북 CEO, 8억 제국의 대통령』(해피스토리, 2011/2012), 72쪽.

15 구와바라 데루야, 김정환 옮김, 『페이스북 CEO 마크 주커버그의 초고속 업무술』(랜덤하우스, 2011), 25쪽.

16 구와바라 데루야, 김정환 옮김, 『페이스북 CEO 마크 주커버그의 초고속 업무술』(랜

덤하우스, 2011), 27-28쪽; 클라라 사이(Clara Shih), 전성민 옮김, 『페이스북 시대: 소셜 네트워크를 활용한 비즈니스와 마케팅』(한빛미디어, 2010), 48-50쪽; 〈"돈방석보다 상생" 외치는 미래의 빌 게이츠〉, 『한국일보』, 2010년 3월 22일.

**17** 〈Zuckerberg, Mark〉, *Current Biography Yearbook 2008*, p.624.

**18** 다니엘 솔로브(Daniel J. Solove), 이승훈 옮김, 『인터넷세상과 평판의 미래』(비즈니스맵, 2007/2008), 342-344쪽.

**19** 데이비드 커크패트릭(David Kirkpatrick), 임정민·임정진 옮김, 『페이스북 이펙트』(에이콘, 2010), 279쪽.

**20** 엘리 패리저(Eli Pariser), 이현숙·이정태 옮김, 『생각 조종자들』(알키, 2011), 10, 20쪽.

**21** 엘리 패리저(Eli Pariser), 이현숙·이정태 옮김, 『생각 조종자들』(알키, 2011), 53쪽.

**22** 데이비드 커크패트릭(David Kirkpatrick), 임정민·임정진 옮김, 『페이스북 이펙트』(에이콘, 2010), 269-270쪽; 마샤 아미든 루스타드(Marcia Amidon Lusted), 조순익 옮김, 『마크 주커버그: 20대 페이스북 CEO, 8억 제국의 대통령』(해피스토리, 2011/2012), 103쪽.

**23** 남보라, 〈[슈퍼 리치 스토리] 페이스북 청년 창업자 "열린 세상 꿈꿉니다"〉, 『한국일보』, 2010년 10월 16일.

**24** 그레그 콘티(Greg Conti), 이다윗 외 옮김, 『구글은 당신을 알고 있다』(비팬북스, 2009), 249-250쪽; 매튜 프레이저(Matthew Fraser) & 수미트라 두타(Soumitra Dutta), 최경은 옮김, 『소셜 네트워크 e 혁명』(행간, 2008/2010), 115쪽.

**25** 카르스텐 괴릭(Carsten Görig), 박여명 옮김, 『SNS 쇼크: 구글과 페이스북, 그들은 어떻게 세상을 통제하는가?』(시그마북스, 2011/2012), 84쪽.

**26** 랜달 스트로스(Randall Stross), 고영태 옮김, 『구글, 신화와 야망』(일리, 2008/2009), 65-67쪽.

**27** 〈Facebook Beacon〉, [Wikipedia].

**28** 김윤경, 〈IT界의 천재 악동 주커버그〉, 『이데일리』, 2007년 10월 26일.

**29** 구와바라 데루야, 김정환 옮김, 『페이스북 CEO 마크 주커버그의 초고속 업무술』(랜덤하우스, 2011), 111-117쪽; 〈Sandberg, Sheryl〉, *Current Biography Yearbook 2008*, pp.511-514.

**30** 〈Sheryl Sandberg〉, [Wikipedia].

**31** 매튜 프레이저(Matthew Fraser) & 수미트라 두타(Soumitra Dutta), 최경은 옮김, 『소셜 네트워크 e 혁명』(행간, 2008/2010), 376-377쪽.

**32** 이원태, 〈소셜미디어에서 온라인 정치담론의 가능성과 한계〉, 조화순 엮음, 『소셜네트워크와 정치변동』(한울아카데미, 2012), 289쪽.

33 이소영, 〈소셜미디어는 정치적 지식을 어떻게 확대하는가?〉, 조화순 엮음, 『소셜 네트워크와 정치변동』(한울아카데미, 2012), 136쪽; Douglas E. Schoen, *The Political Fix: Changing the Game of American Democracy, From the Grass Roots to the White House*(New York: Times Books, 2010), pp.15-17.

34 데이비드 커크패트릭(David Kirkpatrick), 임정민·임정진 옮김, 『페이스북 이펙트』(에이콘, 2010), 452-453쪽.

35 데이비드 커크패트릭(David Kirkpatrick), 임정민·임정진 옮김, 『페이스북 이펙트』(에이콘, 2010), 405-406쪽.

36 〈美페이스북 가입자 2억 명 돌파〉, 『연합뉴스』, 2009년 4월 9일.

37 박종률, 〈페이스북, 가입자 3억 명 돌파……美 전체인구와 비슷: 오바마 美 대통령, 페이스북 팬 7백만 명 확보〉, 『노컷뉴스』, 2009년 9월 17일.

38 송경재, 〈소셜 네트워크 서비스(SNS)와 정보인권〉, 『PD 저널』, 2010년 7월 7일자.

39 박종세, 〈페이스북(안부 교환 사이트)의 위력!… 구글 제쳤다〉, 『조선일보』, 2010년 1월 8일자.

40 이청솔, 〈"검색보단 사교가 좋아": 웹사이트 방문횟수 페이스북이 구글 앞서〉, 『경향신문』, 2010년 3월 18일자.

41 권경복, 〈'페이스북(소셜 네트워킹 사이트)'으로 40억 달러 자산 주커버그, 청년 억만장자 '1위'〉, 『조선일보』, 2010년 3월 19일자.

42 정지훈, 〈백수 청년이 일군 신화, 페이스북〉, 『시사인』, 제141호(2010년 5월 31일)

43 강태호, 〈'페이스북' 회원 3만여 명 집단탈퇴〉, 『한겨레』, 2010년 6월 2일.

44 강태호, 〈'페이스북' 회원 3만여 명 집단탈퇴〉, 『한겨레』, 2010년 6월 2일.

45 카르스텐 괴릭(Carsten Görig), 박여명 옮김, 『SNS 쇼크: 구글과 페이스북, 그들은 어떻게 세상을 통제하는가?』(시그마북스, 2011/2012), 218-219쪽.

46 엘리 패리저(Eli Pariser), 이현숙·이정태 옮김, 『생각 조종자들』(알키, 2011), 12쪽.

47 양홍주, 〈페이스북 5억 명: 세계 인구 14명중 1명 꼴 가입한 셈〉, 『한국일보』, 2010년 7월 23일.

48 정병선 외, 〈5억 명 돌파 페이스북(세계 최대 소셜 네트워크 서비스), 지구촌 소통 이끈다〉, 『조선일보』, 2010년 7월 23일자.

49 안석호, 〈페이스북 '국경없는 국가' 꿈꾼다〉, 『세계일보』, 2010년 7월 29일; 최윤식·정우석, 『10년 전쟁: 누가 비즈니스 패권을 차지할 것인가』(알키, 2011), 43쪽.

50 조윤아, 〈"페이스북, 우리 아이디어 훔친 것"〉, 『전자신문』, 2007년 7월 26일.

51 남보라, 〈[슈퍼 리치 스토리] 페이스북 청년 창업자 "열린 세상 꿈꿉니다"〉, 『한국일보』, 2010년 10월 16일.

52 구와바라 데루야, 김정환 옮김, 『페이스북 CEO 마크 주커버그의 초고속 업무술』(랜덤하우스, 2011), 186쪽.

53 마샤 아미든 루스타드(Marcia Amidon Lusted), 조순익 옮김, 『마크 주커버그: 20대 페이스북 CEO, 8억 제국의 대통령』(해피스토리, 2011/2012), 80-81, 113-120쪽.

54 고은경, 〈페이스북 아이디어값 1700억이 부족?: 쌍둥이 형제, 주커버그에 추가배상 소송냈다 패소〉, 『한국일보』, 2011년 4월 13일.

55 벤 메즈리치(Ben Mezrich), 엄현주 옮김, 『소셜네트워크』(오픈하우스, 2009/2010), 236쪽.

56 벤 메즈리치(Ben Mezrich), 엄현주 옮김, 『소셜네트워크』(오픈하우스, 2009/2010), 251쪽; 마샤 아미든 루스타드(Marcia Amidon Lusted), 조순익 옮김, 『마크 주커버그: 20대 페이스북 CEO, 8억 제국의 대통령』(해피스토리, 2011/2012), 89, 122-123쪽.

57 박일근, 〈송사로 몸살앓는 주커버그: 또 페이스북 소유권 소송… "서류 등 위조" 승기 잡아〉, 『한국일보』, 2011년 6월 4일.

58 John Jannarone, 〈The Return of Facebook's Winklevoss Twins〉, *The Wall Street Journal*, September 17, 2012; John Letzing, 〈Dear Facebook, I'm Never Going Away〉, *The Wall Street Journal*, September 24, 2012.

59 엄형준, 〈페이스북, 문자+메신저+이메일 통합 서비스〉, 『세계일보』, 2010년 11월 17일.

60 〈페이스북 CEO, 재산 69억 달러 중 절반 이상 '기부 서약'〉, 『경향신문』, 2010년 12월 10일.

61 이재구, 『IT 천재들: 상상을 현실로 바꾼 영웅들의 이야기』(미래의창, 2011), 328-329쪽; 〈페이스북 설립자, 타임지 '올해의 인물'〉, 『경향신문』, 2010년 12월 16일; 데이비드 커크패트릭(David Kirkpatrick), 임정민·임정진 옮김, 『페이스북 이펙트』(에이콘, 2010), 409쪽.

62 성홍식, 〈"한국의 마크 주커버그 나오도록…": 이 대통령 56차 라디오연설 1인창조기업 적극 지원 강조〉, 『내일신문』, 2011년 1월 10일.

63 이홍우, 〈주커버그 만들기〉, 『국민일보』, 2011년 1월 18일. 이런 유머가 있다. 어느 현자는 다음과 같이 말했다. "트위터는 똥 싸는 곳입니다. 페이스북은 똥을 싸고 사진을 찍어 친구들에게 보여주는 곳이고요. 블로그는 그 사진을 연도별로 정리해서 컬렉션하는 곳이죠." 이 이야기를 들은 어느 중생이 그럼 싸이월드는 무엇이냐고 물었다. 그러자 현자 답하길, "싸이월드는 똥을 싸면 남이 퍼 갑니다." 최태섭, 〈셀러브리티를 위한 트위터 사용법〉, 이택광 외, 『트위터, 그 140자 평등주의』(자음과모음, 2012), 91쪽.

64 권기석, 〈페이스북 통해 국민과 대화… 오바마 본사 직접찾아 대담〉, 『국민일보』, 2011년 4월 22일.

65 고은경, 〈구글플러스 인기인은? 페북 주커버그: 2위부턴 구글 관계자들〉, 『한국일

보』, 2011년 7월 6일.

66 최연진, 〈구글천하? 페북 앞에선 굴욕SNS 분야 10개 사업 중 성공한 것 없어: 신작 구글플러스도 반짝했지만 미래 불투명〉, 『한국일보』, 2011년 9월 26일.

67 최윤식·정우석, 『10년 전쟁: 누가 비즈니스 패권을 차지할 것인가』(알키, 2011), 86쪽.

68 이동훈, 〈온라인 개인미디어와 디지털 공론장의 공진화 성격과 전망〉, 제38대 한국언론학회 3차 기획세미나, '민주주의와 갈등: 저널리즘의 새 지평을 모색하다', 2012년 9월 14일, 한국프레스센터 19층 기자회견장.

69 〈'Cash Mobs' Help Ignite Buy-Local Effort〉, *Wall Street Journal*, December 27, 2011; 이동훈, 〈온라인 개인미디어와 디지털 공론장의 공진화 성격과 전망〉, 제38대 한국언론학회 3차 기획세미나, '민주주의와 갈등: 저널리즘의 새 지평을 모색하다', 2012년 9월 14일, 한국프레스센터 19층 기자회견장.

70 허재경, 〈구글 vs 페이스북 이젠 진검승부: 페이스북 기업공개 주당 38弗 '대박'… 184억弗 실탄 확보〉, 『한국일보』, 2012년 5월 19일.

71 정진영, 〈주커버그, 독단경영 논란… 인스타그램 인수과정서 이사회 완전 배제〉, 『국민일보』, 2012년 4월 19일.

72 김신영, 〈사진공유 앱 개발한 미 두 20대, 수퍼리치 됐다〉, 『조선일보』, 2012년 4월 11일, A16면.

73 정택민, 〈페이스북 CEO 복장 논란 "스티브 잡스도 했는데 왜?"〉, 『조선일보』, 2012년 5월 10일.

74 권웅, 〈페이스북의 '굴욕', 언제까지 계속되나〉, 『시사인』, 제246호(2012년 6월 6일).

75 송혜민, 〈주커버그, 신혼여행 중 5만 원 미만 '자린고비 점심'〉, 『서울신문』, 2012년 5월 29일.

76 Bill Keller, 〈Wising Up to Facebook〉, *The New York Times*, June 10, 2012.

77 〈Facebook〉, [Wikipedia].

78 윤지현, 〈美서 '저커버그 꼴 됐다(Zucked)' 신조어 등장〉, 『연합뉴스』, 2012년 8월 3일.

79 박순찬, 〈수익 못 내는 소셜서비스……이모티콘·게임으로 활로 찾기〉, 『조선일보』, 2012년 9월 13일.

80 Jena McGregor, 〈Mark Zuckerberg's New Challenge with Facebook〉, *The Washington Post*, August 17, 2012.

81 Evelyn M. Rusli, Nicole Perlroth & Nick Bilton, 〈The Education of Mark Zuckerberg〉, *The New York Times*, May 12, 2012

82 〈저커버그 "지난 2년을 날렸다"〉, 『중앙일보』, 2012년 9월 13일.

83 Somini Sengupta, 〈Facebook's Chief Concedes Disappointment Over Stock〉, *The New York Times*, September 12, 2012; 〈Mark Zuckerberg's Talk of Mobile, Mistakes at Tech Conference Lift Facebook Stock〉, *The Washington Post*, September 13, 2012; Mike Isaac, 〈Citi's Mahaney: Facebook's Social Search Got Nothing on Google〉, *The Wall Street Journal*, September 24, 2012.

84 박순찬, 〈페이스북 이용자 10억 명 돌파〉, 『조선일보』, 2012년 10월 6일.

85 김지민, 〈저커버그가 말아먹나…… '페이스북 죽이는 10가지': 英 IT전문 온라인 매체 테크레이다 지적〉, 『머니투데이』, 2012년 10월 23일.

86 강병준, 〈[미래를 만드는 사람들] 강학주 이투커뮤니케이션즈 대표〉, 『전자신문』, 2012년 9월 28일.

87 정종혁, 〈페이스북마저 긴장시키는 Social Curation Service, 'Pinterest'〉, 『HS Ad』, 2012년 5~6월, 52쪽; 한석주, 〈옮긴이의 말〉, 사사키 도시나오, 한석주 옮김, 『큐레이션의 시대』(민음사, 2011/2012), 281−286쪽.

88 박순찬, 〈휘청대던 페이스북, 예상외 성적: 광고 덕에 적자폭 3분의 1로 줄어〉, 『조선일보』, 2012년 10월 25일.

89 〈페이스북 구직 서비스? "싫어요!"〉, 『월스트리트저널 한국어판』, 2012년 11월 19일.

90 〈페이스북 "원클릭으로 선물 사세요"〉, 『월스트리트저널 한국어판』, 2012년 11월 20일.

91 고란, 〈'레이디 가가'에게 직접 문자를 보낼 수 있다?〉, 『중앙일보』, 2013년 1월 14일.

92 심서현, 〈삼성전자엔 없는 이것 … IT 거인들 '플랫폼 전쟁'〉, 『중앙일보』, 2013년 1월 17일.

93 김익현, 〈페이스북의 검색시장 진출 시도는 야심, 반응은 두고봐야〉, 『신문과 방송』, 제507호(2013년 3월), 58−61쪽.

94 박장준, 〈페이스북 '그래프 서치', 이용자 '사생활 서치' 될라〉, 『미디어오늘』, 2013년 1월 23일.

95 남혜현, 〈당신이 페이스북을 끊지 못하는 13가지 이유〉, 『지디넷코리아』, 2013년 2월 4일.

96 Mathew Ingram, 〈Why It's Not Easy Being Mark Zuckerberg〉, *The Washington Post*, July 27, 2012.

97 마샤 아미든 루스타드(Marcia Amidon Lusted), 조순익 옮김, 『마크 주커버그: 20대 페이스북 CEO, 8억 제국의 대통령』(해피스토리, 2011/2012), 107쪽.

98 셰리 터클(Sherry Turkle), 이은주 옮김, 『외로워지는 사람들: 테크놀로지가 인간관계를 조정한다』(청림출판, 2010/2012), 226쪽.

99 데이비드 커크패트릭(David Kirkpatrick), 임정민·임정진 옮김, 『페이스북 이펙트』(에이콘, 2010), 297−298쪽; 김순덕, 〈페이스북의 두 얼굴〉, 『동아일보』, 2010년

10월 5일.

100 마샤 아미든 루스타드(Marcia Amidon Lusted), 조순익 옮김, 『마크 주커버그: 20대 페이스북 CEO, 8억 제국의 대통령』(해피스토리, 2011/2012), 139쪽.

101 최광, 『주커버그의 야망 윌리엄스의 열정: facebook & twitter』(머니플러스, 2011), 58쪽.

102 엘리 패리저(Eli Pariser), 이현숙·이정태 옮김, 『생각 조종자들』(알키, 2011), 145쪽; Rebecca MacKinnon, *Consent of the Networked: The Worldwide Struggle for Internet Freedom*(New York: Basic Books, 2012), p.150.

103 데이비드 커크패트릭(David Kirkpatrick), 임정민·임정진 옮김, 『페이스북 이펙트』(에이콘, 2010), 289쪽.

104 마샤 아미든 루스타드(Marcia Amidon Lusted), 조순익 옮김, 『마크 주커버그: 20대 페이스북 CEO, 8억 제국의 대통령』(해피스토리, 2011/2012), 141, 147쪽; 데이비드 커크패트릭(David Kirkpatrick), 임정민·임정진 옮김, 『페이스북 이펙트』(에이콘, 2010), 294쪽.

105 Rebecca MacKinnon, *Consent of the Networked: The Worldwide Struggle for Internet Freedom*(New York: Basic Books, 2012), pp.156-157.

106 Mike Isaac, 〈Wonder Why Zuckerberg Is More Polished in Public? Thank His New Speechwriter.〉, *The Wall Street Journal*, September 23, 2012.

107 존 휘트필드(John Whitfield), 김수안 옮김, 『무엇이 우리의 관계를 조종하는가』(생각연구소, 2012), 317쪽.

108 마샤 아미든 루스타드(Marcia Amidon Lusted), 조순익 옮김, 『마크 주커버그: 20대 페이스북 CEO, 8억 제국의 대통령』(해피스토리, 2011/2012), 98쪽.

109 아담 페넨버그(Adam L. Penenberg), 손유진 옮김, 『바이럴루프』(틔움, 2009/2010), 269쪽.

110 노먼 솔로몬(Norman Solomon), 최창모 옮김, 『유대교란 무엇인가』(동문선, 1996/1999), 30쪽.

111 홍익희, 『유대인 이야기: 그들은 어떻게 부의 역사를 만들었는가』(행성비, 2013), 640쪽.

112 Stephen J. Whitfield, 〈From Publick Occurrences to Pseudo-Events: Journalists and Their Critics〉, *American Jewish History*, 72:1(September 1982), pp.52-81.

113 스티븐 컨(Stephen Kern), 박성관 옮김, 『시간과 공간의 문화사 1880~1918)』(휴머니스트, 1983/2004), 133-135쪽.

114 사토 다다유키, 『미국경제의 유태인 파워』(가야넷, 2002), 53-54쪽.

115 사토 다다유키, 『미국경제의 유태인 파워』(가야넷, 2002), 27-46쪽.

116 프레드릭 맥스웰(Frederic A. Maxwell), 안진환 옮김, 『살아있는 신화: Microsoft CEO 스티브 발머』(한국경제신문, 2002/2003), 305쪽.

117 김정남·김정현, 『세계 최고의 디지털 리더 9인의 이야기』(팜파스, 2007), 77쪽. 유대인의 정의가 명확한 건 아닌데, 이스라엘 귀환법 제4B조는 유대인을 "유대인 어머니에게서 난, 혹은 유대교로 개종한 사람 중에서 다른 종교에 속하지 않는 자"로 정의하고 있다. 홍익희, 『유대인 이야기: 그들은 어떻게 부의 역사를 만들었는가』(행성비, 2013), 568쪽.

118 사토 다다유키, 『미국경제의 유태인 파워』(가야넷, 2002), 117-121쪽.

119 이지선·김지수, 『디지털 네이티브 스토리』(리더스하우스, 2011), 44-45쪽.

120 최광, 『주커버그의 야망 윌리엄스의 열정: facebook & twitter』(머니플러스, 2011), 24쪽.

121 존 휘트필드(John Whitfield), 김수안 옮김, 『무엇이 우리의 관계를 조종하는가』(생각연구소, 2012), 7-8쪽.

122 다니엘 솔로브(Daniel J. Solove), 이승훈 옮김, 『인터넷세상과 평판의 미래』(비즈니스맵, 2007/2008), 63쪽.

123 다니엘 솔로브(Daniel J. Solove), 이승훈 옮김, 『인터넷세상과 평판의 미래』(비즈니스맵, 2007/2008), 51쪽.

124 이준구, 『페이스북 이펙트: 세계를 하나로 연결하는 힘』(아라크네, 2010), 28-29쪽.

125 ambient는 "주위(주변)의"란 뜻인데, '환경(環境)'이나 편재(遍在)'로 번역해, ambient noise(환경 소음, 주변 소음), ambient light(주위 밝기, 환경광), ambient music(환경 음악) 등과 같이 쓰인다. ambient intimacy를 굳이 번역한다면, '환경적 친밀성' 정도가 될 텐데, 영 이상하다. 그냥 '앰비언트 인티머시'라는 외래어로 쓰는 게 더 나을 것 같다. '앰비언트'는 항상 우리를 둘러싸고 있으면서 원하는 순간에 원하는 것을 사용할 수 있게 해준다는 뜻으로 이해하면 될 것 같다. 예컨대, 애플의 아이튠스는 음악을 앰비언트로 만들었다고 볼 수 있다. 사사키 도시나오, 한석주 옮김, 『전자책의 충격』(커뮤니케이션북스, 2010), 18-19쪽.

126 데이비드 커크패트릭(David Kirkpatrick), 임정민·임정진 옮김, 『페이스북 이펙트』(에이콘, 2010), 296쪽.

127 김지방, 〈페이스북에 파란색 많은 이유는?… 창업자 주커버그가 '적록 색약'〉, 『국민일보』, 2010년 9월 16일.

128 배영, 〈SNS의 사회적 의미〉, 조화순 엮음, 『소셜네트워크와 정치변동』(한울아카데미, 2012), 105-106쪽.

제5장

# "확장하지 않으면 죽는다": 루퍼트 머독의 '뉴스코퍼레이션 제국'

"머독에게는 자기 신문을 어떻게 해도 좋을 권리가 있습니다. 머독은 대중의 취향에 명령을 하지 않습니다. 대중 쪽이 보스지요. 그에게는 수백만 명이나 되는 보스가 있는 것입니다. 대중이 무엇을 읽고 싶은가를 그에게 말하고, 머독은 그것을 제공하는 것이지요."

## 레닌을 숭배하던 대학 시절

세계 60여 개 국가에서 800여 개의 미디어 기업을 거느리고 있으면서, 연 매출액 330억 달러(35조 원)를 기록하고 있는 거대 미디어 그룹 뉴스코퍼레이션(News Corporation, 이하 뉴스코프)은 다른 거대 미디어 그룹들과는 달리 1인 또는 1 가족 지배체제라고 하는 점에서 독보적이다.[1] 그 1인이 바로 루퍼트 머독(Rupert Murdoch)이다.

영국 학계에서는 세계화처럼 머독 또는 머독 언론의 영향을 받은 사회현실을 가리키는 '머독화(Murdochization)'라는 조어도 쓰이고 있다지만,[2] 그리 좋은 의미는 아니다. 머독의 별명은 '식인 상어'와 '미디어의 악마'다. 수단과 방법을 가리지 않고 무자비하게 제국의 영토 확장을 한다고 해서 붙여진 별명이다.

영국의 『인디펜던트 온 선데이』는 "머독은 미국 약탈자 두목 중의 한 사람"이라며 "그의 야망을 제지하려는 것은 마치 독수리한테 풀만 먹게 하려는 것과 같다"고 주장했다. 그밖에도 '민주주의의 위험한 인물'에서부터 '권력에 아부하는 비열한 인간'에 이르기까지 머독을 향한 독설들은 이루 헤아릴 수 없이 많다.[3] 머독은 도대체 어떤 인물이길래 그렇게까지 독한 욕을 먹는가?

머독은 1931년 호주에서 출생했다. 영국 옥스포드대에서 철학과 경제학을 전공하고 『데일리익스프레스』의 수습 기자로 일하던 머독은 1953년 신문사를 경영하던 아버지가 사망하자 22살의 어린 나이에 호주로 돌아와 호주 제3의 도시 아델레이드(Adelaide)에서 『아델레이드 뉴스』를 경영하는 것으로 미디어 사업에 뛰어 들었다. 그의 아버지 키스 머독(Sir Keith Murdoch, 1885~1952)은 신문 제작에만 관심이 있었을 뿐 경영엔 무능해 사업에 실패했기 때문에 머독이 순조로운 출발을 한 건 아니다. 오히려 자수성가했다고 보는 게 더 옳을 것이다. 머독은 다음과 같이 말한다.

"나는 신문쟁이 집안에서 자랐지요. 아마 나 스스로도 그 점에 흥분을 느끼고 있었던 것 같습니다. 그런 삶의 방식을 가까이에서 보고 있었기 때문에 열 살이나 열두 살 무렵쯤에는 다른 인생이라는 것은 생각조차 할 수 없을 정도가 되어 버렸습니다. 보도의 세계, 특히 신문의 세계에서 살고 있노라면 사회에서 일어나는 모든 재미있는 사건들의 한가운데에 있을 수가 있지요. 신문 이외의 인생에 저 자신을 바친다는 것은 생각할 수도 없습니다. …… 나의 아버지, 위대한 저널리스트였던 아버지는 실제로 신문사를 소유했던 것이 아니며 나는 모든 것을 처음부터 다시 시작했다는 점입니다. 맨 처음에는 아버지가 아델레이드에서 시작한 보잘것없는 신문사가 하나 있었을 뿐입니다. 나는 여기에 족하지 않고 항상 커질 것을 생각하고 있었던 것 같습니다."[4]

머독이 처음부터 커질 것만을 생각했던 건 아니다. 머독은 대학 시절 레닌 흉상을 옥스포드 대학 기숙사 방에 두었을 정도로 레닌을 숭배하는 좌파적 이상을 가진 인물이었다. 그가 레닌을 '위대한 지도자'라고 불렀던 까닭에 아버지 키스 머독이 곤란을 겪은 적이 한두 번이 아니었다.[5]

그랬던 사람이 하루 아침에 바뀌기는 어려운 법이다. 아니나 다를까 머독은 초기에 『아델레이드 뉴스』를 통해 약자를 옹호하기로 마음 먹고, 살인 혐의로 기소된 한 원주민 청년의 무죄를 주장하면서 주 정부를 비판하는 기사들을 연재했다. 조사위원회의 결과 원주민 청년의 유죄가 사실로 판명되면서 머독은 형사처벌을 받아야 하는 곤란한 상황에 처하게 되었다. 머독이 정부 관리들을 찾아다니면서 잘못했다고 싹싹 빌면서 겨우 수습되기는 했지만, 이 사건은 머독에게 삶의 자세를 바꾸게 할 정도로 큰 교훈을 주었다. 약자가 아닌 강자의 편에 서서 경영을 하자는 것, 이게 이후 머독의 기본 노선이 되었다.[6]

## 승부사 기질과 일 중독증

그런 노선을 충실히 이행한 결과, 머독은 성공을 거두었고, 성공할 때마다 새로운 인수 합병을 시도하는 문어발 전략이 머독 경영술의 기본이 되었다. 머독은 1956년 서호주 퍼스(Perth)에서 발행되는 『선데이타임스(Sunday Times)』를 인수했고, 이후 수년간 시드니(Sydney)의 타블로이드 신문 『데일리미러(The Daily Mirror)』(1960년 인수)를 포함해 여러 신문들을 집어 삼켰다.[7] 뉴질랜드에까지 진출해 『더미니언(The Dominion)』지의 경영권을 획득하기도 했다.

머독은 1964년 캔버라(Canberra)에서 호주 최초의 전국 일간지인 『오스트레일리안(The Australian)』을 창간했다. 나중에 시드니로 옮긴 『오스트레일리안』은 그가 인수 합병을 하지 않고 스스로 창간한 최초이자 유일한 신문이기도 하다. 머독의 진보 성향이 완전히 사라진 건 아니어서, 그는 이 신문을 통해 1960년대 말부터 호주에서 좌파인 노동당을 지지했고 1972년 노동당의 에드워드 고프 휘틀럼(Edward Gough Whitlam)을 총리로 만드는 데에 결정적 기여를 했다. 그러나 휘틀럼은 총리가 된 후 머독을 외면했다. 당시 머독은 주 영국 대사가 되길 기대하고 있었는데, 휘틀럼이 그걸 들어주지 않아 사이가 틀어진 것이라는 설도 있다.

이미 경험을 통해 손해볼 일은 절대 해선 안된다는 걸 깨닫고 있던 머독은 1975년 총선에서 경쟁 당인 자유당을 지지해 자유당의 맬컴 프레이저(Malcolm Fraser)를 총리에 당선시켰다. 갑자기 논조를 바꾼 머독의 편집에 흥분한 기자들이 파업을 벌이기도 했지만, 머독은 그런 항의를 압도하면서 호주 정치권에서 자신의 위상을 확실히 하는 데에 성공했다. 프레이저는 방송법을 개정해 머독이 외국에 거주하면서 호주 언론을 소유하는 길을 만들어주는 등 머독에 적극 협조해 1983년까지 8년간 총리로 장수하게 된다.[8]

머독은 『오스트레일리안』 창간 이후 영국, 미국, 아시아로 진출했다. 유럽 전역과 중남미와 아프리카에까지 손을 댔다. 물론 시련도 많았지만 그는 내내 승승장구의 길을 걸어왔다. 그는 지금까지도 아버지의 실패를 만회하겠다는 그 어떤 복수심에 불타 있는 건 아닐까? 그는 1986년 호주에서 아버지가 잃은 신문을 다시 차지하는 복수에 성공하면서 이렇게 말했다. "이것이야말로 승부를 하는 보람인 것이다. 멋진 흥분을 맛보게 해준다. 감정적인 것이 없다고 한다면 아마 거짓말이 될 것이다."[9]

머독의 승부사 기질을 빼놓곤 그의 미디어 제국을 이해하기 어려울지도 모른다. 그러나 그는 매우 냉정한 승부사다. 그는 전화로 자신의 미디어 제국을 관리하는데, 그에게 따라붙는 평판은 "독재적이다, 일에 열심이다, 지저분한 일도 싫어하지 않는다, 자기의 제국에 관한 모든 일에 스스로 관여한다, 때로 염치없지만 정직하고 솔직하다" 등이다.[10] 제롬 터실레(Jerome Tuccille)는 『머독』(1990)에서 "그는 전형적인 '일 중독증'에 빠져 있다"며 다음과 같이 말한다.

"설령 이 단어가 예전에는 없었다 하더라도 그를 위해서 조어를 해도 좋으리라는 생각이 들 만큼 딱 들어맞는다. 그는 멈출 줄을 모른다. 그의 일상은 갖가지 회합 외에 편집자나 은행원, 중역, 부장, 변호사, 정치가, 기타 요인과의 전화로 가득 메워져 있다. 빈 시간 따위는 1초도 없다. 그는 그 각각에 삶의 에너지를 쏟는다. 그 지적인 힘은 권력자와 비슷할 뿐만 아니라 권력과 불가분의 요소이기도 하다. 그의 수면 시간은 4시간이라고 하는데, 정말로 잠잘 시간이 있을는지 어떨는지 의아할 정도로 빈틈이 없는 스케줄이다."[11]

## 『선』의 '페이지 쓰리 걸'

'일 중독증'만으로 미디어 재벌이 되기는 어렵다. 언론매체로 웬만큼 돈을 벌면 사람들은 체면을 차리기 마련이다. 즉, 뒤로야 구린 짓을 할망정 앞에서는 그럴 듯하게 보이려고 애를 쓴다. 그러나 머독은 그렇지 않다. 머독은 비교적 겉과 속이 같은 사람이다. '철학'이라는 말을 남용한다고 철학자들로부터 욕을 먹을진 모르겠지만, 그에겐 확고한 철학이 있다. 언론은 체면을 차리지 말고 '무자비하게' 대중의 호기심을 충족시켜줘야 한다는 철학이다. 그러니 떼돈을 벌 수밖에. 그래서 머독의 신문에 예외없이 따라붙는 평판은 지나치게 센세이셔널하다는 것이다. 그의 신문은 일상적 삶에 바쁜 대중을 끔찍이 배려(?)하기 때문에 사진은 크게 쓰고 기사는 짧게 쓰자는 원칙을 지키고자 한다.

머독은 1969년 영국에 진출해 126년의 역사를 갖고 있는 영국 최대 일요신문 『뉴스오브더월드(News of the World)』를 인수하고, 곧 뒤이어 『선(The Sun)』을 인수한 뒤, 『선』을 타블로이드판 대중지로 개편했다. 선정주의로 유명한 영국의 타블로이드 신문들 가운데 가장 악명이 높은 『선』의 1면은 거의 매일 정치인과 왕실의 스캔들 기사로 도배를 하고 3면에는 젊은 여성의 토플리스 사진이 고정적으로 실었는데, 이 3면의 사진 때문에 page 3 girl(여성 토플리스 모델)이라는 신조어까지 생겨났다. 정치 및 국제기사는 흑백면 한쪽 구석에 두어 건 실리는 것이 고작이며 나머지는 섹스, 스포츠, 연예, TV에 관한 기사로 채워졌다. 이 3면 사진은 『선』의 판매 부수를 끌어 올리는데 큰 역할을 했고 『선』의 편집 양식은 영국 타블로이드판 일간 신문의 표준으로 굳어져 버렸다.

토플리스 사진은 머독이 『선』을 인수한 지 1년 후인 1970년 11월 17일부터 등장하였지만, page three girl이란 말이 널리 쓰이게 된 것은 1975년부터다. 여성의 젖꼭지(nipples)까지 그대로 드러낸 것에 대해 비난이 빗발쳤지만, 『선』은 "여체의 신비와 아름다움의 전령사"라고 자처하면서 벗기는 데에 더욱 열을 올렸다. 물론 대중은 『선』의 편이었다. 일부 여성들도 좋아했다. 『선』은 "Page Three"라는 말을 상표 등록까지 했다.[12]

영국 하원의원 클레어 쇼트는 이 '페이지 쓰리 걸'에 강한 문제의식을 갖고, 『선』의 이런 관행에 제동을 거는 내용을 담은 법안을 1987년에 제출했지만 법안은 통과되지 않았다. 2000년대 들어서 그녀는 다시 『선』을 향해 포문을 열었지만, 이 신문은 대놓고 쇼트 의원을 향해 '질투심 많고, 뚱뚱한' 여성으로 비아냥거리면서 다음과 같이 주장했다.

"3면에 나오는 여성들은 모두 지적이고 활동적이고, 자신의 일을 즐기기 때문에 자발적으로 우리 신문에 나온다. 그리고 수백만 명의 우리 독자들은 남녀 불문하고 그들을 보고 즐기고 있다. …… 그러니 쇼트 의원이 더 할 말이 없다면 그냥 달나라에나 가라."[13]

『선』은 '섹스 장사'에만 만족하지 않고 정치에까지 뛰어 들었다. 1992년 영국 총선날 아침, 『선』은 1면에 노동당 당수 닐 키녹(Neil Kinnock)의 얼굴을 전등에 구겨넣은 합성 그래픽과 함께 "만약 오늘 키녹이 이긴다면 영국을 떠나는 마지막 사람이 이 불을 꺼주시오"라고 썼다. 영국을 떠나고 싶지 않으면 키녹을 찍지 말라는 얘기나 다름없는 보도였다. 『선』이 선거운동 과정에서도 끊임없이 노동당을 흠집낸 것은 물론이다. 선거는 노동당의 승리를 예상한 여론조사 결과와 달리 존 메이저(John Major)의 보수당이 압도적인 승리를 거두었고, 다음날 『선』은 1면에 "이긴 것은 『선』이다"라며 호기를 부렸다.[14]

『선』의 발행부수는 1996년 410만 부까지 치솟는다. 그러다 보니 황색 대중지임에도 정치적 영향력까지 커졌다. 2000년 9월 『가디언』지 주필 앨런 러스브리저는 한 인터뷰에서 토니 블레어 총리가 인기 만회를 위해 작성했다가 그 내용이 공개된 내부 문서와 관련, 다음과 같이 말했다.

"내부 문서를 보면 정부가 『가디언』지보다는 『데일리메일』이나 『선』 같은 타블로이드지 기사에 훨씬 더 관심을 보인다는 게 드러났다. 정부가 타블로이드지의 1면 머릿기사거리를 만들어내는 데 혈안이 돼 있다는 느낌을 준다. 그런 정부는 좋지 않다. 그러나 매일 언론으로부터 살벌한 공격을 받는 것도 견디기 힘든 일일 것이다. …… 이 문제의 시발점은 마거릿 대처 전 총리와 『선』지라고 생각한다. 그 이전의 모든 보수당 총리들은 『텔레그라프』지와 『타임스』지를 상대해야 한다고 생각했다. 그러나 1979년에 취임한 대처 총리는 발행부수를 비교한 뒤 『선』지가 영국에서 가장 중요한 신문이라고 말했다. 대중정치와 대중지가 기막힌 콤비를 이룬 것이다. 루퍼트 머독의 『선』지는 독자가 1,100만 명으로 영국 성인

2명 중 1명 꼴로 매일 그 신문을 읽는다. 영국처럼 작은 나라에서 지도자와 신문이 결탁하면 그들이 만들어내는 논란과 기사를 무시할 수 없다."[15]

## 『타임스』의 지가 인하 경쟁

『타임스』는 영국을 경영하는 사람들이 읽고, 『가디언』은 영국을 경영하고 싶어하는 사람들이 읽고, 『파이낸셜타임스』는 영국을 소유한 사람들이 읽고, 『데일리텔리그라프』는 영국의 과거를 기억하는 사람들이 읽고, 『데일리익스프레스』는 영국이 여전히 옛날과 다를 게 없다고 생각하는 사람들이 읽고, 『데일리메일』은 영국을 경영하는 사람들의 아내들이 읽고, 『모닝 스타』는 다른 나라가 영국을 경영하기를 바라는 사람들이 읽는다.[16] 영국 신문계에서 떠도는 속설이다.

1981년 머독은 영국을 대표하는 가장 신뢰할 수 있고 점잖고 권위있는 신문이라는 평가를 받아온 『타임스』를 인수했다. 1785년에 창간된 이 신문은 이미 1800년대 중반에 세계 최고의 신문이 되었으며 일찌기 미국 대통령 에이브러햄 링컨은 "미시시피강을 제외하곤 '타임스'보다 더 막강한 힘을 가진 것을 본 적이 없다"고 말하였다. 그러나 이 신문은 머독에게 넘어간 이후 '영국 최고의 신문'에서 '좋은 신문 중의 하나'로 전락하였다. '기록의 신문'으로 인정해 『타임스』만을 영구 보관해오던 영국 왕립도서관도 1989년부터 『타임스』를 포함한 『데일리텔리그라프』, 『가디언』 그리고 1986년에 새로 창간된 『인디펜던트』 등 6개 신문을 함께 보관키로 관례를 고쳤다.

그러나 경영 차원에선 『타임스』는 머독의 인수 이후 성공을 거두었다.

발행부수가 2배 이상 늘어 1998년 1월 84만 부를 기록함으로써 영국내에서 고급지 가운데 거의 유일한 성공 사례로 꼽혔다.[17] 『타임스』의 성공 비결은 머독이 주도한 무자비한 지가 인하 경쟁이었다. 1993년 영국 신문들은 지가 인하 경쟁에 휘말렸는데, 그 시발은 1993년 5월 『타임스』지가 1부당 45펜스에서 30펜스(360원)로 내리면서부터 시작되었다. 1994년 6월 『데일리탤리그라프』도 지가를 48펜스에서 30펜스로 인하하였다. 그러자 다시 머독은 20펜스로 내렸다. 그러나 머독은 여의치 않았던지 『타임스』의 지가를 1995년 7월에 다시 25펜스로 올렸고 『데일리텔리그라프』도 다음날 35펜스로 가격을 인상하였다.

『타임스』는 1995년 8월 23일자의 무료 배포를 단행하는 '묘기'를 선 보였다. "공짜! 오늘자 『타임스』는 신문 발행 비용을 전액 부담한 마이크로소프트사의 호의로 무료 배포됩니다." 『타임스』는 신문 제호 왼쪽 상단에 '윈도 95, 출시 개시'라는 표제 아래 '무료 배포'를 표시하였는데, 마이크로소프트사가 신문대금 37만 5,000파운드를 전액 지불하는 조건으로 평소 발행부수의 2배가 넘는 150만 부를 발행하였다. 이 무료 신문엔 28쪽에 이르는 '윈도 95' 특집 부록판이 포함되었다.

1996년에는 '변화하는 타임스!'라는 슬로건으로 적극적인 홍보를 시작했고, 이러한 시도는 독자들의 관심을 끌어 효과를 내기 시작했다. 『타임스』의 관리 담당 이사 클라이브 밀너는 1993~1998년에 이루어진 전략에 대해 다음과 같이 말했다.

"우리에 대해 비판적인 사람들은, 단순히 신문대감을 낮췄다고 해서 새로운 독자들을 불러모을 수는 없을 거라고 했죠. 그렇지만 우리는 계속 밀고 나갔어요. 왜냐하면 일단 사람들이 우리 신문을 사도록만 한다면 내용에는 자신이 있었으니까요. 가격은 그 후에 다시 서서히 올릴 수도 있잖아요. …… 1993년부터 1998년 사이에 우리는 시장 점유율을

17퍼센트에서 31퍼센트까지 끌어올렸어요. 그래서 광고 수익이 세 배까지 뛰어 올랐죠."[18]

2000년 3월 『타임스』지는 "놀라울 정도로 쉽고 친근한 신문이 되겠다"며 타블로이드판형을 추가 도입하였다. 내용면에서도 크게 바뀌어 예술, 오락, 건강, 교육, 과학 관련 기사가 양적으로 늘어났을 뿐 아니라 기사 내용도 더욱 알차고 풍부해졌다는 평을 받았다.[19]

『타임스』는 27년간의 적자 끝에 2008년에서야 첫 이익을 냈다. 호주의 『오스트레일리안(The Australian)』도 이익을 내기까지 20년 이상이 걸렸다. 물론 머독이 그간 신문을 정치적 도구로 활용해 재미를 본 걸 생각하면 흑자냐 적자냐 하는 건 별 의미가 없을 수도 있지만, 이는 늘 멀리 내다보는 머독 특유의 경영 철학으로 자주 거론되는 에피소드다.[20]

『타임스』가 우측에 자리잡고 있다면 『가디언』은 1821년 창간 때부터 그 반대편에 선 신문이다. 『가디언』은 진보적인 자유주의 사상과 사회개혁 대변자라는 수식어가 따라다니며 '영국 반체제파의 양심'으로 불리기도 한다. 그런데 2009년 들어 앞서 소개한 영국 신문계의 속설이 바뀌고 있다는 주장이 있다. 영국 출판물발행부수공사(ABC)에 따르면 2008년 12월 현재 『타임스』 발행 부수는 60만 부로 『가디언』의 34만 부를 크게 앞서지만, 『타임스』 독자는 과거 『타임스』 전성기(1970년대)에 신문을 구독했던 노년층이 많은 반면 『가디언』 독자는 젊고 자유로운 도시 중산층이라는 것이다. 이와 관련, 이봉수는 2009년 다음과 같이 말했다.

"이미 『가디언』은 영국을 지배하는 사람이 보는 신문이다. 루퍼트 머독이 『타임스』를 인수한 이후 『타임스』의 명성은 약해지고 있다. 반면 최근 『가디언』은 여론을 주도하면서 뜨고 있다. 디자인만 봐도 이미 『가디언』이 『타임스』를 앞선 지 오래다."[21]

## 대중을 보스로 떠받드는 센세이셔널리즘

머독의 신문 경영 모토는 한마디로 이야기해서 '확장하지 않으면 죽는다'(Expand or die)이다. 그래서 그는 가끔 센세이셔널리즘을 유감없이 실천한 인물로 유명했던 미국의 신문왕 윌리암 랜돌프 허스트와 비교되곤 하는데, 그는 그런 비교를 좋아하지 않는다. 그의 말인즉슨 이렇다. "허스트는 재능도 있었고 혜택도 많이 입었습니다. …… 그러나 그 때문에 소년 시절부터 응석받이였고 제멋대로였습니다. 그러나 나는 보다 엄격한 장로파 교회에 속해 있으며 캘빈주의자이고 스코틀랜드적인 성격도 지니고 있지요."[22]

그러나 그건 개인적인 비교일 뿐 신문의 비교는 아니다. 머독이 개인적으로야 그럴지 모르지만, 신문의 화끈함은 결코 허스트의 신문에 뒤지지 않는다. 그런데 중요한 건 머독에겐 그게 무엇이 나쁘냐고 당당하게 항변하는 철학이 있다는 것이다. 어느 사람의 말마따나, 그는 이 세상을 좋게 만들고자 하는 생각으로 신문계에 몸을 담고 있는 게 아니라는 것이다. 머독 밑에서 일하는 한 간부는 다음과 같이 말한다.

"그에게는 자기 신문을 어떻게 해도 좋을 권리가 있습니다. 머독은 대중의 취향에 명령을 하지 않습니다. 대중 쪽이 보스지요. 그에게는 수백만 명이나 되는 보스가 있는 것입니다. 대중이 무엇을 읽고 싶은가를 그에게 말하고, 머독은 그것을 제공하는 것이지요."[23]

논란의 소지가 큰 이론일망정, 그게 거짓말인 것 같지는 않다. 그건 머독의 확고한 신념이다. 그는 대중에게 읽히지 않는 신문은 신문이 아니라고 단언한다. 다른 사람들에겐 '타블로이드'라는 말이 언론의 타락으로 여겨질지 모르지만, 머독에게 '타블로이드'는 좋은 의미다. 그건 대중의 정서를 소중히 하면서 즉각적으로, 날카롭게, 효율적으로 충족시켜주는

서비스 정신이다.[24]

무자비한 인수 합병과 노조 파괴는 자본주의의 법칙일 뿐 그걸 윤리적 잣대로 평가하지 말라는 게 머독의 생각이다. 게다가 그는 자신을 무슨 '민주화 투사'쯤으로 생각하는 소명감도 갖고 있는 듯하다. 노조를 제외하곤, 그가 싸운 상대는 주로 기존의 미디어계 거물들이며 그것도 미국이나 영국처럼 거들먹거리는 나라들이었기 때문이다.

그러나 전통적인 저널리즘의 가치를 소중하게 생각하는 사람들에게 머독은 재앙이다. 머독은 자신의 신문들도 일일이 간섭함으로써 편집권을 침해하고 있으며, 자신에겐 그럴 권리가 있다고 당당하게 역설한다.[25] 훗날 『뉴스오브더월드』의 전직 기자는 "(머독이 인수하기 전에) 『뉴스오브더월드』는 좋은 신문이었다. 하지만 그 뒤 기자들에게 자극적인 기삿감을 물어오라고 거센 압박이 시작됐다. 기자들은 크게 스트레스를 받았고, 편집회의 뒤 화장실에서 우는 사람들이 많아졌다"고 토로했다.[26]

또한 머독은 권언유착에 뛰어난 인물이다. 그는 마가렛 대처(Margaret Thatcher) 행정부 시절, 대처와 매월 만나는 등 아주 긴밀한 협조 관계를 유지하였다.[27] 머독은 1986년부터 신문 제작에 CTS(computerized typesetting system: 컴퓨터식자시스템)를 도입하기 시작했는데, 이는 대량해고를 전제로 한 것이어서 엄청난 갈등을 불러일으켰다. 머독은 6,000명을 해고하는 등 강력 대응하였고, 강경 노조가 영국을 망친다고 보던 대처는 그 갈등을 노조를 약화시킬 절호의 기회로 인식해 머독을 강력 지원했다. 이 사건은 1987년 머독이 해고 노동자들에게 6,000만 파운드를 지불함으로써 일단락되었는데, 사실상 머독-대처의 판정승이었다.[28] 영국 신문산업의 입장에서 보자면, 신문의 디지털화를 머독이 한방에 간단히 해결해준 사건이었다.[29]

대처 이후 메이저 정부가 머독식의 선정주의와 문어발식 확장의 규제를 시도하자 머독은 보수당과 결별하고 잽싸게 노동당에 접근하였다. 노동당 당수 토니 블레어(Tony Balir)는 1995년 7월 머독의 초청에 응해 호주까지 날아가 머독의 기업 행사에서 연설까지 했다. 블레어로서는 머독이 거느린 『타임스』, 『선데이타임스』, 『뉴스오브더월드』, 『선』, 『투데이』 등과 같은 매체들의 영향력을 무시할 수 없었던 것이다.[30]

그 덕분에 블레어는 1997년 5월 총선에서 노동당이 집권 보수당에 압승을 거둠으로써 1979년 보수당에 정권을 내준 지 18년 만에 노동당 출신의 총리가 되었다. 또 2001년 6월 총선, 2005년 5월 총선에서도 노동당이 보수당에 승리해 블레어는 총리로서 3기 연속 집권하였으니, 머독과의 밀월에 대한 충분한 보상을 누린 셈이다.[31]

## BSkyB는 어떻게 성공할 수 있었나?

머독은 신문을 방송 사업에 이용하는 것으로 악명이 높다. 머독이 위성방송을 할 수 있게끔 머독의 신문들은 BBC(영국의 공영방송)와 ITV(영국의 민영방송)를 집중 공격하였으며, 위성방송 사업을 시작한 이후엔 머독 신문의 칼럼니스트들은 교묘하게 머독의 위성방송을 시청하도록 유인하는 칼럼을 썼다.[32] 그 위성방송이 바로 1989년 2월 5일에 시작한 스카이 텔레비전(Sky Television)이다.

머독은 기회있을 때마다 영국 시청자들에게 그들이 원하는 것을 제공할 것이고, 영국 방송업계를 포위하고 있는 고리타분하고 엘리트주의적인 성곽을 무너뜨리겠다고 공언해왔는데, 이 목표를 실현할 수단이 바로 스카이 텔레비전이었다. 이와 관련, 머독은 다음과 같이 말했다.

“1970년대 말, 또 하나의 ITV 방송망의 필요성이 제기되었을 때 관료와 기득권 방송인들의 논의는 고급 시장에 초점이 맞춰진 채 진행됐다. 당연히 이 논의 속에는 대중들의 요구가 반영되지 못했으며, 논의 결과 또한 오히려 방송시장의 독점 상태만을 가중시키는 것으로 끝나버렸다. 나는 바로 이 부분이 아킬레스건이 될 것이라고 믿었다. 그래서 나는 항상 영국의 일반 대중에게 제공할 수 있는 서비스 구상에 몰두해 있었다."[33]

그렇게 해서 탄생한 스카이 텔레비전은 1990년 경쟁사인 BSB(British Satellite Broadcasting)를 흡수합병해 BSkyB(British Sky Broadcasting)가 되었다. 1992년 BSkyB는 BBC를 구슬려서 영국 프리미어리그의 축구 생방송 중계권 전권을 6억 달러로 최종 협약함으로써 처음으로 주당 약 20만 달러에 달하는 경영 이익을 냈다.[34]

영국 저널리스트 매튜 호스만(Mathew Horsman)은 "BSkyB는 머독이 BBC와 ITV가 오랫동안 향유해 온 '안락한 시장 과점'이라고 이름붙인 체제를 붕괴시켰다. 특히 이들 두 방송사가 주요 스포츠 경기 중계권을 나눠먹기 식으로 분배해 온 관행은 완전히 사라졌다. BSkyB의 출현은 또 BBC에 엄청난 변신, 특히 상업적인 변신을 강제하는 요소로 작용했다."며 다음과 같이 말했다.

"Sky의 성공 열쇠는 신문사업을 통해 '대중 추수주의자'로 잘 단련된 머독과 그의 경영진들에 있었다. 이들은 소비자들이 자신들의 상품을 사줬다는 것을 확신하기 위해 매일같이 자신들의 역량을 보여줘야 하는, 그런 사관학교 같은 곳에서 배출된 생도들이었다. 상품은 소비자들이 원하는 것 바로 그것이어야만 했고 또 항상 소비자들의 기호에 꼭 맞아야만 했다. …… 그러나 영국의 방송 경영자들은 결코 이런 방식으로 사업을 꾸려 나가고 있지 않았다. …… BSkyB가 한 시대를 호령할 수 있기까지는 박제화된 고정관념에 맞서는 부단한 노력이 자양분이 됐다. 그들은 고착된 규칙들을 깨뜨리는 데 주저하지 않았고 또한 주요 방송사들이 믿고 있던 시대적 조류를 철저히 무시했다."[35]

BSkyB는 1998년 10월에 디지털방송으로 전환해 2000년 3월 기준 디지털 위성방송 가입자 275만 명, 아날로그 위성방송 가입자 140만 명, 케이블과 지상파 디지털을 통한 간접 수신자 386만 명, 아일랜드 지역 가입자 60만 명을 포함하여 총 862만 명을 확보한 영국 최대의 프로그램 공급사이자 위성방송사가 되었다. 1999년 5월부터 디지털 가입자 확보를 위해 셋톱박스를 무료로 제공하는 파격적인 가입자 확보 전략을 구사하였으며, 머독은 BSkyB의 성공을 토대로 전 세계 미디어 시장 공략에 박차를 가하기 시작했다. BSkyB는 위성방송이 대규모 흑자를 낳은 유일한 사업모델로 꼽혔다.[36]

## 머독의 아시아 시장 진출

영국에서 위성방송에 재미를 붙인 머독은 아시아 시장에도 눈을 돌렸다. 1993년 8월 머독은 8억 7,000만 달러로 홍콩 STAR(SATELLITE TELEVISION ASIAN REGION) TV 주식의 64퍼센트를, 1995년 7월에 잔여분인 36퍼센트의 지분을 인수하였다. STAR TV는 1990년 5월에 허치슨사의 소유로 설립돼 1991년 12월부터 홍콩에 기반을 두고 통신위성을 이용해 범아시아 대상으로 5개 채널 서비스를 시작하였다. STAR TV는 초기에는 아시아인들 중에서 고소득 계층을 주시청자로 하여 서구 프로그램을 주로 편성하였으나, 머독 인수 이후 범아시아 지역채널과 지역별, 언어별 편성으로 전환하였다.

STAR TV는 1994년부터 대만과 인도를 대상으로 한 최초의 유료채널인 Star Movies를 시작해 성공을 거두었다. 정용준은 Star Movies의 성공 요인으로 ① 1994년 폴리그램과 2년간의 프로그램 계약을 맺고 1996년 초 대만에서 골든하베스트 영화사와 장기계약을 맺는 등 방대한 타이틀 확보 ② 서비스의 일부를 지역화 ③ 각 지역에서 지역영화산업 추진 등을 들었다.[37]

1994년 5월 스타TV는 MTV와 요금배분 문제로 결별하고 독자적으로 채널V를 구성하였는데, 채널V는 뉴스코퍼레이션과 비아콤(Viacom)의 합작으로 1994년 5월에 방송을 시작하여 아시아 70여 개국에 서비스를 제공했다. MTV Asia, STAR TV Music Channel이라는 이름을 거쳐 채널V라는 이름을 갖게 되었다. 세계 5대 레코드회사 중 4개(워너뮤직, 소니뮤직, BMG, EMI)가 주식의 절반을 소유했으며, 아사아인 VJ 30명이 7개 언어로 하루 총 96시간 분량의 프로그램을 방송했다.[38]

머독은 일본에도 손을 뻗쳤다. 1996년 6월 뉴스코퍼레이션은 손정의의 소프트뱅크와 손을 잡고 아사히 TV 주식의 21.4퍼센트를 매입해 아사히 TV의 최대 주주가 되었다고 발표했다. 아사히 TV 주식의 매입 자금은 417억 엔이었고, 소프트뱅크와 뉴스코퍼레이션이 각각 50퍼센트씩 출자했다. 이어 1996년 10월, 머독과 손정의는 통신위성을 이용한 다채널 디지털 위성방송 사업으로의 진출을 위해 각각 50퍼센트씩 총 200억 엔을 출자해서 JSkyB(Japan Sky Broadcasting)를 설립하는 계획을 발표했다.

일본인들은 특히 첫 번째 발표에 큰 충격을 받았다. "일본의 성역이 무너졌다", "아사히 신문까지도 위험하다", "한 국가의 정신이라고 할 수 있는 방송 미디어를 외국인에게 팔아 먹어서는 안 된다"는 비판이 쇄도한 가운데, 머독을 끌어들인 손정의에 대한 비난이 고조되었다. 결국 머독과 손정의는 일본의 유력 언론인 아사히 신문과 재계의 눈밖에 나서는 JSkyB 사업에 좋지 않은 영향을 미칠 수 있다는 판단을 내렸고, 이에 따

라 1997년 3월 자신들의 지분을 당초 매입한 금액 그대로 아사히 신문에 넘기기로 결정했다.[39]

머독은 1998년 한국 시장을 기웃거리기도 했지만, '간'을 좀 보다가 뜨거운 논란만 불러일으켰을 뿐 이렇다 할 인연은 맺지 못했다. 1998년 2월 13일 김대중 대통령 당선자가 방한訪韓한 머독을 만나 "머독 회장과 같이 우수한 언론 경영인이 우리나라에 진출하면 언론 발전에 많은 자극이 되고 도움이 될 것 같다. 새 정부도 여러 제약을 완화해 나갈 것"이라고 머독 위성방송 허용의 뜻을 밝힌 게 머독을 둘러 싼 논란의 출발점이었다.

이에 평소 위성방송 진출을 꿈꿔 온 『조선일보』는 신바람이라도 난 듯 2월 14일자 1면 머리 기사로 "세계적 미디어그룹 머독 회장 한국서 위성방송 한다"고 대서특필했으며, 2월 16일자 사설을 통해선 "그간 논란이 되었던 대기업과 언론사의 위성방송 참여도 새 정부가 방송업에 외국 자본 진출을 허용한 만큼 더 이상 문제될 게 없다고 본다"며 재벌과 언론사의 위성방송 진출을 기정사실화하는 재빠른 솜씨를 보여주었다.

국내의 데이콤과 머독쪽은 "1998년 10월 미국 오라이언사의 통신위성을 발사해 한반도와 만주 지역을 대상으로 1999년 3월부터 시험 방송을 한 뒤 7월부터 채널 75개 이상의 디지털 사용 방송을 실시할 계획"을 밝혔다. 그러자 3월 20일 '데이콤-머독 위성방송'을 저지하기 위해 민족예술인총연합 등 시민단체와 방송관련 40여 개 단체 등이 참여하는 '우리방송문화지키기 시민공동대책위 준비위'가 출범했고 여러 세미나가 개최되었다. 당시 외환위기 상황에서 벌어진 해프닝쯤으로 보는 게 옳을 것 같다.

## 출판사 하퍼-콜린스의 정치적 이용

1994년 머독은 중국을 주요 시청권으로 삼는 STAR TV에서 BBC 월드서비스를 빼버렸는데, 이는 모택동을 다룬 BBC 프로그램을 마땅치 않게 생각한 중국 정부의 요청에 따른 것이었다. 그는 중국의 억압적인 정치 체제를 옹호했는가 하면, 중국 정부의 눈엣가시라 할 달라이 라마(Dalai Lama)를 폄하하는 발언도 서슴지 않았다. 머독이 중국 문화와 역사를 존경한다는 설이 있긴 하지만,[40] 이는 머독이 사업을 위해선 뻔뻔할 뿐만 아니라 아첨에도 능하다는 걸 보여주는 사례로 거론되곤 한다.

특히 머독이 1989년에 인수한 출판사 하퍼-콜린스(HarperCollins)를 통한 아첨은 좀 보기에 민망할 정도였다. 하퍼-콜린스는 1994년 등소평(Deng Xiaoping)에 관한 저서 출판을 계약하는 대가로 등소평의 딸 등룡(Deng Rong)에게 100만 달러가 넘는 돈을 지불해 많은 사람들의 의아하게 만들었다. 무슨 비밀이 나올 것도 아니고 그저 자기 아버지 최고라는 말이나 해댈 그런 책에 그렇게 많은 돈을 주었으니 그 속셈이 무엇이겠느냐는 것이다. 『뉴욕타임스』는 1995년에 출간된 그 책(My Father Deng Xiaoping)을 "과장된, 순전히 문자 그대로 정치 선전용"으로 쓴 책이라고 했으며, 다른 언론들도 그 책을 "한마디로 엉터리"라고 비판했다.

그러나 그런 정도의 비판에 기가 죽을 머독이 아니었다. 1998년 하퍼-콜린스는 홍콩 총독을 지낸 크리스 패튼(Chris Patten)의 책 『동양과 서양(East and West)』를 출판하기로 해놓고 도중에 취소시켰는데, 그건 그 책에 중국 지도층을 비판하는 내용이 많기 때문이었다. 이에 『뉴욕타임스』는 머독의 행동을 "야비하다"고 했으며, 영국의 『데일리텔레그래프』는 머독을 "깡패 중의 깡패"라고 비난했다. 『파이낸셜타임스』는 "우리는 머독이 베이징에 있는 세력가들 앞에서 몸을 반으로 접는 것을 볼 수 있다"고

비꼬았다.[41]

그밖에도 수없이 많은 독설들이 머독을 향해 쏟아졌다. 머독의 부하인 브루스 도버(Bruce Dover)가 나중에 머독에게 "그런 비판 때문에 상처받지 않았느냐"고 묻자 머독은 이런 답을 내놓았다고 한다. "자네는 강단을 키워야겠군. 어떤 경우든지 나는 사람들이 나에 대해 쓴 것을 읽지 않아. 사람들은 때때로 이런 기사는 좋고 이런 기사는 나쁘다고 지적하지만, 나는 나에 대한 것을 읽을 필요를 못 느끼지."

머독을 향한 독설은 중국의 권력자들로 하여금 머독을 도와줘야 할 필요성을 절감케 하는 효과를 발휘했다. 이어지는 도버의 말을 더 들어보자. "베이징에 있던 나는 기왕지사 일이 그렇게 되었으니 머독에 대해 나쁘게 쓴 기사들을 찾아서, 강력한 국무원(SCIO) 책임자인 쩡지안후이에게 직접 전달해야겠다고 생각했다. 그래서 신문에서 그에 대한 기사들을 잘라 모았다. 책상 위에 수북이 쌓인 기사들을 본 쩡은, 머독이 중국을 배려하기 위해 견뎌야 했던 비판의 수위에 놀라워했다. 그는 머리를 좌우로 흔들며 혀를 쯧쯧 찼다. 우리의 베이징 보호자들은 깊은 인상을 받았다."[42]

머독의 뻔뻔함과 아첨이 중국을 향해서만 발휘된 건 아니다. 미국과 영국에선 하퍼-콜린스를 어떻게 이용했던가? 사실상의 '뇌물'을 주는 창구로 활용했다. 머독의 이해가 걸린 장거리통신 관련 법안이 미국 의회에 계류중일 때 뉴트 깅리치(Newt Gingrich) 하원의장에게 450만 달러의 출판 계약금을 지불한 것이나(나중에 따가운 눈총과 비판 때문에 그 중 일부를 포기했다), 마거릿 대처와 존 메이저의 회고록 출판 계약금으로 각각 최소한 300만 달러와 수백만 달러를 지불한 것이 그런 경우다. 대처와 메이저의 보수당 정권은 규제완화와 독점단속권 미발동 등의 형태로 머독의 영국 신문 인수와 위성방송 B스카이B의 출범에 적잖은 도움을 주었고 머독 소유의 여러 영국 신문들은 대처를 옹호하고 야당을 악의적으로 공격하는 데 선봉장 역할을 함으로써 그에 보답했다.[43]

## 머독의 '문화 제국주의' 비판

머독이 그런 방면으로 악명을 얻다 보니 이젠 무슨 말을 해도 사람들이 믿질 않았다. 아주 점잖고 미래지향적인 말을 해도 그 뒤에 숨은 속셈을 캐기에 바빴다. 머독은 1993년 9월 1일 "위성방송 덕분에 많은 폐쇄된 사회에 살고 있는, 정보에 굶주린 사람들이 정부에서 통제하는 TV를 우회해서 정보를 얻을 수 있게 되었다"고 말했지만,[44] 사람들은 그가 위성방송으로 벌어들일 돈만 생각하기에 바빴다.

머독은 1995년 4월 11일 전미방송인협회에서 한 연설에서 "정치인들은 모금한 돈의 95퍼센트를 광고비에 쓴다"며 "정치인들이 이 비용을 마련하기 위해 모금을 하다 보면 금권정치로 타락하게 된다"고 주장했다. 백번 옳은 말씀이었지만, 당시 사람들의 반응은 "머독이 지난해 의회로부터 각종 규제 때문에 곤욕을 치르더니 의회에 아부하려고 무료 방송광고를 주장한 것 같다"는 것이었다.

1999년 1월 12일, 머독이 싱가포르에서 행한 '21세기의 미디어'란 연설도 중국에게 보내는 추파로 간주되었다. 그는 "서방 매체들이 문화제국주의자가 되고 있어 다른 문화권은 보다 세심한 주의를 기울여야 한다"고 말하면서 특히 영국의 BBC 방송을 겨냥해 "런던에는 천안문 사건 5년 후까지도 이를 언급하지 않으면 30분의 뉴스도 내보내지 못하는 무리들이 있다"고 비난했다. 그는 또 "미국의 언론 교육은 양심가를 자처하는 기자들을 양산, 다른 세계에 자신의 가치를 강요하고 있다"며 "우리는

서양식 범절과 개방성을 역사와 가치 체계, 문화가 다른 국가에 강제하지 않을 것"이라고 강조했다.[45]

돈을 버는 일에 관한 한 머독에겐 정치적 성향과 이데올로기도 문제되지 않았다. 머독이 1980년대에 좌경적 성향의 주간지인『빌리지 보이스(Village Voice)』를 인수한 후 그 논조에 전혀 간섭하지 않은 것도 그 주간지는 그 주간지 특유의 논조를 지켜나가야 돈을 벌 수 있다는 걸 잘 알았기 때문이다.

또 1995년에는 미국 신보수주의 운동의 산실이 되는 시사 주간지인『위클리 스탠더드(Weekly Standard)』를 창간해 적극 지원했는데, 이 주간지는 머독을 비판하는 등 머독의 통제권 밖에 놓여 있었다. 이른바 '네오콘'의 '바이블'로 통한『위클리 스탠더드』는 발행부수는 5만 5,000에 불과했지만, 정책 결정자들에 의해 필독되었기에 막강한 영향력을 행사할 수 있었다. 이 주간지가 깅리치를 적극 지지했기 때문에 머독이 깅리치의 환심을 사기 위해 이 주간지를 지원했다는 설도 있다.[46]

사세 확장을 위해 수단과 방법을 가리지 않는 머독의 저돌적인 면모는 호주에서도 적나라하게 드러났다. 1990년대 중반 머독은 호주에서 규모가 큰 항공사 그룹의 주식을 절반 정도 가지고 있었고, 유료 TV와 럭비 리그를 공동으로 소유하고 있었으며, 호주에서 발행되는 신문의 60퍼센트 이상을 장악하고 있었는데, 그는 자기 신문을 철저히 사업의 도구로 이용했다.

예컨대, 머독의 고향인 아델레이드에서 발행되는『애드버타이저』(1995년 3월 3일자)는 1면을 광고면으로 착각하기 쉽게 만들었다. 세계에서 가장 선진적인 유료 TV 채널을 곧 즐길 수 있게 되었다는 홍보성 기사가 실렸기 때문이다. 이 채널에서는 스포츠와 함께 20세기 폭스사에서 제작된 최신 영화도 방영한다는 것이다. 멜버른에서 발행되는『헤럴드 선』은 거기서 한 걸음 더 나아가 독자들에게 유료 TV 채널의 시청 신청을 권유하기까지 했다. 머독 소유의 신문중 그나마 고급지로 평가되는 『오스트레일리언』은 무려 11개 면을 할애해 이 유료 TV를 소개했다. 시드니에서 발행되는 『데일리타임스-미러』의 금융 담당 칼럼니스트는 머독의 뉴스코퍼레이션 주식 구매를 독자들에게 권유하기까지 했다. 인사이더로서 뉴스코퍼레이션을 누구보다도 잘 아는 만큼 자신의 통찰력과 객관성을 믿으라는 식이었다.[47]

## 머독의 미국시장 진출

머독의 미국시장 진출은 1973년 『샌 안토니오 익스프레스-뉴스(San Antonio Express-News)』의 인수로 시작되었다. 이어 1974년엔 수퍼마켓 타블로이드인 『내셔널스타(National Star)』를 창간했고,[48] 1976년엔 오랜 역사를 자랑하는 『뉴욕포스트(New York Post)』를 인수했다.[49] 머독은 리버럴한 정치 성향을 갖고 있던 『뉴욕포스트』를 보수, 그것도 선정적인 보수 신문으로 바꿔놓는다.[50] 이 신문은 특히 자극적인 헤드라인으로 '찬탄'과 더불어 '악명'을 얻게 되는데, 그 대표작으로 꼽히는 게 1983년 4월 15일자의 헤드라인이다. "Headless Body in Topless Bar(토플레스 바에 머리 없는 시체)"[51]

머독은 1984년 영화사 20세기폭스사를 인수했고, 1985년 9월 자신의 인수 합병을 용이하게 하기 위해 호주 시민권을 버리고 미국 시민권을 획득했다. 이어 머독은 독립방송사들의 일부를 묶어 제4의 지상파 네트워크를 만들어내려는 시도를 한 끝에, 1987년 4월 폭스방송사(Fox Broadcasting Company)를 설립하여 105개 가맹사에 방송을 내보냄으로

써 제4의 네트워크를 탄생시켰다.[52]

머독은 폭스네트워크의 키 스테이션으로 삼기 위해 뉴욕의 WNEW-TV(현 WNYW-TV)를 사들였는데, 동일 지역의 신문-방송 겸영을 금지하는 연방규제에 따라 『뉴욕포스트』를 처분해야만 했다.[53] 그래서 머독은 눈물을 머금고 1988년 『뉴욕포스트』를 부동산 재벌 피터 칼리코우(Peter S. Kalikow)에게 3,760만 달러에 매각했다.

미리 이야기하자면, 1993년 칼리코우가 파산을 선언하면서 『뉴욕포스트』는 우여곡절 끝에 다시 머독의 뉴스코프 제국에 편입된다. 뉴욕시장 마리오 쿠오모(Mario Cuomo)가 방송규제기관인 연방통신위원회(Federal Communications Commission)에 겸영금지 조항의 특별 유예를 요청한 게 받아 들여져 성사된 일이었다.[54]

그로 인해 머독이 졸지에 『뉴욕포스트』의 '구세주' 비슷하게 환영받는 희한한 일이 벌어졌다. 엄청난 적자를 감당해내면서 이 신문을 폐쇄하지 않고 경영할 수 있는 사람은 머독뿐이라는 이유에서였다.[55] 이후 『뉴욕포스트』는 저질 타블로이드라고 손가락질을 받으면서도 신문업계 사람들이 무언가 배우기 위해 가장 먼저 찾는 신문으로 미국 언론계에 막강한 영향력을 행사하게 된다.[56]

『뉴욕포스트』는 이후 내내 적자를 면하지 못하지만, 머독의 입장에선 결코 밑지는 장사만은 아니었다. 자신의 정치적 영향력을 키워줄 뿐만 아니라 뉴스코프 제국의 다른 미디어 기업을 위한 판촉에 공격적으로 나서게 되니 말이다. 특히 이 신문의 폭스방송 프로그램 홍보는 늘 낯이 뜨거울 지경이었다. 이 신문에 따르면, 폭스 프로그램은 늘 "턱이 빠질 정도로 놀라운", "엄청난 성공을 거둔", "엄청 기대되는" 가운데 하나이거나 둘 또는 세 가지 표현으로 묘사되곤 했다.[57]

## 폭스방송의 성공 비결

폭스방송의 설립은 기존 3개 지상파 네트워크들도 케이블 TV의 도전으로 생존에 위협을 받고 있던 상황에서 이루어진 것이었기에, 무모하고 어리석은 시도라는 평가를 받았다.[58] 그럼에도 불구하고 결국엔 성공을 거두었으니, 과연 그 성공의 비결은 무엇이었을까?

1989년 4월 30일 미국의 텔레비전은 탄생 50주년을 맞아 자축행사를 대대적으로 전개하였다. 3대 네트워크의 주시청시간대 점유율은 1987년 72퍼센트에서 1988년 68퍼센트로 떨어져 네트워크들로서는 씁쓸한 자축행사일 수밖에 없었다. 특히 1980년대의 방송환경은 1년이 1960년대나 1970년대의 몇 년에 해당될 만큼 급속히 변화하고 있어서 네트워크 텔레비전은 더욱 큰 불안감을 느끼지 않을 수 없었다. 케이블텔레비전도 1980년 보급률은 21.7퍼센트에 불과했으나 1989년엔 56.4퍼센트로 VCR보급률은 1982년 4.3퍼센트에서 1989년 65.8퍼센트로 급증했다.[59]

네트워크들과 마찬가지로 공중파방송의 자구책 마련에 부심하던 미국방송협회(NAB: National Association of Broadcasters)는 1989년 7월부터 "무료 TV" 즉 "공중파TV"를 보도록 촉구하는 캠페인을 전개하기 시작했다. NAB는 1990년 1월을 "무료 TV의 달"로 선포하고 시청자들과 의회에게 "무료 TV"와 "유료 TV" 사이의 차이를 홍보하는 보다 강도 높은 캠페인을 전개하였다. 방송국들은 "무료 TV"가 폐물이 될 수도 있다고 시청자들에게 경고하는 30초짜리 스팟을 세 개 내보냈으며, 의원들을 상대로 로비를 벌이기 시작했다. 그러나 그런 대대적인 캠페인에도 불구하고 3대 네트워크들의 시청자 점유율은 1990년 여름 한때 53퍼센트까지 떨어지는 고전을 면치 못했다. 네트워크들은 특히 같은 공중파방송인 폭스와의 경쟁에서마저도 뒤쳐질지 모른다는 위기의식을 느끼게 되었다.[60]

폭스는 케이블텔레비전에 대해 3대 네트워크들과는 다른 생각을 갖고 있었다. 폭스 방송 사장인 배리 딜러(Barry Diller)가 "나는 텔레비전 안에서 세계를 보고 싶다. 내가 텔레비전이라고 하는 것은 유선과 무선을 다 포함하는 것이며 나는 텔레비전을 통해 배급사끼리 함께 연결고리를 맺고 있는 세상을 보고 싶다"고 말한 바와 같이, 폭스는 무선과 유선의 구분을 무의미하게 만드는 시도를 하기 시작했다.

그러한 시도는 1990년 9월 폭스가 미국 최대의 케이블시스템인 텔레커뮤니케이션스(Tele-Communications)와 폭스의 프로그램이 미치지 못하는 케이블시장 안에서 폭스의 프로그램을 중계한다는 합의에 도달함으로써 구체화되었다. 폭스의 가맹국은 133개국으로서 200개국 이상을 확보하고 있는 3대 네트워크들에 비해 열세이거니와 117개가 UHF국인 폭스 가맹국들은 출력이 약해 크게 경쟁력이 떨어졌다. 폭스가 케이블텔레비전과 손을 잡은 건 바로 그와 같은 열세를 극복하기 위해서였다.[61]

그런 토대 위에서 폭스는 1960년대에 ABC가 써 먹었던 '젊은이 사로잡기 전략(youth strategy)'을 공격적으로 구사하였다.[62] 또 폭스는 〈A Current Affair〉, 〈America's Most Wanted〉 등과 같은 선정적인 범죄물들을 히트시킴으로써 '타블로이드 TV(Tabloid TV)'의 시대를 열었다는 평가를 받았다.[63]

## CBS를 압도한 폭스 TV

크리스 카터(Chris Carter)의 기획으로 1993년 9월 10일부터 방영된 폭스의 〈엑스파일(The X-Files)〉은 폭발적인 인기를 끌면서 많은 매니아 층을 확보했다. 〈엑스파일〉은 FBI 요원 폭스 멀더와 데이나 스컬리가 '엑스 파일'(X-File)이라는 초자연적 현상, 괴물, 유령, 과학적으로 설명할 수 없는 미해결 사건 등을 수사하는 부서에서 일하며 겪은 일을 줄거리로 하는 TV 시리즈로, 2002년 5월 19일까지 약 10년간 방영되었다.(대한민국에서는 1994년 10월 31일부터 2002년 10월 26일까지 KBS에서 수입하여 방영했다.)[64] 폭스 방송의 입장에서 〈엑스파일〉은 지상파, 케이블, 위성 등 여러 단계의 매체를 거치면서 세계 각국에 판매돼 끊임없이 수익을 창출하는, 이른바 '창구 효과(window effect)'를 극대화시킨 '대박'이었다.[65]

이후 폭스는 비약적인 성장을 하였는데, 폭스가 제4네트워크로 확실하게 자리매김을 할 수 있었던 건 풋볼 경기 중계권을 차지한 1993년 12월의 협상 결과가 결정적인 역할을 했다. 이에 대해 『뉴스위크』는 "당시 루퍼트 머독은 전미 풋볼협의회(NFC)의 일요일 오후 시간 풋볼 중계권에 대한 과감한 기습 공격을 감행했다. 폭스사가 4년간 중계료로 연간 3억 9,500만 달러라는 예상밖의 거액을 제시해 CBS를 제친 것이다."며 다음과 같이 말했다.

"당시 CBS의 스포츠 담당 사장이었던 닐 필슨은 '이로 인해 폭스사가 일순간에 방송계를 석권하게 됐다'고 말했다. 당시 언론, 경영, 금융계에서는 머독을 천재로, CBS 전 소유주 래리 티슈를 32년간 유지해온 독점권을 상실한 얼간이로 여겼다. 폭스사는 물론 기존 미 3대 방송사마저 생존 여부가 불투명한 현 상황에서 스포츠는 매우 중요하게 됐다. 케이블 TV, 위성 TV, 심지어 컴퓨터 등 매체의 홍수 속에서 네트워크 방송사들은 소위 '브랜드 동질성'으로 차별화할 필요가 있는 것이다. 연예 프로는 위험 부담이 크다. 뉴스는 경쟁이 치열하며 시청자층이 제한돼 있다. 그러나 스포츠는 독점권이 확보되고 시청자들에게 잘 먹힌다. 디즈니/ABC사의 한 간부는 '풋볼은 방송사의 최대 자산'이라고 말했다."[66]

폭스TV는 설립 7년 만인 1994년에 제휴사 184곳(ABC 227, NBC 214, CBS 200)을 확보함으로써 3대 지상파 네트워크들과 어깨를 나란히 할 수 있게 되었다. 폭스TV의 성공은 제5, 제6의 네트워크를 탄생시키는 동인이 되었다. 1995년 1월 신생 네트워크 UPN(United Paramount Network)과 WB(Warner Brothers)가 각각 96개, 43개의 방송국을 확보한 가운데 네트워크 방송으로 출범했다. 이 둘은 아직 어리긴 했지만 이로써 6대 네트워크 체제가 시작된 것이다. 이들은 폭스의 성공에 자극받아 할리우드 메이저들에 의해 설립된 것으로 젊은층 시청자를 공략하는 폭스의 전략을 그대로 모방하였다.

폭스TV는 특히 CBS에게 큰 타격을 입혔는데, CBS는 1994~1995년 두 시즌 동안 33퍼센트의 젊은층 시청자들을 잃어 폭스의 아래로 처지는 굴욕을 감수해야만 했다. CBS는 프라임타임 광고 요금으로 1996년 여름 1시간 당 5,460만 달러를 받았는데, 이에 비해 폭스 TV는 6,330만 달러, NBC는 9,090만 달러를 받았던 것이다.(30초로 환산할 경우 네트워크 TV의 주시청시간대 광고요금은 25만 달러 선이었는데, 1995년 수퍼볼 때에는 100만 달러까지 나갔다.)[67]

그간 CBS는 젊은층을 공략하는 전략을 써 왔지만 문제는 젊은층이 50세 이상의 노년층보다 TV를 적게 본다는 것이었다.[68] CBS가 역사와 전통을 자랑하는 네트워크로서 독자적인 노선을 걷지 않고 너무 폭스를 의식했던 게 문제였을까? 이와 관련, 『U.S.News & World Report』 1996년 2월 19일자는 다음과 같이 보도하였다.

"얼마 전, 〈CBS Evening News〉는 주요 네트워크들이 광고주가 선호하는 젊은층 시청자를 붙잡기 위해 어떻게 노년 시청자들을 저버리고 있는가에 대해 보도한 적이 있었다. …… 하지만 CBS 뉴스는 자신들만큼 노년 시청자들을 멀어지게 한 네트워크도 없다는 사실에 대해서는 언급이 없었다. "기본적으로 우리는 '35세 이상이면 포기'라는 말로 우리의 핵심 시청자층을 이야기했었다"고 CBS Entertainment의 사장 레슬리 문베즈는 말한다. 그들은 이를 실행했다. 그리고 지난 가을 이래로 자신들의 프라임타임 시청자 가운데 16퍼센트를 잃었으며, 현재 시청률 3위로 전락해 있다. …… 문베즈는 이제, 보다 전통적인 편성으로 복귀함으로써 시청자와 광고주들을 끌어모을 수 있기를 기대하고 있다."[69]

그러나 CBS가 아무리 발버둥을 쳐도 CBS가 폭스보다 더 뻔뻔해지지 않는 한 예전의 영광을 되찾는 건 어려운 일이었다. 물론 CBS는 나중에 폭스를 빰치는 뻔뻔한 전략으로 정상을 탈환하기도 했지만, 아직은 아니었다. 머독이 1988년에 인수한 『TV 가이드(TV Guide)』(1996년 7월 19일)는 폭력과 섹스로 덮여가는 가족시간대 프로그램의 문제를 지적했지만, 이는 폭스가 성인용 프로그램을 8시 대에 편성해 인기를 끈 것과 무관하지 않았다. 폭스는 여론의 비판에 몰려 9시 대로 옮겼지만 일단 금기를 깼다는 점에서 다른 네트워크들에게 모범(?)을 보였던 것이다. 그러나 폭스보다는 TV 시청 행태의 변화가 가장 큰 이유인 것으로 지적되었다. 20년 전만 해도 한 가구당 한 세트의 TV가 있었으나 이젠 73퍼센트의 가구에 2대 내지 4대의 수상기가 있어 각자 따로따로 시청하는 것이 그런 문제를 낳게 한 가장 큰 이유라는 것이다.[70]

## 뉴월드 커뮤니케이션 인수, 폭스뉴스 창설

1996년 2월 새 통신법(Telecommunication Act)이 모든 법적 요건을 통과하여 세상에 그 모습을 드러냈다. 이 법안은 "투자를 자극하고, 경쟁을 촉진하며, 그리고 정보 초고속도로에 모든 시민들이 공개적으로 접속할 수 있도록 하는 것이었다."[71] 『월스트리트저널』은 이 법에 대해 마르코니의 전신기 발명 이후 커뮤니케이션 세계의 최대 사건이라고 평가했다.[72]

정태철은 "이 법은 미디어 산업의 소유 규제를 획기적으로 풀었다. 이것은 정보사회를 맞이하여 정보관련 산업에 경쟁체제를 도입하고 정보산업을 활성화시켜 더 많은 직업을 창출하려는 의도에서였다. 이 법은 라디오와 TV의 소유규제를 완화하였다. 그리고 신문과 방송의 교차 소유를 부분 허용하였으며 케이블 TV와 방송의 겸영을 허용하였다."며 다음과 같이 말한다.

"이 법이 제정되자마자, 미국의 미디어 업계는 합병의 바람이 뜨겁게 불기 시작했다. 타임워너사가 CNN의 터너 브로드캐스팅사와 합병하여 세계 최대 미디어 회사가 탄생하였다. 머독도 이 기회를 이용하여 TV 방송국을 매입하기 시작, 미국에서 가장 많은 22개의 지방 TV 방송국 소유자가 되었다. 전통 있는 신문 시카고 트리뷴을 발행하고 있는 트리뷴 신문회사는 16개 TV 방송국으로 지방 방송국 소유를 확장했다. 또, 클리어 채널 커뮤니케이션사는 100개의 라디오 방송국을 소유하게 되었다. 디즈니사가 ABC를, 그리고 웨스팅하우스가 CBS를 구입한 것도 바로 이 법에 의해서였다. 결국 소유 제한 완화는 기업확장의 환경을 제공한 셈이었다. 미디어 산업들은 이 기회를 이용하여 소유를 계속 확대한 끝에 거대한 복합기업을 형성하게 된 것이다."[73]

1996년 7월 머독의 뉴스코퍼레이션 그룹은 미국의 TV 그룹 뉴월드 커뮤니케이션을 25억 달러에 매입했다. 머독이 지배하는 뉴스코퍼레이션(1979년 설립)의 1995년 매출액은 90억 달러였는데 이 가운데 미국 내 사업이 70퍼센트를 차지했다.

1996년 10월 9일 머독 소유의 네트워크 폭스는 24시간 케이블 뉴스 채널 폭스뉴스(Fox News)를 출범시켰다. 머독은 처음엔 CNN를 매입하려고 했는데, 1995년 CNN의 모기업인 TBS(Turner Broadcasting System)가 타임워너와 합병함으로써 그 계획은 무산되고 말았다. 머독은 타임워너를 400억 달러에 매입하는 방안까지 고려하다가, 결국 폭스뉴스를 만든 것이다.[74]

"아니 이미 CNN이 있는데, 24시간 케이블 뉴스 채널이 하나 더 생긴다고? 그게 말이 되나? 괜한 짓을 하는 것 같은데." 폭스뉴스가 출범했을 때 세간의 반응은 이런 식으로 매우 부정적이었다.[75] 그러나 이미 그때부터 폭스뉴스의 잠재력을 간파한 이가 있었으니, 그는 바로 CNN 창설자인 테드 터너(Ted Turner)였다. 폭스뉴스가 출범한 지 한 달 만인 1996년 11월 터너는 유엔에서 행한 연설을 통해 머독에게 독설을 퍼부었다. 그는 머독이 텔레비전, 더 나아가 세계를 지배하려는 야욕을 품고 있다면서, 이를 저지하기 위한 노력은 선善이 악惡을 물리치려는 '선악善惡의 싸움'이라고 주장했다.[76]

머독이 폭스뉴스를 만들기 전까지만 해도 머독이 터너의 집에 놀러가기도 하는 등 둘은 제법 가깝게 지내기도 했지만, 폭스뉴스의 출범 이후 터너와 머독의 관계는 급속도로 악화되었다. 터너가 머독을 "싸구려 장사꾼(schlockmeister)"이라고 하면, 머독은 "터너가 질투에 눈이 멀었다"고 반격하는 등 둘 사이에 오고가는 독설은 점점 더 수위를 높여간다.[77]

머독은 폭스뉴스를 만들기 전 평소 CNN이 너무 진보적이라며 공개적으로 불평하곤 했는데,[78] 이에 따라 3대 지상파 방송 네트워크와 CNN이 진보적 성향을 갖고 있다고 주장하면서 이들을 상쇄시킨다는 정치적 사명을 천명하면서 반反 민주당, 반反 클린턴 노선을 추구함으로써 뜨거운 논란을 불러일으켰다.

〈폭스뉴스〉의 정치적 편향성을 고발한 다큐멘터리 〈안티폭스〉에는 그가 아들 부시 대통령 시절 매일 아침 기자들에게 "부시 대통령에게 불리한 보도를 하지 말 것" "경제 이야기만 하고 이라크 전쟁 이야기는 하지 말 것" 등의 지침을 내렸다는 전 폭스 기자들의 증언이 나온다.[79] 그런 노골적인 당파성에도 불구하고 폭스뉴스는 시작한 지 5년 만인 2001년 이익을 낼 뿐만 아니라 CNN과 MSNBC를 능가하는 시청률을 기록함으로써 세상을 깜짝 놀라게 만든다.[80]

1998년 3월 메이저 리그의 명문 LA 다저스(L.A. Dodgers)를 3억 5,000만 달러에 인수하는 등 여러 스포츠 팀들을 집어 삼키면서 TV 중계권을 독식하다시피 했다(2004년에 매각). 이에 미국 유명 스포츠 주간지 『스포팅뉴스』는 1998년 12월 머독을 '스포츠계에서 영향력 있는 100대 인물' 중 1위로 선정했다. 또 1999년 5월 미국 영화전문지 『프리미어』는 '할리우드를 움직이는 파워 1백인' 중 머독을 1위로 선정했다.

## 폭스 TV가 주도한 '리얼리티 프로그램' 열풍

폭스 TV는 2000년대 들어 유럽에서 인기를 끈 이른바 '리얼리티 프로그램'을 미국에 상륙시키는 데 주도적 역할을 하였다.[81] 그 첫 번째 시도는 폭스TV의 간부 마이크 다넬(Mike Darnell)의 주도하에 2000년 2월 16일에 선보인 〈누가 백만장자와 결혼하고 싶어하는가(Who Wants to Marry a Multimillionaire)?〉였다. 이 프로그램은 높은 인기만큼 적잖은 후유증을 남겼다. 무엇보다도 폭스TV의 부도덕한 상술이 도마 위에 올랐다.

이에 대해 『중앙일보』는 "백만장자와 결혼하겠다는 여성들을 공개 모집해 한 시간 만에 결혼을 성사시키는 내용이었다. 상대인 백만장자는 방송 전까지 신원이 공개되지 않았다. 얼굴도 모르지만 백만장자니까 무조건 결혼하겠다는 여자들의 신청이 줄을 이었다. 폭스TV는 그 가운데

50명을 후보로 선정했다. 여성단체 등에서 '여성을 비하하고 결혼제도를 모욕한다'고 비난을 퍼부었지만 인간의 나약하고 얄팍한 심성에 편승한 이 프로그램은 엄청난 시청률을 기록했다."며 다음과 같이 말했다.

"이 프로그램은 캘리포니아 부동산 개발업자 릭 록웰(42)이 '나와 결혼해 달라'고 목을 빼고 있는 여자들 가운데 응급실 간호사 다바 콩거(34)를 골라 결혼식을 올리는 대목에서 절정을 이뤘다. 두 사람은 곧바로 카리브해로 신혼여행을 떠났다. 신부에겐 또 3만 5,000달러의 다이아몬드 반지와 자동차 한 대가 부상으로 지급됐다. 재미를 붙인 폭스TV는 이 프로그램을 22일 재방송할 계획이었다. 게다가 5월엔 여성 백만장자에게 구애하는 남성 후보들을 출연시키려는 구상까지 하고 있었다. 그러나 특정인이나 정부기관에 대한 뒷조사로 유명한 한 웹사이트(TheSmokingGun.com)가 백만장자 록웰의 전과기록을 공개하면서 문제가 생겼다. …… 게다가 이들 신혼부부의 관계도 1주일만에 심상찮은 기미를 보이고 있다……."[82]

그 뒤의 이야기는 한마디로 엉망진창이었다. 신랑 신부 둘 다 여기저기 TV 프로그램에 출연해 파경에 관한 이야기를 해댐으로써 두 사람의 원래 목적이 과연 무엇이었는지 의심케 하기에 충분했다. 신부는 시청자들 앞에서 한 신랑의 키스가 질퍽해 역겨웠다고 그러질 않나 신랑은 라디오 쇼에 출연해 '마치 지옥에서 살고 있는 느낌'이라고 울질 않나. 결국 폭스TV는 그 프로그램의 재방을 취소했고 유사 프로그램을 두 번 다시 방영하지 않기로 결정하였다.[83]

미국의 '리얼리티 프로그램' 열풍은 폭스 TV와 CBS-TV의 경쟁 구도로 이루어졌다. 2000년 8월 23일 CBS-TV는 5,100만 명의 시청자를 끌어모아 사상 최고 시청률을 기록하였는데, 이는 〈서바이버(Survivor)〉라는 프로그램의 최종 승자를 가리는 제13편 방영 덕분이었다. CBS는 두 시간짜리 프로가 나가는 동안 30초에 60만 달러씩 하는 광고를 80개나 내보내 고작 8만 달러 제작비로 엄청난 수입을 올렸다. 이 프로는 한 무인도에서 16명의 사람이 생존 투쟁을 벌이는 게임으로 최종 승자는 100만 달러를 차지하게끔 돼 있었다. 혹독한 악조건과의 싸움은 물론 인간들간의 배신, 음모, 질투, 권모술수가 그대로 적나라하게 드러나는 걸 몰래 엿보는 재미 덕분에 폭발적인 인기를 누릴 수 있었던 것이다.[84]

CBS의 〈서바이버〉 성공에 자극을 받은 폭스 TV는 2001년 1월 〈유혹의 섬(Temptation Island)〉이라는 비장의 카드를 선보였는데, 이 프로그램 역시 큰 논란을 불러일으켰다. 예비 신랑-신부 4쌍을 매력적인 독신 남녀 26명과 함께 외딴 섬에서 2주간 생활하도록 하는 프로그램이었기 때문이다. 이에 대해『세계일보』는 다음과 같이 말했다.

"논란의 원인은 아슬아슬한 속옷만을 걸친 독신남녀가 예비부부에게 성적 충동을 유발시켜 누가 유혹에 넘어가면서 미래의 배우자와 헤어지는지를 보여준다는 점 때문이다. 6회 분량인 이 프로는 예고편부터 적도 근처 벨리즈 해변에서 일부 예비 신랑-신부가 재미로 참여했다가 결국은 약혼자를 뺏기고 후회하는 모습이 방영됐다. 예고편 방송 직후 미 가족협의회와 시청부모 모임 등은 '성적 쾌감을 위해 가정 평화를 파괴하는 결과를 가져온다'며 방영금지를 요구했지만 폭스측은 '성적 관계의 다이내믹함을 탐색하는 프로'라며 강변했다. 폭스측은 출연 직후 파경에 이른 사람이 몇 명인지에 대해서는 함구했다."[85]

2002년 6월 11일 폭스 TV는 〈아메리칸 아이돌(American Idol-The Search for a Superstar)〉을 선보임으로써 '리얼리티 프로그램'의 가능성은 무한하다는 것을 입증해보이는 듯했다. 〈아메리칸 아이돌〉은 시청자와 심사위원들 앞에서 자신의 노래 실력을 뽐낸 뒤 순위를 가리는 연예인 오디션 프로그램으로, 2005년에서 2011년까지 닐센 시청률 1위를 기록함으로써 미국 방송사상 일곱 시즌을 연속해 정상에 오른 유일한 프로그램이 되었다. 폭스 TV의 또다른 '대박'이었음은 두말할 나위가 없다.[86]

방송비평가 대니얼 킴멜(Daniel M. Kimmel)은 2004년에 출간한 『제4의 네트워크: 어떻게 폭스는 기존 법칙을 깨고 텔레비전을 재창조했는가(The Fourth Network: How Fox Broke the Rules and Reinvented Television)』에서 "지난 20년간 미국 텔레비전 방송의 역사는 많은 경우 곧 폭스의 역사였다"고 평가했다. 거의 모든 전문가들이 불가능할 거라고 했던 제4의 네트워크를 머독이 성공시킴으로써 폭스 모델이 미국 텔레비전 방송을 지배하는 표준이 되었다는 것이다.[87]

## 왜 머독은 '마이스페이스'엔 실패했나?

2005년 4월 머독은 워싱턴에서 열린 미국 신문편집인협회 초청 강연에서 "종이로 된 신문은 오는 2040년까지는 유지될 것"이라고 예측하면서 "신문은 인터넷을 두려워하거나 무시하지 말고 디지털혁명을 적극 수용해야 한다"고 말했다. "우리 세대가 커피 한잔에 신문으로 하루를 시작했다면 요즘 젊은 세대는 커피 한 잔에 온라인으로 하루를 시작한다."[88] 활자매체 산업이 온라인에 직접 뛰어들라는 주문이었다. 자기 자신에게 한 말이었는지도 모르겠다.

2005년 7월 머독의 뉴스코퍼레이션은 2003년 8월에 출범한 SNS(Social Networking Service) 사이트 마이스페이스(My Space)를 5억 8,000만 달러(약 6,700억 원)에 인수해 세상을 깜짝 놀라게 만들었다. MTV를 거느린 비아콤의 CEO 톰 프레스턴(Tom Preston)이 인수 계약서에 사인하기 직전 머독이 더 많은 돈뭉치를 내밀어 낚아챈 것이다.[89]

마이스페이스 사용자는 2006년 8월에 1억 명을 돌파했으며, 바로 이때에 구글은 마이스페이스에 구글 검색 기능을 장착하는 대가로 9억 달러를 지급한다는 계약을 체결했다. 2006년 11월부터는 일본어판 서비스를 개시하면서 일본에서의 사업 파트너로 재일교포 손정의의 소프트뱅크를 선택했다.[90] 미국 해병대는 마이스페이스 방문객 중 약 600만 명이 15~24세의 젊은이라는 점에 주목해 2007년 4월부터 마이스페이스에서 입대자를 모으기 위한 마케팅 활동을 시작했다.[91] 2007년 10월 마이스페이스 사용자는 1억 5,000만 명을 돌파했으며, 2008년 6월 전 세계적으로 2억 명 이상의 회원을 보유했다.

LG경제연구원은 2007년 10월에 낸 'SNS를 이용한 비즈니스 혁신의 가능성'이란 보고서에서 "2005년 마이스페이스를 인수한 루퍼트 머독의 뉴스코퍼레이션 같은 미디어 업체, 이동통신사업자 등이 SNS 시장에 뛰어들고 있다"며 "기업들의 광고 매체로 자리잡을 것"이라고 예상했다. 보고서는 또 "SNS는 언제 어디서나 이용할 수 있어 휴대폰에 잘 어울리는 서비스"라며 유무선을 하나로 통합한 유비쿼터스 소셜네트워킹서비스의 등장을 예고했다.[92]

머독의 인수 후 마이스페이스의 주가가 4배까지 뛰어 오르면서 "역시 머독"이라는 찬사를 낳았지만, 그런 영광의 시간은 오래 가지 않았다. 약 4년 만인 2009년 5월 마이스페이스는 경쟁자인 페이스북에 추월당하면서 하락세를 걷기 시작했다. 머독은 자신이 큰 실수를 저질렀다고 한탄했지만[93] 때늦은 후회였다. 머독은 마이스페이스를 2011년 6월 스피시픽 미디어 그룹(Specific Media Group)과 팝 스타 저스틴 팀버레이크(Justin Timberlake)에 3,500만 달러(약 400억 원)에 넘겼는데, 이는 매입가의 17분의 1에 지나지 않는 헐값이었다.

왜 머독은 그런 큰 실수를 저지른 걸까? 정지훈은 머독의 압박을 실패의 원인으로 지목했다. "머독은 마이스페이스가 제대로 된 시스템 확장이나 준비도 하지 못한 상황에서 수익모델에 대한 지나친 압박을 가했다. 수익을 위해 여기저기를 광고로 도배하고 사용자들이 광고를 보지 않으면 제대로 서비스도 이용할 수 없는 상황이 연출되면서 많은 사람들이 마이스페이스에 실망해서 뒤따라 나온 페이스북으로 이동했다."

이어 정지훈은 "구글과 맺은 초대형 계약이 결정적인 독이 되어 돌아왔다"고 말한다. "그 계약 자체는 마이스페이스 입장에서 엄청난 매출을 기록한 것이나 마찬가지였지만 구글에게 돈을 받기 위해서는 일정 수준 이상 검색 페이지뷰를 기록해야만 했다. 이 조건을 지키기 위해 마이스페이스는 넘어서는 안될 선을 넘고 마는데, 바로 사용자들을 속여서 검색 페이지뷰를 늘리는 시도를 한 것이다."

그게 전부일까? 정지훈은 끝으로 마이스페이스가 개방형 혁신과 서비스를 하지 못했다는 점을 들었다. "마이스페이스의 실패와 페이스북의 성공은 소유권을 주장하면서 자신만의 세계에서 외부와의 협업보다 돈만 요구하는 과거지향적인 회사는 오래 갈 수 없다는 것을 여실히 보여주었다. 네트워크 세상에서 모든 서비스를 혼자서 제공할 수 있다고 생각하는 것은 오만이며 소비자 중심 사고가 아니다. 결국 마이스페이스는 페이스북의 성공을 보고 뒤늦게 개방 형태를 따라했지만 이미 너무 큰 격차로 벌어진 이후라 사후약방문이나 마찬가지였다."[94]

결국 이 모든 실책의 이면엔 머독의 아날로그형 감각이 도사리고 있었다. 그는 이메일조차 사용하지 않는 컴맹이었기에 온라인에서 사용자들이 무엇을 원하는지 알 수 없었다. 마이클 울프는 전기에서 "머독은 오늘날 살아가고 숨 쉬는 데 필요하다 여겨지는 모든 전자제품을 사용하고 있지 않다"며 "컴퓨터나 이메일이 없으며, 업무에 휴대폰도 사용하지 않는다"고 말했다.[95]

머독이 아무리 디지털화되려고 노력을 했다 하더라도 1931년생이라고 하는 그의 나이가 한계였는지도 모른다. 인텔 회장 고든 무어(Gordon Moore)는 "40세는 정보통신업계에서 이미 환갑이다"고 했는데,[96] 70대의 머독이 그 벽을 넘기엔 한계가 있었다고 보아야 하지 않을까?

콜럼비아대 사회학자 던컨 왓스(Duncan Watts)는 페이스북과 같은 SNS의 성공엔 '노출증(exhibitionism)'과 '관음증(voyeurism)'이 큰 역할을 했다고 진단했다. 사람들은 자신을 표현하는 걸 좋아하는 동시에 그만큼 남들에 대한 호기심도 강하다는 것이다.[97]

그런데 SNS가 젊은층에게 압도적 인기를 누린 이유도 바로 그것이었다. 자신의 정체성 만들기에 집중할 때인 젊은층은 크게 달라진 환경에서 이전 세대와는 비교할 수 없을 정도로 자기표현에 적극적인데, 바로 이런 정서가 SNS의 폭발적 성공을 견인했다는 것이다.[98] 페이스북 임원들 다수가 20대라고 하는 점이 말해주듯이, SNS는 그 어떤 분야보다 더 젊음이 무기가 되는 분야였으니, 70대의 머독이 그 바닥에서 앞서가기엔 역부족이었으리라.

## 머독의 『월스트리트저널』 인수

2007년 7월 31일 머독은 『월스트리트저널(The Wall Street Journal)』을 발행하는 다우존스(Dow Jones) 그룹을 56억 달러(약 5조 3,000억 원)에 인수한다고 발표했다. 다우존스는 『배런스 매거진(Barron's Magazine)』, 『파이스턴 이커너믹 리뷰(The Far Eastern Economic Review)』, 『스마트머니(SmartMoney)』 등도 발행하고 있었지만, 간판 상품은 단연 『월스트리트저널』이었다. 평소 『뉴욕타임스』가 미국의 국가적 의제에 큰 영향을 미치는 것에 불만을 느껴 온 머독은 "『월스트리트저널』이 『뉴욕타임스』에 버금가는 의제 설정 역할을 가지도록 하고 저널의 국제적인 영향력도 강화토록 할 생각"이라며 『뉴욕타임스』와의 본격 경쟁을 선언했다.[99]

이에 『뉴욕타임스』는 독자반응을 통해 머독은 『월스트리트저널』의 '전설'을 훼손할 것이라는 점을 집중 부각했다. 『뉴욕타임스』는 최근 몇 달 동안 머독에 대한 집중 취재를 통해 그가 『월스트리트저널』을 인수할 경우 사업상의 이해를 관철하기 위해 편집권을 침해할 가능성이 높다는 점을 집중 보도했으며, 『월스트리트저널』 기자들과의 인터뷰를 통해 이들이 머독의 인수에 대해 느끼는 반감을 적나라하게 전달하기도 했다.

이에 『월스트리트저널』 8월 1일자 사설은 "이번 매각 협상이 진행되는 몇 달 동안 『월스트리트저널』과 머독 회장을 싸잡아 비판하면서 이를 은근히 즐긴 세력이 있었다"며 "특히 『뉴욕타임스』가 공격적이었다"고 정면으로 『뉴욕타임스』를 거론했다. 『월스트리트저널』은 이어 "머독 회장이 『월스트리트저널』에 대한 투자를 늘릴 경우 즉각 영향을 받을 경쟁사가 『뉴욕타임스』라는 점이 (『뉴욕타임스』의 『월스트리트저널』 비판과) 관련이 있는 것 같다"며 "『뉴욕타임스』가 그동안 『월스트리트저널』의 미래를 걱정한다며 흘린 눈물이 진짜인지 아니면 '악어의 눈물'인지 조만간 드러날 것"이라고 비꼬았다.

그러자 『뉴욕타임스』도 다음 날인 2일자 사설에서 『월스트리트저널』의 비판을 즉각 반박하고 나섰다. 『뉴욕타임스』는 '경쟁에 관한 노트'라는 제목의 사설에서 "다른 사업 분야라면 강력한 경쟁자가 위험스러운 상대에게 넘어갈 때 이를 즐기겠지만 언론은 경우가 다르다"고 말했다. 이 사설은 이어 "언론은 양질의 경쟁을 통해 번성해야 하고, 그래야 결과적으로 독자들이 바른 판단을 할 수 있게 된다"며 "『뉴욕타임스』와 많은 사람이 머독 회장의 다우존스, 그리고 다우존스의 '보석'인 『월스트리트저널』

인수를 걱정스럽게 지켜봤던 것도 이 때문"이라고 반박했다. 『뉴욕타임스』는 이어 "머독 회장이 50억 달러의 투자금을 지킬 수 있는 최선의 길은 『월스트리트저널』의 전통과 본모습을 보호하는 것"이라며 "우리는 앞으로 세계 최고의 신문 중 하나인 『월스트리트저널』이 머독 회장의 정치적, 경제적 이해관계에 따라 편파보도를 할지 지켜볼 것"이라고 덧붙였다.[100]

2007년 12월 뉴스코프의 다우존스그룹 인수가 성사되자, 머독은 금융기사에 큰 비중을 두던 『월스트리트저널』에 워싱턴의 정치 기사와 국제기사를 강화할 계획이라고 밝혔다. 『뉴욕타임스』와의 본격 경쟁을 실천에 옮긴 셈이다. 그동안 『월스트리트저널』은 1면에서 시작해 안으로 이어지는 피처 기사가 특징이었다. 그러나 머독은 그런 전통을 뒤엎기를 원했다. 그는 더욱 간결한 기사를 원했으며, 경제 뉴스 못지않게 스포츠와 문화 뉴스의 중요성을 강조했다.[101]

2008년 초 머독은 뉴욕에서 『월스트리트저널』과 다우존스 간부들이 참석한 신년회 자리에서 "현재 기사 분량이 지나치게 길다"며 "특히 1면에 실리는 특집기사가 심하다"고 지적했다. 머독은 "분량이 긴 기사는 독자들이 충분한 시간을 갖고 읽을 수 있게 주말판 신문에 주로 싣고, 평일에 실리는 기사는 짧게 쓰는 것이 좋겠다"고 말했다. 그는 또 "스포츠 섹션을 따로 발행하지 않더라도 스포츠 뉴스를 더 많이 실을 공간은 충분하다"며 "바쁜 기업인들이 경기 결과를 쉽게 알 수 있도록 간단한 기사나 표를 실어줄 필요가 있다"고 말했다. 경제 분야의 심층기사를 쓰는 것을 최고의 영예로 생각해온 『월스트리트저널』 기자들은 "1면의 심층분석 기사는 『월스트리트저널』의 영혼이나 다름없다"며 "머독 회장이 우리 신문의 권위와 전통을 무너뜨릴지 모른다"고 우려했다.[102]

2008년 5월 『월스트리트저널』은 편집국장 마커스 브라우클리(Marcus

W. Brauchli)를 해임하고 전 영국『타임스』 편집국장 로버트 톰슨(Robert J. Thomson)을 그 자리에 앉혔다. 브라우클리는『월스트리트저널』을 종합지로 만들겠다는 머독의 방침과 간부들을 솎아내려는 머독의 지시에 의문을 제기해, 이것이 해임 사유가 된 것으로 알려졌다.[103]

2008년 11월 23일 머독은 호주의 월간 경제잡지인『딜(The Deal)』과의 인터뷰에서 "『월스트리트저널』은 지난 6개월간 (미국에서) 독자 수가 증가한 유일한 신문이고, 홈페이지는 전 세계에서 유일하게 유료화된 신문사 웹사이트이며, 유료 독자 수도 점점 증가하고 있다"며『월스트리트저널(WSJ)』에 대해 만족감을 표시했다. 또 머독은 "현재 가장 관심을 갖고 있는 분야는 케이블 채널 시장이다"라고 밝혔다. 지상파는 오직 광고 수입에 의존할 수밖에 없지만, 케이블 채널은 광고 외에 콘텐츠 사용료도 받을 수 있는 장점이 있다는 것이다. 그는 또 "1990년대 불황기에 내가 보유한 기업들이 계속 수익을 내고 있었는데도, 은행들이 일방적으로 돈줄을 갑자기 죄는 바람에 한동안 아주 어려운 시기를 보냈다"며 "그 이후 은행 돈을 빌리지 않아 우리는 지금 은행에 1페니(penny)의 빚도 없다"고 밝혔다.[104]

미 애리조나 주립대 언론학 교수 앤드루 레키(Andrew Lecky)는 최근 사무실에 배달된 신문 중『뉴욕타임스』를 집어 들려다가『월스트리트저널』인 것을 발견하고는 깜짝 놀랐다.『월스트리트저널』 1면의 편집이『뉴욕타임스』를 뺨칠 정도로 색채가 화려해져서 착각을 한 것이다. 2008년 12월 시사주간지『뉴스위크』(12월 15일자)는 이 에피소드를 소개하면서 "『월스트리트저널』 편집국 기자들의 머독에 대한 평가가 1년 새 '야만인'에서 '구세주'로 바뀌었다. 머독이 결국 웃었다"고 보도했다.

머독의 인수 이후『월스트리트저널』은 '타도!『뉴욕타임스』'를 목표로 내걸고 경제 뉴스에 편중됐던 지면을 개편해 정치·국제·문화 뉴스의 비중을 늘리는 등 종합 일간지의 성격을 강화했다. 또 1면에 사진을 쓰지 않는 119년 전통을 깨고 컬러 사진을 과감히 도입하는 등 편집과 디자인의 변화를 꾀했다. 『월스트리트저널』이 고유 색깔을 버림으로써 신문의 다양성과 전문성을 약화시켰다는 비판이 제기되었지만, 『월스트리트저널』은 미국 주요 신문들이 최근 경기침체로 감원을 하는 등 긴축 경영에 돌입한 것과 달리 국제면과 문화·예술·여론면을 늘리고 기자 채용도 확대하는 등 '나홀로 호황'을 구가했다. 가두 판매 부수는 1년 전보다 20퍼센트 늘었고, 웹사이트도 방문자가 월 2,000만 명 수준까지 증가하면서 광고 수입과 온라인 구독료 양쪽에서 흑자를 냈다.[105]

## "무료 인터넷신문 시대는 끝났다"

2009년 8월 『월스트리트저널』의 성공으로 크게 고무된 머독은 "고품격 저널리즘은 싸구려가 아니다. 무료 인터넷신문 시대는 끝났다"고 선언하면서, 자신이 소유한 신문들의 인터넷판 이용을 2010년 여름까지 유료화하겠다고 밝혔다. 그는 "유료화 검토를 끝마쳤다. 우리가 성공한다면 다른 미디어도 곧 따라올 것으로 믿는다"며 "독자 이탈을 막기 위해 차별화된 콘텐츠 개발에 힘쓰겠다"고 밝혔다. 일각에선 뉴스코프가 최근 경기침체로 6월에 끝난 2008 회계연도에서 34억 달러의 순손실을 내자, 적자를 줄이기 위한 조치로 유료화 카드를 꺼낸 것으로 분석했다.[106]

2009년 10월 『월스트리트저널』은 유료 독자수 202만 부로, 『USA투데이』를 누르고 미국 신문시장 1위로 도약했다. 미국의 신문부수조사기관인 ABC는 유료 온라인 가입자에 대해서도 유료 독자로 인정하기 때문이다. 『월스트리트저널』의 1위 등극은 35만 명(업계 추산)에 달하는 유료 온라인 독자 증가가 결정적인 요인이 됐다. 이에 자극을 받은 다른 신문들도 속속 온라인 뉴스 유료화에 동참했다. 온라인 뉴스에 대해 기사 건별 또는 기간별로 요금을 부과하는 시스템을 개발 중인 미국의 저널리즘온라인(Journalism Online)사는 "미국 내에서만 170개 넘는 언론사가 우리 시스템 이용을 검토 중이다"고 밝혔다.[107]

『월스트리트저널』은 인터넷 유료기사에 대해 일주일에 1.99달러를 받지만 구글 뉴스 사이트에서 『월스트리트저널』로 접속하면 무료로 기사를 볼 수 있었다. 이에 머독은 '구글 때리기'가 필요하다는 판단을 했을 것이다. 머독이 유료화 카드를 꺼내기 전 『월스트리트저널』을 소유한 출판·경제정보회사 다우존스의 CEO 레스 힌턴(Les Hinton)이 분위기를 조성하는 발언을 했었다.

힌턴은 2009년 6월 23일 미국 뉴욕에서 한 다국적 금융·컨설팅기업의 주최로 열린 연예·언론산업 전망 회의 기조연설에서 "구글은 신문 산업의 피를 빨아먹는 디지털 흡혈귀(digital vampire)다."고 주장했다. 『월스트리트저널』의 발행인이기도 한 그는 "구글은 원래 동굴 속에서 뱀파이어로 생명을 시작한 것이 아니라, 뉴스 업계 스스로가 구글의 입맛에 맞는 피를 먹여준 것으로 봐야 한다"고 주장했다. 애초에 신문 산업이 인터넷에 콘텐츠를 무료로 제공하면서 "구글이 송곳니로 물어뜯을 수 있도록 먹잇감을 갖다 바친 꼴이 됐다"는 것이다.[108]

머독도 직접 나섰다. 그는 구글이 정당한 대가를 지불하지 않고 뉴스를 제공한다며 '절도광(kleptomaniacs)' '기생충' 같은 원색적인 비난을 퍼붓더니, 2009년 11월 9일 자신의 소유인 호주 스카이뉴스와의 인터뷰에서 인터넷 기사 유료화를 시작하는 대로 구글(google) 검색을 차단하겠다고 밝혔다. 구글 뉴스란에 기사를 제공하지 않을 뿐 아니라 기사가 검색 결과에 뜨는 것도 막겠다는 것이다.[109]

이에 구글은 이튿날 런던에서 성명을 발표해 "구글의 검색 결과에 기사가 보이도록 하는 것은 전적으로 언론사가 결정하는 것"이라며 "구글의 뉴스검색은 저작권법에 저촉되지 않는다"고 반박했다. 이와 관련, 구본권은 다음과 같이 말했다. "머독의 계획은 인터넷을 통해 콘텐츠를 제공한 뒤 수익성 악화에 직면한 대부분 매체의 이해를 대변하고 있는 측면이 있다. 하지만 누리꾼들은 구글을 향한 머독의 공세가 성공할지에 회의적이다. 인터넷 즐겨찾기를 통해 특정 사이트를 찾아가는 경우보다 검색을 통해 콘텐츠를 직접 이용하는 경우가 계속 늘고 있으며, 유료화를 선언하면 무료 사이트로 옮겨가는 흐름이 지배적이기 때문이다."[110]

2010년 2월 2일 발표된 뉴스코프의 전년 10~12월 분기 순수익이 업계의 예상을 웃도는 2억 5,400만 달러를 기록함으로써 전년 동기 64억 2,000만 달러 적자에서 흑자 전환에 성공했다. 이에 고무된 머독은 수익 결산 발표에 이은 전문가·언론과의 전화회견에서 "콘텐츠(와 단말기 사이의) 우위에 대한 논쟁은 이제 끝났다. 콘텐츠는 그저 왕이 아니라 모든 전자 기기의 황제(the emperor of all things electronic)다."고 말했다. "콘텐츠의 가치는 이제 명백하다. 전자 기기들과 플랫폼들이 급속히 늘고 있지만 이 똑똑한 기술도 어떤 훌륭한 콘텐츠가 없이는 그저 텅 빈 용기容器에 불과하다." 머독은 "아무리 크고 평평한 스크린이나 그 어떤 태블릿 컴퓨터, e-리더, 점점 정교해지는 스마트폰도 콘텐츠 생산회사들의 창의적 내용물이 없이는 죽은 것이나 같다"면서 "그것들의 힘은 배터리가 아닌 콘텐츠에서 나온다"고 했다.[111]

2010년 5월 구글의 최고경영자(CEO) 에릭 슈미트(Eric Schmidt)는 "구글은 앞으로 신문사의 온라인 뉴스 유료화를 지원하겠다"며 사실상 머독에게 무릎을 꿇었다. 슈미트는 "루퍼트 머독(Murdoch) 뉴스코프 회장을 포함, 주요 신문사의 소유주들과 이들이 추진하고 있는 온라인 신문 구독 모델을 구글이 돕는 방안을 협의하고 있다"며 "머독 회장과는 이제 평화로운 관계"라고 말했다.

그간 구글은 "검색 결과로 뜬 신문사 기사들은 합법적인 콘텐츠"라며 "만약 검색 결과에 자사의 기사가 있는 게 싫다면 간단하게 뺄 수 있다"고 강경 대응해 왔었다. 아무리 WSJ이라도 구글 검색 결과에서 빠지면, 온라인 트래픽(접속량)이 줄어 온라인 광고 수익이 감소할 것인데 '해볼 테면 해보라'는 반박이었다. 하지만 머독도 뉴스코프 계열 30여 개 신문사의 온라인 기사를 2010년 하반기부터 모두 유료화하고 구글 검색을 차단하는 강경책을 고수한데다, 『뉴욕타임스』·『일본경제신문』·『인민일보』 등 다른 신문사들이 속속 온라인 기사 유료화를 선언하며 머독의 노선에 동참하자 결국 항복을 선언한 것이다.[112]

## BSkyB 지분 100퍼센트 논란

한편 영국에선 어떤 일이 벌어지고 있었던가? 2010년 4월 21일 『인디펜던트』지紙는 총선(5월 6일) 관련 특별판 30만 부를 제작해 영국 전역에 무료 배포했는데, 특별판 1면엔 "루퍼트 머독은 이번 선거를 결정하지 않는다—당신이 결정한다"라는 제목이 달려 있었다. 이 제목은 루퍼트 머독이 당시 총선에서 보수당의 데이비드 캐머런(David Cameron) 당수를 공개 지지하고 있는 것을 비꼰 문구였다.

머독의 아들로 『타임스』·『선』 등 신문과 스카이TV의 경영을 맡고 있는 제임스 머독(37세)은 바로 그날 『인디펜던트』 신문 한 부를 들고 『타임스』와 『선』 발행인인 레베카 브룩스(Rebekah Brooks)와 함께 『인디펜던트』의 편집국을 예고 없이 방문했다. 그는 편집회의를 하고 있던 사이먼 켈너 편집국장의 자리로 가 신문을 흔들며 "당신들 뭐하는 거냐?"고 욕설을 퍼부었다. 당황한 켈너 국장은 머독을 자기 방으로 데려갔고, 둘 간엔 20분 간 격렬한 언쟁이 벌어졌다. 머독은 이 광고가 아버지의 명예를 손상시켰다며 계속 이런 식으로 나오면 『인디펜던트』의 오너인 러시아 재벌 레베데프의 비리를 폭로하겠다고 협박한 것으로 알려졌다.[113]

2010년 6월 머독의 뉴스코프가 위성방송 BSkyB의 나머지 지분 61퍼센트를 80억 파운드에 인수해 지분율을 100퍼센트로 하겠다고 밝혀 논란을 빚었다. 잉글랜드 프리미어리그 등 주요 스포츠 중계권을 가진 〈스카이스포츠〉와 〈스카이뉴스〉, 〈스카이영화〉 등의 채널을 보유한 BSkyB는 2009년 54억 파운드의 매출을 올려 38억 파운드의 BBC를 압도했다. BSkyB는 BBC가 편당 6만 5,000파운드를 주고 방영하던 드라마 〈메드맨〉의 다음 두 시즌을 편당 22만 5,000파운드를 주기로 하고 가로챘는가 하면 한 해 약 10억 파운드를 쏟아 부으며 축구 챔피언스리그 모든 경기를 독점하는 등 이른바 '싹쓸이 전략'으로 악명이 높았다. 이미 영국 신문의 37퍼센트를 소유하고 있는 머독이 BSkyB를 완전 인수할 경우 영국 상업방송의 40퍼센트까지 장악하게 되는 것이니, 이에 대한 우려가 일어나는 건 당연한 일이었다.

2010년 10월 11일 BBC를 비롯한 영국 주요 매체 대표들은 빈스 케이블 기업부 장관에게 청원서를 보내 머독의 끊임없는 영토 확장 시도를 저지해 달라고 요구했다. 청원서에는 2010년 봄 총선에서 보수당을 지지했던 전국지 『데일리텔레그래프』와 『데일리메일』, 중도 진보지인 『가디언』, 노동당을 지원했던 『데일리미러』 등의 신문과 BBC, 채널4와 통신회사 BT 등의 최고 경영자가 연명으로 서명했다. 이에 머독의 『타임스』는 사설에서 "뉴스코프에 맞섬으로써 상업적인 이득을 취하려 하고 있다"며 청원서에 서명한 마크 톰슨 BBC 사장을 장면으로 공격하는 등 언론사끼리의 비난전이 벌어졌다.

『타임스』의 미디어 에디터였던 댄 사바하는 "당국이 이번 인수를 승인하면 이탈리아 언론재벌이자 총리인 실비오 베를루스코니가 영국에서도 나오는 것을 목격하게 될 것"이라고 경고했다. 그는 머독의 미디어 제국이 이대로 가면 영국에서 얼마나 막강한 존재가 될지를 예상해 『가디언』에 쓴 글에서 다음과 같이 말했다.

"2015년 영국 총선. 텔레비전과 신문들 그리고 인터넷을 망라한 한 미디어 회사가 영국 정치를 좌지우지한다. 루퍼트 머독이 지배하는 이 회사는 90억 파운드(약 16조 원)의 매출을 올려 BBC보다 크기가 2배나 된다. 공영방송 BBC가 표방하는 '불편부당' 같은 원칙에 구애받지 않는 머독 일가는 데이비드 캐머런(보수당 출신 총리)이 재임을 할지 말지 결정하게 된다. 그들이 이렇게 할 수 있는 것은 휘하의 신문이 영국 내에서 팔리는 신문 부수의 5분의 2나 차지하고, 그들이 운영하는 방송은 BBC, 최대 민영방송인 ITV, 또 다른 공영방송인 채널4 등을 합한 것보다 크기 때문이다."[114]

## 『뉴스오브더월드』 불법도청 파문

2010년 9월 1일 미국 『뉴욕타임스』는 '타블로이드, 왕실과 그 이상을 해킹 공격하다'란 제목의 기사에서 "그들은 왕실 휴대폰 해킹도 서슴지 않는다. 그렇게 얻은 정보로 보도 경쟁을 벌이고 영향력을 행사한다."며 영국 타블로이드 신문들의 불법취재 관행을 심층해부했다. 그런 불법취재의 대표적 인물로는 『선』의 자매지인 『뉴스오브더월드』의 편집국장 앤디 쿨슨(Andy Coulson)이 꼽혔다. 『선』 기자 출신으로 2003년 34세에 『뉴스오브더월드』 편집국장으로 발탁된 그는 "수단과 방법을 가리지 말고 기사를 가져오라"고 외쳤고, 이에 따라 휴대폰 해킹은 기자들의 일상사가 되었다는 것이다.

쿨슨은 왕실 해킹 사건 이후 사직했지만 정권탈환을 노리던 보수당 공보팀장으로 영입됐다. 보수당의 다음 총선 필승 전략 중 하나가 머독의 미디어로부터 지지를 얻는 것이었는데, 쿨슨이 좋은 연결고리가 된 셈이었다. 아니나 다를까 총선을 앞둔 2010년 봄 머독 신문들은 일제히 보수당 지지로 돌아섰으며, 5월 총선에서 데이비드 캐머런 보수당수는 보란 듯 승리했다. 쿨슨은 공보수석으로 승진했고, 캐머런은 총리 관저 입성 직후 머독을 초대했다.[115]

얼마 후 엄청난 스캔들로 비화될 이 불법도청 사건은 2005년 11월로 거슬러 올라간다. 『뉴스오브더월드』가 윌리엄 왕자의 무릎 부상에 관해 보도하자, 왕실은 도청 없이는 나올 수 없는 내용이라고 생각해 수사를 의뢰했다. 이 신문 왕실 담당 기자 클라이브 굿먼과 그를 도운 사설탐정 글렌 멀케어가 2006년 8월 휴대전화 음성메시지 도청 혐의로 체포되면서 꼬리가 잡혔지만, 수사 결론은 굿먼과 멀케어의 단독 범행일 뿐 조직적 범죄행위는 없었다는 것이었다.

이후 도청이 광범위하게 이뤄졌다는 폭로가 이어졌지만 경찰은 미온적 태도를 유지했다. 『가디언』은 2009년 7월, 3,000여 명이 피해를 봤을 것이라는 의혹까지 제기했지만, 경찰은 증거가 부족하다거나 신문사 지휘부는 모르는 일이었다는 입장을 고수했다. 2007년에는 윌리엄 왕자 관련 사건으로 체포됐던 멀케어의 집에서 도청 관련 문서 1만 1,000여 쪽을 압수했지만 수사가 진전되지는 못했다.

그러나 의혹이 점점 사실로 드러나기 시작했고, 〈비비시〉(BBC) 방송은 물론 미국 『뉴욕타임스』까지 『뉴스오브더월드』 출신자 등을 인터뷰해

의혹을 뒷받침했다. 결국 경찰이 2011년 1월 “중요한 증거를 발견했다”며 본격 수사를 선언했고, 캐머런 총리의 공보책임자로 일하던 앤디 쿨슨이 사임하는 사태로 발전한 것이다.[116]

2011년 4월 8일 『뉴스오브더월드』의 모회사인 뉴스인터내셔널은 성명을 내고 전면적인 사과, 법적 책임의 인정, 보상을 밝혔으며, 이틀 후인 10일 『뉴스오브더월드』는 2005년에서 2006년까지 이 신문사에 의해 저질러진 유명인 전화 해킹사건과 관련해 ‘음성메일 : 사과’라는 제목 아래 “오늘 우리는 공개적이고 전면적인 사과를 모든 당사자들에게 한다”며 공개 사과를 실었다.[117]

그러나 『뉴스오브더월드』의 불법 도청은 연예인과 스포츠 스타, 정치인 등 유명인에만 국한된 게 아니었다. 2005년 ‘7·7 런던 지하철 폭파사건’ 피해자 가족, 이라크전과 아프가니스탄전에서 숨진 병사들의 가족 등 일반인을 대상으로도 이뤄졌다는 사실이 추가로 밝혀졌다. 이 신문이 2002년 납치살해된 열세 살 소녀 사건 취재를 위해, 아직 실종상태이던 딸의 휴대전화에 부모가 남긴 음성메시지를 도청하고 음성메시지를 삭제해 그가 살아있다는 잘못된 믿음을 가족과 경찰에 준 사실도 밝혀졌다.

이에 따라 영국 하원은 2011년 7월 6일 『뉴스오브더월드』의 도청 파문에 대한 긴급회의를 개최했다. 크리스 브라이언트 노동당 의원은 “머독은 이 나라 국민도 아니고 세금도 내지 않는다. 어떤 나라에서 한 사람이 네 개의 신문과 두 번째로 큰 방송사를 갖게 두느냐”며 “그동안 한 사람이 우리 국민 생활을 지나치게 많이 흔들게 내버려뒀다”고 비판했다. 보수당의 니컬러스 소엄스 의원도 “정부가 개입해 머독의 〈스카이〉 완전 인수 계획을 연기시키거나 아예 중단해야 한다”고 주장했다.[118]

다음 날인 7월 7일 쿨슨이 체포되었고, 캐머런 총리는 이 사건을 명확히 규명하기 위해 국정조사를 실시하겠다고 밝혔다. 사태가 심상치 않게 돌아가자 『뉴스오브더월드』의 모회사인 뉴스인터내셔널 회장이자 루퍼트 머독의 아들인 제임스 머독은 이 날 『뉴스오브더월드』를 폐간하겠다고 발표했다.

이에 에드 밀리밴드 노동당 대표는 "(폐간 결정이라는) 큰 결단을 내렸지만 이것으로 문제가 해결되는 것은 아니다"라고 말했다. 도청이 집중적으로 이뤄진 시기 『뉴스오브더월드』의 편집장을 지낸 리베카 브룩스가 뉴스인터내셔널의 최고경영자로 여전히 자리를 보존하고 있는 만큼, 도청 파문에 대한 책임있는 해결책으로 보이지 않는다는 것이다.

당장 거리로 내몰릴 처지가 된 이 신문사 직원 200여 명은 "측근 보호를 위해 애먼 직원들만 '희생양'을 삼았다"고 분통을 터뜨렸다. 이 신문의 데이비드 우딩 정치 에디터는 "5, 6년 전 발생한 일 때문에 아무 잘못도 없는 사람들까지 일자리를 잃게 됐다"고 말했다.

영국 언론들은 머독이 불법도청 파문이 위성방송 〈스카이〉(BSkyB) 인수 허가에 걸림돌로 작용하는 걸 막기 위해 신문을 폐간한 것이라고 보았다. 머독이 전세계에서 벌어들이는 수익 중 신문사업을 통한 수익은 13퍼센트에 불과한데, 더 큰 수익을 안겨줄 방송을 얻기 위해 한줌뿐인 『뉴스오브더월드』 하나쯤 문을 닫는 건 손해도 아니라는 계산이란 것이다.[119]

## "머독의 언론제국에 산사태"

2011년 7월 11일 영국 언론들은 『뉴스오브더월드』 이외에도 머독이 소유한 영국 주간지 『선데이타임스』가 고든 브라운 전 영국 총리를 목표로 그의 전화와 개인 은행계좌를 해킹했다고 보도했다. 영국 〈비비시〉(BBC)〉 방송은 브라운 전 총리가 재무장관 재직 시설 『선데이타임스』가 재산 현황을 파악하기 위해 도청을 했다며, 그가 이런 사실을 발표할 예정이라고 보도했다. 결국 이날 뉴스코퍼레이션은 성명을 통해 "이미 제안한 (영국 스카이 방송의) 인수 작업을 철회할 것"이라고 선언했다.[120]

그러나 인수 작업을 철회한다고 해서 끝날 문제가 아니었다. 다음 날인 7월 12일 『가디언』은 『뉴스오브더월드』가 찰스 왕세자 부부의 음성메시지를 도청했을 가능성이 있다며, 도청을 당한 왕실 관계자가 10명에 이른다고 전했다. 왕실 기자들이 기밀사항인 왕실의 전화번호와 주소록, 엘리자베스 여왕 부부의 여행 일정 등을 얻기 위해 왕실 경호 경찰을 매수했다는 증거 자료도 나왔다고 『이브닝 스탠더드』가 전했다. 그간 드러난 도청 피해자는 왕실 인사부터 살인사건 희생자 소녀까지 4,000여 명에 달하는 것으로 집계되었다. 러시아 관영 『로시스카야 가제타』는 "불법 도청이란 '작은 돌'이 떨어지면서 머독의 언론제국에 산사태를 일으키고 있다"고 논평했다.[121]

7월 13일 『가디언』은 '『뉴스오브더월드』의 문제를 알았더라면 『월스트리트저널』을 머독 측에 팔지 않았을 것'이라는 『월스트리트저널』 매각 당사자의 반응을 소개했고, 또 다른 영국 일간지 『파이낸셜타임스』는 같은 날 머독을 탁월한 능력을 가졌으되 배신을 일삼는 사람으로 묘사한 전 『텔레그래프』 사주 콘래드 블랙(Conrad Black)의 기고문을 실었다.[122]

뉴스코프가 2001년 9·11 테러 희생자 가족들에 대해서도 광범위한 불법도청을 했다는 의혹을 영국 언론들이 새롭게 제기하면서 불법도청 파문은 미국으로까지 번졌다. 7월 13일 〈에이피〉(AP) 통신 등은 존 록펠러 미 상원 상무위원장(민주)과 바버라 박서(민주) 상원 윤리특별위원장이 법무부와 증권거래위원회에 머독의 미국 법인 뉴스코프에 대한 대대적인 조사를 요구했다고 보도했다. 공화당 소속 피터 킹 하원 국토안보위원장도 정치전문지 『폴리티코』와의 인터뷰에서 연방수사국(FBI)이 이 문제를 수사해야 한다고 가세했다.[123]

호주도 들썩였다. 7월 14일 줄리아 길라드 호주 총리는 "(머독 소유 언론사들의 도청이) 충격적이고 역겹다"며 "의회에서 의원들과 함께 민주주의에서의 언론의 구실에 대한 전반적인 재검토를 하고 싶다"고 말했다.[124] 머독은 호주 주요 도시 신문 독자의 70퍼센트를 소유하고 있는데, 진보 성향의 호주녹색당은 자국의 언론 소유권 조사를 요구하고 나섰다.[125]

7월 15일 브룩스는 "상처받은 이들에 대해 깊은 책임을 느낀다"는 내용의 성명을 통해 사임 뜻을 밝혔다. 이 날 머독은 자신이 소유한 뉴스코프의 자회사인 『월스트리트저널』과의 인터뷰를 통해 "조만간 이 위기를 극복할 것"이라며 자신감을 내비쳤다. 머독은 이번 '도청 타격'에 대해 "극복 못할 만한 위기가 아니다"라며 "뉴스코프 쪽이 잘 대응하고 있다"고 말했다. 그는 또 뉴스코프의 최고운영부책임자이자 영국 위성방송 〈스카이〉(BSkyB)의 비상임 회장직을 맡고 있는 자신의 아들 제임스가 이번 사건으로 회장직에서 물러나는 일은 없을 것이며, 이번 건으로 언론사 몇 곳을 매각할 것이라는 소문에 대해서도 강하게 부인했다.[126]

7월 16일 머독은 도청스캔들과 관련해 7개 신문에 "심각한 부정행위에 대해 진심으로 죄송합니다"라는 광고를, 17일에도 『인디펜던트』, 『가디언』 등에 "잘못을 바로잡겠다"는 사과광고를 실었다. 머독의 『타임스』는 1면에 '속죄의 날'이라는 제목의 기사를 게재했다.[127] 그러나 '사과'와 '속죄'로 덮기엔 아직도 밝혀지지 않은 스캔들이 많이 남아 있었다.

## "'청문회 굴욕' 머독을 지킨 부인의 '라이트 훅'"

2011년 7월 17일 AP통신은 데이비드 캐머런 영국 총리가 2010년 5월 총리로 선임된 후 머독 측 간부들과 26번이나 만났다고 공개된 정부기록을 인용, 보도했다. 캐머런은 레베카 브룩스 전 뉴스인터내셔널 사장, 머독의 아들 제임스 머독 뉴스인터내셔널 회장을 여러 차례 관저로 초청했으며, 공보책임자에서 물러난 뒤에도 앤디 쿨슨을 관저로 불러 만나기도 했다는 것이다. 노동당 폴 패럴리 문화미디어스포츠 위원회 위원은 "만남 자체가 캐머런과 머독 조직이 불건전한 관계를 맺고 있음을 드러내는 것"이라고 비판했다.

처음 도청의혹이 제기됐을 때 부실수사 의혹을 받아온 런던경찰도 부적절한 유착관계를 맺은 사실이 드러났다. 『텔레그래프』에 따르면 폴 스티븐슨 런던경찰청장은 『뉴스오브더월드』 부편집장 출신으로 도청수사와 관련해 체포된 상태인 닐 월리스가 경영하는 홍보회사의 제공으로 5일간 공짜 호텔 온천을 즐겼다. 월리스가 2009년 『뉴스오브더월드』에서 퇴사하자마자 런던경찰에 홍보 자문을 맡은 것도 도마 위에 올랐다. 노동당 존 프레스콧 전 부총리는 "월리스를 고용한 것 자체가 잘못"이라며 스티븐슨의 사임을 촉구했다.

머독 부자와 브룩스를 소환해 심문할 하원 문화미디어스포츠위원회 위원장인 존 위팅데일도 머독의 딸이며 샤인그룹 최고경영자인 엘리자베스를 여러 차례 만나왔고, 머독의 52년지기인 레스 힌튼(Les Hinton) 『월스트리트저널』 발행인과 오랜 친분을 맺어오는 등 머독의 인물이라는 의혹이 제기되었다.[128]

이런 보도가 나온 날 머독의 최측근으로 뉴스인터내셔널의 최고경영자인 리베카 브룩스(43)가 경찰에 체포돼 불법도청과 정보 입수 대가로 경찰에 뇌물을 제공한 혐의 등으로 조사를 받았다.[129] 브룩스가 체포된 뒤 얼마 지나지 않아 폴 스티븐슨 런던경찰청장이 자진 사임했으며, 18일에도 런던경찰청의 존 예이츠 치안감이 사퇴 의사를 밝혔다. 경찰 고위직 간부 두명이 잇따라 사퇴하자, 테레사 메이 영국 내무장관은 경찰의 부패에 대해 조사하겠다고 밝혔다.[130]

7월 18일『뉴스오브더월드』도청 사건에서 내부고발자 구실을 해온 이 매체의 전 기자 숀 호어가 머독 등에 대한 의회 청문회를 하루 앞둔 시점에서 런던 북부 왓퍼드의 자택에서 갑자기 숨진 채로 발견됐다. 호어는 알코올과 약물 중독 때문에 재활치료를 받아왔는데, 경찰은 "사인이 명확하지 않으나 수상한 점은 발견되지 않았다"며 피살 가능성은 낮다고 설명했다. 그럼에도 해킹 사실을 처음 폭로한 전직 기자의 죽음으로 청문회의 긴장감은 한층 더 고조됐다.[131]

7월 19일, 영국 의회는 머독 부자와 뉴스인터내셔널 최고경영자 리베카 브룩스 등 뉴스코프 3인방을 불러놓고 청문회를 시작했다. 답변자들이 모두 "해킹 사실을 몰랐다"며 모르쇠로 일관하면서 별다른 소득 없이 마무리된 청문회의 스타는 엉뚱하게도 머독의 아내 웬디 덩 머독(Wendi Deng Murdoch)이었다. 이와 관련, 이형섭은 다음과 같이 말했다.

"분홍색 재킷을 입고, 머독과 그의 둘째아들 제임스 사이의 청중석 맨 앞줄에 다리를 꼬고 앉아 전 세계의 눈길을 모은 그는, 조니 마블스라는 남자가 면도거품으로 가득한 포일접시를 들고 남편에게 달려드는 순간 잽싸게 머독의 옆으로 끼어들며 오른손으로 그의 얼굴에 '분노의 일격'을 날렸다. 머독은 웬디의 일격과 주변의 보호 덕분에 접시에 얻어맞지는 않았다. 하원의원 톰 왓슨은 사건 뒤 머독에게 '당신 부인은 대단한 레프트 훅(라이트 훅의 착각) 실력을 가졌군요'라고 말했다고『뉴욕타임스』가 전했다. 자신을 활동가이자 코미디언이라고 밝힌 거품공격의 당사자

마블스의 '어리바리'한 모습과 웬디 덩의 날쌘 모습이 대조를 이루며 이 사건은 하루 종일 전세계 트위터의 화제가 됐다. 어떤 사람은 '역시 거물 뒤에는 무공의 고수가 지키고 있기 마련'이라고 감탄했다."[132]

학창시절 배구선수였던 웬디 덩은 1968년생으로, 1999년 서른한 살 때 당시 예순여덟 살인 머독과 결혼해 그의 세 번째 부인이 됐다. 중국 산둥성 지난시에서 기계공장 관리자의 4남매 중 셋째로 태어난 그녀는 광저우에서 의대를 다니던 중 미국인 사업가 체리 부부를 만나 그들의 보증으로 학생비자를 얻어 1989년 미국에 건너가 노스리지의 캘리포니아주립대에서 경제학을, 예일대학에서 경영학을 공부했다. 웬디 덩은 미국으로 간 지 얼마 안 된 1990년, 이혼한 50대의 제이크 체리와 결혼했고 2년 7개월 뒤 이혼했다. 제이크는 "결혼생활은 몇 달 정도밖에 하지 않았다"고 말했는데, 일부에선 미국 영주권을 얻기 위해 은인인 부부를 파경으로 몬 것 아니냐는 의혹을 제기했다.

1996년 〈폭스 티브이〉의 직원으로 미디어업계 생활을 시작한 웬디 덩은 그 뒤 홍콩 〈스타 티브이〉가 〈채널 브이(V)〉를 만드는 데 주도적으로 활동하면서 머독의 눈에 띄었다. 머독은 웬디 덩에게 반해 두 번째 아내인 안나 마리아 토브(Anna Maria Torv)와의 지루한 이혼소송을 12억 달러의 위자료를 주고 끝낸 지 17일 만에 그녀와 결혼했다. 웬디 덩은 머독의 회사 뉴스코프의 중국 진출에 적극 나서면서 아내로서뿐 아니라 사업 파트너로서도 활발한 활동을 보여 머독이 주위 사람들에게 "웬디가 우리 회사에 중국의 얼굴을 입혔다"고 자랑하고 다닐 정도였다.

웬디 덩은 2005년에 있었던 '뉴스코프 왕자의 난'의 한 축이기도 했다. 머독이 그와의 사이에 낳은 두 딸(10살, 6살)에게도 지분을 상속하겠다고 밝히며 시작된 이 난은 당시 전처 자녀들의 승리로 마무리됐다.(머독은 첫 결혼에서는 딸을 하나 두었고, 두 번째 결혼에서 딸과 아들 둘을 얻었다.) 이와 관련, 이형섭은 다음과 같이 말했다.

"하지만 최근 도청 스캔들로 후계자 수업을 받던 제임스 머독의 입지가 흔들리고 있어 머독의 미디어제국 후계구도는 안갯속으로 들어갔다. 제임스의 누나 엘리자베스가 지난 3월 뉴스코프에 합류하면서 유력한 경쟁자로 올라섰는데, 그와 동갑인 웬디 덩이 머독의 후계자가 되지 말란 법은 없다. 웬디 덩은 청문회에서 남편의 뒤를 굳건히 지킨 반면, 엘리자베스는 머독의 가족 중 유일하게 이날 '여름휴가'를 떠났다고 영국의 『이브닝 스탠더드』는 전했다."[133]

## "영국 총리는 두 군주를 모신다"

이 청문회와 관련, 『한겨레』 시민편집인 이봉수는 "머독은 회사 간부들이 도청 사실을 몰랐다고 꼬리 자르기를 시도했지만, 『가디언』의 제이 로센은 머독 언론사들의 조직문화가 진정한 원인이라고 썼다. 도청을 사주한 리베카 브룩스를 문책하기는커녕 서른두 살에 편집국장을 시키는 풍토에서는 너도나도 도청에 나서기 마련이다."고 했다.

이봉수는 "영국을 방문한 기회에 신문을 수집하고 방송을 모니터링하다 보니 영국에서 발발한 '미디어 전쟁'이 국제전으로 치닫는 모습을 실감나게 목격한다. 한국 신문을 주로 볼 때는 머독이 도청의 주역인 『뉴스오브더월드』를 폐간하고 꼬리를 내린 줄 알았는데, 그렇게만 생각할 일도 아니었다."며 다음과 같이 말했다.

"68쪽으로 만든 폐간호마저 반성하는 내용은 몇 줄뿐이고 자신들의 보도 태도와 전통을 자랑스럽게 여기는 내용으로 방대한 지면들을 다 채웠다. 프레이저 넬슨은 고별 칼럼에서 "(우리가 사라진 뒤) 위선적 정치인과 도시의 불법 외국인 고용주, 정직하지 못한 스포츠맨들이 좀 더 쉽게 숨쉴 것"이라고 썼다. 자매지 『선』과 함께 '페이지 3걸'이라는 신조어까지 만들어내며 매호 빠짐없이 제3면에 벌거벗은 여인을 등장시켜왔던 전통에 대해서도 '페이지 3걸들이여, 안녕' 하며 작별을 아쉬워했다. 『선』의 일요판 형태로라도 복간하지 않을까 예상된다."

이어 이봉수는 "한국 신문의 대체적 분석과 달리, 치명타를 입는 쪽은 머독의 세습권력이 아니라 국민의 선출권력과 관료들일 가능성이 크다. 데이비드 캐머런 총리와 머독의 깊숙한 유착관계가 드러나고 있고 도청을 눈감아준 런던경찰청장 등은 이미 사임했다. 머독은 대처와 캐머런의 보수당 정권 탄생에 일등공신이었고, 우경화한 블레어의 노동당 정권 탄생에도 크게 기여했다. 영국에는 '총리가 두 군주를 모신다'는 말까지 있다. '군림하되 통치하지 않는' 여왕과 '군림하지 않되 통치하는' 왕, 곧 머독을 지목한 말이다."며 다음과 같이 말했다.

"정치인들은 머독 제국을 비판했다가 찍히면 선거 때 보복 보도로 낙선하는 경우가 많아 몸을 사린다. 『업저버』에 쓴 칼럼에서 헨리 포터는 "30년 이상 머독에 의한 머독을 위한 정치왜곡이 관습화했다"고 개탄했다. …… 사실 도청을 계기로 시작된 '미디어 전쟁'은 머독 신문들이 오래전부터 신문시장을 교란하고 영국의 민주주의를 망치고 있다고 생각해온 『가디언』의 선전포고로 시작된 거나 다름없다. 거기에 『인디펜던트』 〈비비시〉, 『뉴욕타임스』, 〈시엔엔〉(CNN)이 가세했는데, 모두 머독 매체들과 생존 경쟁을 벌이고 있다는 점에서 이채롭다. 『인디펜던트』는 머독의 『타임스』 인수 때 쫓겨난 기자들이 설립해 구원이 남아 있고, 〈비비시〉는 머독의 위성방송 완전 인수가 눈엣가시였다. 『뉴욕타임스』는 같은 지역 신문인 머독의 『월스트리트저널』, 〈시엔엔〉은 〈폭스방송〉의 공세에 시달리던 중이었다. 그레셤의 법칙대로 나쁜 매체들에 의해 시장에서 쫓겨날지도 모른다는 위기감을 느낀 좋은 매체들이 연합전선을 펴는 형국이다."[134]

그런 연합전선 공세에도 불구하고 머독은 건재했다. 뉴스코퍼레이션은 도청 사건으로 피해를 입은 연예인과 정치인들이 소송을 제기하자 50여 명과 합의하며 보상금을 물어주고, 소송 비용까지 포함해 2,000억 원 이상이 든 것으로 알려졌지만, 머독의 제국은 붕괴의 조짐을 전혀 보이지 않았다.

머독은 아무 일도 없다는 듯 2011년 연말부터 소셜네트워크서비스(SNS) 트위터를 시작했다. @RupertMurdoch이라는 계정으로 2일 동안 17개의 글을 올렸는데 5만 명 이상의 팔로워가 생겼다. 머독은 "막 시작했다. 〈이성적 낙관주의자〉(과학저술가 매트 리들리의 문명비평서)를 읽어라. 위대한 책이다"라는 글을 처음으로 올렸다. 두 번째 글은 "스티브 잡스의 전기는 흥미롭지만 불공정하다. 가족은 싫어할 것이다"라는 내용이었다.[135]

2012년 1월 14일, 머독은 백악관이 온라인저작권침해방지법안(SOPA)에 반대 의견을 밝히자 트위터를 통해 "오바마가 해적질과 명백한 도적질로 소프트웨어 개발자들을 위협하는 실리콘밸리의 페이마스터(paymaster·돈을 주고 사람을 부리는 사람)들과 운명을 같이하고 있다"고 맹비난했다. 그는 또 "해적행위의 리더는 구글로, 영화를 공짜로 실시간 재생하고 그 영화를 이용해 광고를 팔고 있다. 수백 만 달러를 로비에 퍼붓고 있는 것은 의심할 여지가 없다"고 덧붙였다.

머독이 발끈한 것은 이날 백악관이 블로그를 통해 온라인저작권침해방지법안에 대해서 "인터넷의 역동성과 혁신성을 위축시킬 것"이며 "표현의 자유를 침해한다"고 공식적으로 반대 의견을 냈기 때문이다. 2011년 10월, 라마 스미스 하원의원(텍사스주·공화당)이 대표발의한 이 법안은 저작권을 위반한 콘텐츠를 담고 있는 인터넷 서비스업체의 미국 내 접속을 당국이 차단할 수 있도록 하는 것을 뼈대로 해 해당 업체로 가는 송금도 차단할 수 있도록 했다.

방송사나 음반사 등 법안 찬성론자들은 이 법이 온라인 저작권을 보호하고 불법 약물의 유입도 막을 수 있다고 주장한 반면, 구글이나 트위터, 페이스북 등 대형 인터넷 기업을 포함해 상당수 누리꾼들은 이 법안이 온라인에서 의사소통을 방해할 것이며 온라인기업들을 위축시켜 일자리를 잃게 만들 것이라며 격렬하게 반대했다. 극단적인 예로, 구글이 서비스하는 유튜브에 한 누리꾼이 원저작권자의 허락을 받지 않은 음악을 틀어놓고 춤을 추는 동영상을 올릴 경우 미국에서 구글 서비스가 완전 차단될 수도 있다는 것이다. 온라인 전문매체 〈씨넷〉 등은 15일 1만 4,000여 명이 넘는 트위터 이용자들이 자신의 계정 프로필 사진에 '소파를 멈춰라'(STOP SOPA)라는 배너를 달았다며, 이들의 팔로어를 모두 합하면 2,460만 명에 이른다고 보도했다.[136]

## "머독, 세계적 기업 이끌기에 부적합"

머독의 도청 파문 관련 위기가 완전히 끝난 건 아니었다. 2012년 1월 28일, 『선』에 대한 압수수색과 더불어 전 편집국장을 포함해 이 신문의 전·현직 고위 간부 네 명이 경찰서로 끌려갔다. 2월 11일 새벽에도 부편집인과 사진부장, 수석기자 등 『선』의 간부 5명이 집에 들이닥친 경찰관들에게 체포됐다. 집에 대한 압수수색도 일제히 벌어졌다. 경찰은 뇌물 공여와 관련된 수사라고만 밝히고 이들의 구체적 혐의는 공개하지 않았지만, 영국 언론들은 경찰관·국방부 직원·군 간부 등이 동시에 체포된 것으로 미뤄 기자들이 정보를 빼내려고 공무원들을 매수한 데 이들이 직·간접적으로 연루된 것으로 보았다.[137]

2012년 3월 9일, 영국 『파이낸셜타임스(FT)』 인터넷판은 영국의 방송통신산업 규제기관인 오프콤(Ofcom: Office of Communications)이 위성방송 BSkyB를 소유한 머독 가家의 '오너 적격성'에 대한 조사를 강화하고 있다고 보도했다.[138] 이에 3월 말에는 영국 하원 소속의 문화·미디어·스포츠 위원회가 머독에 대해 "머독은 자신의 언론사 내 비리에 대해 알면서도 눈을 감았다"고 지적하면서 "세계적인 기업을 이끌기에 부적합한 인물(not a fit person)"이라고 비판한 보고서를 발표했다. 영국 방송통신위원회는 이 보고서를 검토한 뒤 머독의 방송사업자 허가 여부를 결정하기로 했다.[139]

이젠 발등에 불이 떨어졌다고 판단한 걸까? 2012년 4월 25일, 영국 런던고등법원에서 열린 언론윤리조사위원회 청문회에서 머독은 겸손하고 다소 자기 비하적인 이미지를 연출하는 등 180도 달라진 모습을 보였다. 이날 청문회에선 머독이 최소 다섯 차례 캐머런 총리와 비밀회동을 한 사실이 드러났는데, 캐머런은 "우리는 매우 친밀하게 지냈다"며 관계를 시인했으나 머독과 '부적절한 대화'를 나누지 않았다고 강조했다.[140]

2012년 5월 28일 청문회엔 머독의 지지를 보장받는 대가로 언론 노조 활동을 제한하고 미디어 지분구조 규제안을 거부하는 등의 밀약을 맺었다는 의혹을 받아온 토니 블레어 전 영국 총리가 출석했다. 그는 머독의 뉴스인터내셔널과 깊은 관계를 유지했느냐는 질문에 "그렇다"고 답하면서 "머독의 힘은 강력해 그가 소유한 더 선의 신임을 얻는 일이 절대적으로 중요했다"고 토로했다. 그는 "영국 언론의 가장 큰 문제점은 기사와 논평 사이의 경계가 불분명하다는 점"이라며 "그런 보도는 정치적 힘을 지닌 무기가 되어 돌아온다"고 말했다. 『선』이나 『데일리메일』처럼 거대 언론을 통제하는 데 실패하기라도 하면 밤낮없이 집요한 공세에 시달린다는 것이 블레어의 주장이다.

의혹이 가장 집중된 사건은 2003년 시작된 이라크 전쟁이다. 블레어가 이라크 침공에 앞서 머독과 세 차례 전화통화를 한 이후 머독 계열 매체들은 이라크전을 일제히 지지하고 나섰다. 그는 이에 대해 "특별히 이상하다고 여길 부분이 없다"며 말을 아꼈다. 또 머독의 열살 난 딸 그레이스의 대부를 맡은 것과 관련해서는 "공적 관계에 기초해 대부를 수락한 것은 아니다"며 업무 연관성을 부인했다.[141]

## 다시 기가 살아난 머독

2012년 8월 21일, 미국 매체에서 해리 왕자의 라스베이거스 호텔 나체파티 사진이 유포되자 영국 왕실은 영국 언론고충처리위원회(PCC)를 통해 자국 언론에 비보도 요청을 했다. 머독은『선』은 처음에는 다른 영국 언론들과 마찬가지로 이를 수용했으나, 나중에 입장을 번복하고 24일 사진을 게재했다.『선』의 보도는 영국 사회에서 격렬한 찬반 논란을 일으켰다. 언론고충처리위원회에는 850개 이상의 불만이 접수됐다.

머독 소유 언론을 상대로 사생활 침해 소송을 벌인 적이 있는 맥스 모즐리는 "나체사진 게재는 공익을 위한 것이 아니며 그들은 도둑이다"라고 비판했다. 하지만 루이즈 멘시 보수당 하원의원은 "왕자의 나체사진을 보도하는 것은 명백한 공익"이라고『선』의 결정을 지지하고 나섰다. 또 전『뉴스오브더월드』편집장 닐 월리스는 "뉴스인터내셔널이 지난 1년간 내린 결정 중 가장 탁월하다"고 반겼다.

8월 26일『인디펜던트』는 머독이 뉴스코퍼레이션의 영국 총괄 회사인 뉴스인터내셔널의 톰 모크리지 사장에게 전화를 걸어 사진 게재를 직접 지시했다고 보도했다. 머독이 모크리지에게 "그런 굴욕적인 요구에 따를 수 없다. 보도하라. 그리고 (언론청문회 위원장) 브라이언 레버슨에게 우리는 언론 자유를 위해 보도했다고 말하라"고 지시했다는 것이다. 이에 대해 이런 분석이 제기되었다.

"『선』이 왕실의 요청을 묵살한 채 해리 왕자의 나체사진을 실은 것은 '앵그리 머독'의 경고라는 주장이 제기됐다. 불법도청 사건으로 지난해부터 레버슨 언론 청문회의 고강도 조사를 받고 있는 머독이 정부의 언론 규제에 반항하기 위한 용도로 왕자의 사진을 활용했다는 것이다."[142]

그 경고가 먹힌 것인지 아닌 것인지 알 길은 없으나, 약 한달 후인 9월 20일 머독이 최대 지분을 보유한 영국 최대의 위성방송 사업자 B스카이B가 방송통신 규제기관인 오프콤(Ofcom)의 적격성 심사를 통과했다. 오프콤은 "제임스 머독 전 CEO가 도청사건과 관련해 방송사 경영자로서 부적절한 대응과 판단을 반복한 것으로 드러났다"면서도 "불법도청에 의도적으로 개입한 것은 아니라는 결론을 내렸다"고 밝혔다. 제임스 머독 전 CEO가 이사회에 참여하는 문제에 대해서는 "B스카이B 주주와 이사회가 판단할 문제"라고 덧붙였다.[143]

다시 기가 살아난 머독은 그 특유의 독설 입담을 과시하기 시작했다. 미국 공화당이 상·하원 외교위원회 청문회 등을 통해 리비아 벵가지 영사관 습격사건이 오바마 행정부의 허약한 외교정책·정보의 실패 탓이라는 공세를 퍼붓자, 힐러리 클린턴 미국 국무장관은 10월 12일 국제전략문제연구소(CSIS) 세미나에서 "모든 미국인을 벙커(대피소)에서 살게 할 순 없지 않으냐"며 "외교는 그 특성상 종종 위험한 지역에서 임무를 수행할 수밖에 없다"고 말했다. 그러자 밋 롬니(Mitt Romney) 공화당 후보 지지를 선언한 머독은 13일 트위터를 통해 "백악관은 벵가지 사건에 관해 여전히 거짓말을 하고 있다"고 목소리를 높였다. 머독은 또 롬니에게 "다음번 토론에선 개인 신상에 관한 공격은 무시하고 수백만 개의 일자리 창출 문제에 집중하라"고 조언하기도 했다.[144]

2012년 10월 16일 뉴스코프 주주총회에서 머독은 2년 연속 회장직을 유지하며 건재를 과시했다. 미국 로스앤젤레스 20세기폭스사의 자누크 극장에서 열린 주총에서 머독 회장의 재신임에 대한 반대는 5퍼센트에 불과했고, 두 아들에 대한 반대도 각각 17퍼센트, 21퍼센트에 머물렀다. 주주들은 또 머독이 겸임하고 있는 회장과 최고경영자(CEO) 자리를 분리하고, 머독 일가에 투표권 특혜를 주는 이중 주식구조를 폐기하자는 일부 주주들의 제안을 70퍼센트의 반대로 부결시켰다. 머독 일가는 투표권의 40퍼센트를 갖고 있었다.

2011년에는 시위자 100여 명이 주총 회장 주변에서 머독 일가에 대한 항의 시위를 벌이는 등 소란스러웠으나 2012년 주주총회는 보도진을 포함한 80여 명이 참석한 가운데 조용히 진행됐다. 뉴스코프 주가는 지난 1년 사이 약 40퍼센트 올랐다. 머독은 트위터를 통해 "불만이 있는 주주들은 현재 시가에 따라 이익을 남기고 팔면 된다."면서 자신감을 드러냈다.[145]

2012년 10월 20일 『로스앤젤레스타임스』는 머독이 미국의 주요 신문들인 『로스앤젤레스타임스』와 『시카고트리뷴』의 인수를 검토하고 있다고 보도했다. 두 신문을 소유하고 있는 트리뷴사는 지난 2008년 파산보호를 신청하는 등 재정적으로 어려운 상태에 있는데, 뉴스코프 경영진이 트리뷴사의 채권자 측과 예비협상을 벌였다는 것이다.[146]

## 온라인 유료화 정책의 성과

머독의 온라인 유료화 정책도 괄목할 만한 성과를 내기 시작했다. 2012년 10월 30일, 신문발행부수조사기관인 ABC(Audit Bureau of Circulations)의 발표에 따르면, 미국 내 발행 부수 1위인 『월스트리트저널(WSJ)』의 경우, 온·오프라인 통합 발행 부수는 전년보다 9.4퍼센트 늘어난 230만 부로 기록됐다. 지난 1년간 종이신문 구독은 6만 부 감소했지만 인터넷과 스마트폰 등 모바일 기기를 통해 WSJ을 보는 온라인 유료 구독자는 25만 7,000명 늘어났다.

발행 부수 3위인 『뉴욕타임스(NYT)』는 온라인 구독자가 89만 6,000명으로 오프라인 신문 구독(71만 7,000부)을 능가했고, 이 덕에 1년 전보다 통합 발행 부수가 무려 40퍼센트 증가했다.(『NYT』는 2011년부터 웹사이트의 모든 내용을 유료화했다.) 『NYT』는 일요판 신문에선 온라인 구독자 85만 명을 포함해 총 210만 부로 1위를 차지했다. 한편 발행 부수 2위인 『USA 투데이』는 종이신문 발행 부수는 최고지만, 온라인 구독(8만 6,000명)이 빈약한 탓에 종이신문 감소세를 상쇄하지 못하면서 총 발행 부수가 3.9퍼센트 감소했다. 유력지들의 온라인 유료화 정책이 성공하기 시작하자 많은 신문사들이 웹사이트에서 무료 기사와 유료 기사를 안배하는 페이월(paywall) 시스템을 도입하기 시작했다.[147]

힘이 더욱 솟아난 걸까? 2012년 11월 18일 머독은 "오바마(미국 대통령)는 이스라엘을 '포격'하는 이집트를 막지 못하는가?"라는 글을 트위터에 남겨 논란을 빚기도 했다. 머독은 그간 자신이 지배하는 신문들로 하여금 친 이스라엘 정책을 펴게 해 지난 1982년엔 미국 유대인 회의로부터 '올해의 매스컴 보도 공로자'로 표창을 받기도 했을 정도로 친親이스라엘파라는 점을 염두에 둘 필요가 있겠다.

머독의 트위터 메시지는 팔레스타인의 무장 정파인 하마스에 우호적인 입장을 펴며 적극 중재에 나선 무하마드 무르시 이집트 대통령을 겨냥한 발언이었다. 이어 머독은 "왜 유대인 소유의 언론은 매번 반反이스라엘 입장을 펼치는가(Why is Jewish owned press so consistently anti-Israel in every crisis?)?"라며 공개적으로 불만을 표시했는데, 여기서 유대인을 언급한 게 그의 실수였다. 이스라엘을 지지하는 그의 정치적 입장을 신랄하게 비난하는 글과 욕설이 쏟아졌고, 거기에 더해 유대인 기자를 지칭한 것 아니냐는 오해까지 불러일으켰다.

머독은 다음날 트위터를 통해 "내가 언급한 '유대인 소유의 언론'이라는 말이 유대인 기자들과 연관이 있는 것처럼 받아들여져 심한 비난을 받았다"며 "그런 뜻이 아니었다. 전적으로 사과한다"고 말했다. 또한 머독은 이날 유대인 단체인 반反비방연맹(ADL)에 보낸 서한에서 단순히 이번 사태에 대한 언론의 보도에 문제의식을 느꼈던 것이라고 해명했다. 머독은 "국민들이 하마스의 미사일 공격을 받고 있는 상황에서 이스라엘의 대응은 충분히 명분이 있다고 생각한다"며 "언론 보도가 불공평하고 편향적"이라고 주장했다.

그러자 머독의 숙적인 CNN은 이날 '미디어 모니터'라는 비평 코너에서 '머독의 창피한 비난 행위'라며 "폭스뉴스, 『월스트리트저널』 등을 소유한 사람의 위선적인 발언"이라고 맹비난했다. 또 CNN은 이스라엘의 폭격으로 인한 팔레스타인의 사상자와 피해는 부각되지 않고 있다며 머독이 말한 '편향적 보도'는 '어불성설'이라고 비판했다. 이와 함께 CNN은 머독이 언급한 '유대인 소유의 언론'이 머독이 라이벌로 생각하는 『뉴욕타임스』일 것이라고 추정했다.[148]

『뉴욕타임스』로선 머독이 영 못마땅하겠지만, 그래도 머독에게 한가지 감사해야 할 건 있다. 『뉴욕타임스』의 2012년 연간 구독료 수입이 9억

5,300만 달러(약 1조 원)를 기록해 광고 수입(8억 9,800만 달러)을 추월했기 때문이다. 광고 수입은 2011년 전체 수입의 49퍼센트를 차지했으나 2012년에는 45퍼센트로 줄었으며, 같은 기간 구독료 수입 비율은 44퍼센트에서 48퍼센트로 늘어났다. JP모건 체이스의 분석가 알렉시아 쿼드라니는 "NYT의 주수입원이 구독료라는 것은 곧 경쟁력을 의미한다"며 "신문의 경우 보통 구독료 수입은 25~30퍼센트에 불과하다"고 설명했다. 미국 미디어업계는『뉴욕타임스』의 디지털 콘텐트 유료화 전략이 성과를 거둔 덕분이라고 분석했는데,[149] 바로 그 유료화 전략의 선구자가 머독이 아닌가 말이다.

## '머독을 위한 변명'

지금까지 살펴본 머독의 모든 행적은 '식인 상어'라는 별명에 걸맞는 것으로 볼 수 있겠지만, 머독은 자신이 '경쟁'을 사랑함으로써 '선택'을 창출한 사람으로 기억되길 원한다.[150] 그의 그런 소망에 코웃음 칠 사람들이 많겠지만, 드물게나마 머독을 옹호하는 사람들도 있다는 걸 짚고 넘어가는 게 공정할 것 같다. 도청 파동이 정점에 이르러 머독에 대한 비난이 폭포처럼 쏟아지던 2011년 7월 12일 영국 출신의『뉴욕타임스』칼럼니스트 로저 코언(Roger Cohen, 1955~)은『뉴욕타임스』에 〈머독을 위한 변명(In Defense of Murdoch)〉이라는 제목의 칼럼을 썼다.

"미리 합당한 경고를 하자면 이 칼럼은 루퍼트 머독을 위한 변론이다. 그는 수십 년간 신문이 생동감을 잃지 않고 활기차게, 때론 소란을 일으키면서도 의미를 지킬 수 있게 했다. 머독이 없었다면 영국의 신문 산업은 완전히 붕괴됐을지도 모른다. 머독을 위한 변론을 쓰는 것은 많은 사람들이 마치 영국의 휴대전화 해킹 스캔들이 뉴스인터내셔널(뉴스코퍼레이션 영국지부)에만 국한된 일이고 영국의 제도권 기관들과는 무관한 일인 것처럼 여기고 있기 때문이다."

코언은 "본론에 앞서 몇 가지 단서를 달겠다. 첫째, 해킹은 물론 불법적인 것이고 변호할 여지도 없는 것이다. 둘째, 머독이 1996년 출범시킨 폭스뉴스는 미국 정치를 양극단으로 모는 우파 선전선동을 벌여 왔다. 폭스뉴스는 이성적 토론을 몰아내고 대립을 일삼게 만들었다. 셋째, 내가 기후 변화부터 중동 문제에 이르는 모든 사안에 대해 머독의 관점에 동의한다는 것은 아니다. 그럼에도 나는 왜 머독을 존경할까?"라면서 다음과 같이 말했다.

"우선 엘리트와 안이한 기득권층을 싫어하는 그의 분명한 태도를 꼽을 수 있다. 그는 아무 제약 없는 자유로운 저널리즘을 선호하고 있다. 일전에 머독은 이런 얘기를 했다. '1968년 처음 영국에 왔을 때 상류층 사람들로부터 하루치 일감을 얻기도 힘들었다. 호주인으로서 나는 매일 8~10시간을 열심히 일한 뒤에 성공을 거뒀다.' 그러면서 해킹 사건 당시 편집장인 레베카 브룩스를 감싼 것처럼 머독은 자기 사람에 대한 강한 믿음을 가졌다. 『타임스』와 같은 영국 내 주요 신문에도 꾸준히 돈을 쏟아부었다. 아버지에게 물려받은 신문 『뉴스리미티드』로 출발한 머독이 연 매출액 330억 달러의 거대 미디어 그룹의 수장으로 성공한 바탕은 그의 통찰력과 위험을 감수하는 결단력이었다. 물론 이런 특징이 머독을 실수로 이끌기도 했다. 2005년 5억 8,000만 달러에 인수한 소셜네트워크서비스(SNS) 업체 마이스페이스를 최근 헐값에 매각한 게 대표적인 사례다."

이어 코언은 "머독의 어록 가운데 내가 제일 좋아하는 말이 있다. '우리는 시장 점유율을 다루지 않는다. 대신 새로운 시장을 창출한다.' 나는 지난해 여름부터 『타임스』를 유심히 지켜봤다. 국제 뉴스에 투자를 아끼지 않는 이 신문은 내게 깊은 인상을 남겼다. 또 온라인 기사 유료화 정책도 밀어붙였다. 제임스 하딩 편집장이 이끄는 『타임스』는 정도正道를 걷고 있다고 본다. 보수를 지향하는 『텔레그래프』와 진보적 성향의 『가디언』이 갖는 편향성과 다르다는 의미에서다."며 다음과 같이 말했다.

"머독이 없는 영국 미디어 풍경은 빈곤하게 비칠 것이다. 그가 『타임스』를 인수했을 때 모두가 미쳤다고 말했다. 그러나 머독이 옳았다. 그는 특종과 단편적인 뉴스를 좋아했다. 『월스트리트저널』과 『타임스』는 신중한 언론인들이 머독 아래에서도 살아남을 수 있다는 걸 보여줬다. 머독은 지금 휴대전화 해킹 스캔들로 곤경에 빠졌다. 휴대전화 해킹 스캔들 전에는 머독에게 꼬리치던 정치인들도 이젠 비난을 퍼붓고 있다. 그럼에도 나는 머독이 이 상황을 극복할 것이라고 장담한다. 예전에 머독을 만나 TV 제국을 성공으로 이끈 비결을 묻자 그는 '실수를 덮어라'고 말했다. 그의 원초적 능력과 중단 없는 혁신은 미디어와 열린 세상에 도움이 될 것이다."[151]

코언의 '변명'에 대해 그가 유대인이며 머독은 친親유대·이스라엘파라는 점에 주목할 사람도 없진 않겠지만, 코언이 이스라엘의 대對 팔레스타인 강경책에 비판적이었다는 점을 감안하면,[152] 그렇게 볼 일은 아닌 것 같다. 무엇보다도 '엘리트와 안이한 기득권층을 싫어하는 그의 분명한 태도'라는 말을 음미해볼 필요가 있다.

머독의 문제가 무엇이건, 머독의 반대편에도 문제가 있다는 데에 눈을 돌려야 '머독 현상'에 대한 온전한 이해가 가능할 것이다. 예컨대, 머독의 BSkyB와 싸우는 공영방송 BBC는 어떤가? 2012년 11월 유명 정치인의 성 추문 오보 파문 등으로 사장과 보도국장·부국장이 줄줄이 사임하는 사건이 벌어졌다. 조지 엔트위슬 사장은 취임 2개월 만에 물러났는데, 그의 퇴직금은 1년치 연봉에 해당하는 45만 파운드(7억 8,000만 원)였다. BBC의 감독기구인 BBC트러스트의 크리스 패튼 회장은 11월 11일 방송에 출연해 "지난해 5월 회장직에 임명됐을 때 'BBC에는 중국 공산당보다 더 많은 고위 관리들이 있다'는 말을 했었는데, 농담이 아니었다"며 관료주의적 조직의 문제를 지적하면서 "대대적인 개혁이 없다면 BBC는 파멸할 것"이라고 말했다.[153] 머독은 바로 이런 틈을 파고 든 게 아닐까?

## 호주인으로서의 아웃사이더 근성

우리는 여기서 지금 우리가 알고 있는 호주를 잠시 잊고, 과거 이 나라가 영국과 미국 등과 같은 강대국으로부터 얼마나 서러움을 많이 당해왔던가 하는 역사적 사실에 주목할 필요가 있다. 앞서 보았듯이, 머독은 친親이스라엘파다. 그런데 그가 이스라엘을 우대하는 이유가 아주 단순하다. 두 나라는 국제사회에서 비슷한 점이 많기 때문이라는 것이다. 제롬 터쉴레(Jerome Tuccille)는 다음과 같이 말한다.

"당시의 호주라면 태만한 거인, 더할 나위없이 침체된 시골이라는 이미지가 불식되지 않았고, 주로 경제적으로 우위인 여러 외국에 의해 나라 운명이 좌우되는 상황에 있었다. 그에게 있어서 유태인과의 공통성은, 자기 생사를 걸고 싸우는 아웃 사이더라는 점, 또 지정학적으로 보았을 경우에는 강국의 지위를 얻으려고 발버둥치는 패장이라는 점에 있었다."[154]

그대로 믿어야 할진 모르겠지만, 머독이 철저한 인사이더이면서도 묘한 아웃사이더 기질을 갖고 있는 인물이라는 건 분명하다. 머독이 호주의 신문 시장을 점령하고 영국에 진출했을 때 영국 언론이 그에게 보여준 적대감은 오히려 머독의 아웃사이더로서의 전투성을 더욱 격렬하게 만들었다. 영국 언론은 그에게 두 개의 별명을 붙여 주었는데 하나는 '머독 더 마마리스'(젖냄새 나는 머독)였고 또 하나는 '더티 디거(Dirty Digger)'였다. 디거는 '탄광부'란 뜻이지만, 영국인이 호주 군인, 더 나아가 호주인을 멸시해서 부르는 말이었다.[155] 머독은 끊임없이 투쟁적인 삶을 살면서 자신의 모든 투쟁 대상을 '기득권 세력(establishment)', 자신은 '반反기득권 세력'으로 간주했다. 그에겐 좌파도 '좌파 기득권 세력(the left establishment)', 노조도 '노조 기득권 세력(the trade union establishment)'이었을 뿐이다.[156]

머독은 미국 시장에 진출해서도 많은 박대를 당했다. 새로운 매체를 입수 합병하는 데에 자신의 호주 국적이 문제가 되자 미국 국적까지 취득해 가면서 전쟁을 벌였다. 물론 법적인 국적이야 어찌됐건 머독은 여전히 호주인으로 보는 것이 옳을 것이다.

이미 보았듯이, 머독은 이데올로기가 없는 사람이다. 독서를 거의 하지 않는데 무슨 이데올로기가 있겠는가. 목소리를 높이고 책상을 두들기는 정도는 하지만 토론을 즐기거나 토론을 잘 하는 것도 아니다.[157] 그는 철저한 시장주의자로 알려져 있지만, 정치적 지향점은 사실 그때그때 다르다. 그는 자신이 이념적으로 '자유방임주의자(libertarian)'라고 주장하지만 이마저 일관성이 있는 것도 아니다.[158] 그 어떤 '원칙'보다 '이윤'을 앞세우는 것은 자본가들의 공통된 특성이긴 하지만, 다른 자본가들은 그걸 그럴듯하게 포장하려고 하는 반면 머독은 그걸 노골적으로 당당하게 드러낸다는 점에서 타의 추종을 불허한다.[159] 그에게 이데올로기나 원칙이 있다면 그건 오직 '이윤'과 '확장'일 것이다.

그래서 머독은 마거릿 대처 시절에는 영국 보수당의 가장 든든한 후

원자였지만 토니 블레어나 고든 브라운 총리 시절에는 노동당을 지지했다. 그는 1997년 미국 뉴욕의 주지사 선거에선 『뉴욕포스트』지를 통해 이탈리아계인 마리오 쿠오모(Mario Cuomo) 대신 유대계인 에드 코크(Ed Koch)를 적극 지원했는데, 그 이유에 대해 그는 이렇게 말했다. "아주 간단하다. 뉴욕에는 유태인 250만 명이 살지만 이탈리아인은 100만 명뿐이다."[160]

머독은 2004년 미국 대선 민주당 경선에서는 『뉴욕포스트』를 통해 버락 오바마를 지지했는데, 그 이유가 재미있다. "(힐러리 클린턴보다는) 오바마가 신문을 더 많이 팔게 해줄 거야(Obama–he'll sell more papers)."[161] 그러나 그는 곧 폭스뉴스를 앞세워 '오바마 때리기'에 열중했다.(폭스뉴스의 '오바마 때리기'는 머독의 뜻은 아니며 폭스뉴스의 전권을 부여받은 로저 에일스의 뜻에 따른 것이라는 설도 있다.)[162]

자신이 깊이 개입하는 신문의 논조도 나라마다 다르다. 영국의 『선』은 이민에 강력 반대하지만, 『월스트리트저널』은 머독의 인수 이후 이민을 적극 지지하고 나섰다. 머독 자신이 2010년 9월 5일 미 하원 이민 소위에 출석해 불법이민자들을 추방하는 것에 반대하면서 그들에게 시민권을 줄 수 있는 이민법 개혁을 해야 한다고 역설했다.[163]

어찌 보면 그는 자본주의 원리에 가장 충실한 인간일지도 모른다. 자본주의에도 근본주의가 있다면, 바로 머독이 그것을 보여주고 있다고 할 수 있다. 그러나 이윤을 추구하는 방식과 스타일에도 여러 종류가 있는바, 머독은 '정치경제학'과 더불어 '정신분석학'으로도 다뤄야 할 인물일 것이다.

머독은 이윤을 위해 고독을 추구한다. 머독 밑에서 일했던 전 『선데이타임스』 편집장 앤드류 닐은 다음과 같이 말한다. "머독이 마음을 터놓고 지내는 사람은 오로지 가족뿐이다. …… 친구는 없는 것이나 마찬가지다. 머독은 어느 누구와도 가까워지는 걸 원치 않는다. 왜냐하면 언제 그들에게 등을 돌려야 할지 모르기 때문이다."[164] 물론 닐도 예외없이 머독으로부터 버림을 받은 사람이다.

재벌 총수가 가끔 혼자서 해외출장을 다니고 리무진 대신 택시를 선호한다? 이 또한 별로 믿기지 않지만, 머독이 바로 그런 사람이다. "머독은 도박사와 청교도의 피를 함께 타고 났다"는 윌리엄 쇼크로스의 말처럼, 머독은 믿기지 않을 정도로 권모술수에 능하고 탐욕스러운 동시에 믿기지 않을 정도로 부지런하고 검소한 면을 동시에 갖고 있는 인물이다.[165]

머독에게 일방적으로 돌을 던지기엔 그가 영국 정치, 아니 세계 모든 나라들의 정치가 안고 있는 어두운 면, 더 나아가선 자본주의-민주주의 시스템의 한계를 그대로 반영하는 인물이라는 점에 주목하지 않을 수 없다. 그는 장 보들리야르(Jean Baudrillard)가 역설한 '과잉 순응(hyper-conformist manner)' 전략으로 기존 체제의 전복을 위한 동력을 공급해주고 있는 건 아닐까?

'과잉 순응'은 약자의 전략이지만, 머독은 자신을 전 세계를 상대로 싸우는 약자로 여기는 건 아닐까? 보들리야르는 '과잉 순응'이 "거울의 경우처럼 시스템의 논리를 흡수하지는 않으면서 복사하고 의미를 반영시킴으로써 그 논리를 뒤집어버리는 것"이라고 했다.[166] 머독은 기존 지배체제의 모든 더러운 면모를 악랄하게 이용하고 그걸 드러나게 함으로써 그의 본의와는 무관하게 "이대론 안된다"는 강한 문제의식을 유포시키는 역할을 하고 있는 건 아닐까?

1 Wendy Goldman Rohm, *The Murdoch Mission: The Digital Transformation of a Media Empire*(New York: John Wiley & Sons, 2002), p.6.

2 이승환, 〈머독은 어떻게 영국 언론을 지배했는가〉, 『월간 인물과 사상』, 제177호 (2013년 1월), 156쪽.

3 스튜어트 크레이너(Stuart Crainer), 오세영 옮김, 『루퍼트 머독 성공에 감춰진 10가지 비밀』(영언문화사, 1999/2000), 16-17쪽.

4 제롬 터실레(Jerome Tuccille), 이송희 옮김, 『머독』(장인출판, 1990/1992), 31쪽.

5 Scott Collins, *Crazy Like a Fox: The Inside Story of How Fox News Beat CNN* (New York: Portfolio, 2004), p.23; 스튜어트 크레이너(Stuart Crainer), 오세영 옮김, 『루퍼트 머독 성공에 감춰진 10가지 비밀』(영언문화사, 1999/2000), 53쪽.

6 Kerwin Swint, *Dark Genius: The Influential Career of Legendary Political Operative and Fox News Founder Roger Ailes*(New York: Union Square Press, 2008), p.144.

7 tabloid(타블로이드)는 1884년 영국 제약회사 Burroughs, Wellcome & Company가 그들이 팔던 정제(錠劑: tablet)에 붙인 상표명이다. 창업자 중의 한 명인 헨리 솔로몬 웰컴(Sir Henry Solomon Wellcome, 1853~1936)이 만든 말이다. 정제란 분말 또는 결정성의 의약품에 젖당이나 백당(白糖), 아라비아 고무, 녹말 등을 섞어서 일정한 형상으로 압축하여 만든 고형(固形)의 약제를 말한다. 타블로이드 상표명이 널리 알려지면서 작게 압축한 것은 모두 타블로이드라 부르기 시작했는데, 그 가운데 하나가 바로 신문 판형을 작게 하는 동시에 내용도 압축적으로 싣는 타블로이드 신문이다. 최초의 타블로이드 신문은 1896년 알프레드 함즈워스(Alfred Harmsworth, 1865~1922)가 런던에서 발행한 『데일리메일(Daily Mail)』지다. 함즈워스 스스로 이 신문을 '타블로이드'라 불렀다. 그런데 이후 계속 나타난 이런 신문들이 선정주의로 치달으면서 타블로이드 신문이라고 하면 선정주의를 연상하게끔 하는 결과를 초래했다. 1980년대 후반부터 타블로이드판 신문을 흉내내는 텔레비전 프로그램이 등장했는데, 이를 가리켜 tabloid television이라고 한다. Editors of the American Heritage Dictionaries, *More Word Histories and Mysteries: From Aardvark to Zombie*(New York: Houghton Mifflin, 2006), p.233; Nigel Rees, *Cassell's Dictionary of Word and Phrase Origins*(London: Cassell, 2002), pp.241-242; Max Cryer, *Common Phrases*(New York: Skyhorse, 2010), p.263.

8 Michael Wolff, *The Man Who Owns the News: Inside the Secret World of*

*Rupert Murdoch*(New York: Broadway Books, 2008/2010), pp.267-268; 이승환, 〈머독은 어떻게 영국 언론을 지배했는가〉, 『월간 인물과 사상』, 제177호(2013년 1월), 163쪽.

9 제롬 터쉴레(Jerome Tuccille), 이송희 옮김, 『머독』(장인출판, 1990/1992), 208쪽.

10 제롬 터쉴레(Jerome Tuccille), 이송희 옮김, 『머독』(장인출판, 1990/1992), 44-45쪽.

11 제롬 터쉴레(Jerome Tuccille), 이송희 옮김, 『머독』(장인출판, 1990/1992), 326-327쪽.

12 Nigel Rees, *Cassell's Dictionary of Word and Phrase Origins*(London: Cassell, 2002), p191; John Ayto, *Movers and Shakers: A Chronology of Words That Shaped Our Age*(New York: Oxford University Press, 2006), p.195; Wendy Goldman Rohm, *The Murdoch Mission: The Digital Transformation of a Media Empire*(New York: John Wiley & Sons, 2002), p.253; 한준엽, 〈벗은 옷 다시 입어 봐?〉, 『시사저널』, 1999년 11월 25일, 66-67면.

13 김기태, 〈영국 일간지들이 타락하는 이유는〉, 『기자협회보』, 2012년 11월 28일.

14 이형섭, 〈황색지 앞세워 영국사회 흔들다가…'궁지 몰린' 언론재벌 머독〉, 『한겨레』, 2011년 7월 12일.

15 〈인터뷰: "영 신문의 윤리의식 부족은 과당경쟁 탓이 크다"〉, 『뉴스위크 한국판』, 2000년 9월 6일, 84면. 영국에서 대중지의 정치적 영향력을 활용한 원조는 1896년 5월 4일 최초의 타블로이드 신문인 『데일리메일(Daily Mail)』을 창간한 알프레드 함즈워스(Alfred Harmsworth, 1865~1922)다. 스스로 이 신문을 '타블로이드'라 부른 함즈워스는 하층계급도 쉽게 이해할 수 있는 편집정책으로 창간 4년만에 발행부수 100만 부에 육박하는 성공을 거두었다. 그는 이 성공을 발판으로 『타임스』, 『옵서버』, 『데일리미러』, 『이브닝 뉴스』 등 일련의 신문을 추가 매입해 거의 절반이나 되는 영국 국민이 자신의 신문을 읽게 만들었다. 이런 막강한 영향력을 기반으로 정치에 개입하기 시작한 함즈워스는 1915년 대법원장과 상원 의장을 겸하는 대법관(Lord Chancellor) 리처드 홀데인(Richard Haldane, 1856~1928)을 친독일 성향이라고 공격해 그를 수상직에서 쫓아내기도 했다. 브렌덴 브루스(Brendan Bruce), 김정탁 옮김, 『이미지 파워』(커뮤니케이션북스, 1992/1998), 25-26쪽.

16 Mark Wheeler, *Politics and the Mass Media*(Oxford: Blackwell, 1997), p.65.

17 "영 '인디펜던트'지 재기의 발판 마련", 『뉴스위크 한국판』, 1998년 4월 1일,68면.

18 마크 턴게이트(Mark Tungate), 강형심 옮김, 『세계를 지배하는 미디어 브랜드』(프리윌, 2005/2007), 116-117쪽.

19 이수정, 〈'타임스'의 변신〉, 『한겨레』, 2000년 3월 27일, 9면.

20 Kerwin Swint, *Dark Genius: The Influential Career of Legendary Political*

*Operative and Fox News Founder Roger Ailes*(New York: Union Square Press, 2008), p.154.

21 신호철, 〈타임스 지고 가디언 뜬다〉, 『시사 IN』, 제97호(2009년 7월 20일).

22 제롬 터실레(Jerome Tuccille), 이송희 옮김, 『머독』(장인출판, 1990/1992), 329쪽.

23 제롬 터실레(Jerome Tuccille), 이송희 옮김, 『머독』(장인출판, 1990/1992), 52쪽.

24 Michael Wolff, *The Man Who Owns the News: Inside the Secret World of Rupert Murdoch*(New York: Broadway Books, 2008/2010), p.202.

25 Mark Wheeler, *Politics and the Mass Media*(Oxford: Blackwell, 1997), p.77.

26 이형섭, 〈머독의 '글로벌 미디어 제국': 전세계 700곳·연매출 35조 원〉, 『한겨레』, 2011년 7월 13일.

27 Mark Wheeler, *Politics and the Mass Media*(Oxford: Blackwell, 1997), p.79.

28 〈Rupert Murdoch〉, [Wikipedia].

29 Mark Wheeler, *Politics and the Mass Media*(Oxford: Blackwell, 1997), p.61.

30 Mark Wheeler, *Politics and the Mass Media*(Oxford: Blackwell, 1997), pp.79-80.

31 블레어의 호주 방문과 관련, 머독은 자신이 지지할 정치인들이 자신을 직접 찾아와 공손하게 머리를 숙이는 걸 좋아한다는 말이 있다. Michael Wolff, *The Man Who Owns the News: Inside the Secret World of Rupert Murdoch*(New York: Broadway Books, 2008/2010), p.397.

32 Mark Wheeler, *Politics and the Mass Media*(Oxford: Blackwell, 1997), pp.75-76.

33 매튜 호스만(Mathew Horsman), 박상현·이종채 옮김, 『스카이 하이: 루퍼트 머독은 어떻게 영국 디지털 위성방송을 장악했는가?』(커뮤니케이션북스, 1997/2003), 3쪽.

34 브루스 도버(Bruce Dover), 송순애 옮김, 『루퍼트 머독 중국 정복기』(브레인스토어, 2008), 30쪽.

35 매튜 호스만(Mathew Horsman), 박상현·이종채 옮김, 『스카이 하이: 루퍼트 머독은 어떻게 영국 디지털 위성방송을 장악했는가?』(커뮤니케이션북스, 1997/2003), 2-4쪽.

36 정용준, 『디지털 위성방송과 영상소프트웨어』(나남, 2000), 81쪽.

37 정용준, 『디지털 위성방송과 영상소프트웨어』(나남, 2000), 111-113쪽; 에도 유스케, 김현기 옮김, 『디지털 세계를 지배하고 있는 사나이들: 손정의·루퍼트 머독·제리 양의 야망』(평범사, 1996/1997), 83쪽.

38 정용준, 『디지털 위성방송과 영상소프트웨어』(나남, 2000), 113쪽.

39 에도 유스케, 김현기 옮김, 『디지털 세계를 지배하고 있는 사나이들: 손정의·루퍼트 머독·제리 양의 야망』(평범사, 1996/1997), 61, 93, 102, 128, 210쪽.

40 Wendy Goldman Rohm, *The Murdoch Mission: The Digital Transformation of a Media Empire*(New York: John Wiley & Sons, 2002), p.46.

41 Kerwin Swint, *Dark Genius: The Influential Career of Legendary Political Operative and Fox News Founder Roger Ailes*(New York: Union Square Press, 2008), pp.149-150; Paul R. La Monica, *Inside Rupert's Brain*(New York: Portfolio, 2009), pp.102-103; 홍수원 편역, 〈'영리' 위해서라면 어떤 원칙도 희생: 미디어, 머독에겐 도구일 뿐인가〉, 『신문과 방송』, 제333호(1998년 9월), 96-99쪽; 브루스 도버(Bruce Dover), 송순애 옮김, 『루퍼트 머독 중국 정복기』(브레인스토어, 2008), 176-177쪽.

42 브루스 도버(Bruce Dover), 송순애 옮김, 『루퍼트 머독 중국 정복기』(브레인스토어, 2008), 177쪽.

43 Kerwin Swint, *Dark Genius: The Influential Career of Legendary Political Operative and Fox News Founder Roger Ailes*(New York: Union Square Press, 2008), p.147; 홍수원 편역, 〈'영리' 위해서라면 어떤 원칙도 희생: 미디어, 머독에겐 도구일 뿐인가〉, 『신문과 방송』, 제333호(1998년 9월), 96-99쪽.

44 나오미 클라인(Naomi Klein), 정현경·김효명 옮김, 『NO LOGO: 브랜드 파워의 진실』(중앙 M&B, 2000/2002), 153쪽.

45 『국민일보』, 1999년 1월 14일.

46 마상윤, 〈미국 신보수주의의 역사적 배경: 탈냉전에서 이라크전쟁까지〉, 남궁곤 편, 『네오콘 프로젝트: 미국 신보수주의의 이념과 실천』(사회평론, 2005), 81-101쪽; Eric Alterman, *What Liberal Media?: The Truth About Bias and the News*(New York: Basic Books, 2003/2004), pp.241-242.

47 홍수원 편역, 〈'영리' 위해서라면 어떤 원칙도 희생: 미디어, 머독에겐 도구일 뿐인가〉, 『신문과 방송』, 제333호(1998년 9월), 96-99쪽.

48 머독은 『내셔널스타』를 경쟁지인 『내셔널 인콰이어러(National Enquirer)』 수준(발행부수 400만 부)까지 키워놓은 후 1990년 『내셔널 인콰이어러』의 모기업인 아메리칸미디어(American Media)에게 4억 달러를 받고 팔아 넘겼다. Michael Wolff, *The Man Who Owns the News: Inside the Secret World of Rupert Murdoch*(New York: Broadway Books, 2008/2010), pp.207-208.

49 『뉴욕포스트』는 알렉산더 해밀턴(Alexander Hamilton, 1755~1804)이 1801년에 창간한 신문으로, 현존하는 미국 신문 중 13번째로 역사가 오래된 신문이다. 〈New York Post〉, [Wikipedia].

50 Sarah Ellison, *War at the Wall Street Journal: Inside the Struggle to Control an American Business Empire*(New York: Houghton Mifflin Harcourt, 2010), pp.xx.

51 〈New York Post〉, [Wikipedia].

52 MBC, 《세계방송정보》, 165(1990. 12. 25), p.105.

53 WNEW-TV는 머독이 메트로미디어(Metromedia) 그룹으로부터 사들인 5개 방송국 중 하나였다.

54 〈New York Post〉, [Wikipedia].

55 Howard Kurtz, *Media Circus: The Trouble with America's Newspapers*(New York: Times Books, 1994), pp.346-348.

56 Michael Wolff, *The Man Who Owns the News: Inside the Secret World of Rupert Murdoch*(New York: Broadway Books, 2008/2010), p.209.

57 Eric Alterman, *What Liberal Media?: The Truth About Bias and the News* (New York: Basic Books, 2003/2004), p.235.

58 Daniel M. Kimmel, *The Fourth Network: How Fox Broke the Rules and Reinvented Television*(Chicago, IL: Ivan R. Dee, 2004), p.284.

59 MBC, 《세계방송정보》, 127(1989. 7. 11), p.141 ; 141(1990. 1. 23), p.51.

60 MBC, 《세계방송정보》, 141(1990. 1. 23), pp.21-23 ; KBS, 《해외방송정보》, 454(1990. 8. 31), pp.92~93.

61 KBS, 《해외방송정보》, 456(1990. 9. 29), p.66 ; MBC, 《세계방송정보》, 14호 (1990. 3. 20), p.7. 1990년 텔레비전은 상업 VHF 570,UHF 747,교육 VHF 128,UHF 245개 등 1690개, LPTV는 VHF 348,UHF 1636개 등 1996개였다. KBS, 《해외방송정보》, 167호(1991. 2. 5), p.15.

62 James Walker & Douglas Ferguson, *The Broadcast Television Industry*(Boston, Mass.: Allyn and Bacon, 1998), p.33.

63 Ken Auletta, *Three Blind Mice: How the TV Networks Lost Their Way*(New York: Vintage Books, 1991/1992), p.457.

64 〈엑스파일〉, 『위키백과(한국판)』.

65 Daniel M. Kimmel, *The Fourth Network: How Fox Broke the Rules and Reinvented Television*(Chicago, IL: Ivan R. Dee, 2004), pp.158-162. 미디어 산업은 생산물의 배포에 있어서도 '규모의 경제'가 존재하는 데, 이것을 '범위의 경제(economies of scope)'라고 한다. '범위의 경제'는 '창구 효과'를 통해 실현된다. 창구효과란 하나의 프로그램을 서로 다른 시점에서 서로 다른 채널을 통해 공급하여 프로그램의 부가가치를 높이는 전략적인 배포방식을 의미한다. 예컨대, 한번 방

송된 지상파방송 프로그램은 이후 케이블TV, 위성방송, 지역민방, 인터넷, 비디오, DVD, 해외수출에 이르기까지 지속적으로 활용될 수 있다. 또 게임, 음반, 캐릭터 등과 같은 부가산업이나 드라마 촬영지의 관광상품화까지도 활성화시킨다. 바로 이런 창구효과를 통해 프로그램은 각 미디어의 성격에 맞게 변형되고 계속 재활용되어 하나의 프로그램을 효율적으로 이용할 수 있게 되는 '원 소스 멀티 유스(one-source multi-use)'의 구조를 갖게 되는 것이다. 김지운·정회경 엮음, 『미디어 경제학: 이론과 실제』(커뮤니케이션북스, 2005), 32–33쪽; 하재봉, 〈퓨전문화의 전성시대〉, 『세계일보』, 2006년 8월 11일, 22면.

66 『뉴스위크』, 1996년 12월 4일.

67 Michael Emery/Edwin Emery, *The Press and America: An Interpretive History of the Mass Media* 8th ed.(Boston, Mass.: Allyn and Bacon, 1996), p.604.

68 "미국 CBS, '나이든 시청자 다시 모으겠다'," MBC, 「세계방송정보」, 96년 9월 25일, 13–18면.

69 "미 CBS, 노년층 위주 편성으로 되돌아가나," 「MBC 세계방송정보」 96년 3월 15일, 15–16면.

70 "폭력과 섹스로 덮여가는 미 가족시간대 프로그램," MBC, 「세계방송정보」, 96년 8월 15일, 11–14면.

71 엘리엇 킹(Elliot King), 김대경 옮김, 『무료뉴스: 인터넷은 저널리즘을 어떻게 바꾸었나?』(커뮤니케이션북스, 2010/2012), 195쪽.

72 정태철, 『미국신문연구: 공익성과 상업성 그리고 전문직 시스템의 이해』(커뮤니케이션북스, 1999), 128쪽.

73 정태철, 『미국신문연구: 공익성과 상업성 그리고 전문직 시스템의 이해』(커뮤니케이션북스, 1999), 128–129쪽.

74 Wendy Goldman Rohm, *The Murdoch Mission: The Digital Transformation of a Media Empire*(New York: John Wiley & Sons, 2002), p.46.

75 Paul R. La Monica, *Inside Rupert's Brain*(New York: Portfolio, 2009), p.5.

76 Paul R. La Monica, *Inside Rupert's Brain*(New York: Portfolio, 2009), pp.78–79.

77 Wendy Goldman Rohm, *The Murdoch Mission: The Digital Transformation of a Media Empire*(New York: John Wiley & Sons, 2002), pp.46–47, 209–210, 262–263.

78 Scott Collins, *Crazy Like a Fox: The Inside Story of How Fox News Beat CNN* (New York: Portfolio, 2004), p.24.

79 이형섭, 〈머독의 '글로벌 미디어 제국': 전세계 700곳·연매출 35조 원〉, 『한겨레』,

2011년 7월 13일.

80 폭스뉴스의 성장에 대해선 다음 글을 참고할 것. 강준만, 〈제1장 "편향성은 이익이 되는 장사다": 미국 '폭스뉴스'의 성장 전략〉, 『증오 상업주의: 정치적 소통의 문화정치학』(인물과사상사, 2013), 17-66쪽.

81 Daniel M. Kimmel, *The Fourth Network: How Fox Broke the Rules and Reinvented Television*(Chicago, IL: Ivan R. Dee, 2004), pp.268-271.

82 신중돈.이현상, 〈미 폭스TV 부도덕 상술 도마에 올라〉, 『중앙일보』, 2000년 2월 23일, 9면.

83 Marc Peyser, 〈백만장자의 TV결혼의 전말〉, 『뉴스위크 한국판』, 2000년 3월 8일, 72-73쪽.

84 변창섭, 〈미국 안방 강타한 '너 죽고 나 살기': CBS 프로그램 〈서바이버〉 올 여름 최고 시청률 기록〉, 『시사저널』, 2000년 9월 14일, 80-81쪽.

85 〈독신남녀, 예비부부 유혹 파경과정 여과없이 방영: 미 폭스TV '유혹의 섬' 물의〉, 『세계일보』, 2001년 1월 10일, 10면.

86 Daniel M. Kimmel, *The Fourth Network: How Fox Broke the Rules and Reinvented Television*(Chicago, IL: Ivan R. Dee, 2004), pp.271-272; 〈American Idol〉, [Wikipedia].

87 Daniel M. Kimmel, *The Fourth Network: How Fox Broke the Rules and Reinvented Television*(Chicago, IL: Ivan R. Dee, 2004), p.284.

88 양윤직, 『TGIF 스토리』(커뮤니케이션북스, 2011), 199쪽.

89 켄 올레타(Ken Auletta), 김우열 옮김, 『구글드: 우리가 알던 세상의 종말』(타임비즈, 2009/2010), 236쪽.

90 다니엘 솔로브(Daniel J. Solove), 이승훈 옮김, 『인터넷세상과 평판의 미래』(비즈니스맵, 2008), 51쪽.

91 유찬윤, 〈'문화현상'으로 자리한 광고수익의 새 원천〉, 『LG Ad』, 2007년 9·10월, 62-66쪽.

92 박현정, 〈싸이월드'의 후예들 뜬다: 온라인 인맥쌓기 'SNS' 잇따라〉, 『한겨레』, 2007년 10월 22일자.

93 〈Myspace〉, [Wikipedia].

94 정지훈, 『거의 모든 IT의 역사: 세상의 패러다임을 바꾼 위대한 혁명』(메디치, 2010), 350-351쪽.

95 최광, 『주커버그의 야망 윌리엄스의 열정: facebook & twitter』(머니플러스, 2011), 170쪽.

**96** 문원택·이준호·김원석, 『헨리 포드에서 정주영까지: '위기를 기회로 만든' 세계의 경영천재들』(한언, 1997), 236쪽.

**97** 〈Zuckerberg, Mark〉, *Current Biography Yearbook 2008*, pp.623–624.

**98** Pramod K. Nayar, *An Introduction to New Media and Cybercultures*(Chichester, UK: Wiley–Blackwell, 2010), pp.62–63. 예컨대, 하루 내내 사진을 찍어서 페이스북에 올리면서 어떤 친구보다도 페이스북 포토 앨범 수가 월등히 많다는 걸 자랑으로 삼는 고교 2년생 오드리는 이렇게 말한다. "제 삶이 거기에 올라가 있다는 느낌이 좋아요. …… 만일 페이스북이 삭제된다면, 저도 삭제될 거예요. …… 제 모든 기억이 그것과 운명을 같이 한다 해도 과언이 아니죠. 그리고 다른 사람들이 제 사진을 게재하기도 했어요. 그것도 전부 사라지는 겁니다. 페이스북이 지워진다면, 전 진짜 돌아버릴지도 몰라요. …… 거기가 제가 있는 곳이니까요. 제 삶의 일부라고요. 제2의 나예요." 셰리 터클(Sherry Turkle), 이은주 옮김, 『외로워지는 사람들: 테크놀로지가 인간관계를 조정한다』(청림출판, 2010/2012), 117쪽.

**99** Kerwin Swint, *Dark Genius: The Influential Career of Legendary Political Operative and Fox News Founder Roger Ailes*(New York: Union Square Press, 2008), p.187; 장인철, 〈머독, WSJ도 '손아귀에' 글로벌 미디어전쟁 불붙다〉, 『한국일보』, 2007년 8월 2일자.

**100** 공종식, 〈美 유력신문 '다운존스 매각' 사설 신경전〉, 『동아일보』, 2007년 8월 4일자.

**101** 백일현, 〈WSJ '머독 스타일'로: '기사 짧게 … 정치면 늘려라' 방향 제시〉, 『중앙일보』, 2007년 12월 15일자.

**102** 김희섭, 〈"경제기사 짧게 쓰고 문화·스포츠 강화하라": 세계적 언론재벌 머독, 월스트리트저널 개편 나서〉, 『조선일보』, 2008년 1월 23일자.

**103** 설원태, 〈줄줄이 바뀌는 미국 신문 편집간부들〉, 『신문과 방송』, 제450호(2008년 6월), 195–199쪽.

**104** 염강수, 〈"콘텐츠 수익모델 짭짤한 케이블채널 시장에 관심": '미디어 황제' 루퍼트 머독 밝혀〉, 『조선일보』, 2008년 11월 26일.

**105** 김민구, 〈머독의 WSJ 더 잘나가네〉, 『조선일보』, 2008년 12월 9일.

**106** 성동기, 〈머독 "무료 인터넷신문 시대 끝났다"〉, 『동아일보』, 2009년 8월 7일.

**107** 염강수, 〈머독 '온라인 콘텐츠 유료화' 선언에 美 유력지 속속 동참〉, 『조선일보』, 2009년 10월 27일.

**108** 이태훈, 〈"구글은 신문의 피 빨아먹는 흡혈귀"〉, 『조선일보』, 2009년 6월 27일; 스코트 클리랜드(Scott Cleland)·아이라 브로드스키(Ira Brodsky), 박기성 옮김, 『두 얼굴의 구글: 구글 스토리에 숨겨진 또 다른 이면』(에이콘, 2011/2012), 16쪽.

**109** 채지은, 〈머독 "구글 기사검색 차단하겠다"〉, 『한국일보』, 2009년 11월 11일.

110 구본권, 〈머독의 '구글 공격' 승산있을까〉, 『한겨레』, 2009년 11월 13일.

111 전병근, 〈'미디어 황제' 머독 "콘텐츠는 모든 전자 기기의 황제"〉, 『조선일보』, 2010년 2월 5일.

112 성호철, 〈구글, 머독에 항복?: 구글 검색 차단하려는 신문사 속속 늘어나자 "뉴스 유료화 지원"〉, 『조선일보』, 2010년 5월 20일.

113 김홍수, 〈머독 아들, 英 경쟁紙 편집국에 쳐들어가…〉, 『조선일보』, 2010년 4월 24일.

114 이봉현, 〈루퍼트 머독의 영토 확장에 언론계 집단 저항〉, 『신문과 방송』, 제479호(2010년 11월), 118-120쪽.

115 전병근, 〈'머독 미디어' 英왕실 휴대폰도 해킹〉, 『조선일보』, 2010년 9월 3일자.

116 이본영, 〈6년전 이미 꼬리 잡혔지만 머독-경찰 유착 '사건 덮기': 머독 언론사 불법 도청 파장〉, 『한겨레』, 2011년 7월 19일.

117 정의길, 〈머독판 워터게이트: 머독 소유 영국 신문사 '유명인 전화해킹 사건'〉, 『한겨레』, 2011년 4월 12일.

118 이정애, 〈머독 소유 신문사 '도청 파문' 영국, 미디어왕국 확장 제동〉, 『한겨레』, 2011년 7월 8일.

119 이정애, 〈도청 파문 확산 꼬리자르기…머독, 방송 인수 걸림돌 제거〉, 『한겨레』, 2011년 7월 9일.

120 이용인, 〈머독, 영 위성방송 '스카이' 인수 포기〉, 『한겨레』, 2011년 7월 13일.

121 이정애, 〈'머독 미디어제국' 거센 역풍〉, 『한겨레』, 2011년 7월 13일.

122 〈사면초가에 몰린 '미디어 제왕' 머독…"위기 아니다"〉, 『동아일보』, 2011년 7월 16일.

123 이정애, 〈9·11 희생자까지 도청의혹: 미 의회 "머독회사 조사를"〉, 『한겨레』, 2011년 7월 15일.

124 이정애, 〈9·11 희생자까지 도청의혹: 미 의회 "머독회사 조사를"〉, 『한겨레』, 2011년 7월 15일.

125 고은경, 〈동네북 된 머독: 보수층 대변에 불만 가진 진보언론 등 앞다퉈 뭇매〉, 『한국일보』, 2011년 7월 16일.

126 권태호, 〈머독의 총애받던 브룩스 CEO 사임〉, 『한겨레』, 2011년 7월 16일.

127 고은경, 〈"머독 측과 26번 만나" 캐머런 총리 궁지: 머독 사과광고에도 권언유착 의혹으로 불똥… 아들 제임스 사퇴 위기〉, 『한국일보』, 2011년 7월 18일.

128 고은경, 〈"머독 측과 26번 만나" 캐머런 총리 궁지: 머독 사과광고에도 권언유착 의혹으로 불똥… 아들 제임스 사퇴 위기〉, 『한국일보』, 2011년 7월 18일.

129 이정애, 〈머독 최측근 브룩스 '불법도청' 연루 체포〉, 『한겨레』, 2011년 7월 18일.

130 이정애, 〈'머독게이트' 청문회…영 보수당 정권 '권언유착' 후폭풍〉, 『한겨레』, 2011년 7월 19일.

131 이본영, 〈'불법도청 폭로' 기자 숨진채 발견: 영 의회청문회 하루 앞두고〉, 『한겨레』, 2011년 7월 20일.

132 이형섭, 〈'청문회 굴욕' 머독을 지킨 부인의 '라이트 훅'〉, 『한겨레』, 2011년 7월 21일.

133 이형섭, 〈'청문회 굴욕' 머독을 지킨 부인의 '라이트 훅'〉, 『한겨레』, 2011년 7월 21일.

134 이봉수, 〈『시민편집인의눈』 '머독 제국'의 문제가 딴 나라 얘긴가〉, 『한겨레』, 2011년 7월 27일.

135 고은경, 〈트위터 시작한 머독 "잡스 전기 불공정" 2일 동안 팔로어 5만 명〉, 『한국일보』, 2012년 1월 3일.

136 이형섭, 〈머독 "구글은 해적, 오바마는 동업자"〉, 『한겨레』, 2012년 1월 17일.

137 이상언, 〈'더 선' 기자 9명 체포 … 머독 미디어 또 위기: 공무원 매수 혐의 … 'NoW' 폐간 악몽 재연 우려〉, 『중앙일보』, 2012년 2월 13일.

138 이후남, 〈언론재벌 머독 부자의 영국 내 미디어 사업 위기〉, 『중앙일보』, 2012년 3월 10일.

139 구희령, 〈"머독, 세계적 기업 이끌기에 부적합": 영국 하원 소속 위원회 보고서〉, 『중앙일보』, 2012년 5월 2일.

140 한승주, 〈'머리 숙인' 밤의 대통령 머독… 청문회 출석해 겸손·자기 비하적인 이미지 연출〉, 『국민일보』, 2012년 4월 27일.

141 김이삭, 〈블레어 "머독의 힘 필요… 우호적 관계 유지 불가피했다": '권언유착' 청문회서 항변〉, 『한국일보』, 2012년 5월 29일.

142 전정윤, 〈해리왕자 나체사진은 '앵그리 머독'의 보복?〉, 『한겨레』, 2012년 8월 27일.

143 김태한, 〈머독 소유 B스카이B, 英방송사업 자격 유지: "제임스 머독, 불법도청에 의도적 개입 없었다"〉, 『연합뉴스』, 2012년 9월 21일.

144 박승희, 〈클린턴 "모든 테러 어떻게 미리 막나": 벵가지 사건 공화당 비난에 말 아끼다 정면으로 받아쳐〉, 『중앙일보』, 2012년 10월 15일. "우리를 사회주의로부터 구해주기를 바란다"는 이유로 롬니 지지를 선언한 머독은 2012년 7월 1일 "롬니가 선거캠프 구성에서 옛 친구들을 빼고 진짜 프로들을 쓰지 않으면 오마바를 이기기 힘들다"고 한 트위터 메시지로 논란을 빚었는데, 선거결과는 그의 말대로 되고 말았다. John Surico, 〈A Day in the Tweeting Life of Rupert Murdoch〉, *Village Voice*, July 1, 2012; 〈Rupert Murdoch〉, [Wikipedia].

145 이순녀, 〈머독, 뉴스코프 회장직 유지〉, 『서울신문』, 2012년 10월 18일.

146 〈"머독, LA타임스·시카고트리뷴 인수 검토"〉, 『YTN』, 2012년 10월 20일.

147 정시행, 〈온라인 유료화 덕에 살아난 美유력지들〉, 『조선일보』, 2012년 11월 1일.

148 김병철, 〈미디어 재벌 루퍼트 머독, 트위터 잘못했다 '망신': "팔레스타인 편향적 언론보도" 발언했다 결국 사과… 비난 초래〉, 『미디어오늘』, 2012년 11월 23일; John Surico, 〈Rupert Murdoch's Next Twitter Target: The "Jewish Owned" Press〉, *Village Voice*, November 19, 2012.

149 박소영, 〈NYT 구독료 사상 처음 광고 수입 추월〉, 『중앙일보』, 2013년 2월 9일.

150 Wendy Goldman Rohm, *The Murdoch Mission: The Digital Transformation of a Media Empire*(New York: John Wiley & Sons, 2002), p.31.

151 로저 코언, 〈[세계의 눈/로저 코언]머독을 위한 변명〉, 『동아일보』, 2011년 7월 15일.

152 〈Roger Cohen〉, [Wikipedia].

153 이성훈, 〈공룡조직이 된 영 공영 BBC 방송 "대대적 개혁 없으면 파멸할 것"〉, 『조선일보』, 2012년 11월 13일.

154 제롬 터쉴레(Jerome Tuccille), 이송희 옮김, 『머독』(장인출판, 1990/1992), 43쪽.

155 Kerwin Swint, *Dark Genius: The Influential Career of Legendary Political Operative and Fox News Founder Roger Ailes*(New York: Union Square Press, 2008), p.145; 제롬 터쉴레(Jerome Tuccille), 이송희 옮김, 『머독』(장인출판, 1990/1992), 67쪽.

156 Michael Wolff, *The Man Who Owns the News: Inside the Secret World of Rupert Murdoch*(New York: Broadway Books, 2008/2010), pp.121-122; Wendy Goldman Rohm, *The Murdoch Mission: The Digital Transformation of a Media Empire*(New York: John Wiley & Sons, 2002), pp.250-251.

157 Michael Wolff, *The Man Who Owns the News: Inside the Secret World of Rupert Murdoch*(New York: Broadway Books, 2008/2010), p.271.

158 Kerwin Swint, *Dark Genius: The Influential Career of Legendary Political Operative and Fox News Founder Roger Ailes*(New York: Union Square Press, 2008), p.152.

159 Jack Huberman, *101 People Who Are Really Screwing America*(And Bernard Goldberg Is Only #73)(New York: Nation Books, 2006), p.279.

160 스튜어트 크레이너(Stuart Crainer), 오세영 옮김, 『루퍼트 머독 성공에 감춰진 10가지 비밀』(영언문화사, 1999/2000), 55쪽; Michael Wolff, *The Man Who Owns the News: Inside the Secret World of Rupert Murdoch*(New York: Broadway

Books, 2008/2010), pp.269–270.

**161** Michael Wolff, *The Man Who Owns the News: Inside the Secret World of Rupert Murdoch*(New York: Broadway Books, 2008/2010), p.397.

**162** David Brock, Ari Rabin-Havt, & Media Matters for America, *The Fox Effect: How Roger Ailes Turned a Network into a Propaganda Machine*(New York: Anchor Books, 2012), pp.63–64; Sarah Ellison, *War at the Wall Street Journal: Inside the Struggle to Control an American Business Empire*(New York: Houghton Mifflin Harcourt, 2010), pp.200–201.

**163** 〈Rupert Murdoch〉, [Wikipedia].

**164** 스튜어트 크레이너(Stuart Crainer), 오세영 옮김, 『루퍼트 머독 성공에 감춰진 10가지 비밀』(영언문화사, 1999/2000), 69쪽.

**165** 스튜어트 크레이너(Stuart Crainer), 오세영 옮김, 『루퍼트 머독 성공에 감춰진 10가지 비밀』(영언문화사, 1999/2000), 19, 68쪽.

**166** Jean Baudrillard, 〈The Implosion of Meaning in the Media and the Implosion of the Social in the Masses〉, Kathleen Woodward, ed. *The Myth of Information: Technology and Postindustrial Culture*(Madison, WI: Coda Press, 1980), p.148.